讃岐国分寺の考古学的研究

渡部明夫 著

同成社

序　文

　渡部明夫さんがこの度、讃岐における長年の発掘調査やそれらに基づく研究知見を踏まえて、学位論文『讃岐国分寺の考古学的研究』を公にされた。香川県においては本格的な考古学上の研究成果が少ない中で、全国的に著名な讃岐国分寺を取り上げ、精力的に出土瓦等の分析を進め、その歴史的意義を明らかにされたことに、深く敬意を表したい。

　讃岐国分寺は、境内に残る礎石からすでに江戸時代に、古代に創建された国分寺の塔・金堂の礎石であることが明らかにされており、その重要性は広く知られていた。このためはやくも昭和3年に史跡、さらに昭和27年には特別史跡に指定されたが、それは寺域や遺構の保存が良好で、全国の国分寺の代表例の一つと考えられていたからであった。

　この讃岐国分寺跡の保存と積極的な活用を図るため、国分寺町（現高松市）教育委員会は、昭和58年度から平成3年度にわたって発掘調査を実施した。その結果、寺域の規模や伽藍配置が確定し、また全国でも最大級の僧坊の構造が明らかになり、伽藍全体が西暦760年頃には完成していたと考えられるにいたった。

　本書は、讃岐国分寺の創建について現在通説とされている760年説に対して、発掘調査で出土した瓦などの遺物を詳細に再検討し、創建当初の讃岐国分寺が大規模な伽藍をもっていなかったことなどから、770年代を中心に行われた再整備によって伽藍全体が完成したことを主張している。この見解は讃岐国分寺の創建の年代に大きな修正を加えるとともに、全国の国分寺研究に新たな課題を提起することでもある。また8世紀前半の讃岐の造瓦技術の畿内への波及、10世紀の山岳寺院と仏像などについても新たな指摘を行っており、地域の地道な研究でありながら、地域を越えた全国的な問題を提示している。

　渡部明夫さんは昭和50年に、香川県教育委員会に初めて文化財担当技師として採用されたが、当時香川県では文化財保存の取り組みが不十分な状態で、古墳の保存運動などが起こっていた時期であった。当初は苦労が多く大変だったと思うが、時間の経過とともに文化財の保存に取り組む香川県の姿勢が変わってきたのは、渡部さんの大きな功績であるのはいうまでもない。そして昭和63年4月には新設された香川県埋蔵文化財センターの係長、平成7年には香川県教育委員会文化行政課副主幹（文化財総括）、同11年には香川県歴史博物館学芸課長、同14年には埋蔵文化財センター次長、同17年には埋蔵文化財センター所長となり、香川県の文化財行政、保存の先頭に立って活躍してこられた。

　平成20年に香川県教育委員会を退職後は、藤原宮に瓦を供給したことで知られる国史跡宗吉瓦窯跡の整備、保存にあたるとともに、「宗吉かわらの里展示館」の館長として史跡の積極的な活用を進められたのは、渡部さんの文化財保存に対する姿勢を物語っている。

　私の専門分野は渡部明夫さんとは異なった日本近世史であるが、渡部さんが九州大学の故岡崎敬先生の教え子であり、私も岡崎先生と御縁があったことから、渡部さんとは文化財保存、地域史研

究のありかたなどについて語り合う機会が多くあった。そうしたことから不適任ではあるが、本序文を書かせていただいたことをお断りしておきたい。

　渡部明夫さんが今後とも香川県の考古学研究のリーダーとして、地域に根ざした研究の発展にご尽力されることを祈念している。

　　平成25年1月

香川大学名誉教授（文学博士）　木　原　溥　幸

目　次

はじめに ………………………………………………………………………………………………… 1

第1章　讃岐国分寺の研究史 ……………………………………………………………………… 5

第1節　讃岐国分寺の研究史 ……………………………………………………………………… 5
　　1. はじめに　5
　　2. 遺跡の観察を主体とした研究　5
　　3. 出土瓦の研究　13
　　4. 発掘調査を主体とした研究　15

第2節　小　結 …………………………………………………………………………………… 31
　　1. 讃岐国分寺の研究小史　31
　　2. 讃岐国分寺跡軒平瓦SKH01Aの年代比定の問題点　32

第2章　讃岐国分寺跡出土の軒瓦 ………………………………………………………………… 37

第1節　均整唐草文軒平瓦SKH01の型式学的再検討 ………………………………………… 37
　　1. はじめに　37
　　2. SKH01の文様の再検討　38
　　3. SKH01の編年　45
　　4. まとめ　47

第2節　讃岐国分寺跡出土軒丸瓦の編年
　　　　　―子葉間に仕切り線をもたない複弁蓮華文軒丸瓦の編年について― ……………… 48
　　1. はじめに　48
　　2. 子葉間に仕切り線をもたない複弁蓮華文軒丸瓦の展開　49
　　3. 軒平瓦との組み合わせ及び年代比定　64
　　4. 讃岐国分寺跡出土の軒丸瓦をめぐって　65

第3節　讃岐国分寺跡出土軒瓦の型式設定（追補） ………………… 渡部明夫・渡邊誠　67
　　1. はじめに　67
　　2. 新型式の軒平瓦　67
　　3. おわりに　70

第4節　小　結 …………………………………………………………………………………… 70

第3章　瓦からみた古代の讃岐国分寺 …………………………………………………………… 73

第1節　均整唐草文軒平瓦SKH01の瓦当文様からみた讃岐国分寺の造営年代……………… 73
　　1. はじめに　73
　　2. 東大寺式軒平瓦の編年　73
　　3. SKH01Ａと東大寺式軒平瓦の比較　79
　　4. 東大寺式軒平瓦からみたSKH01Ａの系譜と成立年代　80
　　5. SKH01Ｂ・ＫＢ203と東大寺式軒平瓦の比較　81
　　6. 讃岐国分寺の創建をめぐって　82

第2節　均整唐草文軒平瓦SKH01の編年及び年代について（再論）……………………… 83
　　1. はじめに　83
　　2. 松本論文に対する疑問、問題点　84
　　3. 讃岐国分寺跡SKH01Ａの成立時期　90
　　4. 讃岐国分寺の再整備について　91

第3節　均整唐草文軒平瓦SKH01Ｂの特徴とSKH01Ｂからみた讃岐国分寺の整備
　　　　状況について ……………………………………………………………………………… 92
　　1. はじめに　92
　　2. SKH01Ｂの大きさについて　92
　　3. 赤色顔料の痕跡をもつ軒平瓦からみた讃岐国分寺の整備状況について　94

第4節　天平勝宝以前の讃岐国分寺 ……………………………………………………………… 96
　　1. はじめに　96
　　2. 8世紀中頃以前の讃岐国分寺に関するこれまでの研究　97
　　3. 8世紀中頃以前と考えられる瓦　98
　　4. 8世紀中頃以前の讃岐国分寺　107
　　5. 讃岐国分寺の創建をめぐって　113

第5節　瓦からみた讃岐国分尼寺の造営時期について ………………………………………… 112
　　1. はじめに　112
　　2. 讃岐国分尼寺跡出土とされる軒瓦とその組み合わせ　118
　　3. 讃岐国分尼寺の整備をめぐって　127

第6節　小　結 ……………………………………………………………………………………… 128

第4章　讃岐国分寺の瓦生産 ……………………………………………………………… 135

第1節　府中・山内瓦窯跡について―讃岐国分寺瓦屋の基礎的整理― ………………… 135
1. はじめに　135
2. 瓦窯跡について　137
3. 出土瓦について　138
4. まとめ　144

第2節　平行叩き目をもつ讃岐国分寺跡出土の軒平瓦 …………………………………… 146
1. はじめに　146
2. 叩き目をもつ讃岐国分寺再整備期の軒平瓦　146
3. SKH01 A〜01 Cの叩き目について　148
4. 北条池1号窯跡採集の須恵器の叩き目について　149
5. ＳＫＨ01Ｂの平行叩き目をめぐって　151

第3節　陶（十瓶山）窯跡群における初期の瓦生産と讃岐国分寺瓦屋 ………………… 154
1. はじめに　154
2. 陶（十瓶山）窯跡群出土の初期の瓦　155
3. 陶（十瓶山）窯跡群における瓦の生産とその供給について　164
4. 讃岐国分寺瓦屋（府中・山内瓦窯跡）との関係をめぐって　168

第4節　小　結 ………………………………………………………………………………… 169

第5章　讃岐国分寺に関連する古代の寺院・瓦 ………………………………………… 175

第1節　開法寺式偏行唐草文軒平瓦について―香川における7世紀末から
8世紀前半の軒平瓦の様相― ………………………………………………………… 175
1. はじめに　175
2. これまでの研究　175
3. 開法寺式偏行唐草文軒平瓦の編年　178
4. 開法寺式偏行唐草文軒平瓦の成立と年代　189
5. 大阪府田辺廃寺・五十村廃寺出土の開法寺式偏行唐草文軒平瓦をめぐって　191
6. 8世紀前半における香川の軒平瓦の様相　195

第2節　讃岐国分寺・国分尼寺所用瓦の拡散をめぐって ………………………………… 200
1. はじめに　200

2. 高松市田村神社（讃岐一宮神社）の創建について　200

　　　3. 県内出土のKB101・KB201B（SKH01B）　203

　　　4. 讃岐国分寺・国分尼寺所用瓦の拡散をめぐって　204

　　　5. おわりに　205

　第3節　高松市中山廃寺について―香川における初期山岳寺院とその仏像― ………………… 206

　　　1. はじめに　206

　　　2. 中山廃寺の位置と遺跡の現況　207

　　　3. 出土遺物　209

　　　4. 遺跡の内容・性格について　212

　　　5. 香川の初期山岳寺院とその仏像について　213

　第4節　小　結 …………………………………………………………………………………………… 219

第6章　讃岐国分寺・国分尼寺の立地と環境 ……………………………………………………… 227

　第1節　讃岐国分寺・国分尼寺の寺域の設定について ……………………………………………… 227

　　　1. 研究の現状　227

　　　2. 讃岐国分寺・国分尼寺の寺域の設定に関する予察　229

　第2節　讃岐国分寺・国分尼寺の環境と景観 ………………………………………………………… 230

　　　1. 国分寺地域の地理的環境　230

　　　2. 讃岐国分寺・国分尼寺の歴史的環境　231

　　　3. 讃岐国分寺・国分尼寺の景観　233

　第3節　小　結 …………………………………………………………………………………………… 235

結　論―考古学からみた讃岐国分寺の意義― ……………………………………………………… 239

図　版　讃岐国分寺跡の調査・整備・出土瓦 …………………………………………………… 245

　　　1　讃岐国分寺跡の発掘調査・整備写真　247

　　　2　讃岐国分寺跡出土瓦実測図　255

　　　3　讃岐国分寺跡出土瓦写真　265

　　　　挿図の引用文献等一覧　284

　　　　図版の引用文献等一覧　287

　　　　表の引用文献一覧　287

　　　　論文の初出一覧　288

　　　　あとがき　289

表目次

表1	讃岐国分寺主要堂塔の規模	23
表2	讃岐国分寺跡年度・地点別軒瓦出土点数一覧	23
表3	讃岐国分寺跡出土軒平瓦の大きさ	93
表4	讃岐国分寺跡出土の赤色顔料をもつ軒平瓦	94
表5	讃岐国分尼寺跡出土軒瓦の報告等と重複について	120～126
表6	讃岐国分尼寺跡出土軒瓦の種類と数量	127
表7	綾川町北条池1号窯跡採集須恵器の叩き目	153
表8	香川の山岳寺院	214
表9	讃岐国分寺跡発掘調査一覧	279
表10	讃岐国分尼寺跡発掘調査一覧	283

挿図目次

図1	讃岐国分寺・国分尼寺の位置	1
図2	讃岐国分寺跡周辺の主な遺跡（1：40,000）	2
図3	江戸時代初期の讃岐国分寺跡	6
図4	讃岐国分寺旧境内図（下方の矢印間は128間）	7
図5	金堂規模復元図（方位は磁北、約1：250）	9
図6	塔規模復元図（方位は磁北、約1：200）	9
図7	讃岐国分尼寺旧境内図（上方の矢印間は83間）	10
図8	府中・山内瓦窯跡の窯跡分布図（約1：500）	11
図9	有段窖窯実測図（1：50）	12
図10	東端築地基壇・東限大溝断面図	16
図11	講堂跡東方地区遺構配置図	17
図12	讃岐国分寺創建期最古の軒瓦（SKM01－SKH01A、1：4）	18
図13	僧坊跡東部の遺構図	18
図14	讃岐国分寺僧坊の全体復元平面図（数値は天平尺、1：700）	19
図15	讃岐国分寺僧坊中央三間室（食堂？）と東第一坊（数値は天平尺、1：200）	19
図16	讃岐国分寺における軒瓦の組合せ（1：4）	20
図17	講堂跡付近建物配置図（1：1,000）	21
図18	講堂跡西方地区（SB30）遺構図	21
図19	創建期軒丸瓦断面図（1：5）	22
図20	桶巻作りの軒平瓦（1：5）	22
図21	讃岐国分寺伽藍配置図（1：2,000）	24
図22	讃岐国分寺跡における発掘調査位置図（数値は調査次数、1：2,500）	26
図23	讃岐国分寺の伽藍・SB01と周辺地形（1：6,000）	27
図24	讃岐国分尼寺跡における発掘調査位置図（数値は調査次数、1：2,000）	28
図25	讃岐国分寺跡出土の軒平瓦SKH01とSKH02	38
図26	讃岐国分寺跡・国分尼寺跡出土の軒平瓦SKH01 1（縮尺不同）	39
図27	讃岐国分寺跡・国分尼寺跡出土の軒平瓦SKH01 2（縮尺不同）	40
図28	線鋸歯文の変化（縮尺不同）	41
図29	中心飾付近の文様の名称	42
図30	中心飾の変化（縮尺不同）	42
図31	蕚の変化（縮尺不同）	43
図32	蕨手2葉の先端の変化（縮尺不同）	44
図33	左上端部の支葉の変化（縮尺不同）	45
図34	讃岐国分寺跡・国分尼寺跡出土の軒平瓦SKH01	46
図35	讃岐国分寺跡SKM01に先行する軒丸瓦	49
図36	讃岐国分寺跡SKM01の成立過程（1：8）	50
図37	子葉間に仕切り線をもたない複弁蓮華文軒丸瓦1	51
図38	子葉間に仕切り線をもたない複弁蓮華文軒丸瓦2	52

図39	子葉間に仕切り線をもたない複弁蓮華文軒丸瓦3	53
図40	子葉間に仕切り線をもたない複弁蓮華文軒丸瓦4（縮尺不同）	54
図41	子葉間に仕切り線をもたない複弁蓮華文軒丸瓦5（縮尺不同）	55
図42	子葉間に仕切り線をもたない複弁蓮華文軒丸瓦6（縮尺不同）	56
図43	中房と蓮弁の比較（縮尺不同）	57
図44	讃岐国分寺・国分尼寺における子葉間に仕切り線をもたない複弁蓮華文瓦の編年図（縮尺不同）	61
図45	新型式の軒平瓦1	68
図46	新型式の軒平瓦2（縮尺不同）	69
図47	均整唐草文軒平瓦SKH01A（讃岐国分寺跡出土）	74
図48	東大寺式軒平瓦1（1：6）	75
図49	東大寺式軒平瓦2及びその流れをくむ軒平瓦（1：6）	76
図50	東大寺式軒平瓦の変遷	77
図51	SKH01BとKB203の中心飾（縮尺不同）	82
図52	西大寺出土の6730A（1：4）	89
図53	軒平瓦凸面の赤色顔料	95
図54	讃岐国分寺跡出土瓦1（8世紀中頃以前）	99
図55	讃岐国分寺跡出土瓦2（8世紀中頃以前、縮尺不同）	100
図56	讃岐国分寺関連瓦1	101
図57	讃岐国分寺関連瓦2（縮尺不同）	102
図58	高松市前田東・中村遺跡F区SX02出土の瓦・須恵器	103
図59	単弁蓮華文軒丸瓦の変遷（縮尺不同）	105
図60	讃岐国分寺跡出土軒瓦編年図（縮尺不同）	106
図61	讃岐国分寺の伽藍配置と8世紀中頃以前の軒瓦の出土位置	108
図62	讃岐国分寺跡出土軒平瓦SKH32（洲崎寺蔵）	110
図63	讃岐国分尼寺跡出土軒瓦1	113
図64	讃岐国分尼寺跡出土軒瓦2	114
図65	讃岐国分尼寺における軒瓦の組み合わせ	115
図66	讃岐国分尼寺跡出土未報告軒瓦1（縮尺不同）	116
図67	讃岐国分尼寺跡出土未報告軒瓦2（縮尺不同）	117
図68	讃岐国分尼寺跡出土未報告軒瓦3（縮尺不同）	118
図69	府中・山内瓦窯跡の窯跡分布想定図	136
図70	府中・山内瓦窯跡遺構現況略図（約1：100）	137
図71	府中・山内瓦窯跡出土瓦1	139
図72	府中・山内瓦窯跡出土瓦2	140
図73	府中・山内瓦窯跡出土瓦3	141
図74	府中・山内瓦窯跡出土瓦4（縮尺不同）	142
図75	府中・山内瓦窯跡出土瓦5（縮尺不同）	143
図76	讃岐国分寺跡出土軒平瓦の叩き目1	149
図77	讃岐国分寺跡出土軒平瓦の叩き目2	150
図78	讃岐国分寺跡出土軒平瓦の叩き目3	151
図79	SKH01Bの叩き目（約2：3）	152

図 80	綾川町北条池 1 号窯跡採集須恵器の叩き目	153
図 81	陶（十瓶山）窯跡群の瓦出土窯跡と関係遺跡（1：30,000）	156
図 82	下野原 1・2 号窯跡採集須恵器	157
図 83	陶（十瓶山）窯跡群出土瓦 1	158
図 84	庄屋原 4 号窯跡	159
図 85	庄屋原 4 号窯跡第 1 次・第 2 次窯体	160
図 86	陶（十瓶山）窯跡群出土瓦 2 及び関連する八葉複弁蓮華文軒丸瓦	162
図 87	陶（十瓶山）窯跡群出土瓦 3	163
図 88	坂出市開法寺の創建軒丸瓦	164
図 89	八葉複弁蓮華文軒丸瓦の同范関係（縮尺不同）	166
図 90	陶（十瓶山）窯跡群・開法寺跡出土平瓦の格子叩き目の比較（1：2）	167
図 91	陶（十瓶山）窯跡群（上段）と開法寺跡（下段）の平瓦に共通する格子叩き目の特徴	168
図 92	開法寺式偏行唐草文軒平瓦出土寺院	178
図 93	開法寺式偏行唐草文軒平瓦 1	179
図 94	開法寺式偏行唐草文軒平瓦 2	180
図 95	開法寺式偏行唐草文軒平瓦 3（縮尺不同）	181
図 96	開法寺式偏行唐草文軒平瓦 4（縮尺不同）	182
図 97	唐草文の変化（縮尺不同）	183
図 98	開法寺式偏行唐草文軒平瓦及び八葉単弁蓮華文軒丸瓦の比較	188
図 99	巨勢寺式軒平瓦と開法寺跡 KH202 の唐草文（縮尺不同）	191
図 100	開法寺式偏行唐草文軒平瓦編年図（縮尺不同）	193
図 101	田辺廃寺軒丸瓦第 1 類と開法寺跡 KH106（上段は縮尺不同）	194
図 102	香川における古式の均整唐草文軒平瓦及び 8 世紀前半頃の偏行唐草文軒平瓦出土寺院	197
図 103	香川の古式均整唐草文軒平瓦	198
図 104	香川の 8 世紀前半頃の軒平瓦	199
図 105	下り松廃寺・田村神社・始覚寺跡・長尾寺・山下廃寺・讃岐国府跡出土軒瓦	201
図 106	讃岐国分寺・国分尼寺所用軒瓦出土遺跡	202
図 107	中山廃寺の位置と周辺の寺院（1：200,000）	206
図 108	中山廃寺の位置と周辺の地形（1：25,000）	207
図 109	中山廃寺の現況と礎石	208
図 110	中山廃寺出土瓦 1	209
図 111	中山廃寺出土瓦 2（縮尺不同）	210
図 112	中山廃寺出土瓦と讃岐国分寺跡出土瓦の比較（縮尺不同）	210
図 113	中山廃寺採集須恵器	211
図 114	根香寺木造千手観音立像	215
図 115	屋島寺木造千手観音坐像	215
図 116	中寺廃寺の遺構分布図	216
図 117	高松市空港跡地遺跡（溝 SDb19、870 〜 887）と中寺廃寺第 2 テラス（38）の須恵器坏身	217
図 118	国分尼寺跡周辺の条里地割	228
図 119	国分寺町域の地形と讃岐国分寺・国分尼寺の位置	231
図 120	唐渡峠西側の南海道（1：10,000）	232

讃岐国分寺の考古学的研究

はじめに

　讃岐国分寺跡は香川県の中央部、高松市国分寺町国分字上所に所在する。所在地は、高松市の北西部から坂出市の東部に広がる五色台丘陵の南麓、南に開けた緩い扇状地で、国分台丘陵から南に延びた低い丘陵によって東西を囲まれている（図1・2）。

　高松市国分寺町は高松市の北西端に位置し、西と北西部は坂出市に、南は綾歌郡綾川町に接する。平成18年1月10日の合併によって高松市となったが、それまでは綾歌郡国分寺町であった。綾歌郡は明治32（1899）年に阿野郡と鵜足郡が合併したものである。阿野郡は現在の高松市国分寺町、綾歌郡綾川町、島嶼部と川津町を除く坂出市からなるが、坂出市林田町惣蔵寺の明徳元（1390）年銘鰐口には、「讃岐国北条郡林田郷梶取名惣蔵天王御社」（岡田 1938）とあり、中・近世の阿野郡は坂出市域を北条郡又は綾北郡と呼び、高松市国分寺町と綾歌郡綾川町域を南条郡又は綾南郡とも呼んでいた。

　古代の阿野郡は『延喜式』（黒板編 1975）にも記されている。平城宮跡出土木簡に「綾郡宇治部里宇治阿弥俵」（市 2002、奈良国立文化財研究所 1975）と記され、長屋王屋敷跡出土木簡に「阿夜郡氏部里白米五斗」（奈良国立文化財研究所 1989）とあり、「宇治部里」・「氏部里」は『和名類聚抄』の阿野郡氏部郷と考えられている（吉田 1970）。

　また、長屋王屋敷跡から「和銅八年九月阿夜郡」と記された木簡（奈良国立文化財研究 1992）が出土しているほか、藤原宮跡から出土した木簡に「綾郡□□□」（奈良国立文化財研究所 1978）と記されていることから、阿野郡（評）は7世紀末から8世紀はじめ頃には存在していたと考えられる。

　讃岐国分寺は古代の阿野郡新居郷に所在し、同じ阿野郡には、国分寺の東北東約2kmに讃岐国分尼寺が創建され、南南西約2kmには讃岐国府が設置されるなど、古代讃岐国の中心地域を形成している。また、讃岐国分寺跡の南西約1kmに、讃岐国分寺・国分尼寺の所用瓦を焼成した府中・山内瓦窯跡が所在する。

　現在、讃岐国分寺跡の伽藍中枢部には四国霊場第八十番国分寺が奈良時代からの法灯を伝えているが、現国分寺周辺とその西側の1町にあたる、東西約330m（約3町）×南北約230m（約2町）の範囲が昭和3年3月24日に史跡に指定され、昭和27年3月29日には特別史跡に指定されている。また、讃岐国分尼寺跡は昭和3年2月7日に、府中・山内瓦窯跡は大正11年10月12日に史跡に指定された。

図1　讃岐国分寺・国分尼寺の位置

図2　讃岐国分寺跡周辺の主な遺跡（1：40,000）
1. 讃岐国分寺跡　2. 讃岐国分尼寺跡　3. 府中・山内瓦窯跡　4. 鴨廃寺　5. 讃岐国府跡　6. 開法寺跡

　讃岐国分寺跡は江戸時代から、四国霊場札所国分寺として注目されていたが、大正期から寺域や建物規模などの研究が本格的に開始された（香川県史蹟名勝天然紀念物調査会 1922）。また、昭和40年代に出土瓦の研究が進むとともに、昭和50年代から発掘調査が行われるようになった。とくに、史跡整備を目的として昭和58年度から平成3年度まで国分寺町教育委員会によって実施された発掘調査によって、寺域・伽藍配置・建物規模・所用瓦などの研究が飛躍的に進んだ（松尾ほか 1996）。

　しかし、この一連の発掘調査に伴う出土資料の報告では、瓦の編年や年代比定などに疑問が残されていることから、本論で改めて出土資料を再検討し、讃岐国分寺の創建の経緯を明らかにするとともに、讃岐の古代寺院や古瓦などからも讃岐国分寺の造営をめぐる諸問題を多角的に解明することにしたい。

引用・参考文献
市　大樹 2002「1977年以前出土の木簡（24）奈良・平城京跡」『木簡研究』24　木簡学会
岡田唯吉 1938『讃岐金石史』鎌田共済会調査部

香川県史蹟名勝天然紀念物調査会 1922「国分寺及国分尼寺」(『史蹟名勝天然紀念物調査報告』1　香川県)
黒板勝美編 1975『新訂増補国史大系　延喜寺』中編　吉川弘文館
奈良文化財研究所 1975『平城宮発掘調査出土木簡概報』10　奈良文化財研究所
奈良文化財研究所 1989『平城宮発掘調査出土木簡概報』21　長屋王家木簡1　奈良文化財研究所
奈良文化財研究所 1992『平城宮発掘調査出土木簡概報』25　長屋王家木簡3　奈良文化財研究所
奈良文化財研究所 1978『藤原宮木簡1　解説』奈良文化財研究所
松尾忠幸ほか 1996『特別史跡讃岐国分寺跡保存整備事業報告書』国分寺町教育委員会
吉田東伍 1970『増補大日本地名辞書』第3巻　冨山書坊

第1章　讃岐国分寺の研究史

　　第1節　讃岐国分寺の研究史

　1. はじめに

　讃岐国分寺は江戸時代以来多くの人々が関心をもち、多くの研究が行われた。ここでは讃岐国分寺跡、国分尼寺跡、府中・山内瓦窯跡に関する研究について、「遺跡の観察を主体とした研究」、「出土瓦の研究」、「発掘調査を主体とした研究」に区分して研究史をみることにする。なお、ここでは著者の一連の研究は省略する。

　2. 遺跡の観察を主体とした研究
　（1）讃岐国分寺跡
　① 研究前史（江戸時代～明治時代）

　現在のところ、讃岐国分寺の歴史や残存する遺構に関する研究が確認できるのは江戸時代になってからである。江戸時代になると、讃岐国分寺は四国霊場の札所として、あるいは讃岐の地歴の研究対象として関心がもたれるようになる。

　高松市石清尾八幡宮の祠官、友安（藤原）盛員が承応元（1652）年に著した『讃岐国大日記』（友安〔藤原〕盛員 1652）には、讃岐国分寺は、天平9（737）年の聖武天皇の勅によって南条郡に建立されたとしている。また、元禄2（1689）年に寂本が編集した『四国徧礼霊場記』（近藤 1973、伊予史談会 1981）にも、聖武天皇が天平9年に詔して諸国に丈六の釈迦像と菩薩2躯を作り、大般若経を写経して諸国に頒ち、行基が讃岐国分寺を建立したとしている。

　讃岐国分寺建立の直接の契機を聖武天皇の天平9年の詔に求め、行基によって建立されたとする見方は江戸時代に広く行われていたようで、増田休意が明和5（1768）年に著した『三代物語』（増田 1768）や中山城山が文政11（1828）年に高松藩に献上した『全讃史』（青井校訂 1937）、天保4（1833）年の『国分寺記録』（香川県 1939）、弘化4（1847）年の『金毘羅参詣名所図会』（暁鐘成〔木村明啓〕1847）にも類似の記述が認められる。

　これに対して、嘉永6（1853）年序刊の『讃岐国名勝図絵』（松原編 1981）では、天平13（741）年勅願によって行基が伽藍を建立したとしている。

　讃岐国分寺の規模、構造などについては、『四国徧礼霊場記』（図3）と『金毘羅参詣名所図会』・『讃岐国名勝図絵』に絵図があり、当時すでに金堂と塔は礎石を残すのみとなっており、講堂跡には鎌倉時代に建立された現本堂が、中門跡には現仁王門が描かれるとともに、本堂前には東西に長い池が描かれるなど、基本的には現在と同じ状態であったことがわかる。

図3　江戸時代初期の讃岐国分寺跡

また、寺域については、『四国徧礼霊場記』は4町四方、『三代物語』は方4町としている。伽藍については、『四国徧礼霊場記』の絵図に「金堂跡」、「塔跡」と正しく注記されているとともに、文化13（1816）年、高松藩第8代藩主松平頼儀が国分寺本堂を修理した時に用いた均整唐草文軒平瓦や平瓦に「当本堂往ノ講堂也、金堂焼失ノ後本堂ニ直ス、（中略）、文化十三ニ頼儀公御修造立之砌焼」、「今本堂者ハ往古ノ講堂也、然ニ天正之頃兵ニ依テ回禄、（中略）、文化十三年頼儀公御造砌焼之也」（松本　2005）などの箆書き文字があるほか、『金毘羅参詣名所図会』・『讃岐国名勝図絵』の絵図でも、金堂跡と塔跡が正しく注記されており、古代讃岐国分寺の伽藍配置がほぼ正確に認識されていたようである。
　さらに、『国分寺記録』・『讃岐国名勝図絵』に金堂跡は東西14間（25.45m）、南北7間（12.73m）、塔跡は5間四面（9.09m）とし、建物の規模を復元しようとする姿勢も認められる。
　しかしながら、江戸時代に強い関心がもたれ、研究の萌芽が認められた讃岐国分寺は、明治時代になると研究面での関心が薄らいだようであり、新たな研究の進展は認められない。
②戦前・戦後の研究
　讃岐国分寺・国分尼寺の本格的な研究は、まず出土瓦からはじまったが、ここでは寺域・建物などの遺構の研究を中心に述べる。

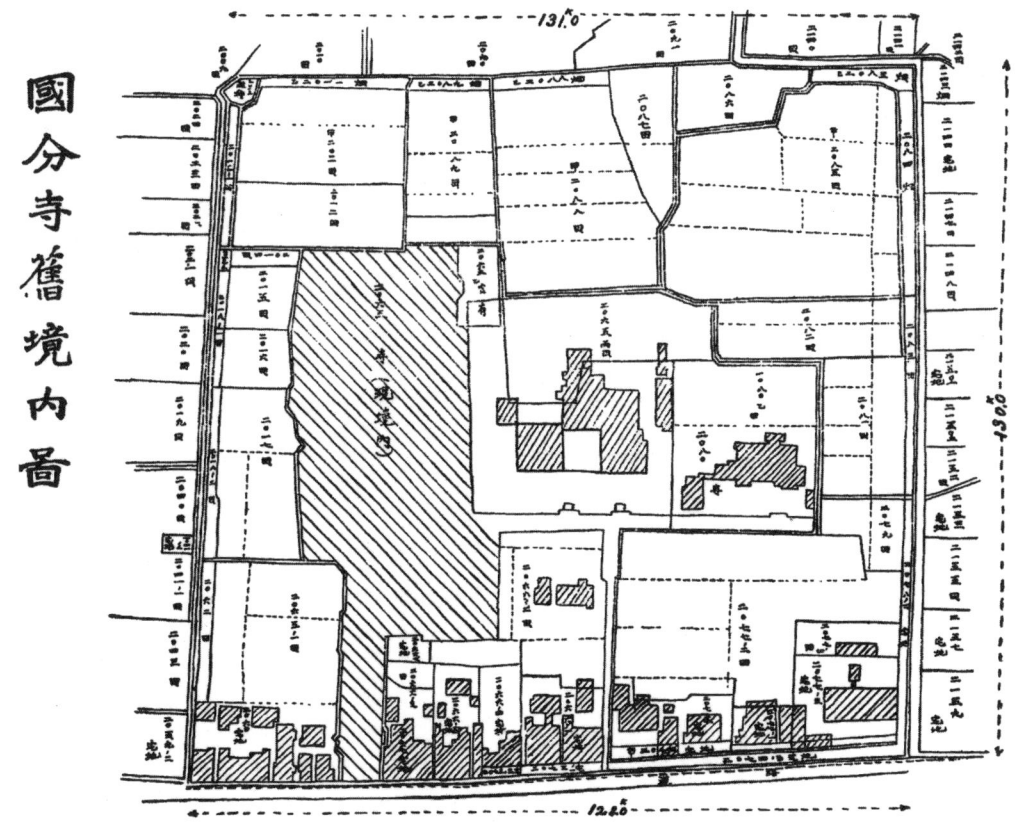

図4　讃岐国分寺旧境内図（下方の矢印間は128間）

大正11年、『史蹟名勝天然紀念物調査報告1』（香川県史蹟名勝天然紀念物調査会 1922）[1]の刊行によって讃岐国分寺の寺域や伽藍の研究が本格的に開始された。この中で、現地調査で作成した地籍図や礎石などの実測図をもとに、綾歌郡端岡村国分（現在の高松市国分寺町国分）に所在する現国分寺の周囲に、讃岐国分寺の寺域と考えられる東西128間（約233m）、南北130間（約236m）の方形の地割りが残ること（図4）、鎌倉時代に建てられた現本堂がもとの講堂跡にあたること、金堂跡には7間×4間の礎石を残すこと、金堂跡の東南に3間×3間の塔跡の礎石を残し、七重塔であったこと、県下最古の梵鐘が現存することなどが明らかにされた。

　また、昭和5年に当時としては珍しく、讃岐国分寺跡の航空写真が撮影されたが、広く公表されなかったようで、その事実が明らかにされたのは戦後の昭和27年であった（福家 1952）。

　昭和12・13年、岡田唯吉氏は一連の著作（岡田 1937・1938）を公表するが、讃岐国分寺跡については『史蹟名勝天然紀念物調査報告1』とほぼ同じ内容であり、出土瓦の紹介を加えたことを除き、新たな研究は認められない。

　一方、福家惣衛氏は昭和17年の「内務省指定史蹟講話　国分寺、国分尼寺、屋島」（福家 1942）や昭和27年の「特別史蹟「讃岐国分寺」」（福家 1952）で、讃岐国分寺の南大門を現仁王門の位置に想定した。

　これに従えば、史跡指定地の南端部は寺域の外となる。

　昭和16～18年にかけて鎌倉時代の建立とされる国分寺の現本堂の解体修理が行われた。この時に基壇の一部が発掘調査され、奈良時代の瓦が多数検出されたとしている（松本 1987・2005）[2]。

　讃岐国分寺の建物規模の復元的研究を大きく進めたのは飯塚五郎蔵氏・藤井正巳氏（飯塚・藤井 1944）である。昭和19年、両氏は『考古学雑誌』に現地調査の結果を公表し、金堂は桁行7間×梁間4間で、曲尺の9寸8分（0.297m）を天平尺の1尺として、桁行は中央の1間が16尺、その両側の1間が14尺、さらにその両側の1間が13尺、両端の1間が12尺、梁間はすべて12尺であり、桁行94尺（27.92m）、梁間48尺（14.26m）と復元し（図5）、奈良唐招提寺の金堂と同じ規模であるとした[3]。また、塔は3間×3間で、天平尺で中央間12尺、両脇間11尺、一辺34尺（10.10m）の七重塔とした（図6）。

　飯塚・藤井氏による金堂と塔の復元案は、その後多くの研究者に支持され、堀井三友氏が金堂桁行の中央3間を15尺、その外側の1間を13尺、全体で95尺とした（堀井 1956）ほかは、松浦正一氏（松浦・和田 1953、松浦 1960）・福家惣衛氏（福家 1965）・『新編香川叢書　考古編』（新編香川叢書刊行企画委員会 1983a）・松本豊胤氏（松本 1987）もこれに従っている。

　讃岐国分寺の寺域については、『史蹟名勝天然紀念物調査報告1』で東西128間×南北130間と想定され、南北がわずかに長いことが注意されていたが、飯塚・藤井氏（飯塚・藤井 1944）、福家惣衛氏（福家 1952）は方2町とし、松浦正一氏（松浦 1960）及び昭和58年の『新編香川叢書　考古編』（新編香川叢書刊行企画委員会 1983a）では東西227m（125間）×南北233m弱（128間）とした。また、松本豊胤氏（松本 1987）は天平尺で東西720尺（2町、214m）、南北は南限を現仁王門までとすると、仁王門の中心までで721尺（約214m）、現指定地の南端までとすると811尺（約241m）であるとした。

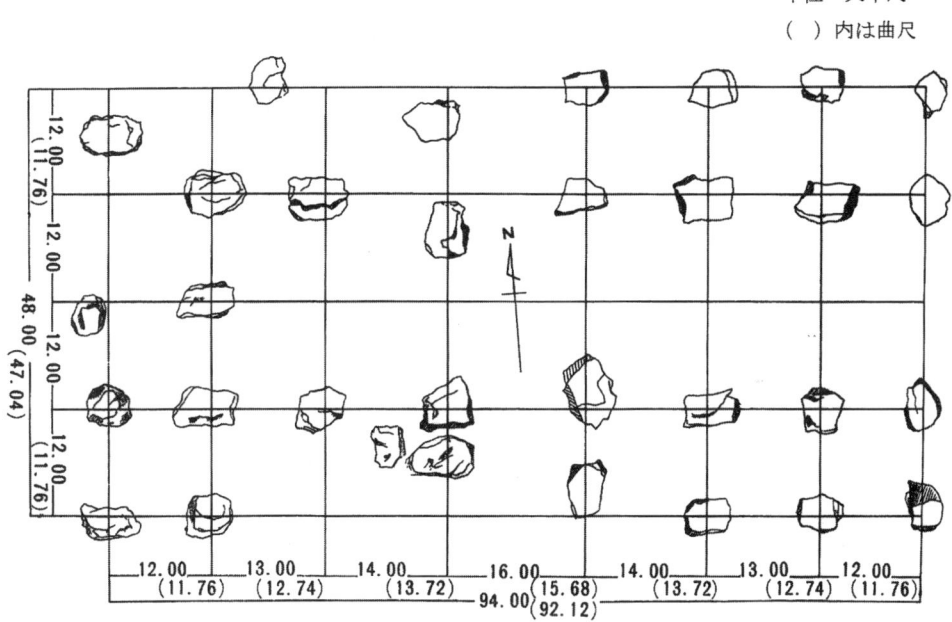

図5 金堂規模復元図(方位は磁北、約1:250)

寺域の南端については、現仁王門を南大門跡とみるか、中門跡とみるかで異なってくる。現仁王門が中門跡であり、寺域が東西に比べて南北にやや長いことは、後述する発掘調査によって確認されることになる。

昭和40年、福家惣衛氏は『香川県通史 古代・中世・近世編』（福家 1965）の中で、讃岐国分寺跡の遺構や遺物の紹介・分析にとどまらず、国分寺建立の経緯、讃岐国分寺の先行寺院の問題、讃岐国分寺の本尊、伽藍、施設、僧、教典、法会などを含めて総合的に記述している。

また、松本豊胤氏は昭和62年に刊行された『新修国分寺の研究』（松本 1987）の中で、中世に奈良西

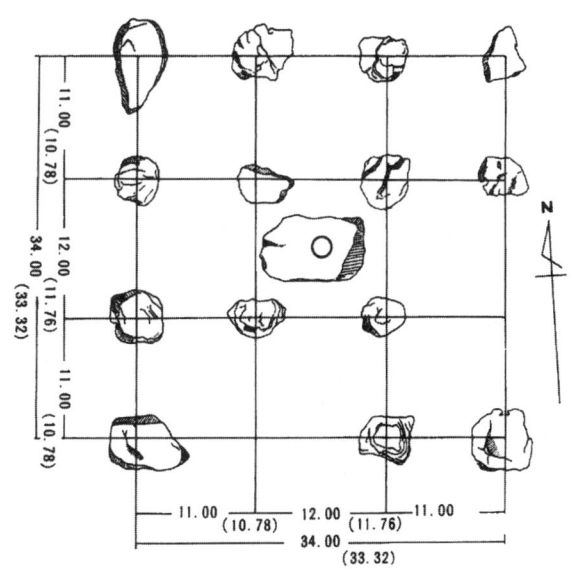

図6 塔規模復元図(方位は磁北、約1:200)

大寺の末寺となっていた国分寺について、西大寺や地元の鷲峰寺、新居氏などとの関係を述べるとともに、昭和16～18年に行われた現本堂の解体修理に関する松浦正一氏の記録（未刊）によって、鎌倉時代中期の建立とされる建物の構造にも言及するなど、これまで不明な点の大きかった中世の讃岐国分寺について紹介している。

　讃岐国分寺の創建時期については、『史蹟名勝天然紀念物調査報告1』などの初期の論考では天平13（741）年の聖武天皇の国分寺建立の詔を重視し、それから間もなくして建立されたとしたが、飯塚・藤井氏（飯塚・藤井 1944）は『続日本紀』天平勝宝8（756）歳12月20日条に聖武天皇の一周忌の斎会の装飾にあてるため、讃岐国など26国に灌頂幡・道場幡・緋綱を下し、使用後は金光明寺すなわち国分寺に納めて永く寺物とし、必要な時に用いるよう命じていることから、あるいはこの時には出来上がっていたのではないかとするとともに、讃岐国分寺が以前からあった大寺の転用されたいわゆる「定額寺」ではないかとも考えられるとしており、後続の多くの論考にその論旨が採用されることになった。

　また、松浦正一氏は、昭和28年に刊行された『新修香川県史』（松浦・和田 1953）で、讃岐国分寺の整備時期、先行寺院について、飯塚・藤井氏と同様の見解を述べるとともに、讃岐国分寺は方2町の寺域の西半分に主要堂塔を配置していることを明確に指摘した。

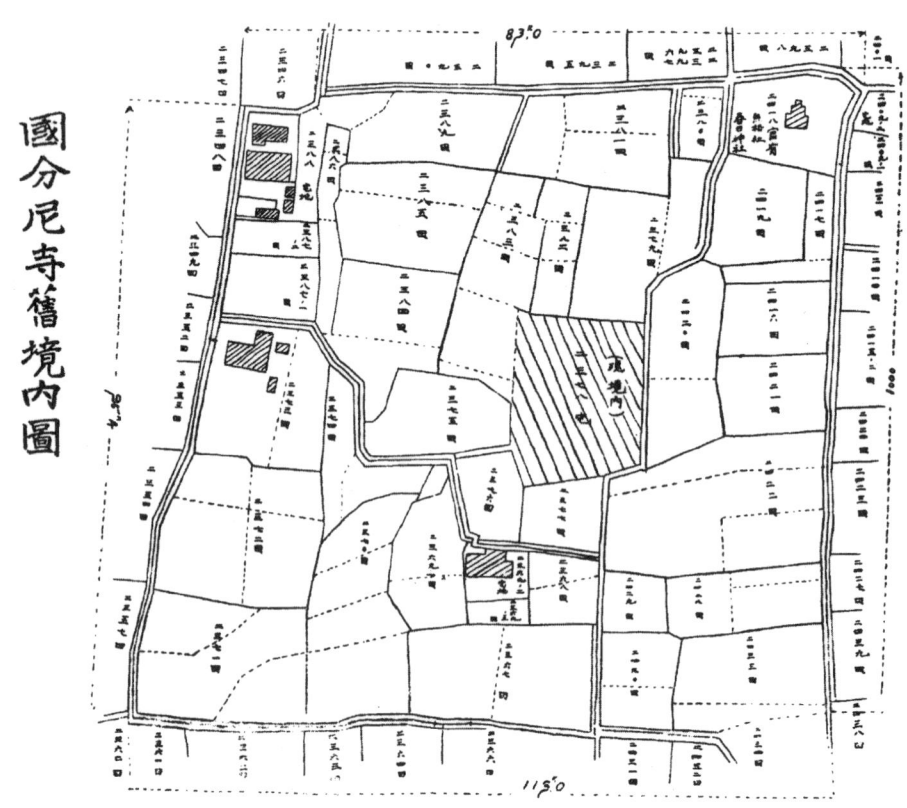

図7　讃岐国分尼寺旧境内図（上方の矢印間は83間）

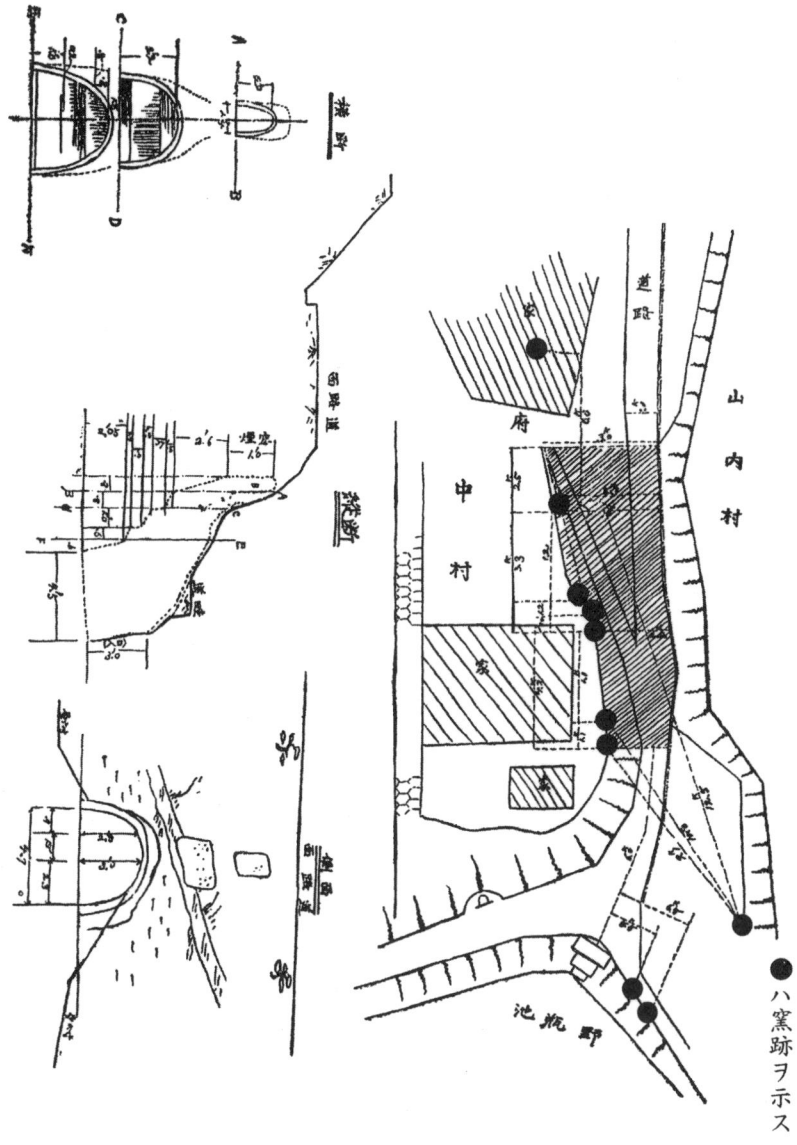

図8　府中・山内瓦窯跡の窯跡分布図（約1：500）

(2) 讃岐国分尼寺跡

　古代の讃岐国分尼寺が高松市国分寺町新居に所在する法華寺の周囲にあったことは、すでに江戸時代から知られていた[4]が、遺跡としての国分尼寺跡の研究が開始されたのは、讃岐国分寺跡と同じく、大正11年に刊行された『史蹟名勝天然紀念物調査報告1』においてであった。この中で、国分尼寺の寺域について、法華寺の周囲に83間（約151m）～113間（約205m）の不整方形の地割りが残り（図7）、その中央部に残存する19個の礎石から、金堂は7間×4間と考えられるとしている。

讃岐国分尼寺跡に関する戦前の研究は、これを越えるものはない。戦後、松浦正一氏（松浦・和田 1953）・安藤文良氏（安藤 1967）は国分尼寺の寺域を方1町とし、昭和58年の『新編香川叢書　考古編』（新編香川叢書刊行企画委員会 1983b）と松本豊胤氏（松本 1987）は1町半四方とした。また、堀井三友氏（堀井 1956）は金堂の規模を天平尺で桁行94.5尺、梁間51尺と復原しながらも、僧寺の金堂より大きいことに疑問を呈している。また、松本豊胤氏は、金堂を東西（桁行）6間または7間、南北（梁間）4間としている（松本 1987）。

讃岐国分尼寺跡は早くに史跡指定されて現状保存されるとともに、讃岐国分寺跡に比べて礎石の保存が良好でなかったことなどから、遺構観察による研究はあまり進まなかった。

(3) 府中・山内瓦窯跡

大正11年に刊行された『史蹟名勝天然紀念物調査報告1』において、讃岐国分寺・国分尼寺に瓦を供給した瓦屋が府中・山内瓦窯であることがはじめて明らかにされた。この中で、10基の瓦窯跡の分布図と1基の有段窖窯の実測図を掲載し、綾歌郡府中村前谷（現

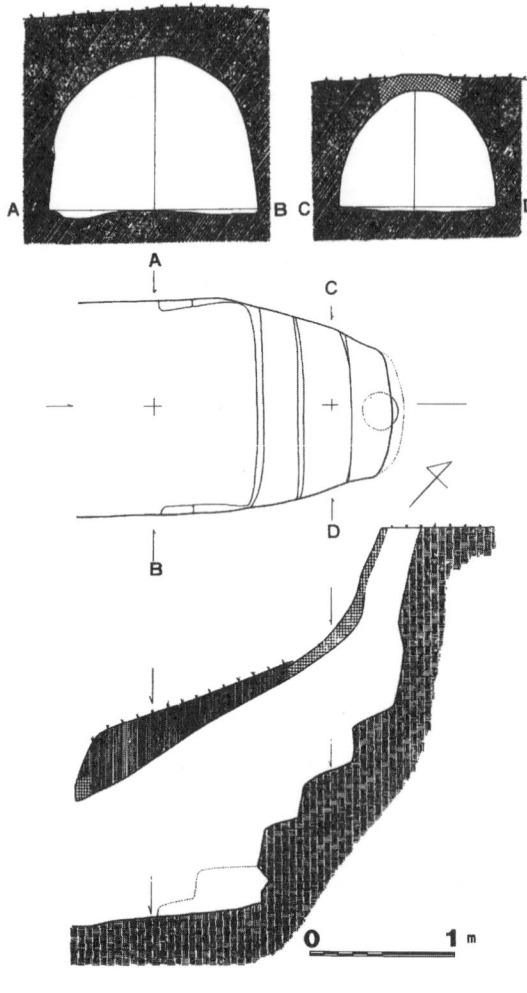

図9　有段窖窯実測図（1：50）

坂出市府中町前谷）に瓦窯跡が6基現存し、1基の有段窖窯は比較的保存状態がよいことを明らかにし、瓦窯跡から天平期以降の瓦が出土するとしている（図8）。

次いで昭和12年、岡田唯吉氏は「讃岐国分寺及全瓦窯跡」（岡田 1937）で、山内村（現高松市国分寺町）に属する瓦窯跡として、用水池築造のための掘り下げ断面付近に7、8基が存在していることを明らかにした。先の『史蹟名勝天然紀念物調査報告1』の瓦窯跡分布図では山内村には3基の瓦窯跡が記されていることから、全体では14〜15基の瓦窯跡が確認されたことになり、注目される。岡田氏は、昭和13年の『国分寺の研究』（岡田 1938）においても同様の記述をしており、福家惣衛氏も昭和17年の「内務省指定史蹟講話　国分寺、国分尼寺、屋島」（福家 1942）で同じ説明をしている。

その後、府中・山内瓦窯跡に関する研究は長らく中断していたが、昭和43年、松本豊胤氏は県内の瓦窯跡を概観する中で、『史蹟名勝天然紀念物調査報告1』で紹介された有段窖窯の詳しい実

測図を提示し、従来3段とされていた焼成段が5段であったことを明らかにした（図9）。しかし、松本氏はこの中で、国史跡に指定、保存されている瓦窯跡は1基であるとしている（松本 1968）が[5]、現状でも羽床正男氏宅地の東側崖面に窖窯2基とロストル窯2基が確認できる。

後述するように、府中・山内瓦窯跡については、安藤文良氏、川畑迪氏によって採集瓦の紹介、集成が行われたものの、遺跡としての瓦窯跡についてはその後も調査研究がほとんど行われておらず、国史跡でありながら瓦窯跡の数、分布状況、構造、変遷などの実態がほとんど明らかにされていない。

3. 出土瓦の研究

ここでは讃岐国分寺跡、国分尼寺跡、府中・山内瓦窯跡などの出土瓦に関する研究を紹介する。

讃岐国分寺跡・国分尼寺跡の出土瓦の研究は長町彰氏によって開始された（長町 1919）。長町氏は大正8年、讃岐国分尼寺跡から出土した八葉複弁蓮華文軒丸瓦KB104[6]（讃岐国分寺跡SKM18）、均整唐草文軒平瓦KB201A（同SKH01C）・KB201B（同SKH01B）・KB204・KB205、格子叩き目や縄叩き目をもつ平瓦の破片などを『考古学雑誌』に紹介している。

また、昭和6年、鎌田共済会郷土博物館の第6回展示に、法華寺所蔵の讃岐国分尼寺跡出土軒瓦4点が展示されている。陳列品解説（岡田 1931）の写真によれば、十六葉細素弁蓮華文軒丸瓦KB101・八葉複弁蓮華文軒丸瓦KB103B・KB104・均整唐草文軒平瓦KB203の各1点が認められる。

これらの瓦は天平期以後と考えられていたが、昭和9年に浪花勇次郎氏が讃岐国分寺跡で十葉単弁蓮華文軒丸瓦SKM23を採集した。この瓦は窪んだ小さな中房に1個の蓮子をもち、蓮弁の弁端が連弧状となってわずかに切れ込み、各蓮弁の中房近くに珠文をもつもので、浪花氏は昭和9年11月27日付の大阪毎日新聞、同年12月2日付け徳島毎日新聞に白鳳期の瓦として発表した（浪花 1974）。

しかし、岡田唯吉氏は昭和13年に刊行された『国分寺の研究』（岡田 1938）の中で、讃岐国分寺跡出土として八葉単弁蓮華文軒丸瓦SKM02A・八葉複弁蓮華文軒丸瓦SKM05・七葉複弁蓮華文軒丸瓦SKM07、均整唐草文軒平瓦SKH01B・KB205を紹介したが、浪花勇次郎氏が白鳳期とした十葉単弁蓮華文軒丸瓦SKM23は取り上げられなかった。

ところが、昭和16年に洲崎寺住職御城俊禅氏が新聞紙上に浪花氏と同意見を発表した（浪花 1974）ことによって、讃岐国分寺に先行する寺院の存在が注目されることとなった。昭和19年に飯塚・藤井氏が讃岐国分寺は以前からあった大寺の転用されたいわゆる「定額寺」ではないかとした背景に、浪花氏の採集した十葉単弁蓮華文軒丸瓦SKM23があったと考えられるのである。

また、松浦正一氏（松浦・和田 1953）、福家惣衞氏（福家 1965）とも、讃岐国分寺跡から国分寺造営期以前の瓦が出土していることを根拠に、前身寺院が存在していたとしている。松浦氏はその詳細を明らかにしていないが、福家氏は忍冬唐草文をもつ軒平瓦や白鳳式の瓦が出土していることを根拠にあげている[7]。

昭和42年、安藤文良氏は「讃岐古瓦図録」（安藤 1967）において、白鳳期から江戸時代に及ぶ県内93遺跡から出土した古瓦415点の拓本・実測図を発表した。これによって香川の古瓦の資料化

が一挙に図られ、以後の香川の瓦研究の基礎として高く評価されることとなった。讃岐国分寺跡については古代の瓦として十葉単弁蓮華文軒丸瓦SKM23・八葉複弁蓮華文軒丸瓦SKM01をはじめとする軒丸瓦17型式、均整唐草文軒平瓦SKH01Cなどの軒平瓦10型式、鬼瓦2点を紹介し、SKM23を白鳳期に比定している。また、鎌倉時代から江戸時代の軒瓦7点も紹介し、この中には高松藩主松平氏が国分寺修復に用いた「寛文」・「文化十三子年」などの紀年銘をもつ軒丸瓦も含まれている。

国分尼寺跡については十六葉細素弁蓮華文軒丸瓦KB101・均整唐草文軒平瓦KB201B（SKH01B）など奈良時代から平安時代の軒瓦7点と「屋」字の押印のある塼1点を、また、府中・山内瓦窯跡については八葉複弁蓮華文軒丸瓦KB103B・七葉複弁蓮華文軒丸瓦SKM07、均整唐草文軒平瓦KB201A（SKH01C）の3点を紹介している。

また、昭和49年、安藤氏は『古瓦百選―讃岐の古瓦―』（安藤編 1974）を編集・刊行し、讃岐国分寺跡、国分尼寺跡、府中・山内瓦窯跡を含めた讃岐の古瓦を写真で紹介したが、この中でも、浪花勇次郎氏は十葉単弁蓮華文軒丸瓦SKM23を白鳳期に比定し、中川重徳氏は八葉単弁蓮華文軒丸瓦SKM24Aを奈良時代に比定している。また、安藤氏は、讃岐国分寺跡出土八葉複弁蓮華文軒丸瓦SKM03Aの同范瓦が丸亀市宝幢寺跡から出土することを明らかにした。

これに対して、藤井直正氏は、十葉単弁蓮華文軒丸瓦SKM23・八葉単弁蓮華文軒丸瓦SKM24Aなど讃岐国分寺創建に先行するとされた瓦について、昭和53年に発表した「讃岐開法寺考」（藤井 1978）において、「弁の感じでは一見奈良時代前期のものとも見られるが、製作手法においては後代の模作であり、（中略）奈良時代後期をさかのぼるものではない。」として8世紀後半以降に比定し、天平13（741）年の国分寺建立の詔以前に同地にあった寺院が讃岐国分寺に転用されたという想定を否定した。

しかし、昭和58年に刊行された『新編香川叢書　考古編』（新編香川叢書刊行企画委員会 1983a）では、十葉単弁蓮華文軒丸瓦SKM23の蓮弁に珠文をもつことについて、蓮弁の先端に珠文を置くものが大阪四天王寺や奈良飛鳥寺などにみられ、それらがモデルになったと考えられるとして、八葉複弁蓮華文軒丸瓦、均整唐草文軒平瓦などの国分寺創建瓦より先行する可能性があるとした。また、八葉単弁蓮華文軒丸瓦SKM24Aは飯山町（現丸亀市）法勲寺に類例がみられることから今後に期待がもたれるとして、讃岐国分寺の創建瓦としたものより先行する可能性を示唆している。

また、安藤文良氏は昭和62年に刊行された『香川県史　資料編』（安藤 1987）において、十葉単弁蓮華文軒丸瓦SKM23、八葉単弁蓮華文軒丸瓦SKM24Aを共に白鳳期に比定した。

さらに、松本豊胤氏（松本 1987）はSKM23、SKM24Aが国分寺創建軒瓦と考えられる一群の瓦（SKM01・SKM03A・SKH01C）より先行する可能性があり、そうであれば、讃岐国分寺は天平13（741）年以前に伽藍の一部が存在していたことになるとしている。

このように、讃岐国分寺に前身の寺院が存在するか否かについて、大きな意見の対立が存在している。

一方、大塚勝純氏・黒川隆弘氏（大塚・黒川 1975）は昭和50年、讃岐国分寺跡・国分尼寺跡出土の、古代から近世にいたる瓦を写真で紹介した。古代の瓦に限っても、讃岐国分寺跡では軒丸瓦

16型式17種、軒平瓦16型式19種、鬼瓦3点、国分尼寺跡では軒丸瓦5型式5種、軒平瓦3型式5種、鬼瓦4点が紹介されており、この中には現在までの発掘調査でも出土していない軒瓦も含まれており、注目される。

　昭和62年、稲垣晋也氏（稲垣 1987）は南海道の古瓦を通観する中で、丸亀市宝幢寺跡八葉複弁蓮華文軒丸瓦HD101・HD102を藤原宮式とするとともに、讃岐国分寺跡八葉複弁蓮華文軒丸瓦SKM01の先行型式であるとした。また、均整唐草文軒平瓦SKH01Cについて、「東大寺式と似て非なる讃岐独特の対葉形均整唐草文」であり、「中心飾を対葉形宝相華文とする均整唐草文を飾っていて、大和・東大寺式に類似するけれども、外区を天星地水文とするのはむしろ古式である」と評価するとともに、十葉単弁蓮華文軒丸瓦SKM23を高句麗様式、八葉単弁蓮華文軒丸瓦SKM02Aを山田寺式とした。

　昭和63年、川畑迪氏は府中・山内瓦窯跡の出土資料として、八葉複弁蓮華文軒丸瓦KB103B・均整唐草文軒平瓦SKH01Cとともに、七葉複弁蓮華文軒丸瓦SKM07を紹介した（川畑編 1988）。

　一方、平成8年、高松市歴史資料館で「讃岐の古瓦展」が開催され、川畑聰氏はその図録（川畑 1996）の中で、讃岐国分尼寺跡など県内32ヶ所の古代寺院跡から出土した軒瓦に型式略号を与えて拓本・実測図で紹介した。図示された瓦はほぼ古代に限られたが、安藤文良氏の「讃岐古瓦図録」以後の出土資料も含めて県内出土の瓦を型式別に整理して網羅的に紹介したものであり、高く評価される。

4．発掘調査を主体とした研究
（1）讃岐国分寺跡

　昭和16年から18年にかけて、鎌倉時代の建立とされる国分寺の現本堂の解体修理が行われた際に、基壇についても一部発掘調査され、床下の盛り土の中から奈良時代の瓦が多数検出されたという（松本 1987）。これが讃岐国分寺跡における最初の発掘調査であるが、調査内容は公表されていない。発掘調査の具体的内容が記録として確認できるのは昭和52年度以後のことであり、平成23年度末までに42次にわたる発掘調査が実施された（図22、表9）。以下、その主なものについて概観する。

① 初期の発掘調査

　住宅の新・改築による現状変更許可申請が提出されたことに伴い、昭和52年度に指定地南部の2ヶ所（第1・2次調査）で発掘調査が実施された（国分寺町教育委員会 1978）。

　第1次調査は塔跡の約90m東にあたる2,066－2・4・5番地（A地区）で実施され、東西方向から南に直角に曲がる素掘りの溝などが検出された。溝からは宝珠形つまみをもつ須恵器坏蓋が出土したが、調査担当者は須恵器を溝の時期比定などに結びつけることはできないとしている。

　第2次調査は塔跡の南にあたる2,077－7番地（B地区）であるが、土地が削平されていたため、ここでも古代の讃岐国分寺に伴う遺構は確認できなかった。しかし、古瓦は豊富で、多数の丸瓦・平瓦のほか、七葉複弁蓮華文軒丸瓦SKM07・十六葉単弁蓮華文軒丸瓦SKM08・八葉単弁蓮華文軒丸瓦SKM09・十葉単弁蓮華文軒丸瓦SKM22・均整唐草文軒平瓦SKH01C・SKH09・SKH13などが

出土した。

　また、昭和55年度には、現仁王門から約25m西で家屋の建て替えに伴い第3次調査が実施され、調査地の北端で、仁王門から西に延びる江戸時代と考えられる築地状遺構が発見されるとともに、その下に重なって、布目瓦を多量に含む基壇状遺構も検出された。両者とも南辺部分がわずかに確認できたのみで、時期や性格を明確にすることはできなかったが、下層遺構は古い時期の築地あるいは回廊などの可能性が指摘され、注目された（渡部 1981）。

　昭和56年度には国分寺町教育委員会によって、はじめて寺域の確認調査も実施された（第4次調査）。この調査は、翌年度に予定されている史跡地の公有地化とその後の史跡整備を目的とした発掘調査のための試掘調査の性格をもつもので、直接的には、推定寺域の周辺に残る細長い地割りが讃岐国分寺の築地に関係するものか否かを確認するため、西辺のほぼ中央、北辺の中央やや東寄り、東辺の北端寄りにトレンチを設定して発掘が行われた。

　発掘調査の実績報告書（未刊）によれば、西辺トレンチでは南北に並行する2本の溝の間に上幅約2m、下幅約2.5m、高さ15〜20cmの基壇状遺構が検出された。北辺トレンチでは東西に走る幅約0.7m、深さ約10cmの溝を検出し、東辺トレンチでは南北に延びると思われる基壇状の高まりを検出したが、近世染付片が共伴したとして、その性格を明確にすることはできなかった。

　しかし、以上のことから、推定寺域の周辺に築地基壇にかかわる遺構が確認できたとして、今後は基壇外側の溝や基壇の時期、変遷などを確認するとともに、広い範囲を長期にわたって調査するために、座標軸にあわせた統一的な位置確認が可能となる地区割りが必要であるとしている。

　また、昭和56年度には現国分寺の東に隣接する宝林寺の建物増築に伴い、その敷地の西端部を発掘（第5次調査）したが、均整唐草文軒平瓦SKH01Cなどが出土したものの、遺構は検出されなかった（廣瀬 1982）。

② 国分寺町教育委員会の史跡整備事業に伴う発掘調査

　特別史跡讃岐国分寺跡の保存と活用は香川県教育委員会・国分町教育委員会の長年の課題であったが、国分寺町は昭和52年度に、指定地北辺部で提出された現状変更許可申請に係る土地595㎡をはじめて公有化した。これに続き、昭和55年度、56年度にも史跡地の公有地化が行われ、昭和57年度には讃岐国分寺の推定寺域北部を中心に18,737㎡を先行取得し、公有地化が一挙に進んだ。これに伴い、国分寺町教育委員会は公有化した史跡地の整備を目的として、昭和58年度〜61年度及び平成3年度に発掘調査を実施するとともに、その成果にもとづき、昭和62年度から平成6年度に

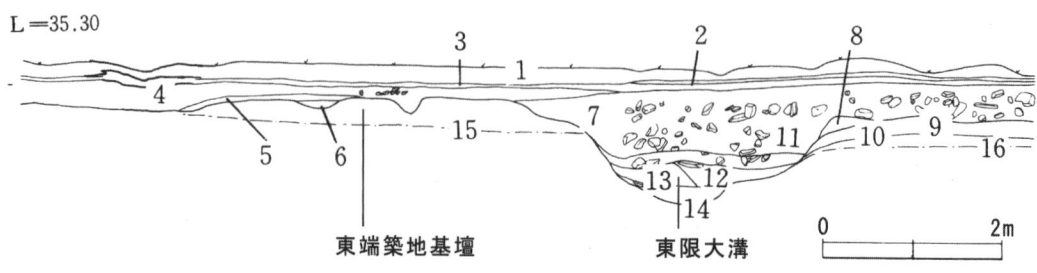

図10　東端築地基壇・東限大溝断面図

かけて、埋め戻した遺構の地上表示や僧坊跡礎石の覆屋建設、築地塀の部分的復元、縮尺1/10の石造伽藍模型の設置、資料館の建設などの整備事業を行った。

〈昭和58年度の調査（第6次調査）〉　讃岐国分寺の推定寺域には東・西・北の三方に幅3〜4mの細長い地割りが残っており、昭和56年度の発掘調査で北・西には築地基壇がめぐることが確認されたが、東側が不明確であったことから、東端築地基壇を含むと考えられる指定地の東北端部で発掘調査が行われた。

　その結果、指定地東辺から約10m西で創建時のものと考えられる南北の溝とその西側に築地基壇が並行して検出され、寺域東側の築地と溝の位置が明らかになった（図10）。また、築地基壇の内外に沿って古代の瓦が多数出土したが、その中に「國分金光明圀」とヘラ書きされた丸瓦が出土して、この地が讃岐国分寺跡であることが確定した。さらに、東端築地基壇は指定地東北端で西に曲がり、北端築地基壇の南縁部も確認できた。

　一方、東端築地基壇・東限大溝の外側から巴文軒丸瓦が出土したことから、寺域の東側が中世に拡張されたとした（国分寺町教育委員会 1984）。

〈昭和59年度の調査（第8・9次調査）〉　昭和58年度に東端築地跡・東限大溝を検出したことから、東大門の確認と講堂跡（現本堂）の東方における建物の有無などを確認するための発掘調査を

図11　講堂跡東方地区遺構配置図

実施した。

　59年度からの発掘調査にあたっては、寺域東北の国土座標系第Ⅳ系X＝144330、Y＝41330を基準点として、讃岐国分寺の推定寺域を国土座標系に従って60m方眼で区分し、これを中地区として東北隅（A）から南西隅（Y）までアルファベット表示した。また、それぞれの中地区を3m方眼の小地区に区分し、東北隅を起点として南北をアルファベット（A～T）、東西を二桁の数字（00～19）で表示した。これによって、各所の位置を確定するとともに、統一した呼称で表現できるようになった。

　寺域東辺中央部（第8次調査）では、水田造成時に削平されており、東大門跡は検出できなかった。また、講堂跡東方地区（第9次調査）では推定伽藍中軸線から東に65m離れて3間×2間、天平尺で柱間7尺の南北棟の礎石建物跡（SB02）が検出され（図11）、鐘楼跡と推定された。建物の方位は東端築地跡・東限大溝と同じく、北から西に約2°振れており、現国分寺の仁王門と本堂の建物の中心を結ぶ線にほぼ平行していることも確認された。

　出土瓦については、軒丸瓦13型式15種、軒平瓦13型式16種が出土したが、59年度から、軒丸瓦はSKM、軒平瓦はSKHの頭記号を付し、新型式と認定した順に二桁の番号を与え、同一型式内

図12　讃岐国分寺創建期最古の軒瓦（SKM01－SKH01A、1：4）

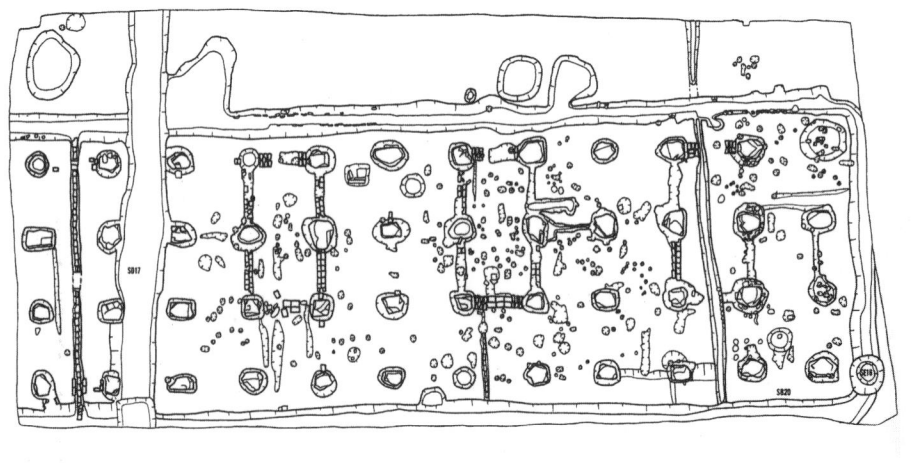

図13　僧坊跡東部の遺構図

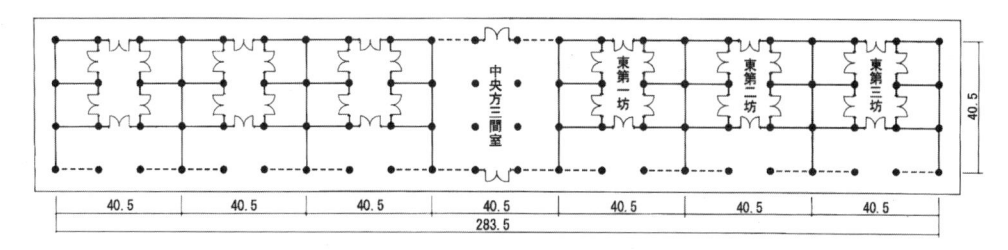

図14 讃岐国分寺僧坊の全体復元平面図（数値は天平尺、1:700）

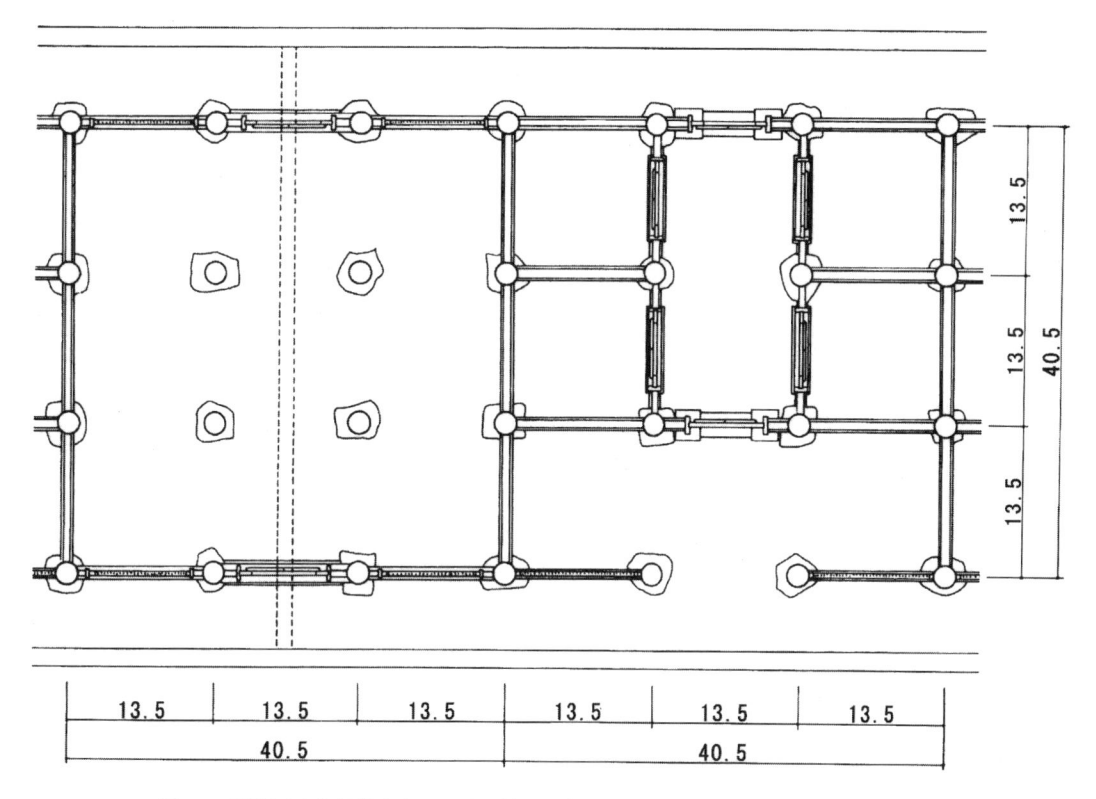

図15 讃岐国分寺僧坊中央三間室（食堂？）と東第一坊（数値は天平尺、1:200）

での異種（同文異笵）は大文字のアルファベットで、同じ笵の彫り直しは小文字のアルファベットを付して型式略号で統一的に表示することとなった。

このうち、創建軒瓦と考えられる均整唐草文軒平瓦SKH01について、文様細部の違いからA・B・Cに細分でき、A→B→Cの順に文様が崩れているとして、若干の時期差を想定している。

また、軒丸瓦では八葉複弁蓮華文軒丸瓦SKM01の文様が最も整っており、伽藍中枢部の瓦の組み合わせがSKM01－SKH01A（図12）である可能性が考えられること、均整唐草文軒平瓦SKH01は軒平瓦全体の52％出土しているが、軒丸瓦についてはSKM01が11％、八葉単弁蓮華文軒丸瓦SKM02Aが15％、八葉複弁蓮華文軒丸瓦SKM03Aが15％、八葉単弁蓮華文軒丸瓦SKM04が16％

であり、その総数がSKH01の割合に近似するので、SKH01はこの4型式の軒丸瓦と組み合うことが想定された。

さらに、平安時代中期（10世紀）の瓦の組み合わせとして七葉複弁蓮華文軒丸瓦SKM07－均整唐草文軒平瓦SKH05Aが考えられるとしている（松尾 1985a）。

〈昭和60年度の調査（第10次調査）〉

昭和60年度には講堂跡（現本堂）の北に位置する僧坊跡（SB20）の東半分が発掘調査されるとともに、僧坊跡の規模を確定するため、その西端の礎石も調査された。

その結果、僧坊跡は桁行21間×梁間3間、柱間は天平尺で各13.5尺、全体で東西283.5尺（約84m）×南北40.5尺（約12m）の大規模な礎石建物であることが明らかになった（図13・14）。また、桁行方向の中央の柱間（中央間）には、底に平瓦を並べ、両岸を塼・丸瓦・平瓦で護岸した溝が中央を南北に通り、僧坊基壇の南・北を東西に走る溝につながる。この南北溝は僧坊跡の南北中軸線をなすが、これは金堂跡の中心点と現本堂（講堂跡）の中心点を結ぶ推定伽藍中軸線と完全に一致するとともに、現仁王門もこの線上にのっている。この伽藍中軸線は西に2°振れており、東端築地跡や鐘楼跡の中軸線とも合致することから、讃岐国分寺の地割り方位が確定した。

中央間から東へ3・6・9番目の柱間（東3・6・9間）には凝灰岩切石と塼で礎石間を結ぶ地覆が残っていた。しかし、中央間にはこのような地覆がみられず、溝の正面柱通りではこの溝の両岸を塼で護岸し、背面柱通りでは塼で溝に蓋をしていること、しかも中央間の正面柱通りの東側礎石の際

図16 讃岐国分寺における軒瓦の組合せ（1:4）
1：8世紀中頃（SKM03A－SKH01A）
2：9世紀中頃（SKM05－SKH03）
3：10世紀中頃（SKM07－SKH05A）

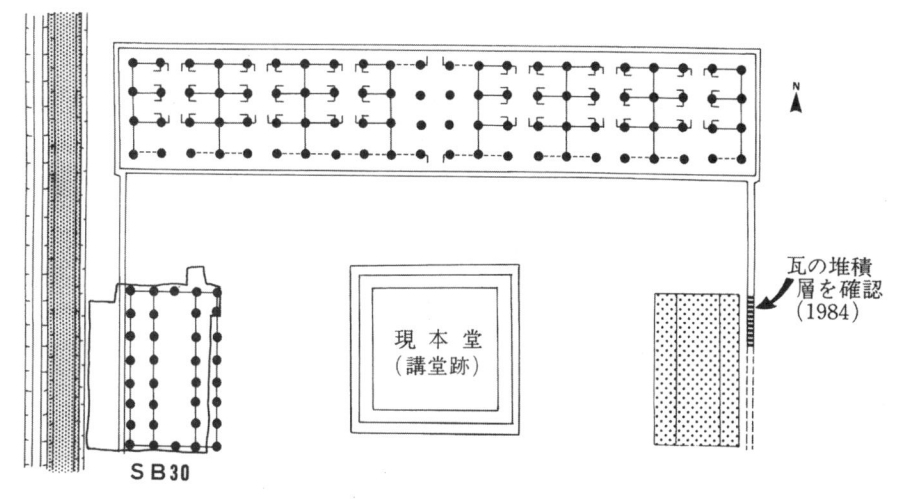

図17　講堂跡付近建物配置図（約1：1,000）

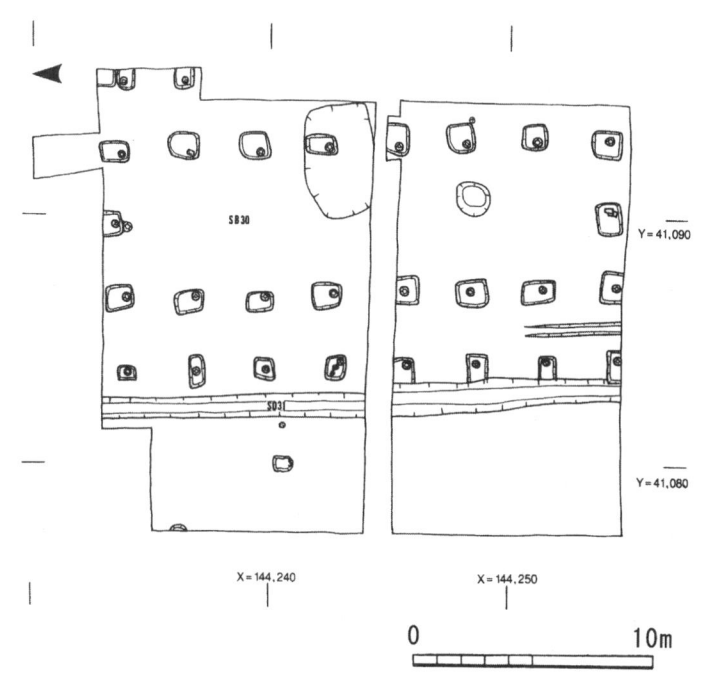

図18　講堂跡西方地区（SB30）遺構図

に凝灰岩切石と塼が地覆状に並び、背面柱通りでも東側礎石の際に凝灰岩切石と塼が残り、溝の西側床面上にも凝灰岩切石が残っていることから、中央間の正背面の柱通りには凝灰岩切石と塼で地覆を作り、その上に木製の地覆を置いて扉口としたと考えられ、中央3間を1室として食堂にあてていた可能性が高いと考えられた（図15）。

東3・6・9間では、桁行方向（東西）の地覆は北側柱筋と南から2列目の柱筋にあり、東西の礎石からそれぞれ70cmまでの部分に前後3個ずつ2列、合計6個の台形の塼を深く埋め込み、唐居敷座としている。さらに、その上に木製の唐居敷を置いて扉を吊り込んでいたようである。唐居敷に挟まれた中央部には凝灰岩切石を2列に3個ずつ敷いている。凝灰岩は摩滅が著しく、通路であったと考えられるが、台形の塼（唐居敷座）よりも高く据えていること、中央幅12cmは全く摩滅していないことから、ここには木製の唐居敷を置かず、直接蹴放（けはなち）を置いたと考えられている。また、柱間の地覆石の長さが1.4mほどで、柱間の約1／3にあたり、唐居敷と柱との間があくことから、そこに土壁の小脇壁があったと考えられた。

一方、梁間方向（南北）の地覆は北2間分の礎石間にあり、それぞれの礎石間に凝灰岩切石を2列に並べ、礎石近くの切石には切り欠きをつくって縦材の枘穴としている。凝灰岩切石の両角は摩滅するが、上面の幅約40cmに風化の少ないところがあり、この上に木製地覆を置き、扉を吊込んだと想定された。

　このように、東3・6・9間は、それぞれの南から2列目の柱筋と北側柱筋に扉を設けて通路としていることから、東西に3間を単位とする坊が3坊連なっていたことがわかるとともに、通路両側の北2間分の柱間にも扉をつけていることから、後方の2間の通路両側に4室を設けていたことも

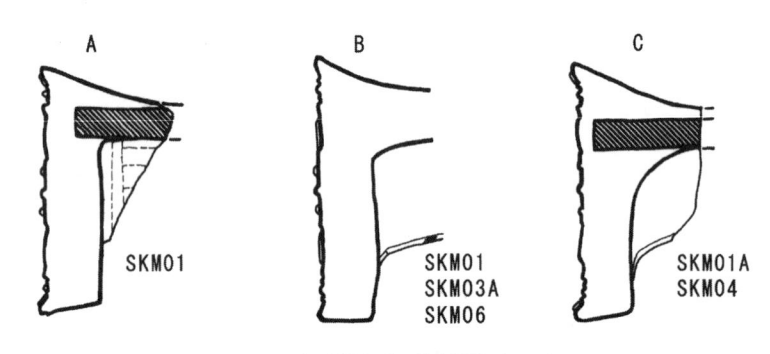

図19　創建期軒丸瓦断面図（1：5）

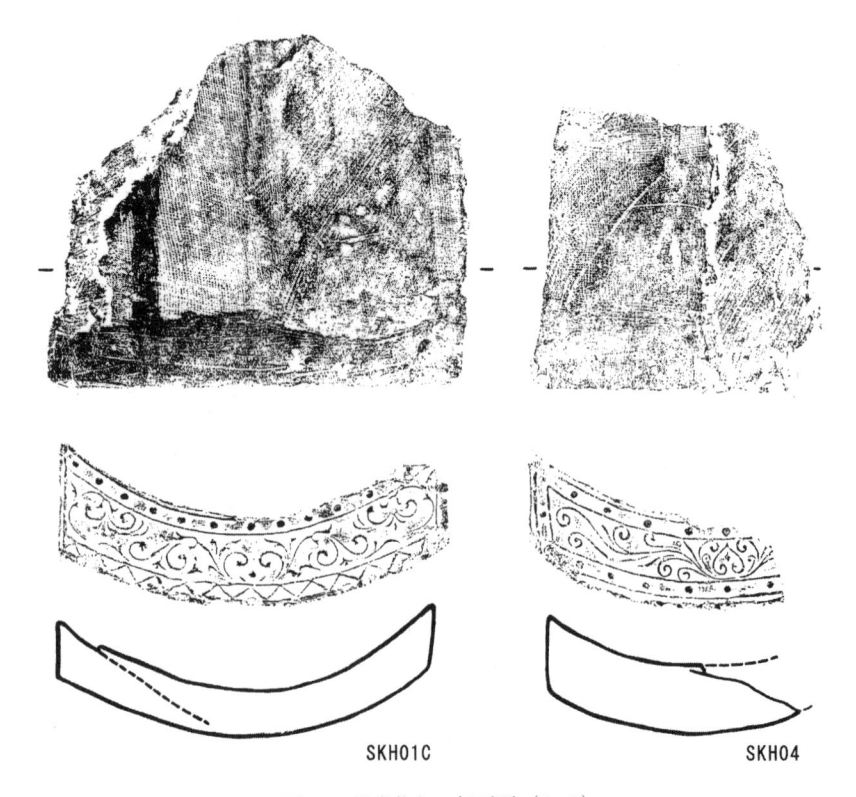

図20　桶巻作りの軒平瓦（1：5）

表1　讃岐国分寺主要堂塔の規模

建物種類	柱間寸法 桁行	柱間寸法 梁行	1尺＝0.296cm 基壇の規模
金　堂	12+13+14+16+14+13+12 94尺	12尺×4間 48尺	118尺×72尺（推定） 過去に雨水によって地面が削られ、塼積基壇が確認されている。
塔	11+12+11=34尺	34尺	60尺四方（推定）
講　堂	10+10+12+13+12+10+10 77尺	10+11.5+11.5+10 43尺	不　明
僧　房	13.5尺×21間=283.5尺	13.5尺×3間=40.5尺	297尺×54尺
鐘　楼	7尺×3間=21尺	7尺×2間=14尺	30.5尺×24尺
掘立柱建物	10尺×7間=70尺	10尺×4間=40尺	但し、1尺=0.294cm
中　門	10+13+10=33尺	10尺×2間=20尺	不　明
南大門	不　明	不　明	不　明
回　廊	不　明	基壇から12.5～13R程度	幅22尺
築　地	寺域は外溝の中心で東西220m、南北240m		本体基底幅6尺　基底部幅15尺

表2　讃岐国分寺跡年度・地点別軒瓦出土点数一覧

型式	58 東限築地周辺	59 東大門推定地	59 SB02周辺	59 SB02西方	60 SB20僧房跡	61 SB20北方	61 SB20周辺	61 西端・北端築地	61 SB30周辺	61 北西隅回廊跡	3 南東隅回廊周辺	3 南限大溝周辺	計
SKM01	0	0	7	1	5	0	1	0	0	1	0	0	15
02A	0	4	7	0	24	0	7	0	0	1	0	2	45
02L	0	2	0	0	1	0	0	0	0	1	0	0	4
03A	1	3	5	2	29	1	22	1	1	0	0	0	65
03L	1	1	1	0	0	0	0	0	0	0	0	0	3
04	1	5	4	2	21	2	6	0	0	3	0	0	44
05	1	1	2	1	3	3	1	0	1	1	1	0	15
06	0	1	0	2	10	1	6	0	0	0	0	0	20
07	0	3	5	2	12	0	0	1	0	5	0	0	28
08	0	0	1	0	9	0	6	0	1	0	0	0	17
09	0	1	1	0	9	2	7	0	0	0	6	1	27
10	0	0	0	1	1	1	0	0	0	0	0	0	3
11	0	0	0	0	2	0	0	0	0	0	0	0	3
12	0	0	1	1	2	0	1	0	0	0	0	0	5
13	0	1	0	0	0	0	0	0	0	0	0	0	1
14	0	0	1	0	7	0	0	0	0	0	0	0	8
15	0	0	0	0	1	1	3	0	0	6	0	0	11
16	0	0	0	0	1	0	0	0	0	0	0	0	1
17	0	0	0	0	2	0	2	0	0	0	0	0	4
18	0	0	0	0	0	0	0	0	0	0	0	0	0
19	0	0	0	0	0	0	2	0	0	0	0	0	2
20	0	0	0	0	1	0	1	0	0	0	0	0	2
21A	0	0	0	0	1	0	0	0	0	0	0	0	1
21R	0	0	0	0	0	0	2	0	0	0	0	0	2
22	0	0	0	0	3	0	0	0	0	0	0	0	3
23	0	0	0	0	0	1	1	0	0	0	0	0	2
24A	0	0	0	0	0	0	1	0	1	0	0	0	2
24B	0	0	0	0	0	0	0	0	4	0	0	0	4
25	0	0	0	0	1	0	1	0	2	0	0	0	4
軒丸瓦 計	4	22	35	13	148	12	68	2	10	9	16	3	342

型式	58 東限築地周辺	59 東大門推定地	59 SB02周辺	59 SB02西方	60 SB20僧房跡	61 SB20北方	61 SB20周辺	61 西端・北端築地	61 SB30周辺	61 北西隅回廊跡	3 南東隅回廊周辺	3 南限大溝周辺	計
SKH01A	4	3	4	4	40	3	29	3	6	0	0	0	96
01B	2	5	15	1	50	4	15	4	4	0	10	4	114
01C	10	9	8	1	56	5	12	1	1	1	1	2	107
01D	0	0	0	0	0	0	1	0	0	0	0	0	1
02	0	0	2	1	0	0	3	0	0	0	0	0	6
03	4	3	3	8	17	3	13	1	5	1	0	0	88
04	0	0	1	1	1	0	1	0	0	0	0	0	4
05A	1	7	9	1	37	3	4	1	1	5	0	1	70
05B	0	0	1	0	1	0	1	0	0	0	0	0	3
06	0	0	0	0	1	1	0	0	0	1	0	0	4
07	0	1	1	0	5	0	5	0	3	0	0	0	15
08	0	23	0	0	5	0	7	0	1	0	0	0	15
09	0	6	1	0	1	2	1	0	0	0	0	0	11
10	0	2	0	0	4	0	2	0	0	0	0	0	8
11	0	2	0	0	0	0	0	0	0	0	0	0	2
12	0	0	0	1	4	1	1	0	8	0	1	0	16
13	0	0	0	1	0	0	5	0	0	0	0	1	8
14	0	0	0	0	3	0	3	0	0	0	0	0	6
15	0	0	0	0	3	0	0	0	0	0	0	0	3
16	0	0	0	0	2	1	1	1	4	0	0	0	9
17	0	0	0	0	6	3	0	0	1	0	0	0	10
18	0	0	0	0	1	0	1	0	0	0	0	0	2
19	0	0	0	0	0	0	1	0	0	0	0	0	1
20	0	0	0	0	1	0	0	0	0	0	0	1	2
21	0	0	0	0	11	0	0	0	0	0	0	0	11
22	0	0	0	0	10	0	0	0	0	0	0	0	10
23	0	0	0	0	1	0	0	0	0	0	0	1	2
24	0	0	0	0	0	0	0	0	0	0	0	1	1
軒平瓦 計	21	38	48	20	300	26	96	12	34	9	12	9	625

明らかになった。各坊の前方2間は坊境を土壁で仕切って正面柱通りに蓮子を立てるなどして、各坊ごとに昼間の居住などに使用したと想定された。したがって、讃岐国分寺の僧坊は中央に3間×3間の食堂をもち、左右に各12室、合計24室あったことになる。隣坊と坊内の仕切りは土壁であったと考えられ、床束石が全く検出されなかったことから、土間のまま使用されたと考えられた（岡田 1986）。

僧坊跡では、軒丸瓦のうち八葉複弁蓮華文軒丸瓦SKM03Aが最も多く出土し、均整唐草文軒平瓦SKH01Aとともに南雨落溝に集中する傾向が認められたことなどから、僧坊創建時にはSKM03A－SKH01Aが主要な組み合わせであった可能性が高いとしている。

また、軒瓦の年代については、『続日本紀』の記事などから天平勝宝8（756）歳には讃岐国分寺が完成したといわれていることから、8世紀中頃を創建年代と仮定し、SKM03A－SKH01Aを8世紀中頃に比定した。さらに、八葉複弁蓮華文軒丸瓦SKM05－均整唐草文軒平瓦SKH03を9世紀中頃に、七葉複弁蓮華文軒丸瓦SKM07－均整唐草文軒平瓦SKH05Aを10世紀中頃に比定した（図

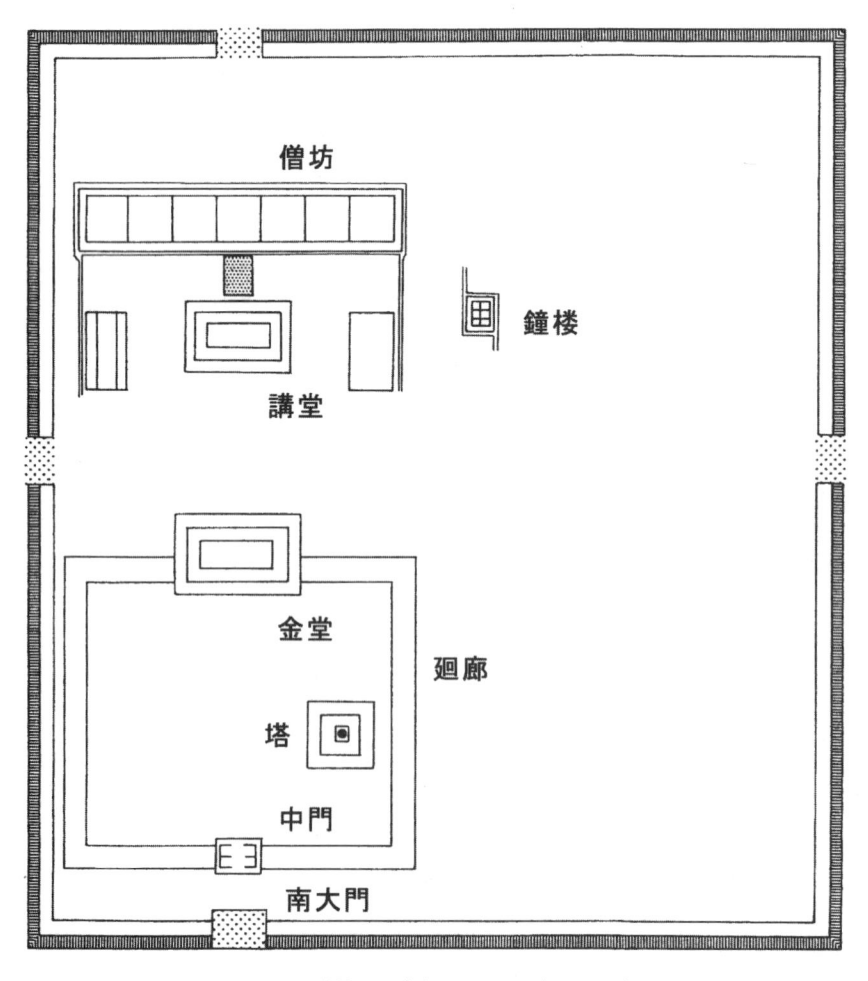

図21　讃岐国分寺伽藍配置図（1：2,000）

16)。こうした瓦の年代観などを用い、僧坊は9世紀中頃に修理工事が行われ、10世紀中頃に最終の改築が実施され、10世紀末〜11世にはその機能を停止していた可能性が高いとしている。

軒瓦以外では、土坑（SK830）からまとまって出土した須恵器・土師器を奈良時代末〜平安時代初期のものとして紹介するとともに、白銅製火舎香炉の獣脚・金銅製仏具受皿、京都洛北・亀岡篠・近江系などの緑釉陶器、円面硯・猿面硯などを紹介している（松尾ほか 1986）。

〈昭和61年度の調査（第11次〜13次調査）〉　昭和61年度には北端築地跡、西端築地跡、僧坊跡北方、僧坊西半部の周縁部（以上第11次調査）、講堂跡（現本堂）西方の掘立柱建物跡（第12次調査）、回廊跡（第13次調査）などが発掘調査された。掘立柱建物跡以外はトレンチ調査である。僧坊跡北方では古代の讃岐国分寺に伴う遺構は検出されなかったが、僧坊跡東半部の北方にあたる指定地北端では、昭和58年度に確認した北端築地基壇の延長線上で基壇南縁部が検出された。

また、僧坊跡北西と金堂跡南西にあたる推定寺域西辺部では、西限大溝と基底幅4.4mの築地基壇を検出し、金堂跡南西と西では中門から金堂に取りつく回廊基壇の西面部・北面部を検出した。西面回廊・北面回廊とも基壇幅約6m、北面回廊は金堂の前方2間にとりつき、内外面に雨落溝をもつが、西面回廊の外側雨落溝は明確でない。

僧坊跡西半部の周縁部では僧坊基壇を囲む雨落溝が検出されるとともに、南西隅雨落溝から南流する溝も確認できた。昭和59年度の調査と併せて、僧坊から南に排水する溝が左右対称に配置されていたことが明らかになった（図17）。

講堂跡西方では7間×4間の南北棟の掘立柱建物跡（SB30）が検出された（図18）。柱間は天平尺で10尺等間であり、桁行20.6m、梁間11.76mとなる。この建物は西側庇柱筋が僧坊の西側妻柱筋と一致し、柱掘形から奈良時代後期の須恵器坏蓋片が出土していることから、僧坊などとともに計画的に建てられたとしている。

また、僧坊の南西隅から南流する溝がこの建物の西庇の柱掘形を切っており、この溝が機能を停止した10世紀後半以前に建物は廃絶したと考えている。

一方、昭和59年度の調査で講堂跡東方で瓦の堆積を確認しており、伽藍中軸線に対称に同規模同構造の建物が建っていたとすれば、三面僧坊に近い配置をとることになるとしている（図17）。

以上により、創建期讃岐国分寺の寺域は東西が220m（2町）であり、伽藍中軸線は寺域の西辺から東へ1/4のところに位置することが確定するとともに、西面回廊を中軸線で折り返すと、塔は回廊内に収まり、讃岐国分寺の伽藍配置は筑前・筑後・肥前国分寺など西海道諸国に多い大官大寺式となることが明らかになった。

出土瓦については、軒丸瓦の製作技法が検討された。瓦当と丸瓦の接合式で、丸瓦部が瓦当裏面の比較的高い位置にとりつき、少量の補強粘土を内外面に施すものをA技法とし、「蒲鉾状型木」による1本作りで丸瓦部が瓦当裏面の比較的高い位置にとりつくものをB技法、接合式で丸瓦部が瓦当裏面の低い位置にとりつき、補強粘土を内外面とも多量に施すものをC技法として（図19）、A技法はSKM01に認められ、B技法はSKM01・SKM03A・SKM06に、C技法はSKM02A・SKM04に認められ、A技法・B技法がC技法に先行するとした。

また、八葉複弁蓮華文軒丸瓦SKM06は製作技法および瓦当文様から、創建期までさかのぼる可

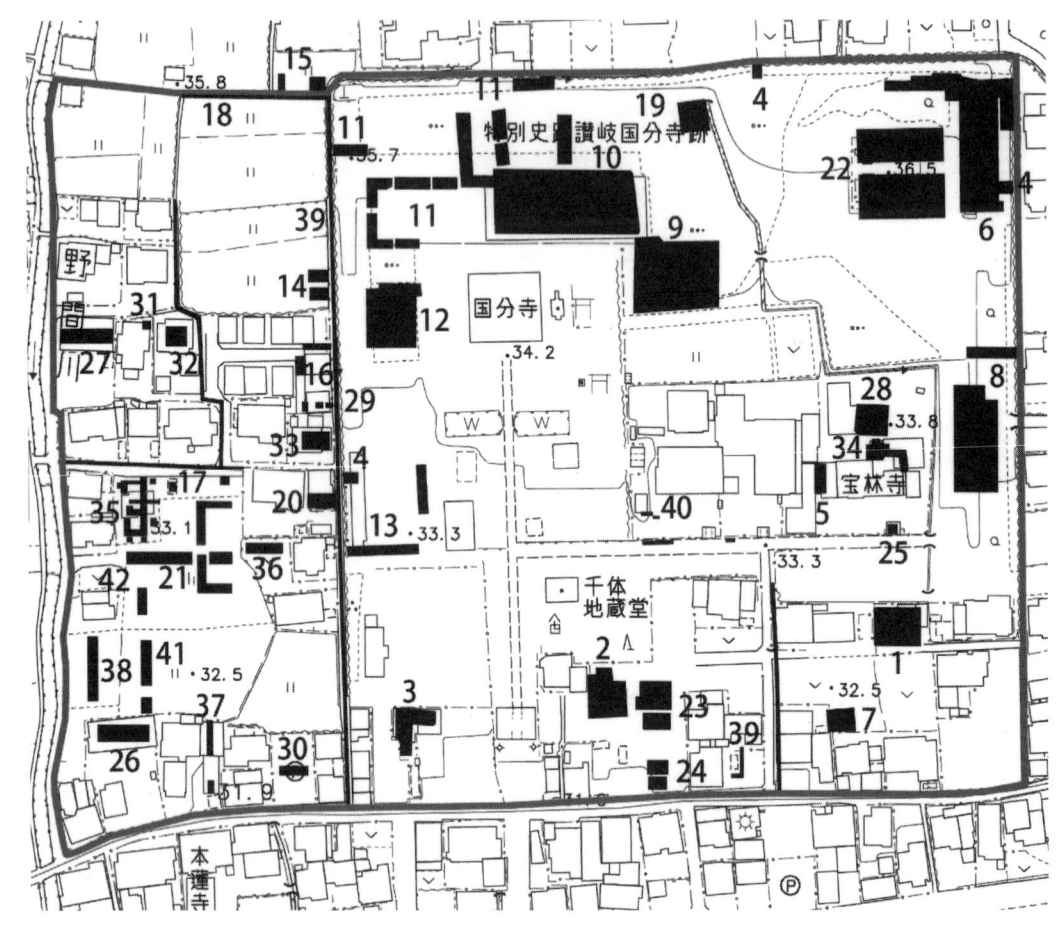

図22　讃岐国分寺跡における発掘調査位置図（数値は調査次数、1：2,500）

能性が強いとしたが、国分寺造営以前とする説のある十葉単弁蓮華文軒丸瓦SKM23・八葉単弁蓮華文軒丸瓦SKM24A・24Bについては出土量が少なく、今後の検討を要するとしている。

　一方、平瓦については、SKH01C・SKH04に粘土板の接合痕が認められる（図20）ことから、讃岐国分寺では奈良時代から平安時代前期まで桶巻作りが主流を占めた可能性があるとした。また、鬼瓦については周縁が無文であり、巻毛の表現法など平城宮を中心とした宮廷様式に近いとしている。このほか、二つの土坑（SK25・26）から出土した土師器・黒色土器・須恵器を紹介し、11世紀代に比定している（松尾 1987）。

〈平成3年度の調査（第22次～24次調査）〉　平成3年度には、讃岐国分寺石造伽藍模型の設置を予定していた寺域北東部での遺構の有無（第22次調査）、塔跡南東部での回廊跡の検出（第23次調査）、寺域南端部での南限大溝・南端築地基壇の確認（第24次調査）を目的として発掘調査が実施された。

　寺域北東部においては、遺構は散漫であったが、平安時代後期と考えられる炉跡・柵跡が検出され、小規模な鍛冶工房的な施設の存在が考えられた。

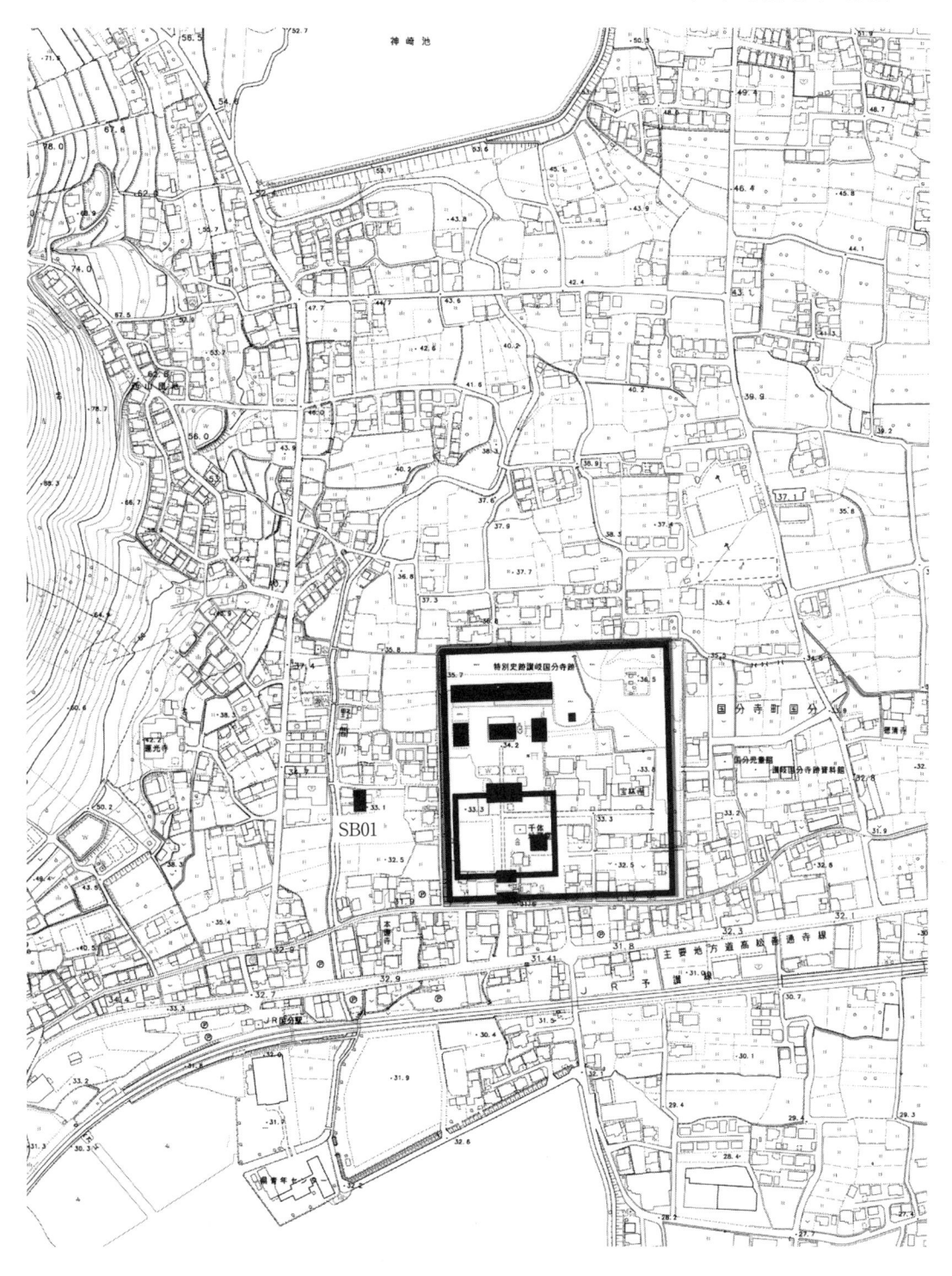

図 23　讃岐国分寺の伽藍・SB01 と周辺地形（1：6,000）

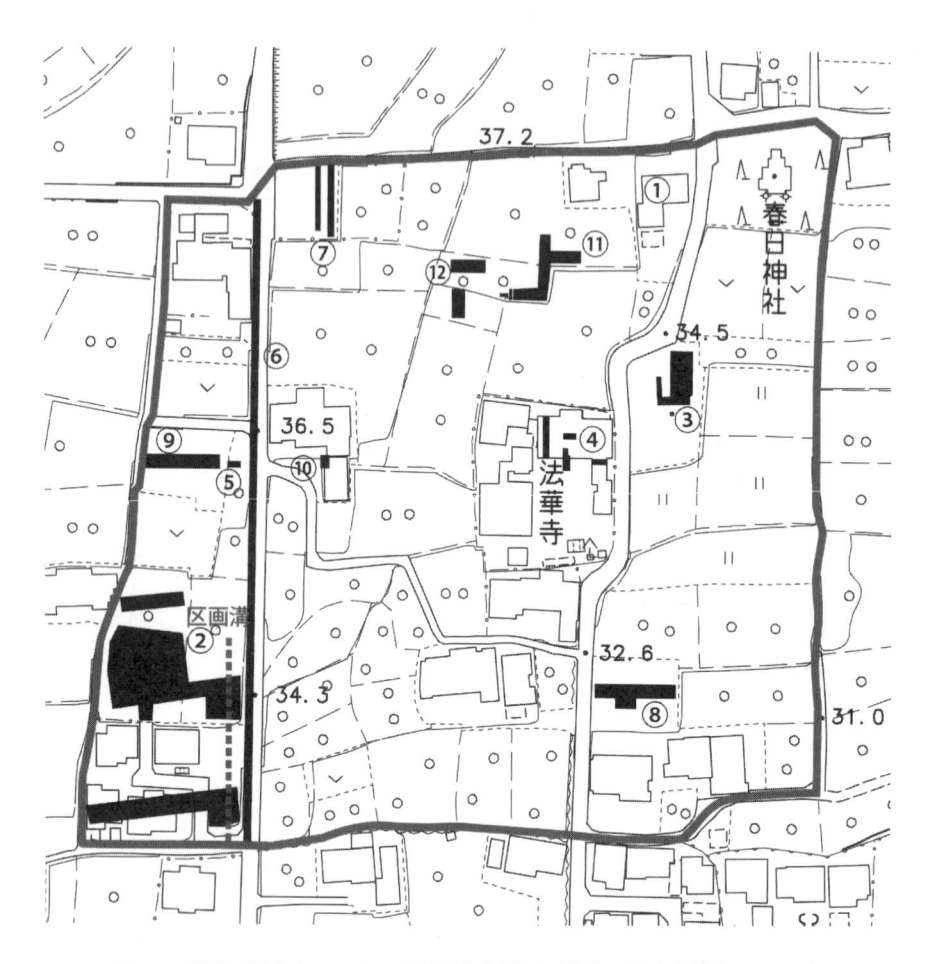

図24　讃岐国尼寺跡における発掘調査位置図（数値は調査次数、1：2,000）

　塔跡南東部では、西面回廊を伽藍中軸線に対して東に折り返した位置で、基壇の内外に伴うとみられる雨落溝が検出されたことから、幅6.3～6.4mの基壇の存在が明らかになった。
　また、その南の寺域南端部と考えられる位置で、奈良時代から平安時代の瓦や11世紀代の土器を含む東西の溝が検出され、その約5m北に東西に続く瓦の堆積が認められた。溝の外側肩部は近世の溝と重複し、削平されていたが、復元すると幅約3.3m、深さ0.6mとなり、堆積した瓦は奈良時代のものを主体としている。築地基壇は削平されていたが、溝と瓦の堆積の間に築地基壇があった蓋然性が高いことから、検出された溝を南限大溝として、讃岐国分寺の寺域の南北が240mであったとした。
　以上のように、昭和58年度から実施された発掘調査によって、讃岐国分寺は、寺域の西寄り1／4のところに伽藍中軸線をおき、南から北へ南大門・中門・金堂・講堂・僧坊が並び、中門と金堂をつなぐ回廊をもつとともに、金堂の東南、回廊の内部に塔を配し、講堂の東西に掘立柱建物を、東側掘立柱建物の東に鐘楼を配した伽藍（図21）を復元することができるとともに、それぞれの建物等の規模についても、礎石などから表1のように復元した。

昭和58年度からの発掘調査の結果、讃岐国分寺跡では古代に限っても25型式29種の軒丸瓦と21型式25種の軒平瓦が出土し、多様な軒瓦が大量に用いられていたことが明らかになった（表2）[8]。讃岐国分寺は鐘楼・築地など主要堂塔以外の建物も瓦葺きであり、大量の瓦を必要とした国分寺であったとしている。また、創建時の軒平瓦・平瓦は桶巻作りが主流を占めており、平瓦は全長約36cmで平均的な大きさであるが、丸瓦は筒部長約27.5cmのものが主流を占め、比較的短いことも指摘されている（松尾 1992）。

　以上の国分寺町教育委員会による讃岐国分寺跡の発掘調査については、平成8年に刊行された保存整備事業報告書（松尾ほか 1996）の中でまとめて紹介されている。

③ 史跡整備事業以後の発掘調査

　国分寺町教育委員会では昭和63年度以降、史跡指定地内での現状変更に伴う小規模な発掘調査が増加したが、その多くは寺域の西側約1町に広がる地区であった。この地区では平成23年度までに19件の確認調査が実施されている（図22・表9）。昭和63年度の第16次調査で、古代と考えられる新型式の軒平瓦が1点出土する[9]とともに、平成17年度に指定地南西端部で実施された第35次調査で、桁行7間、梁間2間以上（18.48m×5.3m以上）の規模をもつと考えられる南北棟の掘立柱建物跡（SB01）が検出された（図23）。この掘立柱建物跡の主軸方向は、讃岐国分寺の南北方向と一致しないが、伽藍と比較的近い方位をもつこと、建物規模が大きいこと、方形の掘形をもつこと、掘形の埋土から讃岐国分寺軒丸瓦SKM06の可能性のある小片や丸瓦、平瓦が出土していることなどから、古代の讃岐国分寺に関連する建物と考えられ、注目された（渡邊 2007a）。

　この報告書の中で、調査者である渡邊誠氏は讃岐国分寺伽藍周辺の土地利用のあり方を検討し、讃岐国分寺の全体的な解明が必要であることを述べている。渡邊氏は、須田勉、山路直充氏の呼称（須田 1994、山路 1994）に従い、いわゆる七堂伽藍が配置される空間を伽藍地、大衆院・政所院・倉垣院（正倉院）・薗院などの付属院が展開する空間を付属院地とし、伽藍地と付属院地を合わせて寺院地と呼ぶとともに、寺院地外の隣接地に展開する関連施設や空間を寺地としたうえで、付属院が伽藍地の北側を中心に東西方向を取り囲むように配置される場合が多いとして、讃岐国分寺伽藍地の北・西側の平坦地、さらには東側の平坦地に付属院が展開する可能性を指摘している。

　同時に、渡邊氏は、明治期の地籍図から作成された土地利用図に、讃岐国分寺の東西築地塀から地割り線が北に延びており、条里と国分寺の造営を考える上で興味深いと述べている。

　さらに、この報告書の中で、讃岐国分寺から東北1km足らずの山裾部にあるロストル式平窯2基（如意輪寺窯跡）も報告された。この窯は平成10年に発見され、翌年に発掘調査されたもので、窯内から平瓦片、黒色土器が出土したほか、この瓦窯に伴うと考えられる八葉複弁蓮華文軒丸瓦1・八葉単弁蓮華文軒丸瓦2・均整唐草文軒平瓦3が周辺から採集されている（松本 2000、蔵本 2005）。瓦窯の詳細をはじめて公表した蔵本晋司氏は、これらと同文の軒瓦が十瓶山窯にあり、その製品が讃岐国府の附属寺院である坂出市開法寺や京都市鳥羽離宮などから出土していることから、讃岐国衙と関係のある消費地である国分寺あるいは国分尼寺の瓦として焼成された可能性を指摘した（蔵本 2005）。

　これに対して報告者の渡邊誠氏は、軒瓦の文様の変化や平瓦の調整の簡略化などから、如意輪寺

窯は十瓶山窯より新しく、12世紀前葉以降に位置づけるとともに、こうした小規模な造瓦集団の出現もしくは十瓶山窯の集団の分節は、平安京での修造・造寺が一段落した後、讃岐国内の寺院の修造や造寺に伴う瓦の需要の増加によって起こった結果であるとしている（渡邊 2007a）。

一方、平成12年には大阪府八尾市小坂合遺跡から八葉複弁蓮華文軒丸瓦SKM03A・均整唐草文軒平瓦SKH09の出土が報告される（駒井ほか 2000）とともに、同市東郷遺跡（奥ほか 1989）でもSKH09が出土していたことが明らかにされた。両者とも讃岐国分寺跡出土品と同笵とされ、SKM03Aは笵傷の進行状態から、讃岐国分寺に供給を開始してしばらく後に小坂合遺跡にもたらされたと想定している。

また、平成20年には、梶原義実氏が横置型一本作り軒丸瓦の製作技法を全国的に研究する中で、讃岐国分寺では、瓦当部はいずれも積み上げ技法で製作され、「創建期の前半部、主要伽藍の造営を経て僧坊の造営時あたりまで、横置型一本作りが採用され、その後丸瓦接合式に技法が変化した」と述べている（梶原 2008）。

最近では、讃岐国分寺の発掘調査担当者である松本忠幸氏が平成21年に讃岐国分寺跡出土瓦を取り上げ、完成された伽藍に伴う軒丸瓦（SKM01・02A・02L・03A・03L・04・06）・軒平瓦（SKH01A・B・C）が創建瓦であるとして、その製作技法を分析するとともに、文様や製作技法の系譜、年代、建物ごとの軒瓦の組み合わせなどを論じ、讃岐国分寺は遅くとも760年代には全体が完成したとしている。讃岐国分寺の完成時期については、平成8年に刊行された保存整備事業報告書の結論を改めて追認しているが、その主な根拠として、軒平瓦SKH01Aの中心飾の対葉花文は、東大寺式軒平瓦の対葉花文とは関係なく、740年代とされる東大寺法華堂の諸仏の対葉花文から直接採用したとしている。また、製作技法については、SKH01A・Cに一枚作り技法の存在を認め、軒丸瓦の横置型一本作り技法とともに、讃岐国分寺の創建時の早い段階に用いられたとしている（松本 2009）。

(2) 讃岐国分尼寺跡

讃岐国分尼寺跡の発掘調査（図24、表10）は国分寺跡よりさらに遅れ、昭和55年度にはじめて、指定地の東北部、春日神社から道路を隔てた西側の宅地に4個の小規模なトレンチを設定して実施された（第1次調査）。しかし、遺構は検出されず、中世以降の包含層から十六葉細素弁蓮華文軒丸瓦KB101・八葉複弁蓮華文軒丸瓦KB104・均整唐草文軒平瓦KB201B（SKH01B）などが出土し、法華寺所蔵の軒瓦15点などとともに報告している（渡部・羽床 1981）。

ついで、現状変更許可申請が提出されたことに伴い、昭和57年度に指定地の南西端部が発掘調査された（第2次調査）。これにより、指定地西端から約40m東で上幅約2m、底幅0.9m、深さ0.9mの南北の溝を確認し、その西側で9世紀頃と推定される2間×3間の掘立柱建物跡・土坑を検出するとともに、灰釉陶器・須恵器・土師器、十六葉細素弁蓮華文軒丸瓦KB101・八葉複弁蓮華文軒丸瓦KB103B・均整唐草文軒平瓦KB203などが出土した。

溝は出土遺物からみて10世紀に埋没を開始しており、国分尼寺の寺域の西側を限る溝と考えられた。このことから、法華寺に残る礎石群の中央から溝までの距離を東に反転すると、現在の指定地の東辺にほぼ一致して約1町半となり、寺域の東西は1町半と推定された。寺域の南北について

は、寺域が正方形で、金堂が寺域の中心に位置するのであれば、発掘地の中で西限大溝が南端で東に曲がるはずであるが、その角が検出できなかったことから、南北に長い寺域であった可能性も想定できるとしている（大山 1983）。

　さらに、住宅の改築に伴う現状変更許可申請が提出されたことにより、昭和59年、法華寺の東北にあたる宅地が発掘調査された（第3次調査）。その結果、東西に走る2本の溝と土坑、ピットを検出した。2本の溝のうち北側の溝は蛇行し、上幅約1.8m、底幅約0.9m、深さ0.4mの規模で、完形に近い軒平瓦・丸瓦・平瓦が出土した。南側の溝は幅0.5～1.5mで、E－5°－Nの方位をもつ。昭和57年度に検出された西限大溝がほぼ南北に設けられているので、国分尼寺の地割方位とは一致せず、溝の用途、性格は明らかでない。

　この調査では国分尼寺の創建期とみられる均整唐草文軒平瓦KB202が出土したが、瓦当面の観察によって、KB202は讃岐国分寺跡SKH01Aの瓦笵の上外区の珠文帯を周縁帯に彫り直したとする指摘がなされた（松尾 1985b）。これに従うと、国分尼寺は讃岐国分寺の創建にあまり遅れることなく創建されたことになり、国分尼寺の創建期の解明につながる重要な発見として注目される。

　その後、昭和61年度（第4次調査）、平成元年度（第5次調査）、平成14年度（第6次調査）にも発掘調査が行われたが、詳細な調査内容は公表されていない。

　平成18年度には指定地北西部でも発掘調査が行われた（第7次調査）。これによって、土坑から12世紀後半～13世紀前半に比定される白磁碗・四耳壺が出土したものの、東西方向の溝が検出されなかったことから、寺域は指定地の北に延びるとともに、国分尼寺がこれまで想定されていたよりも新しい時期まで存続していた可能性が指摘された（渡邊 2007b）。また、平成19年度（第9次調査）には、金堂跡とされる現法華寺の西に当たる、史跡指定地の西端部に東西方向のトレンチを設定して発掘したが、昭和57年度に検出され、西限大溝とされた南北溝の延長部は検出されなかった（渡邊 2009）。

　平成23年度には法華寺の北で発掘調査が実施され（第11次調査）、礎石建物跡と北側雨落溝とみられる溝が検出された（渡邊 2012）。この礎石建物は、以前から知られている法華寺境内の礎石群から約40m北に位置しており、その間に1棟の建物が想定できることから、法華寺内の礎石群が金堂であれば、今回検出された礎石群は尼坊になる可能性が高く、讃岐国分尼寺の伽藍配置の解明を大きく前進させる調査として注目された。

　さらに、平成24年6～7月に実施された発掘調査（第12次調査）で、前年度検出した礎石建物の西側および南側の雨落溝も確認できたことから、この建物が桁行9間以上、梁間3間の規模をもち、尼坊であることがほぼ確定した。

　このように、国分尼寺については創建時期や寺域の規模に関して本格的な研究がスタートした状況であり、今後の発掘調査による解明が待たれる。

第2節　小　結

1. 讃岐国分寺の研究小史

　高松市国分寺町国分字上所にある現在の国分寺の周囲に、古代の讃岐国分寺が存在していたことは、すでに江戸時代から知られており、四国霊場の札所として、あるいは讃岐の地歴の対象として関心がもたれ、研究が行われていた。

　承応元（1652）年の『讃岐国大日記』は、その最も古いもので、讃岐国分寺の建立を天平9（737）年としており、これが江戸時代の主要な説となった。

　伽藍については、元禄2（1689）年の『四国徧礼霊場記』に描かれた絵図や文化13（1816）年の国分寺本堂の修理瓦の銘文、嘉永6（1853）年の『讃岐国名勝図絵』などから、主要建物の場所がすでに特定されていたことがわかるが、さらに、金堂・塔の規模の復元も試みられている。

　明治期になると讃岐国分寺の研究はいったん停滞するが、大正11（1922）年に刊行された『史蹟名勝天然紀念物調査報告1』などを契機として、讃岐国分寺跡、国分尼寺跡、国分寺瓦屋である府中・山内瓦窯跡が史跡指定されるとともに、研究が本格化し、寺域、伽藍配置、礎石、建物規模、出土瓦などの研究が活発に行われた。

　しかしながら、昭和40年代までは、現存する遺構の観察や偶然発見された出土瓦の研究が中心であり、組織的・継続的な調査も、大規模な発掘調査も行われなかったが、その中では、礎石から金堂と塔の規模を復元した飯塚五郎蔵氏・藤井正巳氏や出土瓦を集成した安藤文良氏の業績などはとくに高く評価される。

　戦後になり、讃岐国分寺は昭和27年に特別史跡に指定された。昭和50年代になると、讃岐国分寺跡の指定地内でも開発申請に伴う発掘調査が増加するようになった。このため、国分寺町では特別史跡の保護を図るため、昭和57年度に、推定寺域の北部を中心に18,737㎡を先行取得した。さらに、史跡整備を目的として、国分寺町教育委員会では昭和58年度～61年度及び平成3年度に大規模な発掘調査を実施し、「國分金光明寺」とヘラ書きされた丸瓦が出土するとともに、古代の讃岐国分寺の解明に大きな成果をもたらした。

　まず、寺域については、四周に溝をもち、その内側に築地塀をめぐらしており、四周の溝の中心間で東西220m、南北240mの規模をもつことが明らかにされた。

　建物については、講堂跡に建てられたと考えられている現本堂の北に、東西約84m、南北約12m、21間×3間の礎石建物である大規模な僧坊跡が検出された。僧坊跡では良好に遺存した礎石と地覆から、中央の方3間を食堂的空間とし、その東西に4室を1単位とする坊が3坊ずつ並び、計24室をもつことが明らかになった。また、僧坊跡の東南で鐘楼跡と考えられる礎石建物跡も確認できた。

　講堂跡（現本堂）の西では7間×4間の南北棟の掘建柱建物跡が検出されたが、講堂跡の東でも南北の瓦の堆積層を確認していることから、伽藍中軸線に対称的な位置に同様な建物が存在し、講堂の三方を囲む三面僧坊に近い配置をとる可能性も考えられている。

さらに、金堂跡と現仁王門を結ぶ回廊跡も確認され、現仁王門は中門跡に建てられたと考えられることから、塔は回廊の中におさまり、大官大寺式の伽藍配置が復元された。
　伽藍の中軸線については、僧坊跡の南北中軸線が金堂跡と講堂跡（現本堂）の中心を結ぶ南北線と一致し、中門跡に建てられたと考えられる現仁王門もこの線上にのっていることから、寺域の西側4分の1を画する南北線を伽藍中軸線とし、この中軸線は北から西に約2°振れていることも明らかになった。
　発掘調査によって大量の丸瓦・平瓦が出土したほか、古代に限っても軒丸瓦25型式29種、軒平瓦21型式25種のほか、鬼瓦・熨斗瓦・面戸瓦・隅木蓋瓦・塼などが確認された。
　そして、これらの瓦のうち、八葉複弁蓮華文軒丸瓦SKM01－均整唐草文軒平瓦SKH01Aを最古の組み合わせとし、これを8世紀中頃に比定し、平成8年に刊行された保存整備事業報告書（松尾ほか 1996）において、讃岐国分寺は西暦760年頃には全体が完成したと想定した。

2．讃岐国分寺跡軒平瓦SKH01Aの年代比定の問題点

　讃岐国分寺の主要堂塔の完成時期を西暦760年頃としたのは、八葉複弁蓮華文軒丸瓦SKM01と均整唐草文軒平瓦SKH01Aが、伽藍に最初に用いられた軒瓦であり、この組合わせを8世紀中頃に比定したことによる。その理由として、讃岐国分寺は「『続日本紀』などから天平勝宝8（756）年には完成したと言われている。」ことをあげている（松尾ほか 1996）。
　『続日本紀』天平勝宝8歳12月20日条には、翌年5月2日の聖武天皇の一周忌に用いる灌頂幡・道場幡・緋綱を讃岐国など26国に下し、使用後は金光明寺（国分僧寺）に収めることとしており[10]、この時期までに讃岐国分寺が完成していたとする意見は強い。
　また、最近では、松本忠幸氏は平成21年に発表した論文（松本 2009）で、讃岐国分寺のSKH01Aの対葉花文は東大寺式軒平瓦の影響下にはなく、740年代とされる東大寺法華堂の仏像の対葉花文から独自に創出したものであり、SKH01Aの成立が740年代にさかのぼる可能性も指摘し、讃岐国分寺は遅くとも760年には全体が完成したとしている。
　軒丸瓦SKM01－軒平瓦SKH01Aが讃岐国分寺の大規模な伽藍に最初に用いられたことは発掘調査によってほぼ確認されたといって良い。SKM01に後続する軒丸瓦SKM03Aが軒平瓦SKH01Aと組み合って僧坊の創建期に用いられたと考えられていることからも、僧坊に先行して造営されたとみられる金堂・塔などの伽藍中枢部にSKM01－SKH01Aが用いられたとみるべきであろう。
　讃岐国分寺軒平瓦SKH01Aは中心飾に対葉花文をもち、東大寺式軒平瓦の中心飾と同じ構造をもつことを特徴とする。しかしながら、唐草文の構造が東大寺式軒平瓦と異なることなどから、両者は別の瓦として、これまでは年代資料として十分な検討を加えられていなかった。また、讃岐国分寺の調査において、SKH01の編年を誤ったことも、文様変化を正しく認識することを妨げ、結果としてSKH01と東大寺式軒平瓦の対応関係を明らかにすることができなかったのであろう。
　したがって、讃岐国分寺の創建を詳しく知るためにはSKH01の編年を完成させ、東大寺式軒平瓦との関係を明確にするとともに、SKH01Aの年代を正確に知る必要がある。その上でそれを用いた伽藍と『続日本紀』天平勝宝8（756）歳の一連の記事との関係を明らかにする必要もある。

註

(1) 本稿の図3・図6・図7は、『史蹟名勝天然記念物調査報告』の第1輯から第6輯までの主な史跡・天然記念物に関する報告を再録、編集した文献から引用した（香川県史蹟名勝天然紀念物調査会 1934）。なお、著者が参照した『史蹟名勝天然記念物調査報告書』1の書中には国分寺・国分尼寺・府中・山内窯跡に関する図面が掲載されていないが、いずれについても本文で実測図に言及しているので、付図として添付されていたのではないかと思われ、それが1934年刊行の文献に再録されたと考えている。

(2) なお、昭和17年3月刊行の『讃岐史談』第5巻第1号によれば、国分寺本堂裏の水田地下1尺から4尺四方の石が発見され、讃岐国分寺創建以前の寺院の礎石か、国分寺僧坊の礎石か、それとも自然の石塊かを明らかにするため発掘の準備を進めているとの新聞記事を紹介しているが、現在のところ発掘調査が行われたか否かは明らかでない。

(3) 唐招提寺の金堂は梁間が49尺であり、讃岐国分寺の金堂と同規模ではない。また、桁行・梁間とも柱間の長さが異なっている（鈴木1969）。

(4) 『全讃史』、『国分寺末寺帳』、『讃岐国名勝図絵』などに記されている（青井校訂 1937、香川県 1939、松原編 1981）。

(5) なお、松本氏は、松本1987でも同様の記述をしている。

(6) 本書では、讃岐国分寺跡の瓦の型式略号は、松尾ほか1996に、その他の寺院の瓦は川畑1996に従うほか、両書に収録されていない瓦については型式略号の初出文献に従う。

(7) 白鳳式の瓦も忍冬唐草文軒平瓦も図示されていないため、詳細は明らかでないが、昭和58年度から実施された国分寺町教育委員会の発掘調査においても、坂出市開法寺跡八葉単弁蓮華文軒丸KH106と同じ瓦（SKM26）、開法寺跡の偏行唐草文軒平瓦の系譜を引く軒平瓦（SKH25）が出土しているほか、高松市牟礼町洲崎寺所蔵の讃岐国分寺跡出土瓦に百相廃寺MM201と同笵もしくは同文と思われる変形偏行唐草文軒平瓦が出土している（第3章第4節参照）。

(8) この表によると、軒平瓦SKH03、SKH08での地区別出土数と合計数、軒平瓦の昭和59年度調査の東大門推定地、SB02周辺、昭和60年度調査のSB20（僧坊跡）、昭和61年度調査のSB20（僧坊跡）北方での型式別出土数と合計数が一致しない。また、この表は地点名と出土点数を一部変更して松尾ほか1996に掲載されているが、ここでも数値の混乱が認められる。

(9) 讃岐国分寺跡調査での軒瓦の型式略号の設定方式に従い、ここで新たな型式名を与え、SKH31とする。図45・図46参照。

(10) 「越後。丹波。（中略）阿波。讃岐。伊予。土佐。（中略）等廿六国。々別頒下灌頂幡一具。道場幡卅九首。緋綱二條。以充周忌御斎荘飾。用了収置金光明寺。永為寺物。随事出用之。」

引用・参考文献

青井常太郎校訂 1937『国訳全讃史』藤田書店
暁　鐘成（木村明啓）1847『金毘羅参詣名所図会』香川県立図書館蔵（電子複写版）
安藤文良 1967「讃岐古瓦図録」（『文化財協会報』特別号8、香川県文化財保護協会）
安藤文良 1987「古瓦」『香川県史　13　資料編　考古』香川県
安藤文良編 1974『古瓦百選―讃岐の古瓦―』美巧社
飯塚五郎蔵・藤井正巳 1944「讃岐国分寺考」（『考古学雑誌』34-5、日本考古学会）
稲垣晋也 1987「南海道古瓦の系譜」（『新修国分寺の研究』第5巻上、吉川弘文館）
伊予史談会 1981『四国遍路記集』（伊予史談会双書第3集、伊予史談会、所収）
大塚勝純・黒川隆弘 1975『讃岐国分寺の瓦と塼』牟礼印刷株式会社
大山真充 1983『史跡讃岐国分尼寺跡　第2次調査報告』香川県教育委員会
岡田唯吉 1931『郷土博物館第6回陳列品解説』財団法人鎌田共済会
岡田唯吉 1937「讃岐国分寺及全瓦窯跡」（『讃岐史談』2-2、讃岐史談会）
岡田唯吉 1938「讃岐国分寺」（『角田文衛編国分寺の研究』考古学研究会）
岡田英男 1986「讃岐国分寺僧坊の復原的考察」（『特別史跡讃岐国分寺跡　昭和60年度発掘調査概報』国分寺町教

育委員会)
奥　和之ほか 1989『東郷遺跡発掘調査概要・Ⅰ―八尾市桜ヶ丘・旭ヶ丘所在―』大阪府教育委員会
香川県 1939『香川叢書』1 香川県
香川県史蹟名勝天然紀念物調査会 1922「国分寺及国分尼寺」(『史蹟名勝天然紀念物調査報告』1、香川県)
香川県史蹟名勝天然紀念物調査会 1934「国分寺及国分尼寺」(『国宝並ニ史蹟名勝天然紀念物調査報告』香川県)
梶原義実 2008「横置型一本作り軒丸瓦の諸技法とその年代」(『名古屋大学文学部研究論集史学』54、名古屋大学)
川畑　聰 1996『第11回特別展　讃岐の古瓦展』高松市歴史資料館
川畑　迪編 1988『坂出市史　資料』坂出市
蔵本晋司 2005「中世の考古学」(『さぬき国分寺町誌』国分寺町)
国分寺町教育委員会 1978『特別史跡讃岐国分寺跡緊急発掘調査の概要』国分寺町教育委員会　(未刊)
国分寺町教育委員会 1984『特別史跡讃岐国分寺跡　昭和58年度発掘調査概報』国分寺町教育委員会
駒井正明ほか 2000『小坂合遺跡―都市基盤整備公団八尾団地建替えに伴う発掘調査報告書―』財団法人大阪府文化財調査研究センター
近藤喜博編著『四国霊場記集』勉誠社 1973所収
新編香川叢書刊行企画委員会 1983「讃岐国分寺跡」(『新編香川叢書　考古編』香川県教育委員会)
新編香川叢書刊行企画委員会 1983「讃岐国分尼寺跡」(『新編香川叢書　考古編』香川県教育委員会)
鈴木嘉吉 1969「金堂」(『奈良六大寺大観　12　唐招提寺1』岩波書店)
須田　勉 1994「国分寺創建の諸問題」(『シンポジウム　関東の国分寺』関東古瓦研究会)
長町　彰 1919「讃岐国分尼寺の古瓦」(『考古学雑誌』9-5、考古学会)
友安(藤原)盛員 1652『讃岐国大日記』(香川県 1939『香川叢書』2、所収)
浪花勇次郎 1974「十葉素弁蓮華文軒丸瓦　讃岐国分寺出土」(『古瓦百選―讃岐の古瓦―』美巧社)
廣瀬常雄 1982「讃岐国分寺跡」(『香川県埋蔵文化財調査年報』昭和56年度、香川県教育委員会)
福家惣衛 1942「内務省指定史蹟講話　国分寺、国分尼寺、屋島」(『讃岐史談』5-2、讃岐史談会)
福家惣衛 1952「特別史蹟「讃岐国分寺」」『香川県文化財調査報告』1、香川県教育委員会
福家惣衛 1965『香川県通史　古代・中世・近世編』上田書店
藤井直正 1978「讃岐開法寺考」(『史迹と美術』485、史迹美術同攷会)
堀井三友 1956『国分寺址之研究』堀井三友遺著刊行委員会
増田休意 1768『三代物語』
松浦正一 1960「讃岐国分寺雑考」(『文化財協会報』22、香川県文化財保護協会)
松浦正一・和田正夫 1953『新修香川県史』香川県教育委員会
松尾忠幸 1985a『特別史跡讃岐国分寺跡　昭和59年度発掘調査概報』国分寺町教育委員会
松尾忠幸 1985b『讃岐国分僧・尼寺跡　昭和59年度発掘調査概報』国分寺町教育委員会
松尾忠幸ほか 1986『特別史跡讃岐国分寺跡　昭和60年度発掘調査概報』国分寺町教育委員会
松尾忠幸 1987『特別史跡讃岐国分寺跡　昭和61年度発掘調査概報』国分寺町教育委員会
松尾忠幸 1992『特別史跡讃岐国分寺跡　平成3年度発掘調査概報』国分寺町教育委員会
松尾忠幸ほか 1996『特別史跡讃岐国分寺跡保存整備事業報告書』国分寺町教育委員会
松原秀明編 1981『日本名所風俗図絵　14　四国の巻』角川書店
松尾忠幸 2000「如意輪寺窯跡」(『香川県埋蔵文化財年報』平成10年度　香川県教育委員会)
松本忠幸 2009「出土瓦から見た讃岐国分寺の創建」(『佛教藝術』303、毎日新聞社)
松本豊胤 1968『香川県陶邑古窯跡群調査報告』香川県教育委員会
松本豊胤 1987「讃岐」(『新修国分寺の研究』第5巻上、吉川弘文館)
松本豊胤 2005「讃岐国分寺跡の調査と整備」(『さぬき国分寺町誌』国分寺町)
山路直充 1994「寺院地という用語」(『下総国分寺跡　平成元～5年度発掘調査報告書』市川市立考古博物館研究調査報告、第6冊、市川市教育委員会・市川市立考古博物館)
渡部明夫 1981「国分寺跡」(『香川県埋蔵文化財調査年報』昭和55年度、香川県教育委員会)
渡部明夫・羽床正明 1981「国分尼寺跡」(『香川県埋蔵文化財調査年報　昭和55年度』香川県教育委員会)

渡邊　誠 2007a「35次調査で確認された掘立柱建物跡SB01から派生する問題〜寺域周辺の土地利用のあり方について〜」(『特別史跡讃岐国分寺跡―第16~21・25~35次調査―如意輪寺窯跡・国分中西遺跡・兎子山遺跡』高松市埋蔵文化財調査報告、102　高松市教育委員会)

渡邊　誠 2007b「史跡讃岐国国分尼寺跡〜第7次調査〜」(『高松市内遺跡発掘調査概報―平成18年度国庫補助事業―』高松市埋蔵文化財調査報告、101　高松市教育委員会)

渡邊　誠 2009「史跡讃岐国国分尼寺跡〜第9次調査〜」(『高松市内遺跡発掘調査概報―平成20年度国庫補助事業―』高松市埋蔵文化財調査報告書121　高松市教育委員会)

渡邊　誠 2012「史跡讃岐国国分尼寺跡〜第11次調査〜（確認調査）」(『高松市内遺跡発掘調査概報―平成23年度国庫補助事業―』高松市埋蔵文化財調査報告書141　高松市教育委員会)

第2章　讃岐国分寺跡出土の軒瓦

第1節　均整唐草文軒平瓦SKH01の型式学的再検討

1. はじめに

　国分寺町教育委員会は特別史跡讃岐国分寺跡の整備を目的として、昭和58年度から61年度及び平成3年度に伽藍北部を中心に発掘調査を実施した。この調査によって、古代に限っても25型式29種の軒丸瓦と21型式25種の軒平瓦が確認された（松尾ほか 1996）が、軒平瓦の中で最も古く位置づけられたのは、中心飾に対葉花文をもつ東大寺系の均整唐草文軒平瓦SKH01である。

　SKH01は讃岐国分寺跡でA～Dの4種に細分され文様がA→B→C→Dの順に崩れるとして、最も整った文様をもつSKH01Aが最も古く八葉複弁蓮華文軒丸瓦SKM01と組み合い、讃岐国分寺の創建に伴って最初に用いられたとして（松尾 1985a）、8世紀中頃に比定された（松尾ほか 1986）。これに対してSKH01B・01Cは創建期軒平瓦の中でも後出的であり、SKH01に含まれる国分尼寺跡出土のKB202は、SKH01Aの瓦笵を彫り直したものであるとした（松尾 1985b、松尾ほか 1986）。

　また、SKH01B・Cは僧坊跡・鐘楼跡から多く出土し、伽藍北部の建物に多く用いられていること、遺構の残りの良い東面築地跡から正格子叩き目をもつ平瓦が比較的多く出土すると共に、北面築地跡から正格子叩き目をもつSKH01Cが出土し、両者は胎土・焼成から組み合わせが想定できることから、SKH01Cは讃岐国分寺の築地にも用いられたとしている（松尾ほか 1996）。

　SKH01A～01D及びKB202は中心飾に対葉花文をもつ東大寺系の均整唐草文軒平瓦であるが、国分尼寺跡から出土しているKB203も同様の中心飾をもつことから、この型式の軒平瓦は讃岐国分寺跡と国分尼寺跡で6種が出土していることになる。

　均整唐草文軒平瓦SKH01は、讃岐国分寺跡・国分尼寺跡及びその瓦屋である府中・山内瓦窯跡（安藤 1967、川畑編 1988）から出土し、いずれにおいても、この種の軒平瓦以外に8世紀代と考えられる均整唐草文軒平瓦は認められない。

　しかも、この種の軒平瓦は、全体が時期差をもって変化したと考えられるので、発掘調査の成果とあわせて、讃岐国分寺・国分尼寺の建物の建設順位など、創建時の詳細を明らかにすることも可能となるきわめて重要な資料である。

　ところが、SKH01B・01Cについては、これまでの編年に疑問があることから、ここでは以後の讃岐国分寺・国分尼寺研究の前提作業の一つとして、これら6種の軒平瓦を型式学的に再検討してその変遷を明らかにしたい。

1. SKH01A

2. SKH01B

3. SKH01C

4. SKH01D

5. SKH02

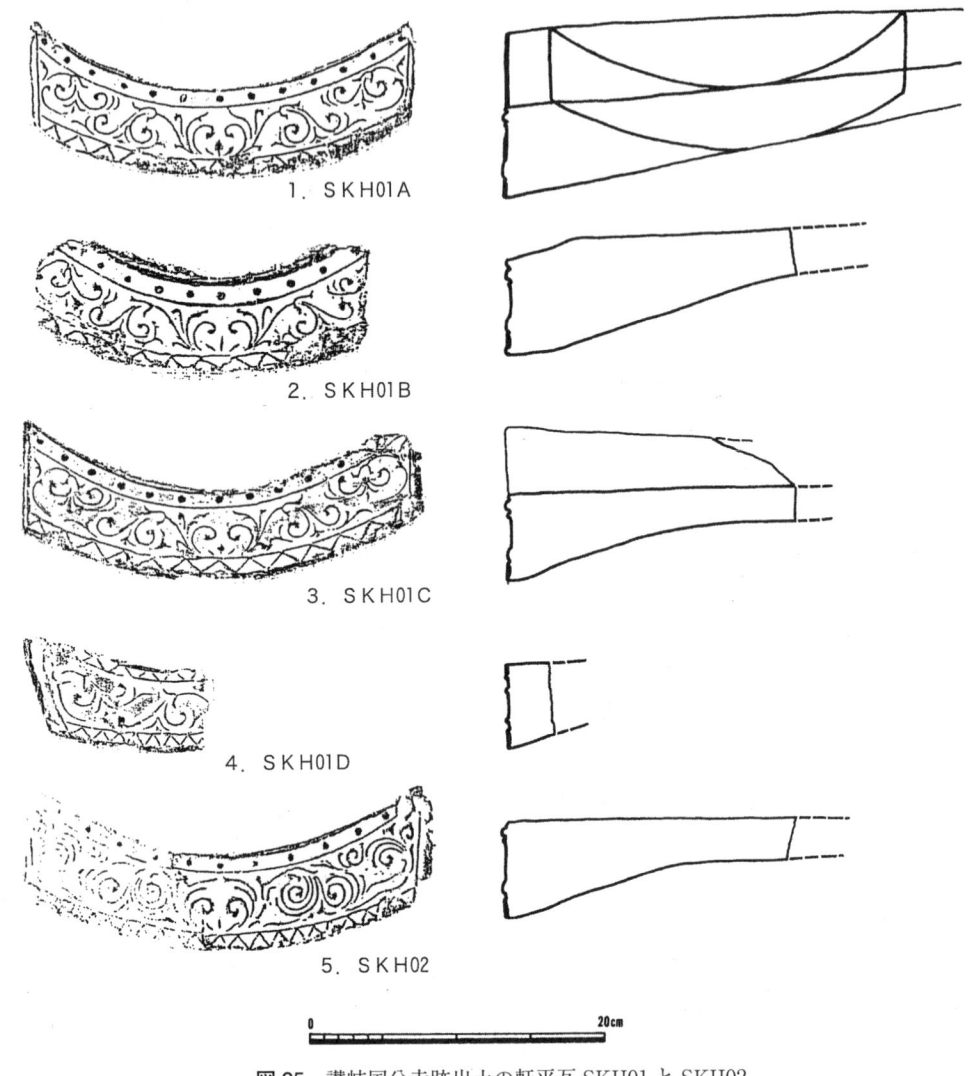

図25　讃岐国分寺跡出土の軒平瓦 SKH01 と SKH02
1～4　SKH01　5　SKH02

2. SKH01の文様の再検討

(1) SKH01Aの文様とその構成

　SKH01の中で最初につくられたとされるSKH01Aは、均整唐草文をもつ内区と左右の脇区及び上下の外区からなる。左右の脇区は狭く、文様をもたないが、上外区には13個の珠文、下外区には13個の上向きの線鋸歯文をもつ。内区の均整唐草文の中心飾には対葉花文をもつ。三葉文の中心は擬宝珠形にふくらんだ蕾状で、花柄をもち、左右に萼片状の小葉が表現されている。また、三葉文の中心は下外区の中央の線鋸歯文の頂部上に正しく位置し、その真上に上外区の中央の珠文を配置する（図30-1）など、厳密な構成をもっている。

第 2 章　讃岐国分寺跡出土の軒瓦　39

1. SKH01A（1）

2. SKH01A（2）

3. KB202

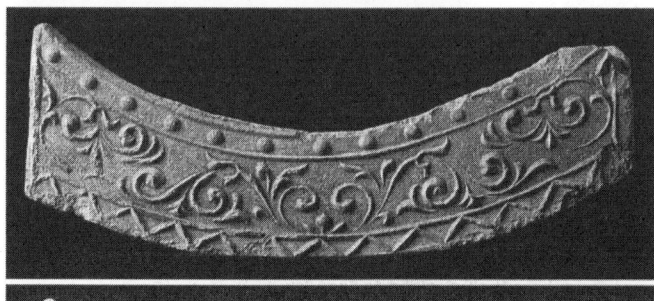

4. SKH01C（1）

5. SKH01C（2）

図 26　讃岐国分寺跡・国分尼寺跡出土の軒平瓦 SKH01 1（縮尺不同）

40

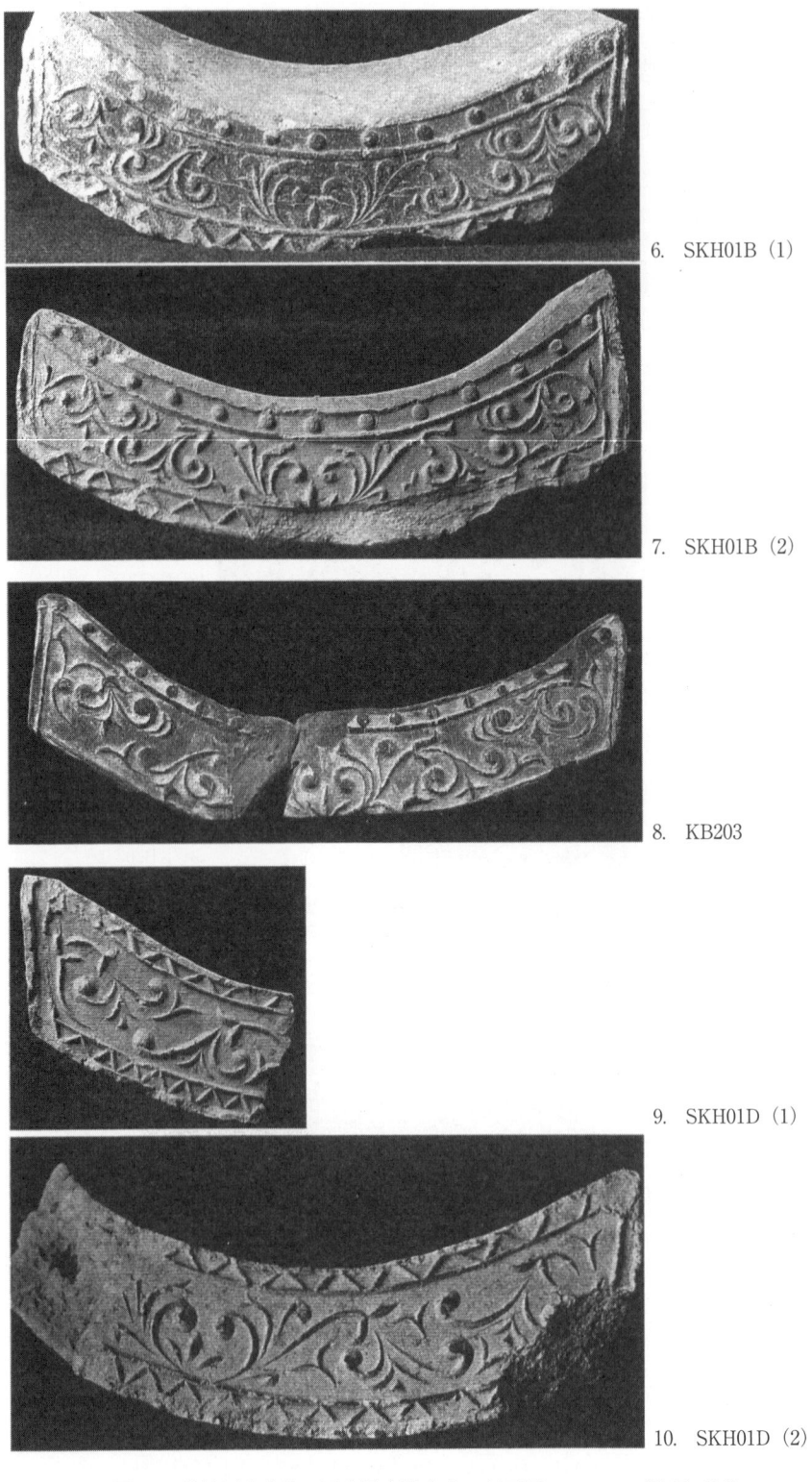

6. SKH01B (1)

7. SKH01B (2)

8. KB203

9. SKH01D (1)

10. SKH01D (2)

図 27　讃岐国分寺跡・国分尼寺跡出土の軒平瓦 SKH01 2（縮尺不同）

唐草文は、背向する蕨手2葉を左右に2転させ、空間を双葉状あるいは「く」字状などの支葉で埋める。背向する蕨手2葉の分岐部分にはU字状の萼を置く。なお、2転目部分は左右両端の上方から内側に向かう。文様は全体に厳密な構成をもちながら、唐草文は精緻でのびやかであり、美しい図柄の軒平瓦である（図26-1・2）。

(2) 外区文様

SKH01Aの范型を彫り直したとされるKB202は、上外区をもたないものの、下外区には13個の線鋸歯文が正しく収まり、三葉文の中心部が中央の線鋸歯文の頂部上に配置されるなど、SKH01Aと同様のあり方を示す（図26-3・30-2）。

SKH01B・01Cはともに上外区に珠文、下外区に線鋸歯文をもち、SKH01Aと同じ構成である。珠文はいずれも13個を数える。しかし、SKH01Cは13個の線鋸歯文をもつものの、左右両端の線鋸歯文が内区の幅に収まりきらず、内外区を分ける縦線を越えて描かれている（図26-4・5・28-2・30-3）。SKH01Aの厳密な構成が崩れたとみることができる。また、SKH01Bは線鋸歯文が12個に減っており、このため、三葉文の中心部は線鋸歯文の間に配置されている（図27-6・28-3・30-4）。したがって、SKH01Bにみられる線鋸歯文の減少は、SKH01Cを経て変化したと考えることができる。

次に、KB203は上外区に珠文をもつが、下外区をもたない。KB203の珠文は17個に復元できることから、SKH01Bまで守られてきた上外区の珠文13個の原則はここで崩れたとみることができる（図27-8）。

SKH01Dは上外区・下外区とも線鋸歯文をもつ。上外区に珠文を配し、下外区に線鋸歯文を配するSKH01Aの伝統は失われている。複数の破片を参考にすると、線鋸歯文は上外区が約16個、下外区が約21個と考えられる。下外区の線鋸歯文はSKH01AからSKH01Bに至る変化を逸脱し、上外区はKB203の珠文を受け継がないことから、両者よりさらに変化したものとみることができる（図27-9・10）。

以上のように、外区文様からみると、

1. SKH01A

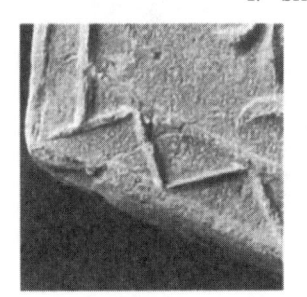

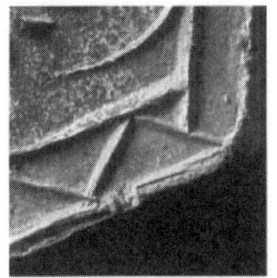

2. SKH01C

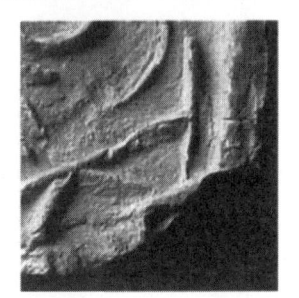

3. SKH01B

図28 線鋸歯文の変化（縮尺不同）

SKH01A→KB202→SKH01C→SKH01B→KB203→SKH01Dへと文様構成が変化してゆく過程が認められ、時期差をもって変遷したことが想定される。

次に、内区文様からこの結果の適否をみることにする。

(3) 内区文様

① 中心飾（図30）

SKH01の6種とも中心飾に対葉花文をもつ。三葉文の中心部はSKH01A・KB202・SKH01Cが花柄をもつ擬宝珠形の蕾状を呈するのに対して、SKH01B・KB203・SKH01Dは紡錘形で花柄をもたない。

SKH01Cの三葉文の中心部はSKH01A・KB202のそれに比べて、寸詰まりであるなど僅かな差異が認められるが、6種の軒平瓦全体を通じた一定の変化は認められない。SKH01Bの段階で紡錘形をした三葉文の中心部が新たに採用されたと考えられる。

一方、讃岐国分寺跡の発掘調査で出土したSKH02（図25-5）は、蕨手2葉が渦巻き状に変化し、SKH01の文様の系譜下にあると考えられているが、この三葉文の中心部も紡錘形をしているので、SKH01A・KB202・SKH01Cの擬宝珠形をした三葉文

図29 中心飾付近の文様の名称

1. SKH01A　　2. KB202　　3. SKH01C

4. SKH01B　　5. KB203　　6. SKH01D

図30 中心飾の変化（縮尺不同）

| 1. SKH01A | 2. KB202 | 3. SKH01C |
| 4. SKH01B | 5. KB203 | 6. SKH01D |

図31 萼の変化（縮尺不同）

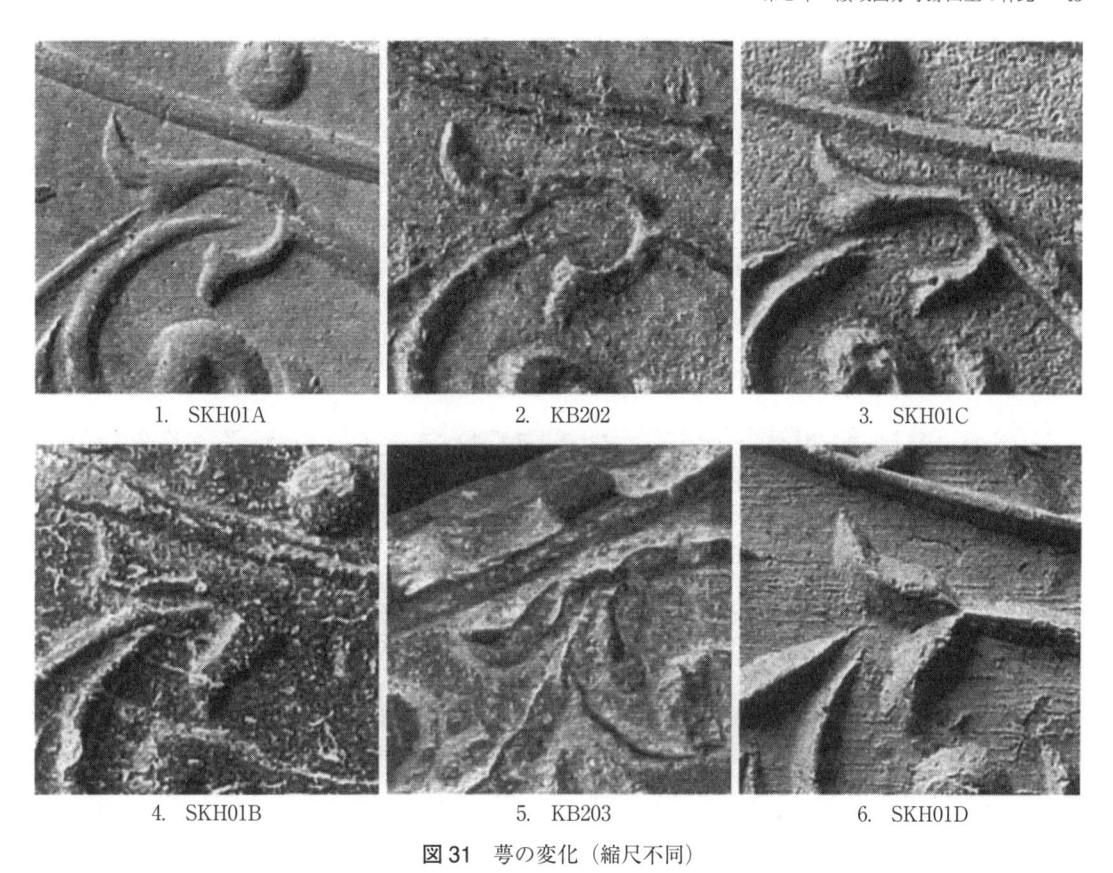

の中心部は、SKH01B・KB203・SKH01Dの紡錘形をしたものより先行すると考えることができる。

また、下外区の線鋸歯文の変化を認めるならば、擬宝珠形をした三葉文の中心部はSKH01A・KB202からSKH01Cへと変化したとすることができる。

② 萼（図31）

背向する蕨手2葉の分岐部分の萼をみると、SKH01A・KB202・SKH01Cでは基部がふくらみU字状を呈するが、SKH01B・KB203では中心飾の右側1個の萼のみU字状を呈するものの、他の3個はV字状に近く、SKH01Dでは開いた双葉状に変化している。

萼からは、SKH01A・KB202・SKH01C→SKH01B・KB203→SKH01Dへの変化が考えられる。

③ 蕨手2葉の先端（図32）

6種とも、蕨手2葉の先端はふくらんでいる。しかし、先端のふくらみを詳しくみると、SKH01A・KB202・SKH01Cでは正面観が瘤状にふくらんでいるが、SKH01B・KB203・SKH01Dでは円形にふくらみ、より単純化されたと考えられる。

④ 左上端部の支葉（図33）

唐草文の変化の例として、瓦当面に向かって左上端部に施された外湾する支葉を取り上げよう。SKH01A・KB202では中央部で屈曲するように強く外反している。

SKH01Cでは、SKH01A・KB202と比べると全体に外反がやや弱くなっている。SKH01Bになる

と屈曲が非常に弱くなると共に、SKH01A・KB202・SKH01Cでは支葉の外側にあった棘状突起部が内側に変化している。

次に、KB203になると細い線で円弧状に外湾すると共に、先端が内側に屈曲する。先端の屈曲はSKH01B（図33-4）にもわずかに認められることから、これが変化したものと考えられる。さらに、SKH01Dでは、同じく細い線で表現された支葉はほとんど内湾せずに上方に伸びている。

このように、左上端部の支葉は、SKH01A・KB202→SKH01C→SKH01B→KB203→SKH01Dへの変化が想定されるのである。

⑤その他

以上のほか、SKH01A・KB202・SKH01Cでは唐草文の線がシャープなことから全体的に精緻で整った印象を受けるが、SKH01B・KB203・SKH01Dでは、やや粗い印象を受ける。このことについては胎土・焼成も考慮しなければならないが、文様が崩れたことの反映とも考えられる。

以上のように、内区文様からみても、SKH01A・KB202→SKH01C→SKH01B→KB203→

1. SKH01A

2. KB202

3. SKH01C

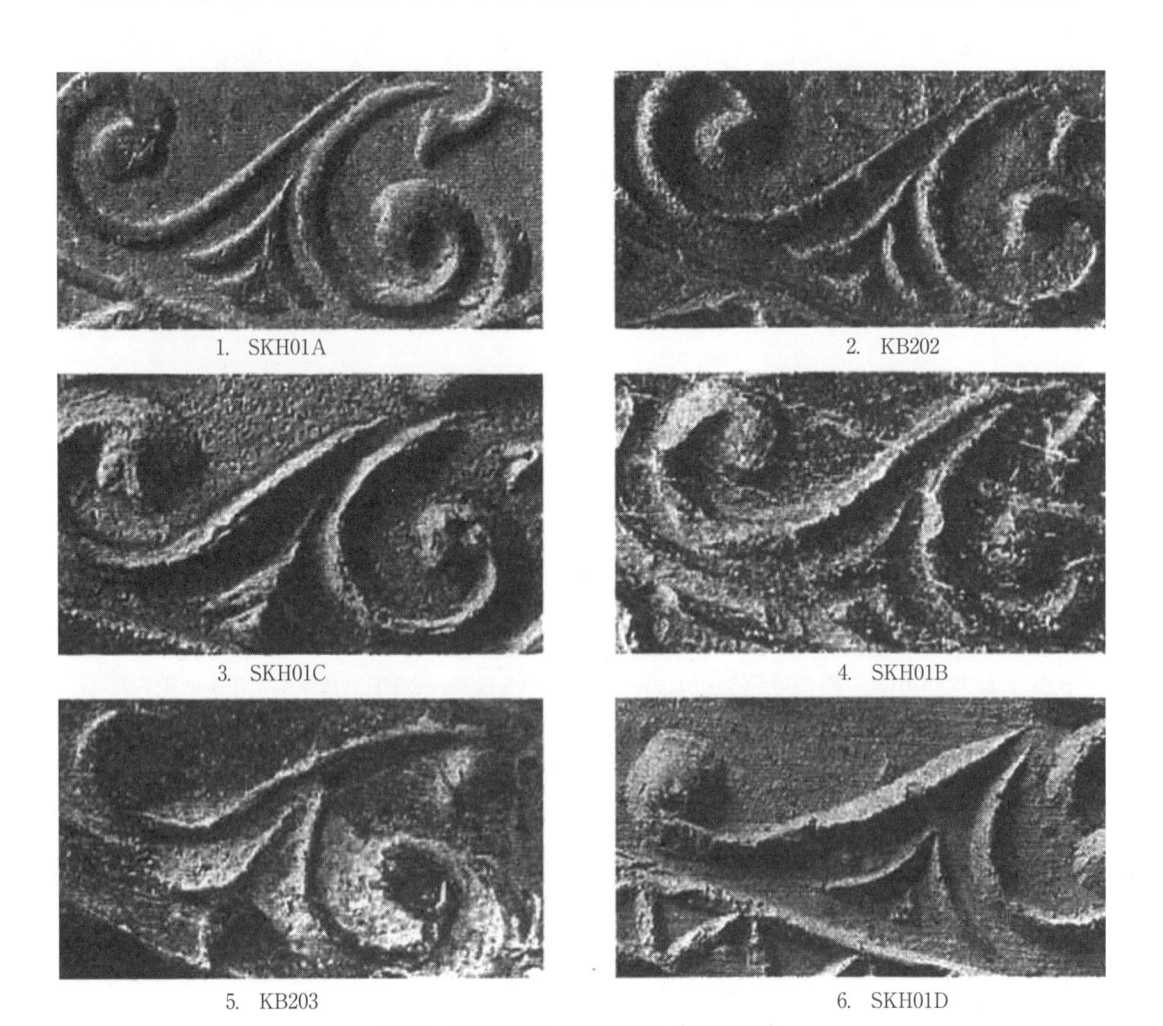

4. SKH01B

5. KB203

6. SKH01D

図32 蕨手2葉の先端の変化（縮尺不同）

SKH01Dへと連続的に変化したと想定することが可能である。

　また、上外区をもたないKB202は、SKH01Aの瓦笵を彫り直して簡略化したものとすることができることから、SKH01A→KB202への変化が考えられる。

3. SKH01の編年

　均整唐草文軒平瓦SKH01は外区文様、内区文様ともSKH01AからSKH01Dへの変化が想定できたが、文様の変化の方向が想定どおりか否かについて、出土状況から確認しておきたい。

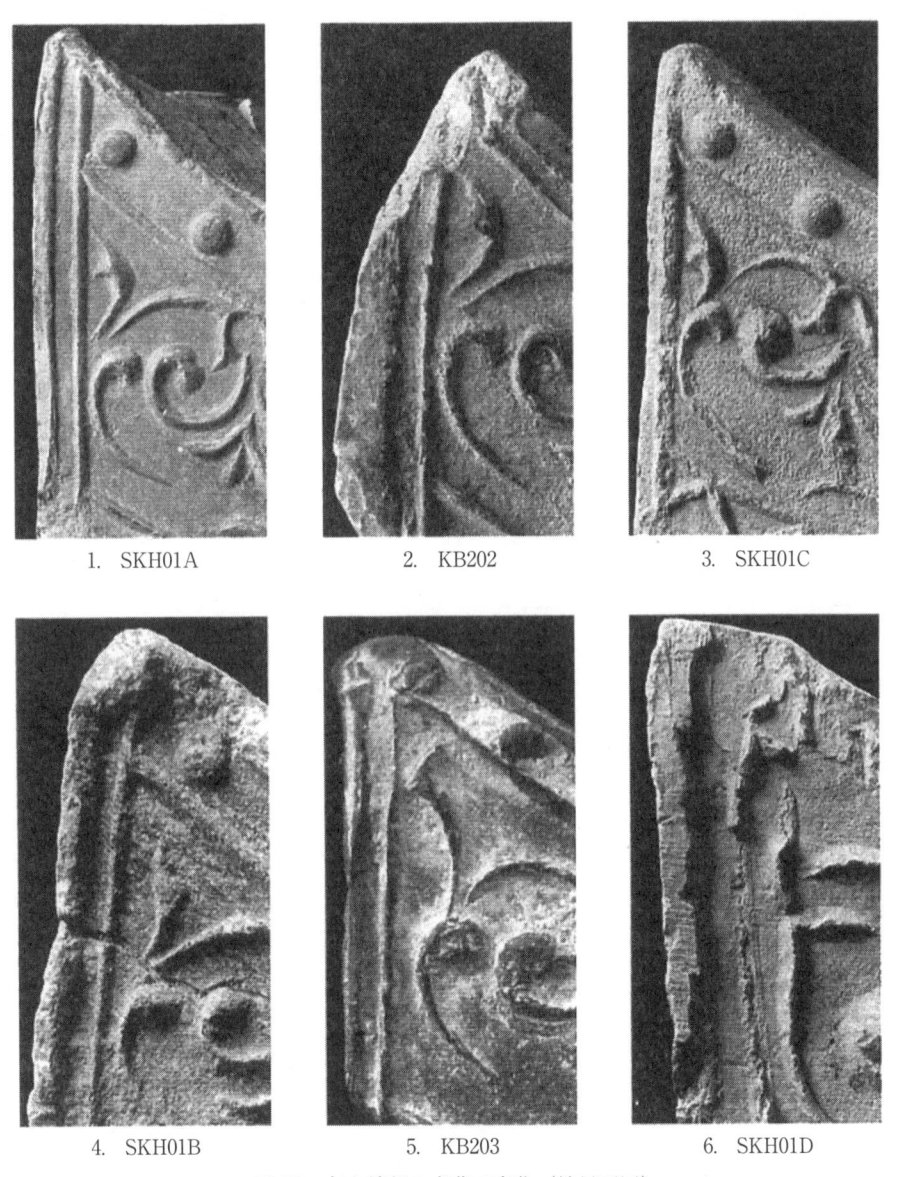

1. SKH01A　　2. KB202　　3. SKH01C

4. SKH01B　　5. KB203　　6. SKH01D

図33　左上端部の支葉の変化（縮尺不同）

1. SKH01A

2. KB202

3. SKH01C

4. SKH01B

5. KB203

6. SKH01D（1）   7. SKH01D（2）

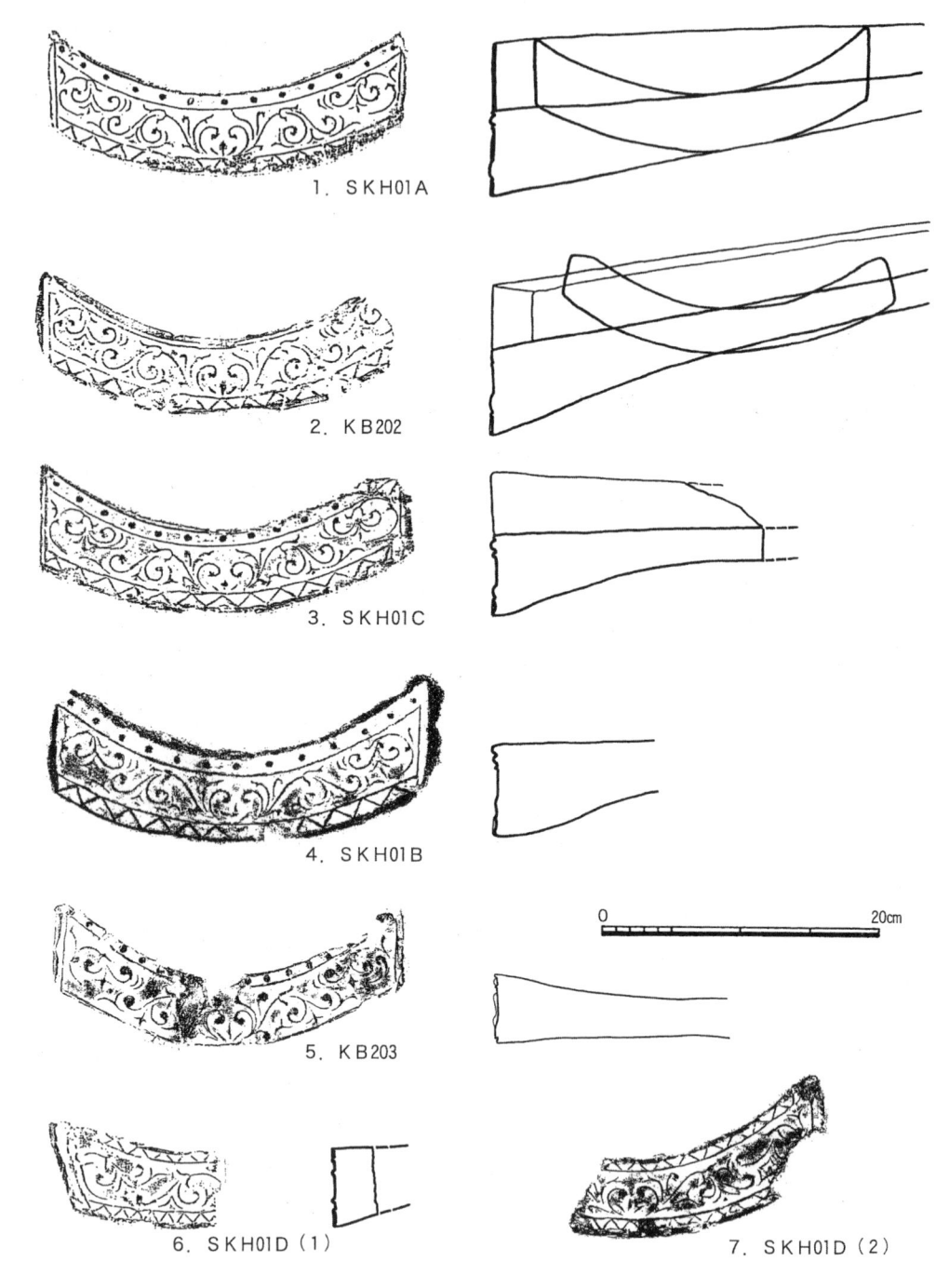

図34　讃岐国分寺跡・国分尼寺跡出土の軒平瓦 SKH01
1・3・4・6・7　讃岐国分寺跡出土　2・5　国分尼寺跡出土

昭和58年度から平成3年度にかけて実施された特別史跡讃岐国分寺跡の発掘調査は想定伽藍の北部を中心に行われ、SKH01の軒平瓦が多量に出土した。報告書によると、SKH01Aが96点、SKH01Bが114点、SKH01Cが107点、SKH01Dが1点出土したとしている（松尾 1992、松尾ほか 1996）が、高松市讃岐国分寺跡資料館の収蔵資料を再検討した結果、SKH01Aが127点、SKH01Bが86点、SKH01Cが121点、SKH01Dが1点確認できた[1]。いずれにしても、讃岐国分寺跡ではSKH01A・01B・01Cの三者を合計した出土量は他の型式と比べて圧倒的に多い。

また、KB202・KB203は讃岐国分寺跡の発掘調査では出土せず、国分尼寺で用いられたものと考えられている（松尾ほか 1996）。

讃岐国分尼寺跡では大規模な発掘調査が実施されていないため、軒平瓦の詳細な使用状況は分かっていないが、採集資料を含めると、KB201B（SKH01B）が最も多く、KB202・KB203がこれに次ぐ[2]。

したがって、讃岐国分寺跡、国分尼寺跡ではSKH01A・01B・01C・KB202・203が多く、中でもSKH01A・01B・01Cが多いのに対して、型式の中でもっとも新しいSKH01Dはきわめて少ないことがわかる。このことは、SKH01A・01B・01C・が「創建期」の施設に主体的に用いられ、その後、大量の瓦を必要としない部分的な補修用などとしてSKH01Dが用いられたことを示しているのであろう。

このことから、SKH01A・01B・01Cは、SKH01Dより先行し、全体としては、先述したように、SKH01A→KB202→SKH01C→SKH01B→KB203→SKH01Dへと変遷したと考えられる。

SKH01の変遷は図34のとおりである。

4. まとめ

讃岐国分寺跡出土SKH01Aは上外区に13個の珠文、下外区に13個の線鋸歯文を配し、中央の珠文・線鋸歯文と内区中心飾の三葉文の中心部を縦軸に合わせるなど、厳密な構成をもち、内区に精緻でのびやかな均整唐草文を配した軒平瓦であり、創建時の宗教的息吹すら感じさせる優品である。

KB202は、SKH01Aの瓦范の上外区（珠文帯）を周縁帯に彫り直したものであり、讃岐国分寺跡で出土しないことから、これまでの想定どおり、国分尼寺の創建のために用いられたものと考えられる。

この両者に続くSKH01Cは三葉文の中心部が寸詰まりになり、線鋸歯文の両端が内区の幅を越えるなどの変化も認められる。しかし、全体としてSKH01Aの文様の細部まで比較的忠実に再現していることから、SKH01A・KB202との時期差は大きくないものと考えられる。KB202とSKH01Cの同時存在の可能性も十分想定できる。

SKH01Bは線鋸歯文が12個に減少し、紡錘形を呈する三葉文の中心部を採用するとともに、萼をV字状につくり、蕨手2葉の先端のふくらみを円形に単純化するなど、比較的大幅な文様の変化、簡略化が認められる。讃岐国分寺跡では、SKH01A・SKH01Cに次ぐ大量の出土量が認められることから、寺の施設に主体的に用いられたことは疑いないが、文様の変化が大きいこと、文様が比較

的粗雑なことから、SKH01A・01Cとはやや異なる使用がなされた可能性がある。
　KB203は下外区の線鋸歯文を省略し、上外区の珠文を17個に増やしている。内区文様はSKH01Bと大きく異ならないが、前述した左上端部の支葉の変化のほか、蕨手2葉の先端のふくらみが強調され、左右両端の蕨手2葉の下にある3葉状の表現を簡略化するなどの変化も認められる。
　最後のSKH01Dは上下外区とも線鋸歯文をもち、上外区の珠文が消滅する。線鋸歯文は上外区が約16個、下外区が約21個と考えられ、基本の13個から大きく変化している。また、蕚は開いた双葉状になるなど、文様細部の変化も認められる。
　SKH01Dは出土量が少なく、補修用の瓦と考えられる。
　ところで、讃岐国分寺跡の報告書（松尾ほか 1996）によると、北面・東面築地にSKH01Cが用いられたと想定されているが、築地の建設当初からSKH01Cが主体的に用いられたとすると、この部分の築地はやや遅れて作られたことになり、讃岐国分寺では主要堂塔の造営がある程度進んだ段階で築地塀が作られたと考えられる。

第2節　讃岐国分寺跡出土軒丸瓦の編年 ―子葉間に仕切り線をもたない複弁蓮華文軒丸瓦の編年について―

1. はじめに

　国分寺町教育委員会によって昭和58年度から61年度及び平成3年度に実施された特別史跡讃岐国分寺跡の発掘調査によって、25型式29種の軒丸瓦が明らかにされた（松尾 1992）。その中で最も多いのが子葉の間に仕切り線をもたない複弁蓮華文軒丸瓦で、奈良時代後半から平安時代後半までの11型式12種が報告されている。
　ところが、讃岐国分寺跡資料館の収蔵資料を調査する中で、新たな資料の存在が明らかになり、讃岐国分寺では12型式14種が用いられていたことが分かったほか、讃岐国分尼寺跡でも別に1型式2種が知られている（川畑 1996）。
　それらの中で最初に製作されたのは八葉複弁蓮華文軒丸瓦SKM01で、均整唐草文軒平瓦SKH01Aと組み合うと考えられている（松尾 1985a）。
　SKM01は丸亀市宝幢寺跡HD102（安藤 1967、安藤編 1974、川畑 1996）の文様の系譜下にあると考えられているが（稲垣 1987、松尾ほか 1996）、香川県内では讃岐国分寺跡以外には、子葉間に仕切り線をもたない複弁蓮華文軒丸瓦は非常に少なく、しかも散発的にしか用いられていない。ところが、讃岐国分寺跡では子葉の間に仕切り線をもつ複弁蓮華文軒丸瓦がまったく出土せず、讃岐国分寺における長期の多用は際だった特徴である。
　この種の複弁蓮華文軒丸瓦が讃岐国分寺のみで長期にわたって多用されたということは、この文様が讃岐国内の他の寺院や国府などの瓦から継続的に影響を受けたものではなく、讃岐国分寺で長期間にわたって主体的かつ継続的に変化し、展開したことを示すものである。特定の場所や特定の地域で長期間にわたって多く用いられ、主体的かつ継続的に変化した遺物は、その場所や地域にお

ける年代・時期の経過を計る重要な編年資料でもある。しかも、これらの軒丸瓦のうち、10世紀中頃までのものは単一の工房、すなわち府中・山内瓦窯で伝統をもちながら生産されたと考えられる。したがって、このような特徴をもつ讃岐国分寺跡出土の子葉間に仕切り線をもたない複弁蓮華文軒丸瓦は、讃岐国分寺のきわめて重要な編年資料であると考えることができよう。讃岐国分寺跡で出土した多種多様な軒丸瓦については年代がほとんど確定できていないことから、ここでは、讃岐国分寺研究の基礎的作業の一つとして、子葉間に仕切り線をもたない複弁蓮華文軒丸瓦の型式編年を行いたい。

2. 子葉間に仕切り線をもたない複弁蓮華文軒丸瓦の展開
(1) SKM01

子葉間に仕切り線をもたない複弁蓮華文軒丸瓦のうち最も古いものは八葉複弁蓮華文軒丸瓦

1．仲村廃寺NK102　　2．宗吉瓦窯跡（藤原宮6278B）

3．宝幢寺跡HD101

4．宝幢寺跡HD102

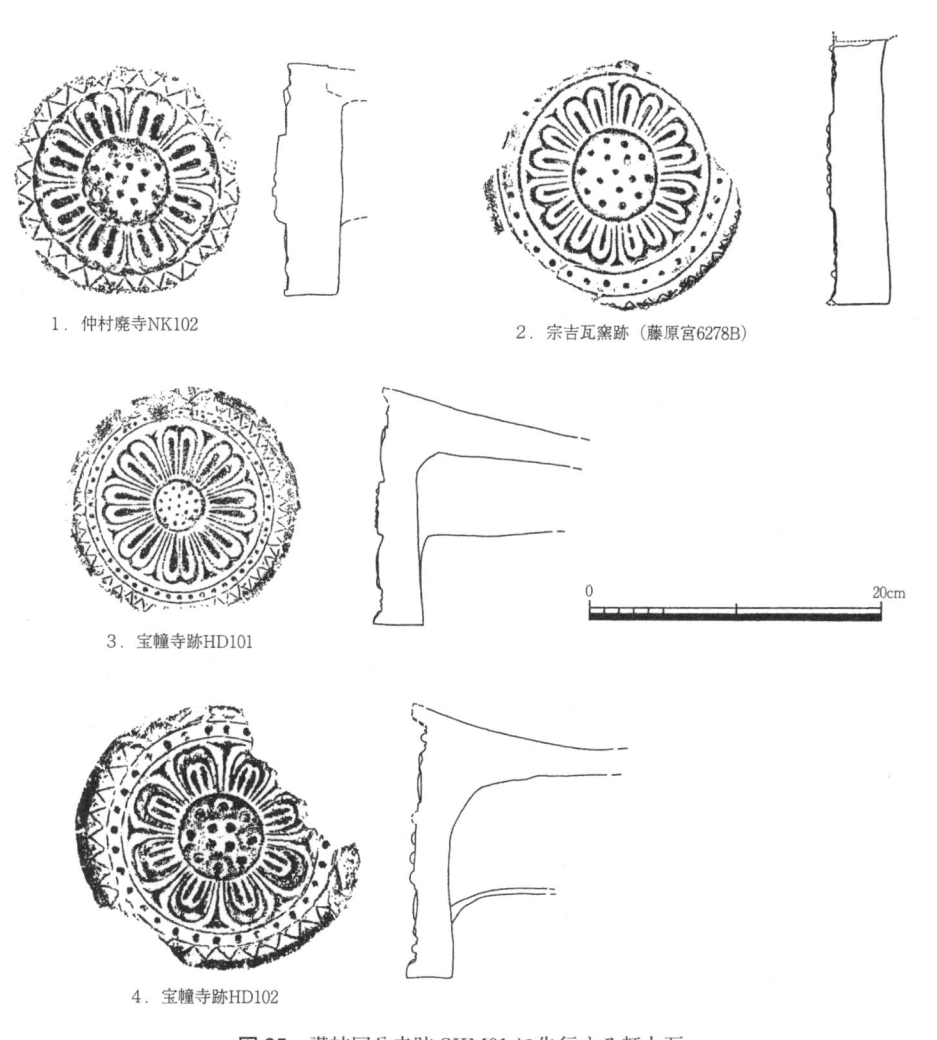

図35　讃岐国分寺跡SKM01に先行する軒丸瓦

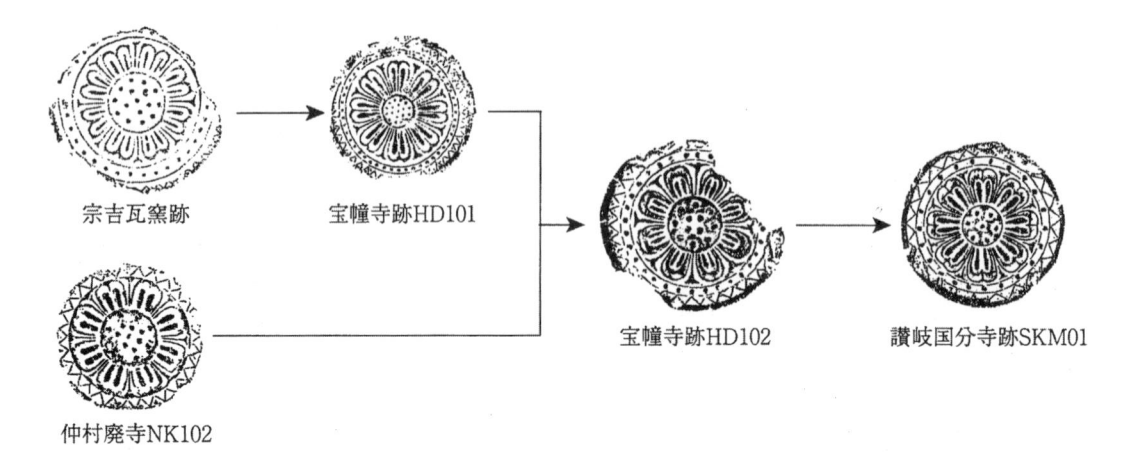

図36　讃岐国分寺跡SKM01の成立過程（1：8）

SKM01（図37-1・40-3・43-2）である。瓦当面には低く突出した中房に1＋6個の蓮子を配し、先端が反転する8葉の各蓮弁に盛り上がった棒状の二つの子葉をもつ。蓮弁は比較的平らに表現されている。中房と蓮弁の外周は縁取りをするようにわずかに盛り上がり、子葉の外側に細い溝を設けて子葉を目立たせている。二つの子葉は近接しており、子葉の外周に続く細い溝で分離されている。間弁は蓮弁の中程から伸び、先端がバチ状に広がり、中央が盛り上がって稜をもつ。蓮弁・間弁に近接して円圏に挟まれた珠文帯をめぐらせ、その外側、すなわち周縁内側の傾斜面に線鋸歯文をめぐらせている。珠文は22個、線鋸歯文は23個を数える。

　SKM01の製作技法については、瓦当と丸瓦を接合するもの（以下、「接合式」と仮称する。）、「蒲鉾状型木」による一本作り[3]のもの（以下「型木式」と仮称する。）が認められる（松尾1987、松尾ほか1996）。現在のところ、讃岐国分寺跡以外での出土は知られていない。

　讃岐国分寺跡SKM01とその先行型式とされる丸亀市宝幢寺跡の八葉複弁蓮華文軒丸瓦HD102（図36・40-2・43-1）を比較すると、HD102は大ぶりで低く突出した中房に4＋8個の蓮子をもつ。蓮弁には外周を細い溝で囲んだ2本の子葉をもつが、中房が大きいため、相対的に蓮弁と子葉が小さく、とくに子葉の小さいことが目立つ。間弁は中房から伸びる。蓮弁の外側には円圏に挟まれた珠文帯をもち、さらに周縁内側の傾斜面に線鋸歯文をもつ。珠文・線鋸歯文とも32個で、SKM01より密に施されている。

　宝幢寺跡HD102は瓦当と丸瓦を接合する作り（接合式）で、接合効果を高めるため、丸瓦の凸面先端にヘラで×印状の刻み目を施している。HD102は宝幢寺跡以外での出土は知られていない。宝幢寺跡HD102と讃岐国分寺跡SKM01は基本的な文様構成は同じであるが、SKM01は中房が小さくなるとともに、珠文は数が少なく、線鋸歯文は大型化して数が少なくなっていることなどから、これまで述べられてきたように、SKM01が後出することは明らかである。

　宝幢寺跡HD102はこれまで藤原宮式に属するとされてきた（稲垣1987、藤井1983）。その根拠は必ずしも明確ではないが、複弁で、比較的細身の子葉をもつこと、蓮弁の外側に珠文帯と線鋸歯文帯を二重にめぐらすことによるものであろう。また、藤原宮跡出土軒丸瓦には中房に1＋4＋

1. 讃岐国分寺跡SKM01

2. 讃岐国分寺跡SKM03A

3. 讃岐国分寺跡SKM03L

4. 讃岐国分尼寺跡KB103A

5. 讃岐国分尼寺跡KB103B

6. 讃岐国分寺跡SKM06

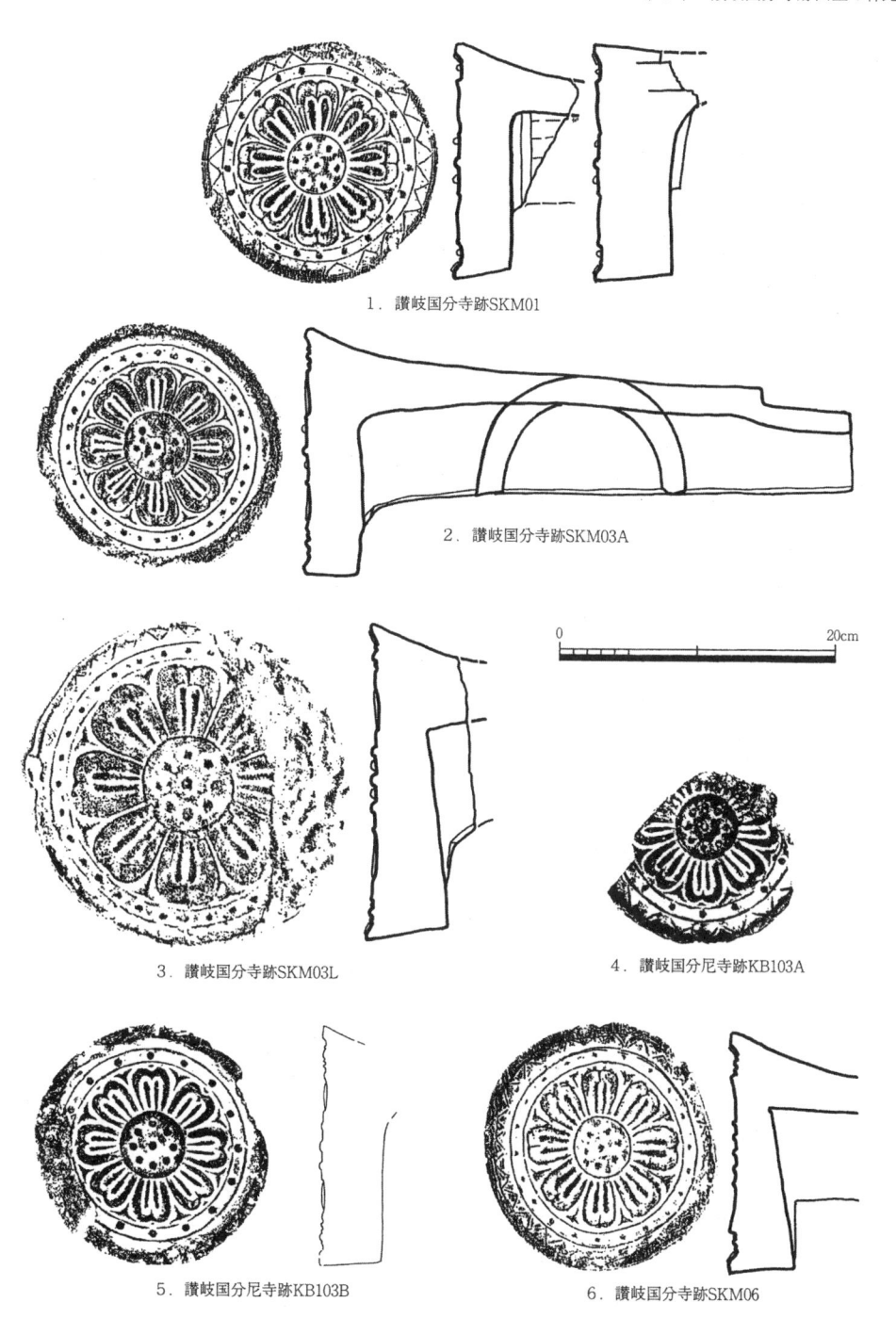

図37 子葉間に仕切り線をもたない複弁蓮華文軒丸瓦1

52

1. 讃岐国分尼寺跡KB104（讃岐国分寺跡SKM18と同笵）

2. 讃岐国分寺跡SKM18

3. 讃岐国分寺跡SKM05

4. 讃岐国分寺跡SKM07

5. 讃岐国分寺跡SKM27

6. 讃岐国分寺跡SKM10A

7. 讃岐国分寺跡SKM10B

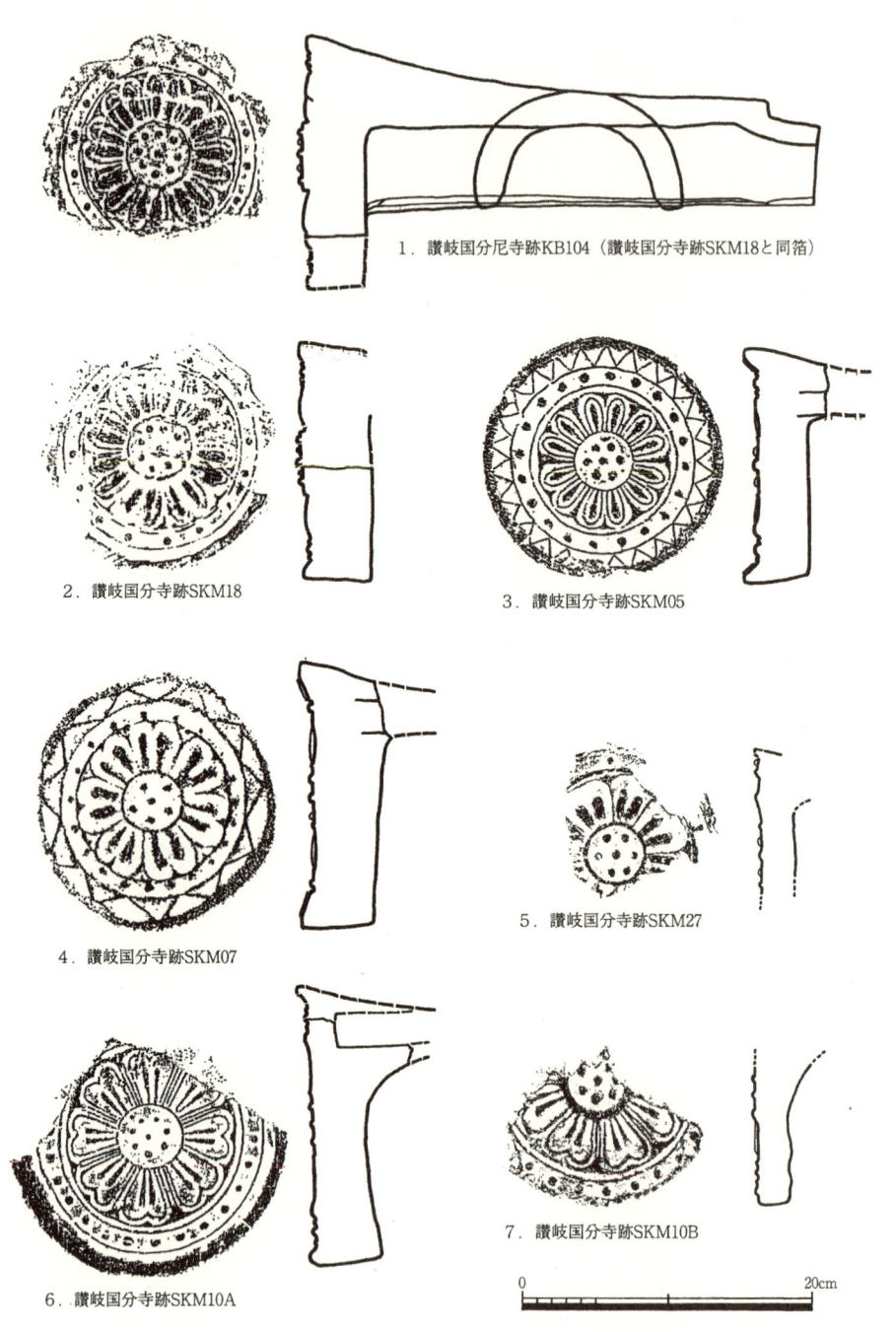

図38　子葉間に仕切り線をもたない複弁蓮華文軒丸瓦2

8個の蓮子をもつものがあり、宝幢寺跡HD102はその中心の蓮子を省略したと想定することも可能かもしれない。しかし、子葉の間に仕切り線をもたない蓮弁や中房の中心に蓮子をもたない特徴などは藤原宮式には認められない。

　香川で宝幢寺跡HD102に先行し、子葉間に仕切り線をもたない複弁蓮華文軒丸瓦を探すと、善通寺市仲村廃寺・同市善通寺・三豊市豊中町道音寺跡から出土する法隆寺式の八葉複弁蓮華文軒丸瓦があり、これが宝幢寺跡HD102と密接な関係をもつのではないかと思われる。仲村廃寺NK102（図36・40-1）・善通寺ZN103・道音寺跡DO102の法隆寺式軒丸瓦は同笵で、先端が反転する8葉の各蓮弁に盛り上がった棒状の二つの子葉をもつ。子葉の外側に溝はなく、蓮弁は外周から傾斜して凹み、子葉を目立たせている。

　宝幢寺跡HD102はこれら法隆寺式軒丸瓦の蓮弁を平坦に表現したため、子葉の外側に溝をつけて子葉を強調し、蓮子を簡略化するとともに[4]、三豊市三野町宗吉瓦窯跡（白川 2001、渡部ほか 2009）の藤原宮式軒丸瓦の影響を受けた宝幢寺跡八葉複弁蓮華文軒丸瓦HD101[5]の珠文帯と

1．讃岐国分寺跡SKM15

2．讃岐国分寺跡SKM16

3．讃岐国分寺跡SKM20

4．讃岐国分寺跡SKM19

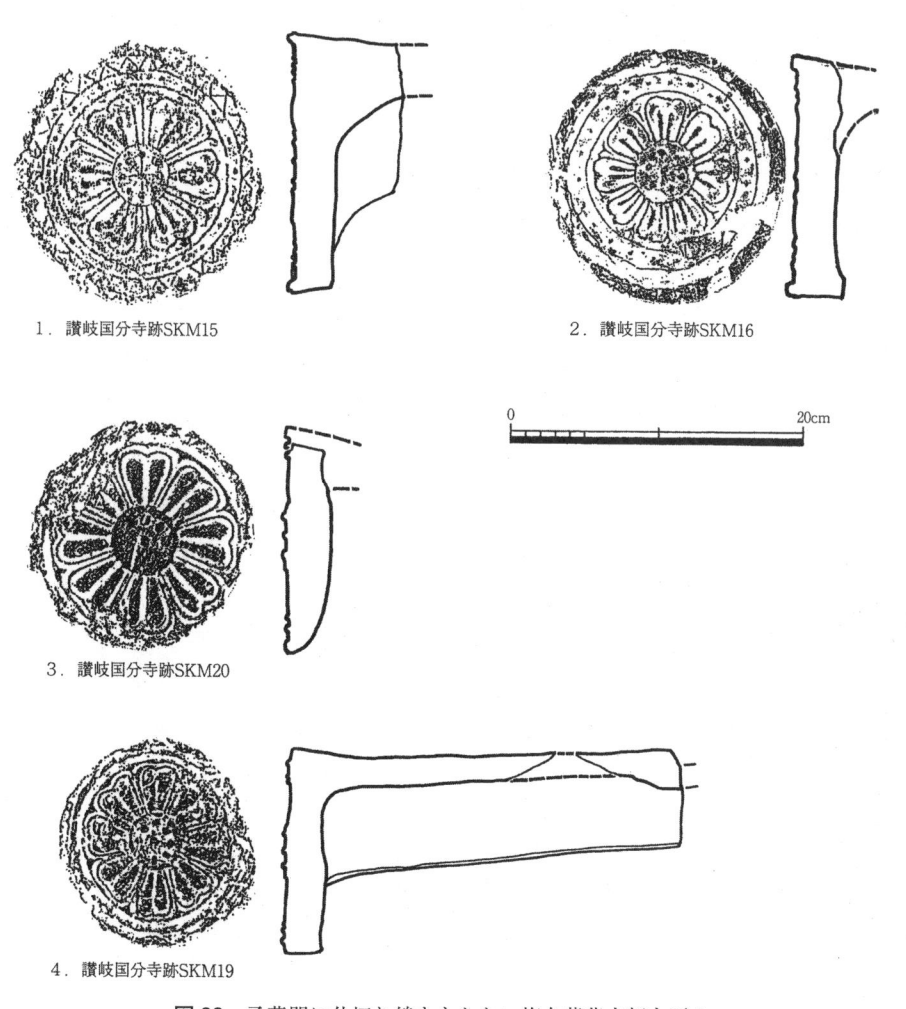

図39　子葉間に仕切り線をもたない複弁蓮華文軒丸瓦3

54

1. 仲村廃寺 NK102

2. 宝幢寺跡 HD102

3. 讃岐国分寺跡 SKM01

4. 讃岐国分寺跡 SKM03A

5. 讃岐国分寺跡 SKM03L

6. 府中・山内瓦窯跡（KB103B）

図40 子葉間に仕切り線をもたない複弁蓮華文軒丸瓦4（縮尺不同）

第 2 章　讃岐国分寺跡出土の軒瓦　55

1. 讃岐国分寺跡 SKM06
2. 讃岐国分尼寺跡 KB104（讃岐国分寺跡 SKM18 と同范） 
3. 讃岐国分寺跡 SKM18 
4. 讃岐国分寺跡 SKM05 
5. 讃岐国分寺跡 SKM07 
6. 讃岐国分寺跡 SKM27 

図 41　子葉間に仕切り線をもたない複弁蓮華文軒丸瓦 5（縮尺不同）

1. 讃岐国分寺跡 SKM10A
2. 讃岐国分寺跡 SKM10B
3. 讃岐国分寺跡 SKM15
4. 讃岐国分寺跡 SKM16B
5. 讃岐国分寺跡 SKM20
6. 讃岐国分寺跡 SKM19

図42 子葉間に仕切り線をもたない複弁蓮華文軒丸瓦6（縮尺不同）

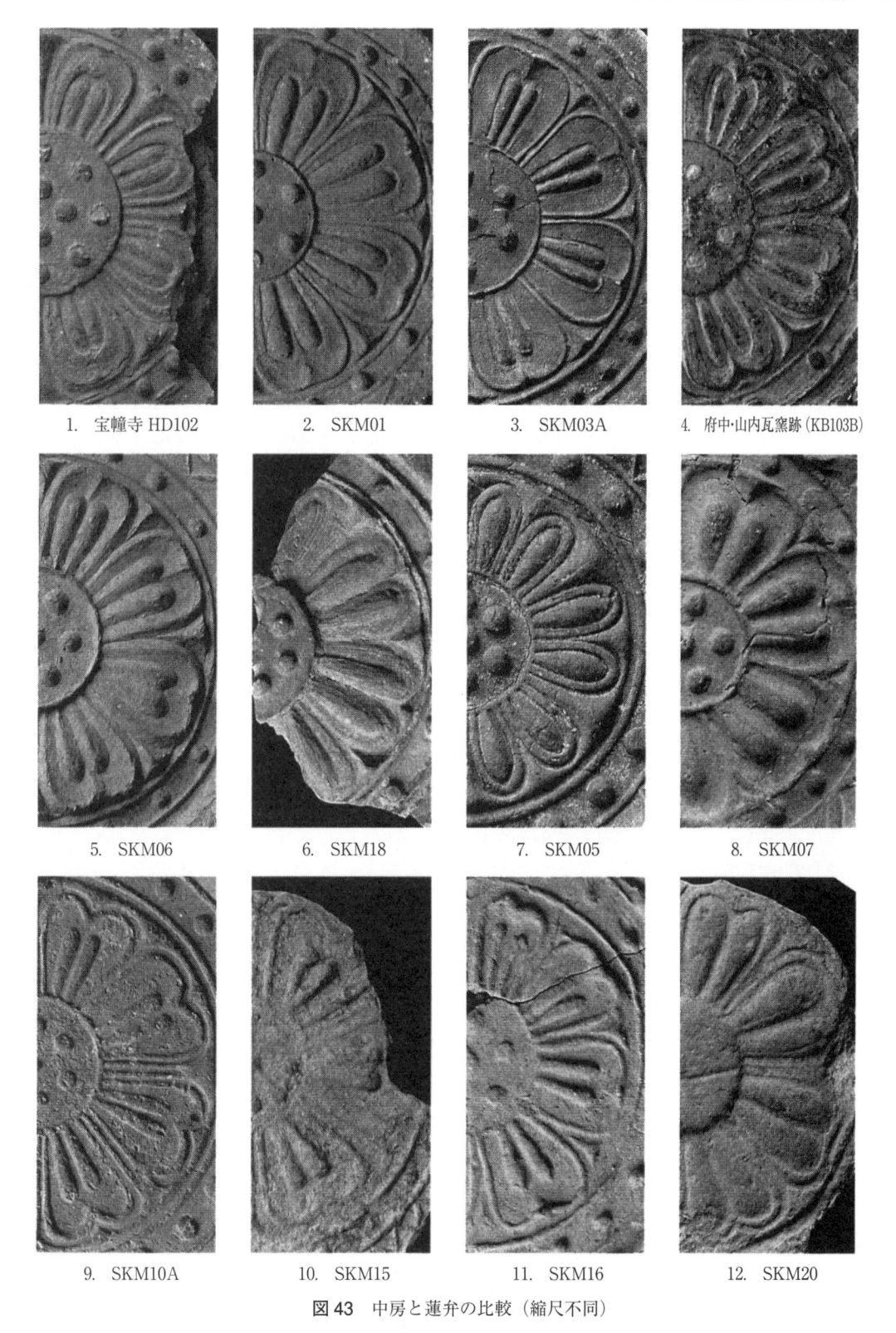

第 2 章　讃岐国分寺跡出土の軒瓦　57

1. 宝幢寺 HD102
2. SKM01
3. SKM03A
4. 府中・山内瓦窯跡 (KB103B)
5. SKM06
6. SKM18
7. SKM05
8. SKM07
9. SKM10A
10. SKM15
11. SKM16
12. SKM20

図 43　中房と蓮弁の比較（縮尺不同）

鋸歯文帯を加え、成立したものと考えることができる（図36）。
　したがって、宝幢寺跡HD102は藤原宮式の影響が認められるとしても、子葉間に仕切り線をもたないことや中房の中心に蓮子をもたない特徴から、藤原宮式に含めるのは不適当であり、宮都からの直接の影響ではなく、香川の中で成立したとすべきであろう。
　(2) SKM03A
　SKM03A（図37-2・40-4・43-3）も八葉複弁蓮華文軒丸瓦であり、線鋸歯文がないことを除けば、文様構成はSKM01に酷似する。しかし、子葉を細くし、蓮弁をさらに平板な作りにするとともに、中房や蓮弁の外周の盛り上がりはSKM01より細く、高くなり、瓦当文様はSKM01より繊細な印象を受ける。また、間弁はより短くなり、一部のものについては先端中央部をわずかに切り込む。珠文は宝幢寺跡HD102と同数の32個を数える。
　製作技法は型木式であり、讃岐国分寺跡のほか、国分尼寺跡（松本 1987）、宝幢寺跡（安藤編 1974、稲垣 1987、藤井 1983、松尾 1987、松尾ほか 1996）、讃岐国分寺・国分尼寺の専用瓦窯である府中・山内瓦窯跡（松尾ほか 1996、安藤編 1974）、大阪府八尾市小坂合遺跡（駒井ほか 2000）から出土している。
　(3) SKM03L
　大型品のSKM03L（図37-3・40-5）は、讃岐国分寺跡以外での出土は知られていない。中房の蓮子が1＋8個であること、周縁内側の傾斜面に線鋸歯文をもつことを除くと、SKM03Aと同じ文様をもつ。蓮弁などの文様表現が同じであることから、両者は同時期に作られ、異なる用途に用いられたのであろう。
　SKM03Aの製作技法が型木式であるのに対して、03Lは接合式である。SKM01と同じく同時期に二つの技法が併存したことが分かる。
　SKM03A・03Lについては、報告にあるように、SKM01の主要な文様を踏襲するが、蓮弁がより平面的に変化しており、SKM01に後出すると考えてよい。
　(4) KB103A・103B
　KB103A（図37-4）・103B（図37-5・40-6・43-4）も八葉複弁蓮華文軒丸瓦である。いずれも讃岐国分尼寺に用いられているが、103Aの出土量は少ない。KB103Aは周縁内側の傾斜面に線鋸歯文をもつが、103Bは線鋸歯文をもたない。その他の文様は酷似している。低く突出した中房に1＋8個の蓮子をもつ。中房や蓮弁の外周は盛り上がった縁取りをもたない。また、子葉の外側の溝や蓮弁間の溝が幅広となるとともに、珠文が16個に減じられたため、文様全体はSKM01・03A・03Lに見られた優美さ、繊細さが失われている。蓮弁は先端の切り込みが大きくなったため、その外側の空間に小さな三角形状の飾り（突起）を新たに施している。間弁はほとんどが先端に切り込みをもつようになる。製作技法は型木式と考えられる。また、KB103A・103Bは文様が酷似していることから、線鋸歯文を除くと同笵ともみられている（川畑 1996）。
　KB103Aは讃岐国分寺跡（川畑 1996）から、103Bは讃岐国分尼寺跡（安藤 1967、安藤編 1974、川畑 1996）、府中・山内瓦窯跡（安藤 1967、川畑編 1988）から出土している。
　KB103A・103Bは蓮弁や中房の外周の盛り上がった縁取りを省略するとともに、先端に切り込

みをもつ間弁が多くなり、蓮弁先端の切り込みの外側に三角形状の飾りを新たに施すことなどから、SKM03A・03Lより後出すると考えてよい。

(5) SKM06

八葉複弁蓮華文軒丸瓦である（図37-6・41-1・43-5）。中房は低く突出し、1＋6個の蓮子をもつ。中房の外周はSKM03Aよりさらに盛り上がる。蓮弁の外周は稜をもって高まり、内側は子葉に向かって傾斜して凹む。そのため、子葉の外側に溝はつけない。子葉の基部に稜をもっている。蓮弁先端の切り込みはわずかで、間弁の先端の切り込みはなく、この点はSKM01に類似する。蓮弁・間弁の外側に円圏で挟まれた21個の珠文をめぐらし、周縁内側の斜面に26個と考えられる線鋸歯文をめぐらす。

全て型木式で製作され、讃岐国分寺跡から出土している。

SKM06の子葉の基部にみえる稜や一見すると宝幢寺跡HD102の先行瓦と考えた法隆寺式軒丸瓦に類似した蓮弁は讃岐国分寺跡出土のこの種の複弁蓮華文軒丸瓦に類例のないものである。また、間弁や線鋸歯文に古式の様相をもつことや製作技法などから、SKM01とほとんど時期差はなく、均整唐草文軒平瓦SKH01Aと組み合う可能性が指摘されている（松尾 1987）。

しかし、蓮弁の外周が高くなって稜をもち、内側が傾斜して凹むとともに、子葉の外側の溝を廃する特徴は、KB103A・103Bで幅広になった子葉の外側の溝をさらに拡大し、子葉に向かって蓮弁の内側を凹ませたと理解することができるとともに、中房の外周がやや大きく盛り上がる特徴は、SKM01・SKM03Aからの延長上にあると考えられるので、とくに古く位置づけることはできないと思われる。

蓮弁の外周が高くなり、内側が傾斜して凹むかたちは、単弁ではあるが後出する八葉単弁蓮華文軒丸瓦SKM09に類例があり、また、蓮弁全体が盛り上がる形態は、八葉単弁蓮華文軒丸瓦SKM04をさらに顕著にしたものであり、類例はやはり後出する十六葉単弁蓮華文軒丸瓦SKM08にある。このように、SKM01の蓮弁が後続する軒丸瓦の蓮弁に大きな影響を与えたことと比較すると、SKM06の蓮弁の類例がさらに新しい時期の軒丸瓦に認められる一方、初期の軒丸瓦に全く認められないことは、SKM06をSKM01と同時期に比定することができないことを物語っているのであろう。

KB103A・103Bが国分尼寺跡から出土しているのに対して、SKM06は讃岐国分寺跡から出土している。両者は近い時期に国分寺と国分尼寺で別々に用いられた可能性が強い。KB103A・103Bは蓮弁に平坦面を残すとともに、子葉の外側に溝をもち、SKM03A・03Lにより近いのに対して、SKM06は蓮弁の外周が盛り上がって蓮弁内部を子葉に向かって傾斜させたため、平坦面がなくなり、子葉の外側の溝が不要となってこれを省略したとみることも可能である。また、中房の外周がやや大きく盛り上がる特徴や、後述するように間弁の形がSKM18に受け継がれたと思われることなどから、SKM06はKB103A・103Bの成立後に復古調の間弁や線鋸歯文を採用して成立したものと考えることができる。

(6) SKM18

八葉複弁蓮華文軒丸瓦である（図38-1・2、41-2・3、43-6）。前述した軒丸瓦と比較するとやや高く突出した中房に1＋8個の蓮子をもつ。中房の外周は盛り上がらない。一段高くなった蓮弁においても、外周の盛り上がりや蓮弁の反転を示す先端の切り込み部分の盛り上がりを省略する。子葉は外側の溝を省略して蓮弁上に重ねられている。間弁はSKM06の形態を受け継ぐが、軸がきわめて短くなり、三角形状を呈する。また、間弁は蓮弁先端の三角形状の飾りと細い凸線でつながる。その外側に円圏に挟まれた16個の珠文をめぐらせ、周縁内側の斜面の線鋸歯文は省略してなくなっている。

讃岐国分尼寺跡から主体的に出土するとされているが、讃岐国分寺跡からも1点出土している（松尾ほか 1996）。すべて型木式で作られているが、讃岐国分寺跡・国分尼寺跡では、SKM18（KB104）より後出する軒丸瓦に型木式は確認できない。SKM18は蓮弁先端の反転を示す切り込み部分の盛り上がりを省略すること、間弁と蓮弁先端の三角形状の飾りがつながって細く全周することなどから、KB103A・103B、SKM06より後出すると考えられる。

(7) SKM05

六葉複弁蓮華文軒丸瓦（図38-3・41-4・43-7）で、中房は突出せず、円圏で表現され、その中に1＋6個の蓮子をもつ。蓮弁は先端が大きく切れ込み、外周の溝が切り込みの先端から中房まで達することから、一見すると十二葉単弁蓮華文のようにみえる。子葉の外周には細い溝をめぐらせる。間弁は中房から伸び、軸は比較的幅が広い。間弁は盛り上がるが、SKM06のように明瞭な稜をもたず、蓮弁先端の三角形状の飾りとつながる。その外側に円圏に挟まれた20個の珠文からなる珠文帯をもち、周縁内側の傾斜面には26個の比較的小さい線鋸歯文をめぐらす。中房の蓮子や珠文帯の珠文は大きく、強調されている。

瓦当と丸瓦を接合する接合式で作られ、讃岐国分寺跡のほか坂出市醍醐廃寺から出土している（松尾ほか 1996、川畑編 1988）。

SKM05の円圏で囲んだ中房は、突出したりその外周を縁取るように盛り上がらせた中房からの変化形態と考えられること、蓮弁はSKM18の蓮弁外周の溝を細く明瞭にするとともに、子葉の外周に溝をつけて単弁風にしたものであること、蓮弁先端の三角形状の飾りが大きく発達するとともに、間弁とつながって幅広の文様帯を構成することもSKM18からの変化とみられることなどから、SKM18より後出すると考えられる。

(8) SKM07

七葉複弁蓮華文軒丸瓦である（図38-4・41-5・43-8）。中房はSKM05と同様に円圏で囲む。1＋5個の蓮子をもつ。蓮弁は外縁を凸線で描き、中房近くでは隣り合う蓮弁が凸線を共有するとともに、先端部分は珠文帯内側の円圏と兼ねる。凹んだ蓮弁に盛り上がった比較的大きい二本の子葉をもつ。蓮弁先端には円圏から小さな三角形状の突起を出し、蓮弁の切れ込みを表現している。間弁は退化し、これも円圏から突出する小さな三角形状の突起で表している。蓮弁先端と兼ねる円圏の外側に20個の珠文をめぐらせ、一段高くなって周縁内側の傾斜面がめぐり、そこに17個の大きい線鋸歯文を施す。さらに周縁は一段高くなり、明瞭な端面をもつ。

接合式で作られ、讃岐国分寺跡、府中・山内瓦窯跡（安藤 1967、岡田 1938、川畑編 1988）、さ

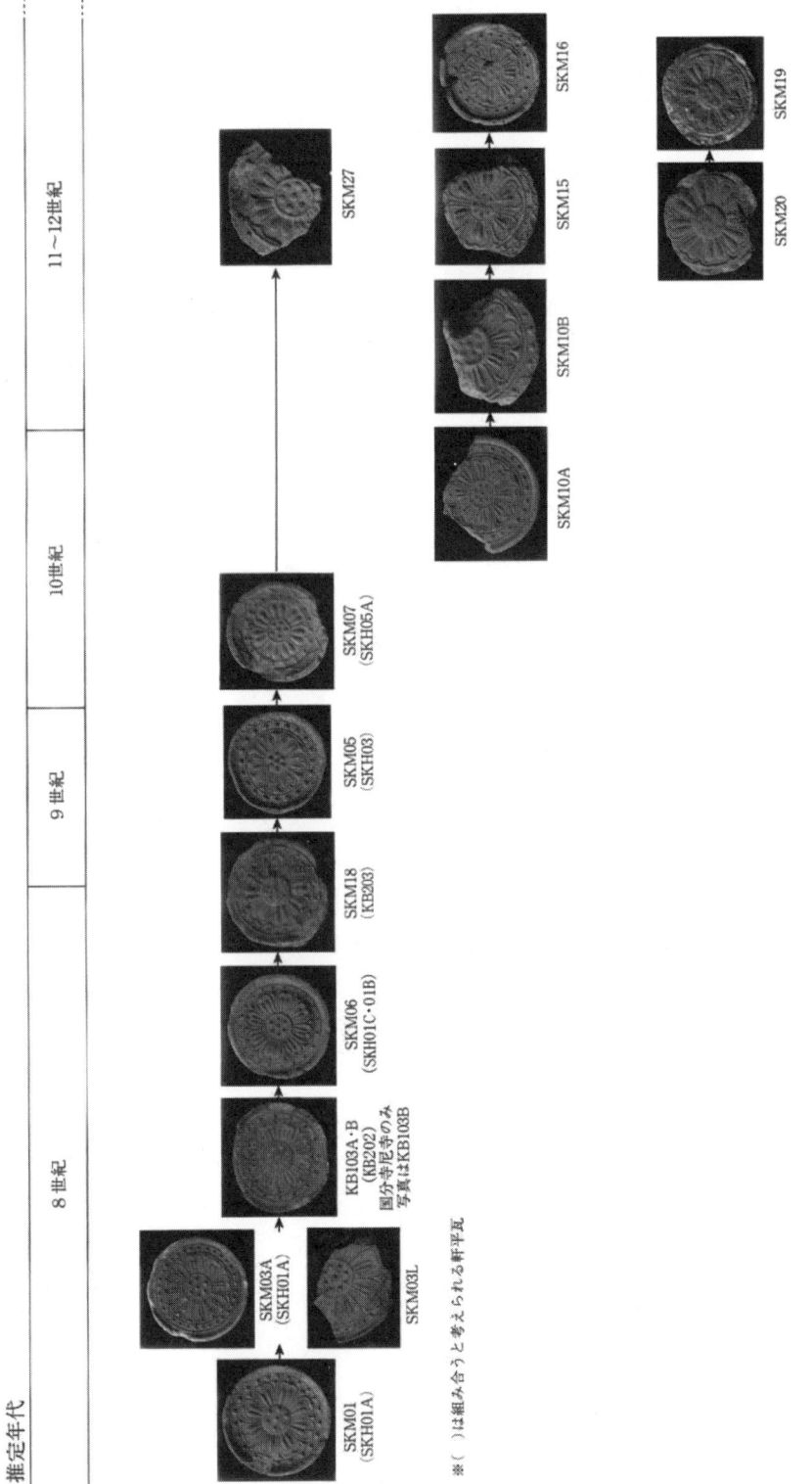

第 2 章　讃岐国分寺跡出土の軒瓦　61

図 44　讃岐国分寺・国分尼寺における子葉間に仕切り線をもたない複弁蓮華文瓦の編年図（縮尺不同）

ぬき市長尾寺（安藤編 1974、松尾ほか 1966）、高松市百相廃寺（安藤 1967）から出土するほか、高松市拝師廃寺（安藤編 1974）から同文瓦が出土している。

　SKM07は、簡略化された線表現の蓮弁をもつこと、珠文帯内側の円圏が蓮弁の先端を兼ねるなど、文様構成にも簡略化が認められることから、SKM05よりさらに後出すると考えられる。

　(9) SKM10A

　SKM10A（図38-6・42-1・43-9）は国分寺町教育委員会の報文でSKM10として報告されたものであるが、同文の軒丸瓦が確認できたのでSKM10Aとする。

　八葉複弁蓮華文軒丸瓦SKM10Aは中房から珠文帯までの文様を同一平面上に描き、線描きされた蓮弁に細くて小さな子葉をもつ。間弁は2条の凸線が中房から伸び、先端のバチ状部とつながる。間弁の軸は1カ所が欠落するほか、1カ所では1条で表現するなど、文様にやや粗雑さが認められる。間弁先端の両側は蓮弁先端の三角形状の飾りとつながって全周する。その外側に円圏で挟まれた珠文帯をもつ。周縁の内側に狭い傾斜面をもつが、線鋸歯文は省略されている。

　SKM10Aは中房から珠文帯までの文様を同一平面上に描いていること、蓮弁は簡略化されたとみられる細い凸線で描かれていることから、SKM07をさかのぼることは考えられない。小さくて細い子葉はSKM07の子葉の退化と考えられる一方、周縁内側に傾斜面を残すことから、SKM07からあまり下らない時期に比定することが可能であろう。

　(10) SKM10B

　SKM10B（図38-7・42-2）は国分寺町教育委員会の発掘調査で昭和59年度に出土したが未報告である。文様がSKM10Aに酷似することからSKM10Bとする。中房は低く突出し、中房外周は幅広の凸線で縁取りされている。蓮子も大きい。周縁をもたない。SKM10Aの瓦范を彫り直した可能性がある。

　瓦当は接合式の作りで、讃岐国分寺跡以外での出土は知られていない。

　SKM10BはSKM10Aの文様に酷似し、その瓦范を彫り直した可能性があることから、SKM10Aに後続すると考えられる。

　また、後述するようにSKM27がSKM07の文様の系譜を引くと考えると、SKM10A・10Bの文様細部はSKM27とは異なるので、SKM07・SKM27とSKM10A・10Bは別系譜の文様になろう。

　(11) SKM15

　六葉複弁蓮華文軒丸瓦である（図39-1・42-3・43-10）。SKM10Aと同じく、同一平面上に文様を描き、線描きされた蓮弁に細くて小さな子葉をもつ。SKM10Aと比較すると、子葉は先端が太くなり、盛り上がりが大きい。蓮子は1＋8個で、8個の蓮子は凸線で中心の蓮子と放射状につながる。間弁は中房から1本の凸線が伸び、先端が双葉状に分かれる。その外側に円圏に挟まれた珠文帯と細かい線鋸歯文帯をめぐらせ、狭い周縁が短く直立気味に立ち上がる。

　瓦当は接合式の作りで、讃岐国分寺跡のほか、国分尼寺跡、醍醐廃寺、宝幢寺跡（安藤編 1974、松尾ほか 1996）からも同范と思われる軒丸瓦が出土している。

　SKM15は蓮弁などの文様がSKM10A・10Bに類似するとともに、線鋸歯文が中房や蓮弁と同一平面上に描かれ、間弁が線表現に簡略化されており、蓮弁先端の三角形状の飾りが省略されるとと

もに、間弁と蓮弁先端の三角形状の飾りをつなぎ全周する文様帯が省略されること、周縁が短く直立気味に立ち上がるなど新しい特徴をもつことから、SKM10A・10Bに後続すると考えることができる。

(12) SKM16

八葉複弁蓮華文軒丸瓦である（図39-2・42-4・43-11）。SKM10A・SKM15と同じく同一平面上に文様を描き、線描きされた蓮弁に細くて小さな子葉をもつ。SKM15と比較すると、蓮子は1＋6個となり、蓮弁の大きさが一定せず、形も整わないものがあるとともに、線幅も一定しないなど、粗雑な表現が認められる。また、間弁は短い「Y」字形に簡略化されるとともに、円圏に挟まれた22個の珠文の外側には線鋸歯文をもたず、狭い無文帯となっている。周縁は短く直立する。

瓦当は接合式の作りで、讃岐国分寺跡以外での出土は知られていない。

SKM16は、SKM15と類似した間弁をもちながら、簡略化されていること、文様の粗雑化が認められることから、SKM15より後出すると考えることができる。

(13) SKM27

国分寺町教育委員会の発掘調査で昭和61年度に僧坊跡の北から出土したが未報告であるため、讃岐国分寺跡調査での型式略号の設定方式に従い、新たな型式名を与え、SKM27とする。

八葉複弁蓮華文軒丸瓦（図38-5・41-6）で、円圏で囲まれた中房に1＋6個の蓮子をもつ。蓮弁は凹みで表現され、二つの子葉は大きくはないが、やや幅広でSKM07に類似する。蓮子もSKM07に類似して大きい。間弁は中房から伸びる細い凸線が先端でバチ状に広がり、隣の間弁とつながって全周するもので、蓮弁の中央先端部には小さな切り込みをもつ。その外側に円圏と珠文帯をもち、周縁は低く直立する。接合式で作られ、讃岐国分寺跡以外での出土は知られていない。

SKM27の編年について、初出論文（渡部 2006）では、蓮弁がくぼみ、珠文帯が蓮弁より一段高くなる特徴がSKM07に類似する一方、周縁は内傾する傾斜面を失ない低く直立することから、SKM07の文様の系譜を引き、後続するとした。しかし改めて観察すると、間弁は両端がつながって全周するが、蓮弁先端部の三角形状の突起は省略されて、凸線がゆるく幅広になっていることから、SKM19・20とほぼ同じ時期まで下ると考えることができる。

(14) SKM20

八葉複弁蓮華文軒丸瓦である（図39-3・42-5・43-12）。中房は低く突出し、1＋8個の蓮子をもつ。凸線で描かれた蓮弁の内部を埋め尽くすかのように大きな二つの子葉をもつ。間弁は小さな三角形状になり、その先端は左右に伸び、蓮弁先端の三角形状の突起（一部は省略されて凸線が幅広に変化している）や他の間弁とつながって全周する。蓮弁先端の三角形状の飾りは部分的に省略されている。珠文帯や線鋸歯文帯はなく、低い周縁が直立する。瓦当下端部の裏面は先端ほど薄く、凸レンズ状に仕上げている。

瓦当は接合式の作りで、讃岐国分寺跡以外での出土は知られていない。

SKM20は子葉がSKM07より大きく発達し、低く直立する周縁をもつことから、これらより後出するものと考えられる。また、SKM10A・10B・15・16と同じく凸線で描かれた蓮弁をもつが、蓮弁外側の三角形状の飾りが一部省略されており、SKM10A・10Bより後出すると考えられること、

低い周縁が直立することなどから、SKM15などと平行する時期に比定できるのではないかと考えられる。

また、発達した大きな子葉をもつことから、SKM07・SKM27やSKM10A・10B・SKM15・SKM16とは別系譜の文様とすることができる。

(15) SKM19

八葉複弁蓮華文軒丸瓦（図39-4・42-6）で、文様はSKM20に酷似する。外区にやや幅広の円圏をもつ。突出した周縁はもたない。SKM20より小型化しており、蓮弁先端の三角形状の突起は省略されてその部分の凸線が幅広に変化しているので、さらに後出するものと思われるが、文様の変化がほとんどないことから、時期差は大きくないであろう。

讃岐国分寺跡以外での出土は知られていない。

3. 軒平瓦との組み合わせ及び年代比定

八葉複弁蓮華文軒丸瓦SKM01は前述したように、均整唐草文軒平瓦SKH01A（図34-1）と組み合うと考えられている。SKH01Aは8世紀中頃と考えられていたが（松尾ほか 1986・1996）、後述するように、東大寺式軒平瓦の中心飾などと比較すると、対葉花文の先端が大きく離れること、三葉文の左右の葉が外湾しないこと、対葉花文の外側に置かれた、先端が外側に巻く支葉の足が比較的長いことなどから、東大寺式軒平瓦6732N・Hなどの成立以降、すなわち神護景雲年間（767～769年）以降の成立が想定される。したがって、SKH01Aと組み合うSKM01も760年代末以降、おそらくは760年代末～770年代初期までの間に成立したと考えられる[6]。

八葉複弁蓮華文軒丸瓦SKM03Aもまた均整唐草文軒平瓦SKH01Aと組み合うと考えられている（松尾ほか 1986）。ただし、SKM03AはSKM01の文様を受け継ぎながら、蓮弁をより平板な作りにしていることから、SKM01より後出することが想定されている（松尾 1985a）。

八葉複弁蓮華文軒丸瓦SKM03LはSKM03Aの大型品であり、両者は用途が違う同時期の瓦と考えられる。八葉複弁蓮華文軒丸瓦KB103A・103Bは線鋸歯文をのぞくと同笵の可能性があることから、両者は大きな時期差がないものと考えられる。後述するように、KB103Bは讃岐国分尼寺跡出土瓦の分析から、均整唐草文軒平瓦KB202（図34-2）と組み合うと考えられ、KB202はSKH01Aに後続することから、KB103Bは、SKH01Aと組み合うSKM03Aよりさらに新しくなる。

一方、府中・山内瓦窯跡出土とされるKB103B（図71-2）と均整唐草文軒平瓦SKH01C（図72-9）は、酷似した胎土をもち、ともに燻べ焼きされ、同じ焼成である[7]。両者は同時に生産された可能性も考えられるので、KB202とSKH01Cは型式差はあるものの、生産時期はきわめて近接していたとすべきかもしれない。

讃岐国分寺跡では八葉複弁蓮華文軒丸瓦SKM01・SKM03Aが均整唐草文軒平瓦SKH01Aと組み合い、八葉単弁蓮華文軒丸瓦SKM02A・SKM04が均整唐草文軒平瓦SKH01Cと組み合う可能性が高いと考えられている（松尾ほか 1986）。

また、讃岐国分寺跡では、SKH01Cに後続して均整唐草文軒平瓦SKH01B（図34-4）が用いられている[8]。

SKM06は前述したように、中房・間弁等の構造からKB103A・103Bより後出すると考えられる。したがって、KB103Bが、KB202と組み合うならば、SKM06は、均整唐草文軒平瓦SKH01C又は01Bと組み合う可能性が高いと考えられる。

　SKH01Bは第3章第1節で後述するように、対葉花文の足が長く、下部で中心葉とほとんどつながるように伸びていることなどから、長岡京遷都前後ないしそれ以降に比定される。

　このことから、770年前後と考えられるSKM01を最古として、SKM03A・03L・KB103A・103B・SKM06や、本章では取り上げていないSKM02A・02L・04をほぼ8世紀第4四半期に比定することができる。

　以上の軒丸瓦に後続する八葉複弁蓮華文軒丸瓦SKM18は8世紀終り頃に比定することができよう。SKM18は、国分尼寺跡では均整唐草文軒平瓦KB203（図34-5）と組み合うものと考えられる。

　六葉複弁蓮華文軒丸瓦SKM05は均整唐草文軒平瓦SKH03と組み合うことが想定されている。SKH03は、唐草文が左右にゆるやかな波状に流れ、その先端が玉縁状となり、京都市教王護国寺・貞観寺などの9世紀半ば頃の軒平瓦に類例がみられること、同笵の瓦が善通寺市金倉寺から出土し、金倉寺は唐の青龍寺を模して貞観3（861）年には伽藍を完成したという寺伝をもっていること、讃岐国分寺僧坊跡の礎石のかさ上げのための掘形から9世紀中頃とされる「ロクロ土師器」が出土していることから、この時期の僧坊の修理に用いられた可能性が高く、9世紀中頃に比定されている（松尾ほか 1986）。

　したがって、SKM05がSKH03と組み合うならば9世紀中頃に比定することができる。

　七葉複弁蓮華文軒丸瓦SKM07は出土量の多さ、胎土・焼成の類似性から、均整唐草文軒平瓦SKH05Aと組み合うことが想定されている。SKH05Aは京都市法性寺の中心飾に「修」銘をもつ軒平瓦を模倣して作られたと考えられ、10世紀中頃に比定されていることから、SKM07も同時期に比定できる（松尾ほか 1986）。

　八葉複弁蓮華文軒丸瓦SKM10Aは、端面をもつ周縁とその内側の傾斜面の特徴がSKM07に共通するとともに、内区文様が粗雑化していることから、SKM07に後続し、10世紀後半頃に比定できるものと思われる。

　六葉複弁蓮華文軒丸瓦SKM15・八葉複弁蓮華文軒丸瓦SKM16、八葉複弁蓮華文軒丸瓦SKM20・SKM19はさらに時期が下り、11～12世紀に比定できる。また、SKM27は間弁の両端がのびて全周する文様の形などから、SKM19・20に近い年代が想定される。

　讃岐国分寺・国分尼寺で用いられた、子葉間に仕切り線をもたない複弁蓮華文軒丸瓦の編年案は図44のとおりであるが、八葉複弁蓮華文軒丸瓦SKM10A以降の軒丸瓦の年代と、それらに組み合う軒平瓦については、さらに今後の検討が必要である。

4. 讃岐国分寺跡出土の軒丸瓦をめぐって

　讃岐国分寺跡出土の軒丸瓦の製作技法については、瓦当と丸瓦の「接合式」で、丸瓦が瓦当裏面の比較的高い位置に取り付き、少量の補強粘土を内外面に施すとともに、丸瓦部側面と瓦当裏面との境をケズリによって直角的に整形するもの（A技法）、「型木式」による一本作りで、丸瓦部は瓦

当裏面の比較的高い位置に取り付き、補強粘土は専ら丸瓦部外曲面に施されているもの（B技法）、瓦当と丸瓦の接合式で、丸瓦は瓦当裏面の低い位置に取り付き、補強粘土は内外面とも多量に施し、丸瓦部側面と瓦当裏面との境を曲線的に仕上げるもの（C技法）があり、A技法はSKM01に用いられ、B技法はSKM01・03A・06に、C技法は八葉単弁蓮華文軒丸瓦SKM02A・04に用いられていることから、A・B技法がC技法に先行するとしている（図19）（松尾 1987、松尾ほか 1996）。

しかしながら、A技法とされるSKM01には丸瓦部の内面に比較的多量の粘土を用いるものがあり（松尾ほか 1996：Pl.13）、B技法はSKM02A・04より後出するSKM06・SKM18（KB104）にみられること、9世紀中頃とされるSKM05は接合式で、丸瓦は低い位置に取り付くが、丸瓦内面部の補強粘土はきわめて少なく、丸瓦部側面と瓦当裏面との境を直角的に仕上げる（松尾ほか 1996：Pl.14）など、A〜C技法に当てはまらない軒丸瓦もみられることから、製作技法については全体的にさらに詳細な再検討が必要であると思われる[9]。

再整備された讃岐国分寺[10]の初期に用いられた軒丸瓦について、接合式・型木式に注目してみると、接合式はSKM01・SKM03L・SKM05のほか、八葉単弁蓮華文軒丸瓦SKM02A・八葉単弁蓮華文軒丸瓦SKM02L・八葉単弁蓮華文軒丸瓦SKM04に認められ、型木式はSKM01・SKM03A・KB103B[11]・SKM06・SKM18に認められる。再整備期でも後出するSKM06・SKM18（KB104）に型木式がみられることやSKM01やSKM03Aと03Lで明らかなように、接合式と型木は同時期に併存している。

香川においても白鳳期には接合式で軒丸瓦の製作が行われており、讃岐国分寺跡でもSKM23・SKM24Aなど再整備前の軒丸瓦[12]や10世紀中頃に比定されているSKM07、さらにそれ以降にも認められることから、奈良時代・平安時代を通じて用いられたことが分かる。

これに対して、型木式はSKM01以前の香川には認められず、8世紀終り頃に比定できると考えられるSKM18まで認められる。

現在のところ、讃岐国分寺・国分尼寺の所用瓦は坂出市と高松市国分寺町にまたがる府中・山内瓦窯で集中的に生産されたと考えられることから、型木式による軒丸瓦の製作技法は讃岐国分寺の再整備にあたって中央から新たに導入され、府中・山内瓦窯で大規模で継続的に瓦が生産された間は接合式とともに行われたものの、府中・山内瓦窯では定着することなく、讃岐国分寺・国分尼寺の再整備がほぼ完了し、瓦生産が減少するとともに消滅したといえよう。

これに対して、接合式はSKM01・SKM05を除くと、大型品と単弁蓮華文軒丸瓦に用いられており、SKM05が一見単弁風に見えることを考えると、府中・山内瓦窯が操業して間もなくすると、子葉の間に仕切り線をもたない複弁蓮華文軒丸瓦と単弁蓮華文軒丸瓦・大型軒丸瓦で技法上の作り分けが生じたといえるかも知れない。

また、作り分けがあったとすれば、最初にSKM01を製作するときには、中央からきた新しい技法（型木式）と旧来の技法（接合式）が併存していたものが、次のSKM03Aの段階では型木式にほぼ統一されつつあったにもかかわらず、均整唐草文軒平瓦SKH01Cと組み合う軒丸瓦において接合式が急増したらしいことは、SKM02Aが築地に用いられ、大量に必要であったと考えられるこ

と、後述するように讃岐国分尼寺の整備がこの頃から本格化したらしいことを考慮すれば、この段階で須恵器工人などの在地工人の新たな編入を含む造瓦体制の整備があった可能性も考えられる。

　一方、府中・山内瓦窯跡で確認できる最新の瓦は10世紀中頃に比定されている七葉複弁蓮華文軒丸瓦SKM07であり、SKM07とこれに組み合うとされる均整唐草文軒平瓦SKH05Aを終了して間もなく、府中・山内瓦窯での操業を終了したものと考えられる。

　子葉間に仕切り線をもたない複弁蓮華文軒丸瓦についてみると、府中・山内瓦窯の操業停止後は複数の系統の文様が用いられるなど、複雑な様相を示している。このことは、陶（十瓶山）窯跡群での生産やその工人による小規模な出張生産[13]などで讃岐国分寺所用瓦を調達した結果、11～12世紀に様々な軒丸瓦が讃岐国分寺にもたらされたことを反映しているものと考えられ、国分寺瓦屋解体後における讃岐国分寺の瓦の供給のありかたを具体的に示すものとして興味深い。

第3節　讃岐国分寺跡出土軒瓦の型式設定（追補）

1. はじめに

　特別史跡讃岐国分寺跡の保存整備事業に伴い、国分寺町教育委員会（現高松市教育委員会）によって昭和58年度～61年度及び平成3年度に実施された確認調査では、多くの軒瓦が出土した。それらの軒瓦は、昭和59年度～61年度及び平成3年度の『特別史跡讃岐国分寺跡発掘調査概報』において、古代を中心として一部中世のものについても型式設定がなされ、古代の瓦として軒丸瓦25型式29種、軒平瓦21型式25種が紹介されている（松尾 1992、松尾ほか 1996）。

　しかし、この報告では古代に限っても一部型式設定がなされておらず、その後、著者は、讃岐国分寺跡出土瓦に関する一連の論考の中で、新たに確認した軒丸瓦2型式3種、軒平瓦1型式2種に型式名を付与し、紹介した（渡部 2005・2006）。

　さらに、その後、高松市讃岐国分寺跡資料館の収蔵資料を検討した結果、古代に属すると考えられる5型式5種の軒平瓦を新たに確認することができた。その後、さらに軒平瓦1型式1種を確認することができたので、これまでの讃岐国分寺跡調査での型式略号の設定方法に従い、新たな型式名を与え、併せてここに紹介する（図45・46）。その結果、国分寺町教育委員会による発掘調査で出土した古代の軒瓦は、軒丸瓦27型式32種、軒平瓦29型式34種になった[14]。

2. 新型式の軒平瓦

（1）唐草文軒平瓦SKH26

　僧坊跡の東部から1点出土している。上外区に珠文を施し、界線で区画された内区に渦状の唐草文を配する。大半が欠損しており瓦当全体の文様構成については不明であるが、SKH13に類似した文様構成の均整唐草文になるものと想定される。凸面は板ナデ調整によって仕上げ、凹面には布目圧痕が残り、瓦当端部をヘラ削りによって整形している。胎土は多量の砂粒を含み、淡灰褐色の色調を呈する。焼成はやや軟質である。

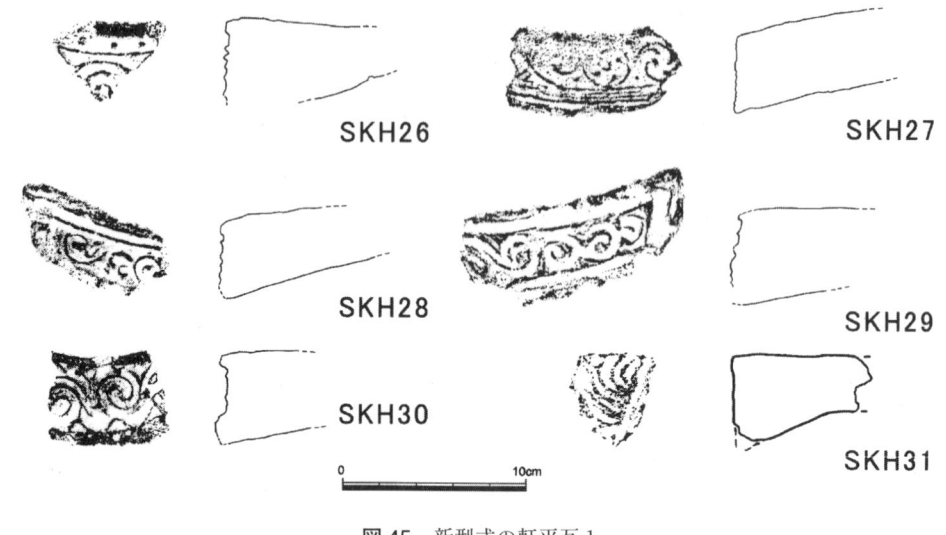

図45 新型式の軒平瓦1

(2) 唐草文軒平瓦SKH27
　昭和55年度の確認調査（渡部 1981）で1点出土している。瓦当面上部の磨耗が著しく、全体の文様構成は判然としないが、下端部に4本の平行線を配し、その上部に巴文状の唐草文が向かって右方向に展開する。文様は細い凸線で描かれる。唐草文の各単位間には下部に1個の珠文を配する。凸面は瓦当側端部まで斜方向の細めの縄目叩きを施している。凹面は布目圧痕が残り、瓦当側端部付近は横方向のヘラ削りがなされている。淡灰白色の色調を呈し、焼成はやや軟質である。

(3) 唐草文軒平瓦SKH28
　僧坊跡の中央部から瓦当左端部の破片が1点出土している。外縁が突出し、界線によって上部と側部が区画された内区に、先端が巻き込み、かつ肥厚する主葉と小葉が展開する唐草文を配する。表面の磨耗が著しく、調整の詳細は不明であるが、凹面・側面の表面の状況から、ナデ調整によって仕上げられているものと考えられる。やや淡橙色を帯びた淡灰褐色の色調を呈し、焼成はやや軟質である。

(4) 唐草文軒平瓦SKH29
　僧坊跡の中央部から1点出土している。比較的太い界線によって区画された内区に、渦状の唐草文が向かって右方向に展開する。唐草文は瓦当の右端部に向かうにつれて、形状が崩れていく。また、粗雑なつくりの笵によって製作されたようで各文様の端部に凹凸が目立ち、非常に粗雑な仕上がりとなっている。表面は凹凸面ともに丁寧なナデ調整によって仕上げている。胎土は砂粒を含むが密で、淡灰茶褐色の色調を呈し、焼成はやや軟質である。

(5) 均整唐草文軒平瓦SKH30
　僧坊跡の北西部から1点出土しているが、同文と考えられるものが、昭和55年度の発掘調査で讃岐国分寺跡の寺域南西部から出土している（渡部 1981）。また、開法寺跡（KH206）（川畑 1996）・双子山廃寺（川畑 1996）、妙音寺（MO203）（安藤 1967、川畑 1996）・道音寺（DO204）

1. SKH26
2. SKH27 
3. SKH28 
4. SKH29 
5. SKH30 
6. SKH31 

図46 新型式の軒平瓦2（縮尺不同）

（安藤 1967、川畑 1996）・京都東寺（安藤 1967）、平安京内裏跡（平安博物館編 1977）などでも出土している。

　妙音寺・道音寺の出土品を参考にすると、中心飾は左右に開いた蕨手状の唐草文で、その外側に二つ巴状の唐草文が左右に3単位展開する。本例は、中心飾から左に展開する陰刻二つ巴状の唐草の破片である。

　瓦当は外縁が突出し、その内側に線描きの均整唐草文をもつ。唐草文は2本の細い凸線で帯状に表現されている。上縁と下縁に接する部分では唐草文の外縁を「V」字状に描くため、粗い鋸歯文

のようにもみえる。凸面には粗い縦方向の縄目叩きを瓦当側端部まで施し成形を行い、凹面には布目圧痕が残り、瓦当側端部を横方向のヘラ削りによって整形している。焼成は良好で、色調は暗灰色を呈する。平安時代後期に比定できる。

3. おわりに

讃岐国分寺跡の一連の発掘調査において出土した資料の多くは未だ報告の機会を得ず、現状では讃岐国分寺跡に関する研究は瓦の研究に頼らざるを得ない。そのような中で、ここ数年の軒瓦の研究の進展によって出土瓦の基礎的データが整理されるとともに、瓦の編年観や讃岐国分寺を取り巻く古代の状況がおぼろげながら明らかになりつつある。本報告の資料もその編年の中に位置づけられ、今後の瓦研究、讃岐国分寺跡等の研究の一助になれば幸いである。今後の研究の進展に期待したい。

（追記）
　この資料紹介を発表後、昭和63年度の16次調査（渡邊 2007）において、瓦当面右上端部を中心とする多重円弧文を描く軒平瓦が、寺域西辺の中央やや北寄りに接した寺域外から出土していることを確認した（図45・46）。ここでSKH31とする。また、後述するように、8世紀前半に比定される勝賀廃寺KT202A・B・百相廃寺MM201のいずれかと同笵と考えられる変形偏行唐草文軒平瓦（図62）が讃岐国分寺跡出土として洲崎寺に所蔵されていることが判明した。これをSKH32とする。

第4節　小　結

第2章では、創建期の讃岐国分寺・国分尼寺を考察する際の基礎となる軒瓦の編年を行った。

国分寺町教育委員会による讃岐国分寺跡の発掘調査において、讃岐国分寺跡出土の軒平瓦・軒丸瓦の編年が行われているが、讃岐国分尼寺跡出土瓦については十分に扱われていない。しかし、両寺には共通する軒瓦が多く認められるとともに、一方のみに用いられた同型式の軒瓦なども存在することから、両寺の年代などを比較するためには、全体として編年する必要がある。

第4章で紹介するように、讃岐国分寺・国分尼寺で用いられた10世紀中頃までの主要瓦は、国分寺瓦屋である府中・山内瓦窯で集中的に、しかも継続的に生産されていたと考えられることから、文様等の微細な変化を跡づけやすく、編年資料として最適な要件を備えているということができる。

第1節では、讃岐国分寺の創建期に用いられたとされる均整唐草文軒平瓦SKH01を取り上げた。この型式の軒平瓦は国分尼寺跡からも出土し、国分尼寺跡ではKB201A（SKH01C）・KB201B（SKH01B）・KB202・KB203と呼ばれていることから、KB202・KB203も加えて検討した。

SKH01は、国分寺町教育委員会による讃岐国分寺跡の発掘調査において、A～Dに細分され、A→B→C→Dへと変化したと考えられたが、B→Cについては、再検討の結果、唐草文や外区文様の変化からC→Bへと変化しており、全体として、SKH01A→KB202→SKH01C（KB201A）

→SKH01B（KB201B）→KB203→SKH01Dへと変化することが明らかになった。

　第2節では、子葉間に仕切り線をもたない複弁蓮華文軒丸瓦を取り上げた。この軒丸瓦は讃岐国分寺に主体的に用いられるとともに、創建期の国分尼寺でも用いられており、均整唐草文軒平瓦SKH01と同じく、初期の両寺を考える上での基礎資料となるものである。

　検討の結果、もっぱら讃岐国分尼寺に用いられたKB103A・103B・KB104（SKM18）を含めて、子葉間に仕切り線をもたない複弁蓮華文軒丸瓦13型式16種について、編年と年代比定を行うとともに、10世紀中頃までのものについて、軒平瓦との組合せを想定することができた。ただ、10世紀後半頃以降のものについては、年代比定、組み合う軒平瓦とも明確でなく、今後のさらなる検討が必要とされる。

　これらの軒丸瓦の製作技法については、この種の軒丸瓦の出現当初から、瓦当と丸瓦の「接合式」とともに、「型木式」による一本作りが併存することが知られていたが、従来から行われていた「接合式」は奈良時代・平安時代を通じて認められるものの、讃岐国分寺の造営に伴って畿内から導入されたと考えられる「型木式」は8世紀末頃とされるKB104（SKM18）を最後に消滅しており、讃岐国分寺・国分尼寺の整備が最終的に終了すると用いられなくなったことが明らかになった。

　讃岐国分寺跡出土の軒瓦については、史跡整備に伴う国分寺町教育委員会の発掘調査において型式設定がなされ、古代に限っても軒丸瓦25型式29種、軒平瓦21型式25種が紹介されたが、その後、著者らによる収蔵資料の再検討やその後の発掘調査によって、古代の軒瓦全体で、軒丸瓦27型式32種、軒平瓦29型式34種が明らかになった。

註
（1）調査担当者である松本忠幸氏によれば、概報・報告書の数値は同一個体を1点として集計した数量であるという。しかし、出土瓦はほとんど接合されておらず、現状で同一個体の数量を確認することは困難である。また、SKH01Bは著者の確認数量が減少していることから、これについては、何らかの原因による問題があることを示しており、本書では著者の再調査による数量（接合済みのもののみを各1点とする数量）を用いることにする。
（2）第3章第5節参照
（3）最近では、松本氏はこれを「成形台を使った横置型一本作り」、「横置型成形台を使った一本作り」と呼んでいる（松本 2009）。
（4）NK102などの法隆寺式軒丸瓦の蓮子は1+7+8個で、内側の1+7個は一隅の欠けた格子状に配されている。これに対して、HD102の蓮子は4+8個で、内側の4個の蓮子は法隆寺式の内側の8個の格子状蓮子を簡略化し、外枠4個を採用したものとも考えることができる。
（5）白川雄一氏からも宝幢寺跡HD101は藤原宮式とすべきであるとの教示を頂いた。
（6）第3章第1・2節参照
（7）坂出市教育委員会所蔵資料による。第4章第1節参照。
（8）第2章第1節参照
（9）なお、松本氏は松本 2009において、軒丸瓦の製作技法はB→A→C技法へと変遷したとしている。
（10）第3章第1・2・4節参照
（11）KB103Aは不詳
（12）第3章第4節参照

(13) 平安時代後半と考えられる讃岐国分寺跡出土瓦には陶(十瓶山)窯跡群からの供給が想定されているものがある（松尾ほか 1996）。また、讃岐国分寺跡の周辺で平安時代末の瓦窯跡も知られており（松本 2000、蔵本 2005、渡邊 2007）、現在のところその窯跡から讃岐国分寺への供給は確認されていないが、今後、陶(十瓶山)窯跡群の工人による讃岐国分寺瓦の臨時的な生産が確認できるのではないかと考えている。
(14) 第3節の追記で紹介したSKH32を含む。

引用・参考文献

安藤文良 1967「讃岐古瓦図録」(『文化財協会報』特別号8、香川県文化財保護協会)
安藤文良編 1974『古瓦百選―讃岐の古瓦―』美巧社
稲垣晋也 1987「南海道古瓦の系譜」(角田文衞編『新修国分寺の研究』第5巻上、吉川弘文館)
岡田唯吉 1938「讃岐国分寺」(『国分寺の研究』考古学研究会)
川畑　聰 1996『第11回特別展　讃岐の古瓦展』高松市歴史資料館
川畑　迪編 1988『坂出市史　資料』坂出市
駒井正明ほか 2000『小坂合遺跡―都市基盤整備公団八尾団地建替えに伴う発掘調査報告書―』財団法人大阪府文化財調査研究センター
蔵本晋司 2005「中世の考古学」『さぬき国分寺町誌』国分寺町
白川雄一 2001『宗吉瓦窯跡』三野町埋蔵文化財発掘調査報告1　三野町教育委員会
藤井直正 1983「讃岐国古代寺院跡の研究」(『藤沢一夫先生古稀記念古文化論叢』藤沢一夫先生古稀記念論集刊行会)
平安京博物館編 1977『平安京古瓦図録』雄山閣出版
松尾忠幸 1985a『特別史跡讃岐国分寺跡　昭和59年度発掘調査概報』国分寺町教育委員会
松尾忠幸 1985b『讃岐国分僧・尼寺跡　昭和59年度発掘調査概報』国分寺町教育委員会
松尾忠幸ほか 1986『特別史跡讃岐国分寺跡　昭和60年度発掘調査概報』国分寺町教育委員会
松尾忠幸 1987『特別史跡讃岐国分寺跡　昭和61年度発掘調査概報』国分寺町教育委員会
松尾忠幸 1992『特別史跡讃岐国分寺跡　平成3年度発掘調査概報』国分寺町教育委員会
松尾忠幸ほか 1996『特別史跡讃岐国分寺跡保存整備事業報告書』国分寺町教育委員会
松本忠幸 2000「如意輪寺窯跡」(『香川県埋蔵文化財調査年報　平成10年度』香川県教育委員会)
松本忠幸 2000「如意輪寺窯跡」(『香川県埋蔵文化財年報　平成10年度』香川県教育委員会)
松本忠幸 2009「出土瓦からみた讃岐国分寺の創建」(『佛教藝術』303　毎日新聞社)
松本豊胤 1987「讃岐」(『新修国分寺の研究』第5巻上、吉川弘文館)
渡部明夫 1981「国分寺跡」(『香川県埋蔵文化財調査年報　昭和55年度』香川県教育委員会)
渡部明夫 2005「天平勝宝以前の讃岐国分寺」(『香川県埋蔵文化財センター研究紀要』Ⅰ　香川県埋蔵文化財センター)
渡部明夫 2006「讃岐国分寺跡出土軒丸瓦の編年～子葉間に仕切り線をもたない複弁蓮華文軒丸瓦の編年について～」(『香川県埋蔵文化財センター研究紀要』Ⅱ、香川県埋蔵文化財センター)
渡部明夫ほか 2009『宗吉瓦窯跡調査・保存整備報告』三豊市埋蔵文化財発掘調査報告Ⅰ　三豊市教育委員会
渡邊　誠 2007『特別史跡讃岐国分寺跡―第16~21・25~35次調査―・如意輪寺窯跡・国分中西遺跡・兎子山遺跡』高松市埋蔵文化財調査報告102　高松市教育委員会

第3章　瓦からみた古代の讃岐国分寺

　　第1節　均整唐草文軒平瓦SKH01の瓦当文様からみた讃岐国分寺の造営年代

1．はじめに

　讃岐国分寺・国分尼寺の造営にあたっては、均整唐草文をもつ1型式6種の軒平瓦が用いられた。讃岐国分寺跡でSKH01と呼ばれるこの軒平瓦は、SKH01A→KB202→SKH01C（KB201A）→SKH01B（KB201B）→KB203→SKH01Dへと変遷したと考えられる（図34）。この種の軒平瓦は、内区の中央下部に三葉文をおき、その左右を対向する中心葉で囲み、上部に対葉花文をもつ東大寺式軒平瓦の中心飾をもつことを特徴とする。

　SKH01A（図47）を東大寺式軒平瓦と比較すると、下外区に線鋸歯文をもつこと、主葉に蕚をもち、蕚から背向する蕨手2葉が派生すること、唐草文は2転し、第2単位が内向きであること、蕨手2葉の下に三葉状支葉をもつことなど、多くの相違点も認められる。しかし、中心飾は東大寺式軒平瓦と同じ構造をもち、唐草文にも東大寺式軒平瓦から影響を受けたと考えられる点が指摘できる。

　東大寺式軒平瓦については、岡本東三氏（岡本 1976）の研究以来、多くの調査・研究（小澤 1990、花谷 1991、毛利光 1991、廣岡 2000、山崎 2003、岩永 2001）にもとづき、比較的年代比定が進んでいるので、ここではSKH01の瓦当文様を東大寺式軒平瓦の文様と比較することにより、SKH01A・SKH01B（KB201B）・KB203の実年代を推定し、そのことから、讃岐国分寺の造営年代を考えてみたい。

2．東大寺式軒平瓦の編年

　東大寺式軒平瓦の編年について、最初に取り上げたのは岡本東三氏である。岡本氏は昭和51年に発表した論文（岡本 1976）において、東大寺出土軒瓦のうち、東大寺創建以前の軒瓦を除くと、八葉複弁蓮華文軒丸瓦6235－均整唐草文軒平瓦6732が多数を占めていることから、これを東大寺の主要な軒瓦とし、造東大寺司が成立する天平20（748）年以降のものとした。

　また、一般に「宝相華文」とよばれる対葉花文について、奈良時代の画工・仏工・金工にみられるものはいずれについても、その対葉が相接することから、東大寺出土の東大寺式軒平瓦の中では、対葉が相接した文様をもつものが古式であることを明らかにした。

　さらに、東大寺以外で出土した東大寺式軒平瓦は、文様の変化から、東大寺創建瓦を模倣して作られたものであるとした。次いで、平成2年、小澤毅氏は西大寺の発掘調査報告書（小澤 1990）において、西大寺出土の軒平瓦のうち、本来東大寺所用瓦である6732Fと特殊な二彩瓦である

図47　均整唐草文軒平瓦SKH01A（讃岐国分寺跡出土）

6732Xを除外すると、西大寺に用いられた東大寺式軒平瓦（6732K・M・N・Q・R・X・Z）の特徴として、
　(1)　中心飾の三葉文が明確な外反を示さず、内彎気味のものが多い。
　(2)　中心飾の基部がつながる。
　(3)　唐草文の第1単位第2支葉がない。
　(4)　唐草文の第2単位第2支葉が1枚である。
　(5)　第3単位外側の支葉が1枚である（M種以外）。
　(6)　唐草の先端が玉状にふくらむ。
ことを挙げるとともに、瓦当文様は、型式学的にはF（→）・X→M・N→K・Q・R・Zへと変遷するとした。

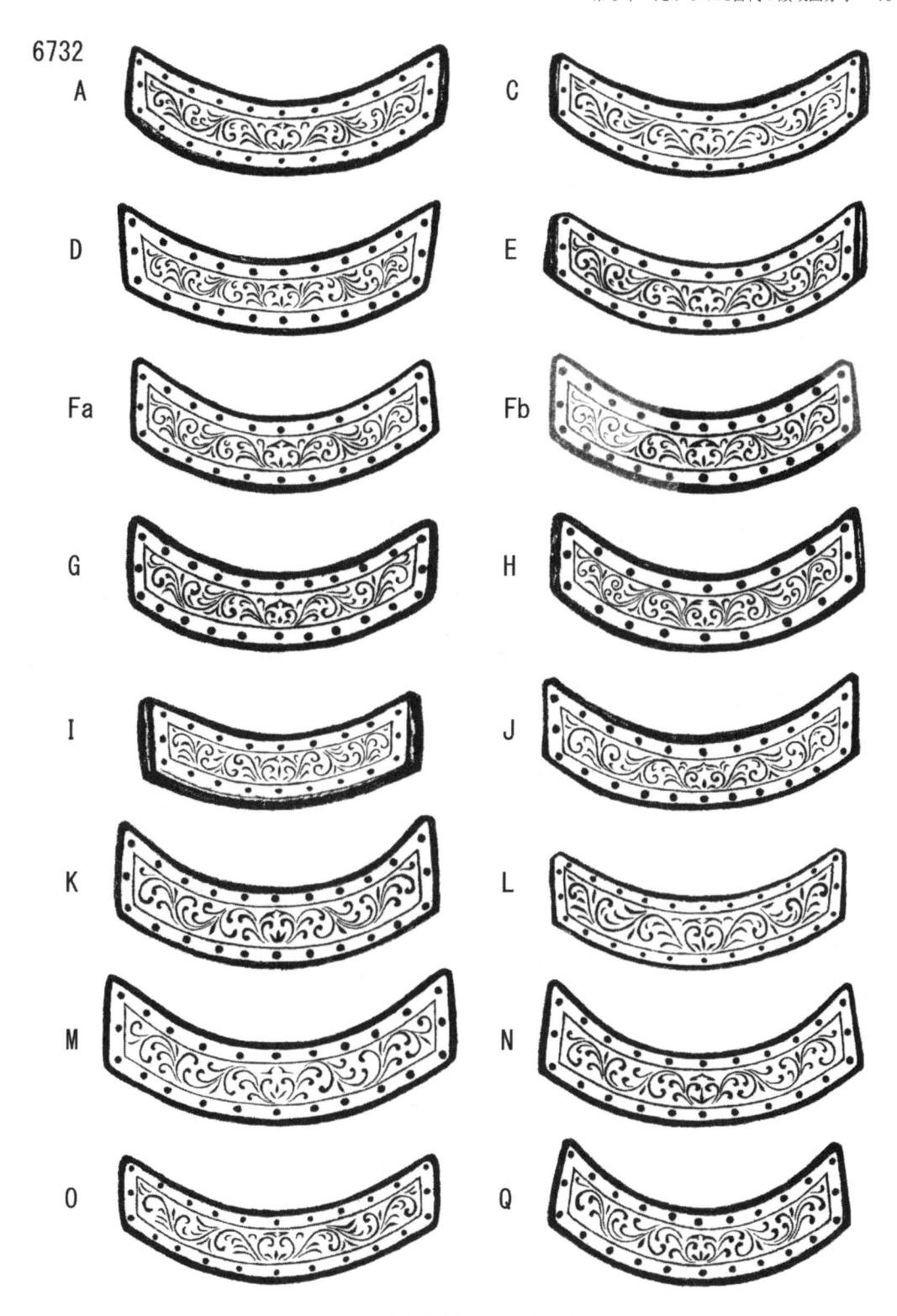

第 3 章 瓦からみた古代の讃岐国分寺　75

6732
A

C

D

E

Fa

Fb

G

H

I

J

K

L

M

N

O

Q

図 48　東大寺式軒平瓦 1（1：6）

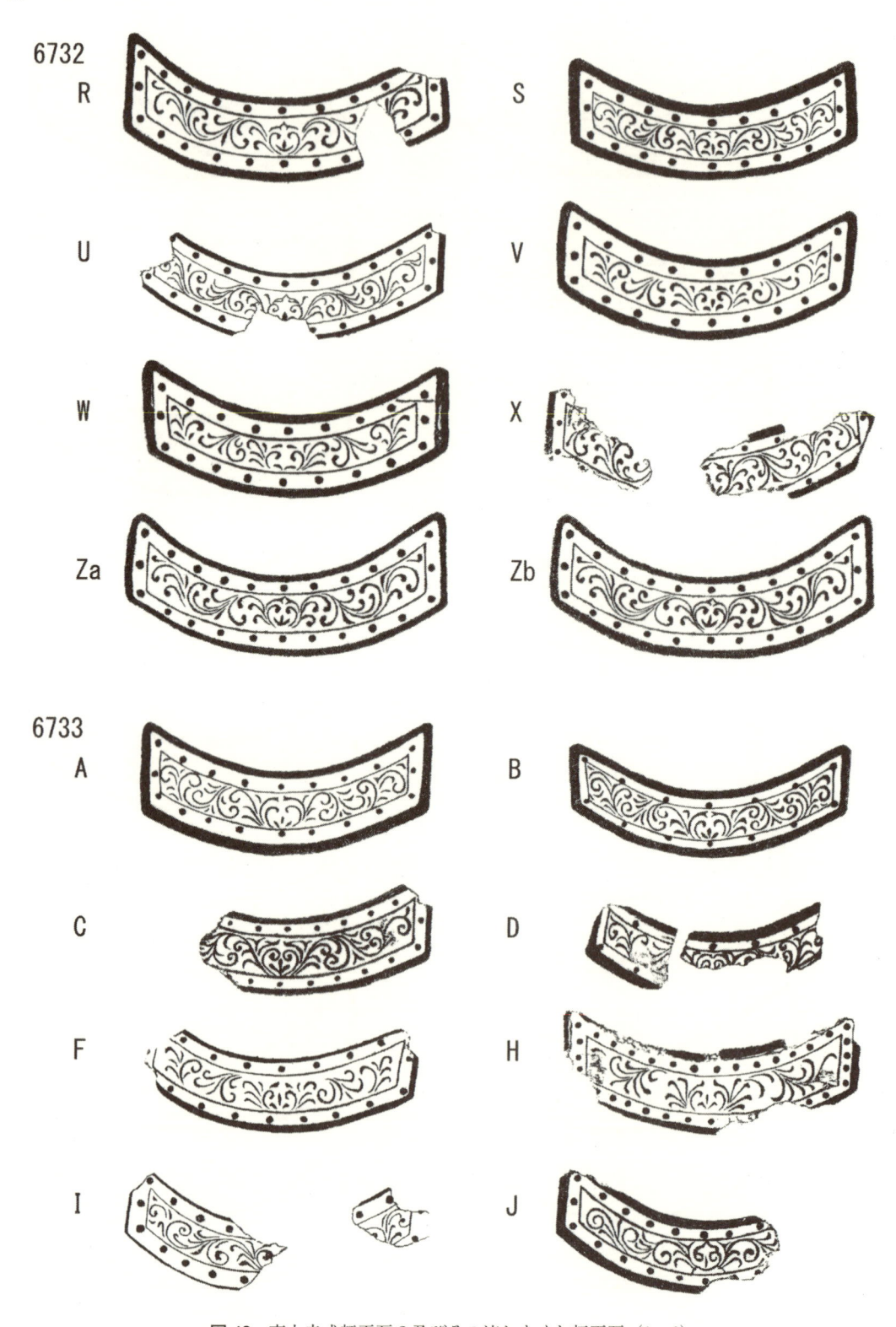

図49 東大寺式軒平瓦2及びその流れをくむ軒平瓦 (1:6)

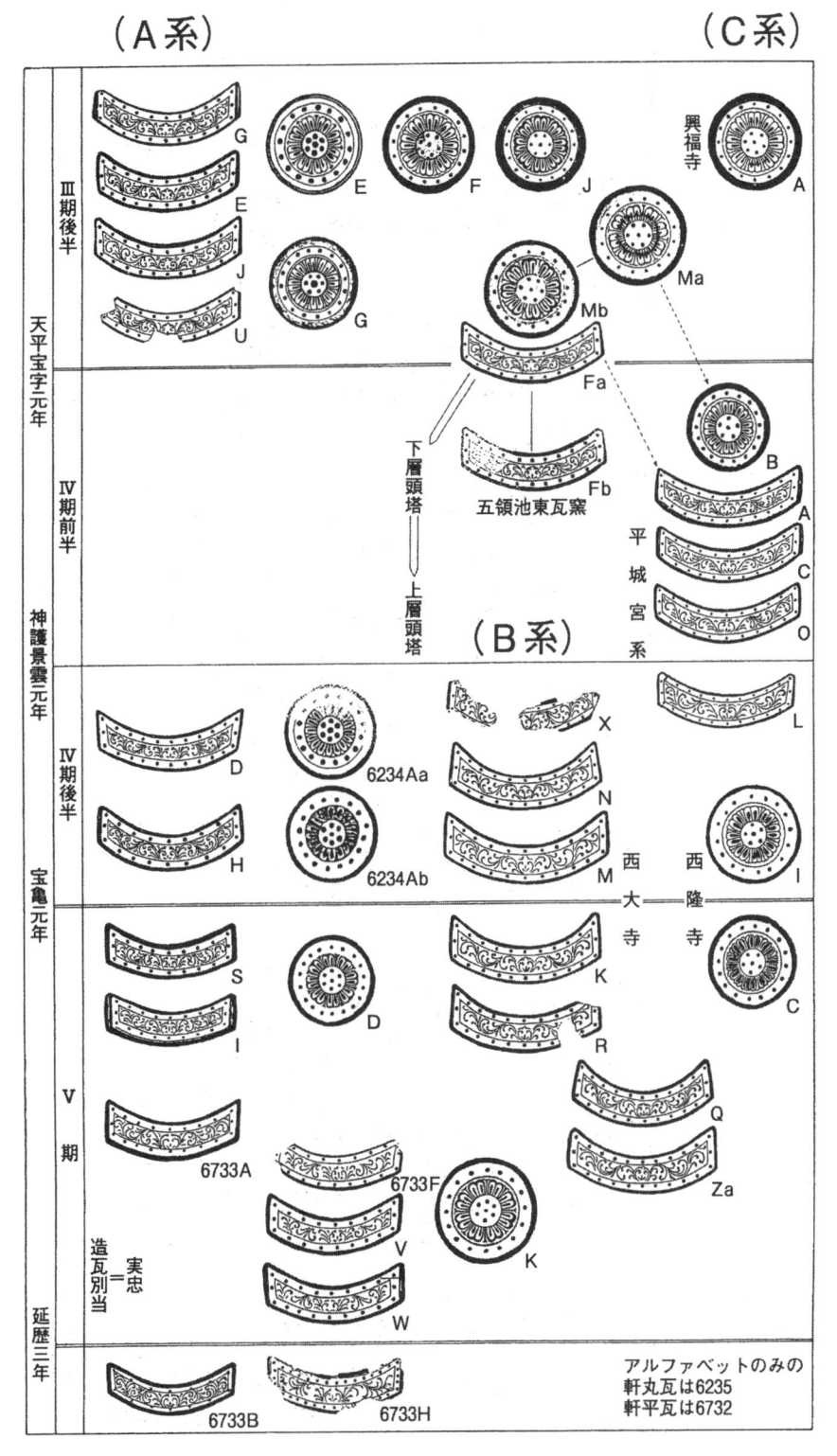

第3章 瓦からみた古代の讃岐国分寺 77

図50 東大寺式軒平瓦の変遷

また、西大寺出土の東大寺式軒平瓦の年代については、西大寺建立の端緒となった四天王像の発願が天平宝字8（764）年、その鋳造が天平神護元（765）年であり、西大寺伽藍の中では四王堂が最も早く建立された可能性が高いが、四王堂周辺で多く出土するのは後出的な文様をもつ6732K・Qであること、宝亀11（770）年の『西大寺資財流記帳』によれば四王堂本体は檜皮葺きであることから、四王堂には瓦が用いられておらず、6732F・Xを除くと、西大寺で最古に位置づけられる6732M・Nは、出土状況から金堂院の創建瓦であり、西大寺の造営が軌道にのったのは天平神護3（767）年に佐伯今毛人が造西大寺司長官に任ぜられたのちであること、神護景雲元（769）年の称徳天皇の行幸、造寺官人への叙位から薬師金堂の完成が認められること、宝亀3（773）年に兜率天堂（弥勒金堂）の造営の功による叙位がなされていることなどから、この頃までに金堂院が完成したことがうかがわれるとして、6732M・Nをほぼ神護景雲年間（767～769年）に比定し、6732K・Q・R・Zをほぼ宝亀年間（770～780年）にあてた。

　これに対して、花谷浩氏（花谷 1991）は、平成3年に刊行された平城宮跡発掘調査報告書において、東大寺式軒平瓦6732とその流れをくむ6733を体系的に整理した。6732については、中心飾や唐草の違いから「東大寺系」・「宮系」・「西大寺系」に区分し、「東大寺系」を「東大寺系（古）」（6732E～G・J・U）→「東大寺系（中）」（6732D・H）→「東大寺系（新）」（6732I・S・V・W）と編年するとともに、全体として、東大寺系（古）」→「宮系」→「西大寺系」・「東大寺系（中）」→「東大寺系（新）」への変遷をたどったとした。また、6733型式は、6732I・K・Qなどより唐草文がさらに分解していることから、「東大寺系（新）」をさかのぼらず、その多くが平安時代であろうとした。

　瓦の実年代については、大仏殿院・西塔院の完成を画期とする東大寺造営の最初の段階がほぼ天平勝宝元（749）年～天平宝字元（757）年の間であり、「東大寺系（古）」をこの段階にあて、「宮系」6732A・C・Oは「西大寺系」に先行することから、天平宝字元年～神護景雲元（767）年とし、「西大寺系」で最古とした6732Nを神護景雲元年までに、「東大寺系（中）」（6732D・H）と「西大寺系」の6732K・M・Q・Rを神護景雲元年～宝亀元（770）年に比定している。

　「西大寺系」の東大寺式軒平瓦の年代については、小澤毅氏と異なる見解が認められるが、同書で平城宮・平城京の出土瓦を再編年した毛利光俊彦氏は、6732Nは西大寺四王堂の所用瓦であり、四王堂が天平神護2（766）年頃までに完成したとみられることから6732Nをその頃までにあて、より新しい6732K・M・Q・Rを神護景雲年間に比定している（毛利光 1991）。

　さらに、岩永省三氏は平成13年に刊行された『史跡頭塔発掘調査報告』において、花谷浩氏・毛利光俊彦氏の編年を基礎としながら、新たな編年案を提示した（図50）（岩永 2001）。

　岩永氏は、6732Faが東大寺系（古）の中でも後出する可能性があること、FaからFbへの笵の彫り直しが天平宝字4年以前になされたと考えられること、唐草の分解の程度から、6733Aは6732V・W・6733Fより先行するとともに、「西大寺系」の6732N・Mを神護景雲年間（767～769年）に、6732K・Q・Zaを宝亀元（770）年～延暦3（784）年までに比定した。

　「西大寺系」の年代比定の根拠等についてはとくに言及していないが、岩永氏の年代観は小澤毅氏の見解と一致するものであり、本論では岩永省三氏の編年案を参照しながらSKH01Aと東大寺

式軒平瓦を比較することにより、両者の関係をみていきたい。

なお、東大寺式軒平瓦の説明を簡便にするため、図50のうち、6732Gからはじまる左列をA系、6732Xからはじまる中央列をB系、右列の平城宮系をC系と仮称する。また、6732V・WはA系に、6732Q・ZaはB系に含むものとする。

3．SKH01Aと東大寺式軒平瓦の比較
(1) 中心飾
① 三葉文

SKH01Aの三葉文の中央部は、紡錘形を呈する東大寺式と異なり、花柄をもつ蕾状を呈する。この中央部は基部が内区の界線に接し、左右の小葉、とくに左側の小葉は中央部と連接するかのように近接する。また、左右の小葉は外彎せず内彎気味にのびる。

東大寺式軒平瓦のうち、A系は三葉文の左右の小葉が中央部から離れるが、B系の6732N・K・R・Q・Zaなどでは、三葉文が連接するとともに、左右の小葉が外彎しない特徴をもつ。6732Mも左右の小葉は外彎しない。破片のため明確にしがたいが、6732Xも三葉形の左右の小葉が分離せず、外彎しない可能性がある。

従って、SKH01Aの三葉文は、東大寺式の影響を認めるならば、三葉文の左右の小葉が外彎しない6732X・NをはじめとしたB系の成立以降に成立したものと考えることができる。

② 対葉花文

SKH01Aの対葉花文は、対向する左右の中心葉の外側、その最大径付近から派生し、二股に分かれた下方の葉は小さな突起状を呈する。また、対葉花文の左右の先端は大きく離れる。

東大寺式軒平瓦の対葉花文をみると、6732G・E・J・U・Fa・Fbなど古式の瓦やB系では対葉花文の先端が接する。対葉花文の先端が離れるのはC系の6732A・C・O以後であるが、対葉花文の先端が大きく離れ、かつ、二股になった下方の葉が上方の葉に比べて極端に矮小な棘状のものはみあたらない。また、対葉花文の先端が接するもののうち、6732G・Eと6732R・Qなどは二股に分かれた下方の葉が矮小であるが、いずれも上方の葉はSKH01Aほど大きくない。

あえてSKH01Aとの類似点をあげるとすると、6732Xは対葉花文の先端がわずかに離れ、下方の葉は瘤状を呈するが小さい。6732Hは対葉花文の先端が大きく離れ、下方の葉も含めてではあるが、上方の葉が大きく発達している。また、東大寺式軒平瓦の対葉花文はきわめて短いものが多いが、6732H・S・I・K・Zaは比較的長い。

以上のことからSKH01Aの対葉花文の成立を明らかにすることは難しいが、対葉花文が大きく発達するとともに、相対する先端が離れてしまうことなどから、6732Xや6732Hなどの時期以降に成立したと考えることができよう。

(2) 唐草文
① 対葉花文外側の支葉

SKH01Aには、対葉花文の外側に、先端が外側に巻く支葉があり、直立することと足が比較的長いことを特徴とする。

この支葉は東大寺式軒平瓦の第1単位第2支葉に相当し、足が比較的長いものは、A系では6732G・E・Fa・Fbなどの古式の軒平瓦のほか、6732H・S・Iに認められるが、なかでも6732Hは巻きがやや弱い。B系では巻の弱い支葉をもつ6732Xのほかは支葉が認められない。ただし、6732H・Xは特に足が長く、この点に注目すれば、SKH01Aに近いといえる。C系では巻きが弱いとともに足が短く、類似したものは全く認められない。

②　唐草第1単位の主葉

　SKH01Aでは中心飾の左右の下部から派生した主葉に萼をつけ、そこから背向する蕨手2葉が分岐する。蕨手2葉と萼の関係を詳細にみると、蕨手2葉は等しく主葉から分岐するのではなく、内側の蕨手葉はU字状を呈する萼の奥からあたかも主葉に連続するように派生するのに対して、外側の蕨手葉は萼の先端付近に添えられている。このことは、内側の蕨手葉が主葉から連続していたことの名残であることを示しており、唐草第1単位の主葉が中心飾の左右下部から派生し、内側に巻く6732G・E・J・U・Fa・Fb・A・C・O・Lなどの主葉の名残を残しているのであろう。

　従って、SKH01Aの蕨手2葉は上記の一群の軒平瓦の後に成立したと考えられる。

③　蕨手2葉の先端

　SKH01の唐草文には、すべてに背行する蕨手2葉をもつ。しかもその先端は瘤状又は玉状に膨らんでいる。東大寺式軒平瓦の唐草文の先端が玉状に膨らむのは西大寺系とされるB系以外にはみられない特徴であり（小澤　1990）、SKH01Aの蕨手2葉の先端が瘤状に膨らむのもB系からの影響と考えると、SKH01Aは6732X・N以降に成立したとすることができる。

④　三葉状支葉

　SKH01Aの背向する蕨手2葉の下には、二股に分かれた支葉の間に三角形や縦長の珠文を挟んだ三葉状支葉をもつ。東大寺式軒平瓦でこれにあたるものは、唐草第2単位の二股に分かれた第2支葉であろう。

　東大寺式軒平瓦では、6732G・E・J・U・Fa・Fb・Aなど古式のものは二股が主体であり、これに遅れるC系の6732C・OやA系のD・H・S・Iは基部が離れた「八」字状になる。また、C系の6732LやB系の6732X・N・M・K・R・Q・Za、さらには6732V・Wなどは1条の支葉となっている。

　SKH01Aにみられる背向する蕨手2葉の下の三葉状支葉は、東大寺式軒平瓦にみられる唐草第2単位の二股に分かれた第2支葉を祖形とし、三角形や縦長の珠文を加えて三葉状支葉が成立したと考えると、東大寺式の6732G・E・J・U・Fa・Fb・Aより新しい年代を与えることができよう。

4. 東大寺式軒平瓦からみたSKH01Aの系譜と成立年代

　上述したことから、SKH01Aが東大寺式軒平瓦の影響を受けていることは明らかであるが、特定の瓦やその系列をもとにしているとは考えられない。

　すなわち、中心飾の三葉文はB系の影響を指摘できるが、対葉花文の外側にある、先端が外側に巻いた直立する支葉はA系に特徴的であり、B系では6732Xに認められるだけである。また、第1単位の主葉が中心飾の左右の下部から派生するのは古式のA系とC系の特徴であり、背向する蕨手

2葉の下の三葉状支葉のもととなった「二股状支葉」はB系にみられず、A系の特徴である。対葉花文は細部の酷似するものがみあたらない。

　稲垣晋也氏（稲垣1987）はSKH01について、「中心葉を対葉形宝相華文とする均整唐草文を飾っていて、大和・東大寺式に類似するけれども、外区を天星地水文とするのはむしろ古式である」、「東大寺式と似て非なる讃岐独自の対葉形均整唐草文」としている[1]。

　現在のところ、讃岐国分寺のSKH01Aが成立するに至った事情は詳しくは分からないが、さまざまな東大寺式軒平瓦の文様要素を取り入れていることからみれば、瓦当文様の制作者は、東大寺式軒平瓦を詳細に把握し、奈良時代中頃の畿内ではほとんどみられなくなっていた鋸歯文を下外区にもつことから、讃岐の前代の軒平瓦の伝統をも理解していたとともに、さまざまな文様要素を高度にデザインする能力を備えていたと考えることができる。

　瓦当文様の制作者が中央から来たのか、讃岐の技術者が中央の瓦文様を学んだものかは明確にしがたいが、線鋸歯文を下外区にもつことからすれば、瓦笵は讃岐で製作された可能性が高いものと思われる。

　SKH01Aの成立年代については、前述したように、対葉花文が大きく発達し、その先端が大きく離れていることから6732G・E・J・U・Fa・Fbなど初期の東大寺式軒平瓦までさかのぼらせることは困難であり、対葉花文が大きく、三葉文の左右の小葉が外彎しないことから6732A・C・Oまでさかのぼらせることも難しいと思われる。

　SKH01Aの瓦当文様が東大寺式軒平瓦の影響を受けて成立したと考える以上、三葉文の左右の葉が外彎しない6732N・M、対葉花文の左右の先端が離れる6732X、対葉花文の左右に置かれた外側に巻く支葉が比較的長い6732H、唐草の先端が玉状にふくらむ6732Nなどが製作された時期以降に成立したことになる。

　小澤氏は6732N・Mに神護景雲年間（767～769年）の年代を与えており（小澤1990）、岩永氏も6732H・N・M・Xに神護景雲年間の年代を与えていることから（岩永2001）、したがって、SKH01Aは760年代末以降、おそらくは760年代末から770年代の初期までの間に成立したと考えられる[2]。

5. SKH01B・KB203と東大寺式軒平瓦の比較

　SKH01のうち、SKH01B（KB201B）は讃岐国分寺の造営にかかる最終段階の軒平瓦であり、KB203は国分尼寺の造営における最終段階の軒平瓦と考えられる[3]。中心飾における両者の特徴は、対葉花文の足が長く、SKH01Bでは下部で中心葉とほとんどつながるように延び、KB203では下部で中心葉とつながっている（図51）。

　このように対葉花文の足が長くのびたり、中心葉とつながるのは、東大寺式軒平瓦6732Zbや東大寺式の流れをくむ6733A・Bに認められる特徴である。岩永氏によれば、6733Aは宝亀元（770）年～延暦3（784）年頃に、6733Bは延暦3年以降に比定している（岩永2001）。6732Zbの年代観は示されていないが、これと類似した唐草文をもつ6732Zaが宝亀元（770）年～延暦3（784）年頃に比定されている。6732Zaと6732Zbを比較すると、6732Zbでは、本来離れていなければならな

1. SKH01B（讃岐国分寺跡出土、讃岐国分寺資料館蔵）　　2. KB203（讃岐国分尼寺跡出土、法華寺蔵）

図51　SKH01BとKB203の中心飾（縮尺不同）

い主葉と支葉がつながるなど、より新しい特徴が認められる。このことから、6732Zbは6732Zaより後出し、延暦3（784）年に近い時期まで下るものと考えられる。したがって、こうした年代観に従うと、SKH01B・KB203はその頃ないしそれ以降に成立したことになる。

6. 讃岐国分寺の創建をめぐって

『続日本紀』天平勝宝8（756）歳12月20日条には、同年5月2日に崩御した聖武天皇の一周忌の斎会を飾るため、讃岐国など26国に灌頂幡・道場幡・緋綱を下し、使用後は金光明寺に寺物として収め、必要なときに使用することとしている。

これまで、この記事については、国分寺で聖武天皇の一周忌の斎会が行われたことを前提に、この頃までには讃岐国分寺の整備が大きく進んでいたことをしめすとする解釈が一般的であった（飯塚・藤井 1944、松尾ほか 1996）。

一方、特別史跡讃岐国分寺跡は国分寺町教育委員会が主体となり、史跡整備を目的として昭和58年度から昭和61年度及び平成3年度に伽藍北部を中心として大規模な発掘調査が実施された。発掘調査の結果、四周の溝の中心間で東西220m、南北240mの寺域をもち、講堂跡に建てられたと考えられている現本堂の北に、東西約84m、南北約12m、21間×3間の礎石建物である大規模な僧坊跡が検出された。さらに、講堂跡の東で鐘楼跡と考えられる礎石建物跡を、講堂跡の西で掘立柱建物跡を検出した。また、金堂跡と現仁王門を結ぶ回廊跡も確認され、現仁王門は中門跡に建てられたと考えられることから、塔は回廊の中に収まり、大官大寺式の伽藍配置が復元された。僧坊跡の南北中軸線は金堂跡と講堂跡（現本堂）の中心を結ぶ南北線と一致することから、寺域の西側4分の1を画する南北線を中軸線とする伽藍配置が明らかになった。しかも、ここが讃岐国分寺であることは、発掘調査によって「國分金光明囗」と篦書きされた玉縁付丸瓦が出土したことからも確認された（松尾ほか 1996）。

発掘調査により、圧倒的な出土量が確認されたSKH01A～01Cは、この大規模な伽藍の造営に

伴って用いられたと考えられるので、SKH01Aは、こうした内容をもつ讃岐国分寺を造営するにあたって最初に製作・使用された軒平瓦であると考えられる。

また、SKH01B・KB203が東大寺式の6732Zbや東大寺式の流れをくむ6733A・Bに近い時期に比定できるならば、前述したように、SKH01Bは讃岐国分寺造営の最終段階の瓦とみられることから、讃岐国分寺は長岡京遷都の頃までには、伽藍がほぼ整備されていたとすることができる。

ところで、讃岐国分寺創建期の軒平瓦とされたSKH01Aが770年前後に成立したとすると、聖武天皇の一周忌には、大規模で壮麗な伽藍をもつ国分寺はまだ存在せず、そうした大規模な国分寺で斎会を行うことはできなかったことになる。

しかしながら、讃岐国分寺跡では、発掘調査などによって奈良時代中頃以前とみることができる瓦も出土している（安藤 1967、安藤編 1974、松本 1987）ことから、760年代末以前にはすでに前身の寺院（讃岐国分寺）が存在し、これが後に東西220m、南北240mの寺域に壮麗な伽藍をもつ讃岐国分寺として再整備されたと考えることができる。

現在のところ、讃岐国分寺は760年代末頃ないし770年代初期から再整備がなされたと考えられるが、その直接の契機となったのは、『続日本紀』天平宝字3（759）年11月9日条に記された、国家による度重なる強力な国分寺整備の最後ともいうべき大きな施策（黒板編 1968a）であろう[4]。前身の讃岐国分寺については、本章第4節で詳述したい。

（追記）
　著者は旧稿（渡部 2004b）で、SKH01Aの唐草文にみられる蕚の成立を、香川の唐草文に対する東大寺式軒平瓦の唐草文の影響によって理解しようとしたが、松本忠幸氏は最近、東大寺法華堂の天平仏にみられる対葉花文を直接採用したことによって、SKH01Aの蕚・背行する蕨手2葉・蕨手2葉先端の瘤状の肥厚などが成立したとの考えを公表した（松本 2009）。この点については、松本氏に賛同したい。これによって、著者には不明であったSKH01Aの背行する蕨手2葉の成立などを無理なく理解することが可能になった。
　さらに、松本氏は東大寺式軒平瓦の成立以前に対葉花文が展開していたことも論拠とし、SKH01Aが740年代にさかのぼる可能性を指摘したうえで、讃岐国分寺が遅くとも760年までには全体が完成したとする。SKH01Aについての松本氏の年代比定の根拠がはじめて示されたが、これについては賛同できない。その理由は、SKH01Aのもつ諸属性のうち、年代の上限を示す属性を追求するものの、下限を示す属性が検討されていないからである。資料の年代比定においては、最も新しい属性の年代をその資料の年代としなければならないにもかかわらず、年代の下限を示す属性の検討が全くなされていない。SKH01Aのもつ諸属性のうち、年代の上限を示す属性によって年代比定を行った結果、誤った年代が導き出されたのである。これについては次節で述べることにしたい。

第2節　均整唐草文軒平瓦SKH01の編年及び年代について（再論）

1. はじめに

讃岐国分寺・国分尼寺に用いられた均整唐草文軒平瓦SKH01の編年と年代比定については、平成16年の論文（渡部 2004a・b）で著者の考えを示したが、これに対して讃岐国分寺跡の発掘調査担当者である松本氏は、平成21年に反論を発表した（松本 2009）。

讃岐国分寺瓦の年代論に関してのみ取り上げると[5]、松本氏は、均整唐草文軒平瓦SKH10Aの中心飾に対葉花文が用いられていることに注目し、これが東大寺法華堂の天平仏の彩色文様と共通するとともに、外区を天星地水文とすることは、同じく対葉花文をもつ畿内の東大寺式軒平瓦より

古式であるので、SKH01Aの成立が740年代にさかのぼる可能性を指適した。これにより、讃岐国分寺は天平13（741年）の聖武天皇の詔を起点として直ちに造営を開始し、他の国分寺より順調に工事が進み、遅くとも760年までには全体の伽藍が完成したとしている。

　讃岐国分寺跡の調査・整備は昭和58年度から平成6年度まで実施され、平成8年に全体の保存整備事業報告書が刊行された（松尾ほか 1996）。この中で所用瓦の編年と年代比定の根拠が十分に示されないまま、讃岐国分寺は760年頃には全体が完成したとされたが、その10年余り後に調査担当者の所見が公表されたとあって注目したものの、内容は結論についても、結論を導き出す手続きについても首肯しうるものではなかった。

　そこで、ここでは松本論文の編年・年代比定に対する疑問、問題点を述べ、改めて均整唐草文軒平瓦SKH01の年代を検証し、讃岐国分寺の創建について考えてみたい。

2. 松本論文に対する疑問、問題点

(1) 瓦当文様からみた均整唐草文軒平瓦SKH01の編年について

　創建年代が文字記録として残っていない寺院の創建時期を明らかにするには、通常、出土瓦を編年して創建瓦を確定すると共に、時期が明確な他の寺院の瓦やその文様要素などと比較して時期を限定できる瓦を抽出し、その瓦と創建瓦との関係に注目して創建時期を想定する場合が多い。讃岐国分寺跡でこの役目を果たすのが均整唐草文軒平瓦SKH01である。その理由は、対葉花文をもつ中心飾が東大寺式軒平瓦（6732型式）と酷似し、8世紀後半に畿内で多く用いられた東大寺式軒平瓦は編年と年代比定が進んでいることから、両者の文様の詳細な比較が可能であることによる。

　ところが、SKH01の編年については、今回も十分な根拠が示されず、「瓦当文様はA→B→Cの順で崩れている。」と述べて、これまでの見解を繰り返すにとどまった。

　SKH01は讃岐国分寺だけではなく、国分尼寺にも用いられるとともに、国分尼寺にしか用いられないものも存在する。このため、著者は国分尼寺も含めた編年を行い、SKH01A→KB202→SKH01C→SKH01B→KB203→SKH01Dへと変化したことを明らかにし、讃岐国分寺に限っても変化の順序はA→C→B→Dであることを述べた。しかし、松本氏はこれらに対しては全く言及していない。根拠を示さず従来の編年を繰り返す意図が理解できない。

　松本氏が主張するように「瓦当文様はA→B→Cの順で崩れている」のであれば、その根拠を第三者が理解できるように適切に説明すべきであり、それが不可能であれば、少なくとも著者の編年の不備あるいは疑問点を指摘すべきであろう。

(2) 製作技法・胎土・焼成からみた讃岐国分寺軒瓦の編年及び同時性について

　松本氏は、塔・金堂などの中枢施設だけではなく、僧坊・鐘楼や外郭施設を含めた七堂伽藍が完備するまでを創建期とする。そして、これに用いられた軒丸瓦としてSKM01・02A・02L・03A・03L・04・06の7種をあげ、これらの瓦について、製作技法・胎土・焼成を用いて編年を行っている。

　軒丸瓦の製作技法については、瓦当部と丸瓦部を接合する接合式（A・C技法）と瓦当部と丸瓦部を一気に形成する一本作り（B技法）が存在し、接合式は丸瓦部が瓦当裏面の高い位置に取り

付くA技法、丸瓦部の接合位置がやや高いC₁技法と接合位置が低いC₂技法に区分する。A技法はSKM01・04のそれぞれ一部に認められ、B技法はSKM01の一部、03A・06に用いられ、C技法はSKM04の一部とSKM02の全てが該当するという。

その上で、SKM01については、A技法・B技法で胎土・焼成が異なり、范の押捺方向が90°ずれるとともに、「B技法のほうが范抜けがよく、A技法の瓦范がやや摩耗していることから、A技法が後出する」としている。さらに、「SKM03AとSKM06とは胎土・焼成が異なるが、SKM03Aの一部はSKM01と胎土・焼成が共通する。(中略)軒平瓦SKH01Aは、B技法によるSKM01・03A・06と同じ胎土・焼成の製品群からなる。つまり、B技法によるSKM01・03A・06はSKH01Aと同時期の製品群で、B技法の軒丸瓦は創建時の中でも早い段階で製作されたと考えられる。」と主張する。

しかしながら、松本氏は、胎土・焼成を重要な根拠として、B技法で製作された軒丸瓦と軒平瓦SKH01Aの同時性を主張しながら、ここでも胎土・焼成の具体的な内容を説明していない。

前出の保存整備事業報告書では、SKM01について、「青灰色を呈し、焼成は堅緻である。胎土は砂粒を多く含むものとほとんど含まないものがある。」、SKM03Aについては「淡灰色のものと暗灰色のものとがあり、焼成は堅緻である。」、SKM06については「暗灰色を呈し、焼成は堅緻である。」、SKH01Aについては「表面青灰色、内部灰褐色を呈し、焼成堅緻の製品が多いが、なかには表面黒褐色、内部赤褐色で、焼成やや軟質のものもある。」と記すのみである。

これでは松本氏のいうように、SKH01AがSKM01・03A・06と同じ胎土・焼成の製品群からなることを理解することはできないので、今回の結論を導き出した根拠を第三者が理解できるように詳しく、適切に説明すべきであろう。角度などのように数値で示せるものとは異なり、胎土・焼成の類似や相違を問題にするには、客観的で正確な説明がどうしても必要である。

なお、角度について補足すれば、松本氏はSKM01のA技法・B技法は范の押捺方向が90°ずれるとしているが、これは誤りである。著者の観察によれば、15点のSKM01のうち、范の方向が確認できたものはB技法2点、A技法8点である。このうち、B技法の2点は180°に近い関係にある。これに対して、A技法の1点はB技法の一つとほぼ180°の関係にある。その他は、B技法のどちらの個体を基準とするかによって微妙に異なるが、90°に近いものもあれば、その中間のものもある。このことは、瓦范が正方形であっただけで、それ以上の意味はないことを示している。

また、松本氏はSKM01のA技法・B技法で胎土・焼成が異なるとしているとしている。SKM01について、著者が観察できたのは15点で、A技法10点、B技法5点である。両者の胎土には砂粒と黒色粒子を含む。砂粒について全体的にみると、A技法に砂粒が多く、B技法には少ない。しかし、A技法にも砂粒をほとんど含まないものが1点存在する。黒色粒子については、A技法・B技法ともに2点の胎土に多く含まれているが、A技法の5点、B技法の1点はほとんど含まない。黒色粒子はB技法の方がやや多い程度で、大きな違いではない。要するに、A技法・B技法の胎土の違いは砂粒の多少ということができよう。

両者の焼成について略述すれば、A技法は青灰色〜淡青灰色を呈して堅緻である。これに対してB技法は淡青灰色〜灰色で、淡青灰色の2点は堅緻であるが、他の2点はA技法に比べるとやや軟

質である。ほかに、淡灰色、軟質のB技法が1点存在する。すなわち、SKM01のA・B技法には、胎土（砂粒の多少）と焼成（色調・硬さ）において違いが認められるとともに、同時にその点について共通する部分も存在する、ということになろう。

　一方、B技法で製作されたSKM03Aの胎土・焼成をみると、砂粒を多く含む軟質の焼成のもの、砂粒をやや多く含み、青灰色で須恵質化した堅緻なものも存在する。ここでも、SKM01のA・B技法の胎土・焼成が画然と区別できるわけではない。

　同様に、B技法のSKM06の20点についてみると、胎土では、砂粒が多いものとやや多いもの6点に対して、ほとんど含まないもの14点、黒色粒子については、多いもの1点に対して、少量のもの3点、全く含まないか、あるいはほとんど含まないもの14点であり、焼成については、青灰色を呈し堅緻なもの6点、灰色〜淡灰色を呈し軟質・やや軟質のもの14点である。やはりB技法にも異なる胎土・焼成が認められる。

　これに対して、A技法で製作されたSKM04をみると、黒色粒子を含むものが多くないことは確かであるが、SKM01のB技法と全く同様に、黒色粒子を多く含み、砂粒をほとんど含まない胎土をもち、淡灰色の焼成のものも存在する。また、砂粒をほとんど含まないもの、淡青灰色〜灰色のやや軟質の焼成も少なくない。さらに、創建期から下り、9世紀中頃とされる、A技法で製作された軒丸瓦SKM05の13点をみても、砂粒を多く含むもの5点に対して、ほとんど含まないもの8点、黒色粒子を少量含むもの9点に対して、全く含まないか、あるいはごくわずか含むもの4点であり、青灰色〜淡青灰色の堅緻な焼成が9点に対して、灰色〜淡灰色の軟質なもの4点である。黒色粒子を少量含むものについては、同様のSKM01と比較しても、焼成も含め、指標にもとづいて胎土を明確に区別することは難しいであろう。

　軒丸瓦SKM02A・軒平瓦SKH01の胎土・焼成は詳細な観察を行っていない。SKM03Aについては概観した結果である。しかし、上述したことをまとめると、松本氏が主張するように、「軒平瓦SKH01Aは、B技法によるSKM01・03A・06と同じ胎土・焼成の製品群からなる」のであれば、前述した軒丸瓦にはA技法・B技法に共通する胎土・焼成が認められることから、SKH01Aは軒丸瓦のA技法・B技法に共通する胎土・焼成、つまりA技法の一部も含むことになり、「B技法によるSKM01・03A・06はSKH01Aと同時期の製品群で、B技法の軒丸瓦は創建時の中でも早い段階に製作された」とは考えられなくなる。胎土・焼成については、膨大な労力を要するが、今後全体的に観察するとともに、含有鉱物の分析、胎土分析などを実施して客観的な結論を得る必要がある。

　最後の疑問点を述べると、松本氏は、SKM01は「B技法のほうが笵抜けがよく、A技法の瓦笵がやや摩耗していることから、A技法が後出する」とも述べている。まことに分かりやすい説明であるが、これについてすら検討の余地がないわけではない。

　SKM01のB技法はきわめてシャープな文様をもつことを特色とする[6]。しかし、そのうちの1点はそれほどシャープではなく、A技法の一部と同じ程度になっている。

　一方、A技法で製作された八葉単弁蓮華文軒丸瓦SKM04は、ほとんどが文様に笵割れの痕跡をもつのに対して、笵割れ前のものがごく少量認められる[7]。SKM04は単弁ではあるが蓮弁表現が

SKM01に近く、他の寺院で最初に用いられた証拠もなく、笵割れ前の瓦当の少なさから、讃岐国分寺での瓦製作に用いられて間もなく瓦笵が割れたものと考えられる。しかし、それにもかかわらず、笵割れ前の文様はSKM01のB技法ほどシャープではなく、A技法の一部の文様程度のシャープさである。現在のところ、このことがSKM01のA・B技法とどのような関係をもつかについての明確な回答をみつけていないが、SKM01のA技法の文様のわずかな不鮮明に対して、瓦笵の使用による摩耗だけにその理由を求めることが正しいかどうか、再検討の必要があるかもしれない。

以上述べてきたように、松本氏は胎土・焼成について具体的に言及していないこと、松本氏のいうB技法の中にも、様々な胎土・焼成があり、SKM01のA技法をはじめとした接合式の軒丸瓦の胎土・焼成とも共通するものがあることなどから、製作技法・胎土・焼成を組み合わせた松本氏の編年や同時性の認定には疑問が残る。

（3）SKH01Aと東大寺式軒平瓦の関係について

松本氏は、東大寺式軒平瓦は蕨手4または5葉を左右に三転しており、反転する蕨手の単位文様も異なること、SKH01Aの下外区の鋸歯文が古い文様要素であることから、SKH01は東大寺式軒平瓦と異なり、讃岐国分寺独特の文様であるとしている。

また、稲垣晋也氏が讃岐国分寺の均整唐草文軒平瓦SKH01について、「中心飾を対葉形宝相華文とする均整唐草文を飾っていて、大和・東大寺式に類似するけれども、外区を天星地水文とするのはむしろ古式である」、「東大寺式と似て非なる讃岐独特の対葉形均整唐草文」とする見解（稲垣1987）を引用し、SKH01Aは東大寺式軒平瓦の影響下にはなく、東大寺式軒平瓦より古式であると講究したとして、対葉花文が東大寺法華堂の天平仏に認められることから、「讃岐国分寺軒平瓦SKH01Aは、東大寺式軒平瓦6732型式の文様系譜下で考える必要はない」と考えている。

SKH01Aの文様構成が東大寺式軒平瓦と異なり、讃岐国分寺独特であることは一見して明らかであり、この点に関して稲垣氏の文章を引用することには問題がない。しかし、SKH01Aが東大寺式軒平瓦より年代的に先行するかのような意味合いで稲垣氏の文章を引用するのは適切ではない。

稲垣氏は、SKH01の文様構成は下外区に鋸歯文を配置することにおいて、東大寺式軒平瓦より古式である、つまり文様のスタイルが古い、と述べているのであって、年代の前後関係には言及していないのである。讃岐国分寺跡ではSKH02、SKH09、SKH15のように平安時代の軒平瓦にも上外区に珠文をもち、下外区に鋸歯文をもつもの、すなわち天星地水文をもつものがある。上外区に珠文を配し、下外区に鋸歯文を配置することにおいては、これらの軒平瓦も「古式」であるが、そのことを理由に年代をさかのぼらせる必要はない。「古式」とか「古相」とかの用語が、実際の年代的前後関係とは無関係に用いられることは少なくないのである。

また、稲垣氏がSKH01の文様は東大寺式軒平瓦と異なり、讃岐国分寺独特であると述べたことを受けて、松本氏がSKH01Aは東大寺式軒平瓦の文様系譜下で考える必要はないとしたことも妥当とは思われない。稲垣氏はSKH01（この場合はSKH01C）の拓本を掲げ、その文様の特徴を23字の短文で略述しており、讃岐国分寺独特であるとした文様とは、SKH01Cの全体的な文様構成であることは明らかである。

従って、SKH01のおのおのの文様要素に対して東大寺式軒平瓦からの影響があるかどうかについては、稲垣氏のこの記述から正確に知ることはできないのである。SKH01の文様構成や多くの文様要素が東大寺式軒平瓦と異なることは明らかであり、SKH01Aが東大寺軒平瓦のコピーでないことはしかし、文様要素に注目すると、SKH01の中心飾の構造は東大寺式軒平瓦のそれと同一構造である。また、対葉花文の外側にある先端が外側に巻く支葉が比較的長いことや唐草文の先端の肥厚も共通し、SKH01Aの三葉状支葉と東大寺式軒平瓦の第2単位第2支葉の類似も認められる。さらに、SKH01Aの中心飾に注目すると、対葉花文が大きく発達して左右の先端が離れるとともに、三葉文の左右の小葉が外彎しない特徴などが、神護景雲年間（767～769年）の東大寺式軒平瓦に認められるのである。したがって、SKH01Aと東大寺式軒平瓦の文様要素については、両者が無関係であるとする根拠は見当たらない。

　一方、松本氏は東大寺法華堂の天平仏などの年代観から、SKH01Aの製作が740年代にさかのぼる可能性をも述べ、讃岐国分寺は遅くとも760年までには全体が完成したとする。松本氏の説に従うと、讃岐国分寺の創建期に用いられた軒平瓦SKH01A・B・Cは750年代までに編年される。また、讃岐国分尼寺に用いられたKB202は750年代、KB203はSKH01Bに後続することから760年代はじめ頃ということになろう。この年代を東大寺式軒平瓦にあてはめれば、讃岐国分寺では対葉花文をもつ同じ構造の中心飾が東大寺式軒平瓦より早く成立した可能性があるとともに、西大寺の創建などによって畿内で東大寺式軒平瓦の文様が新たな展開を迎える神護景雲年間には、讃岐国分寺・国分尼寺ともSKH01がすでに終了していたことになる。

　そうであれば、SKH01Aと東大寺式軒平瓦に共通する文様細部の特徴は、まずSKH01Aに出現し、その後、つまりSKH01Aの消滅後に東大寺式軒平瓦に現れることになる。また、SKH01Aと東大寺式軒平瓦に共通する文様細部の特徴のみならず、SKH01Bから新たに出現する三葉文やSKH01B・KB203にみられる対葉花文の足が長く伸びたり、中心葉とつながる特徴なども、まずSKH01に現れ、しばらくして東大寺式軒平瓦に遅れて現れるということになる。こうしたことが、讃岐と畿内で全く無関係に個別に起こりうるであろうか、それとも、讃岐国分寺のSKH01の文様要素が畿内の東大寺式軒平瓦の文様の変遷に一定程度の影響を与えつづけたのであろうか。

　こうした疑問を考えるため、ここであらためてSKH01Aの三葉状支葉の成立を考えてみたい。SKH01Aの三葉状支葉は蕨手2葉の下に描かれており、讃岐ではSKH01Aにおいてはじめて出現する。一方、東大寺式軒平瓦は唐草文第1単位の外側下方に、「人」字形または「八」字形に分岐する第2単位第2支葉をもつことを大きな特徴とする。このような特徴をもつ支葉は畿内では東大寺式軒平瓦の文様として始めて出現するが、この分岐部分に三角形や縦長の珠文などを加えてＳＫＨ01Ａの文様が成立したことは前節ですでに指摘してきたとおりである。

　ところが、旧稿（渡部2004b）の公表後、SKH01Aの三葉状支葉と酷似した支葉を、東大寺式軒平瓦の文様をもつ西大寺の軒平瓦で確認することができた。図52は西大寺出土の6730Aである。中心飾に対葉花文を含み、左右に3回ずつ反転する均整唐草文が描かれている。文様は東大寺式に近いが、中心飾の三葉文は下向きであり[8]、対葉花文は足が短いものの、分岐した先端部が長くなり、左右の先端が離れている。また、対葉花文の左右上部に松葉状に分岐する支葉を上開きに配

置する。唐草文の第1支葉は4葉または5葉構成であり、先端の巻きも強くなっている。顎は直線顎のほか、曲線顎Ⅰ類に近いものもあり、西大寺創建時にあたって用いられたものと推定されている（小澤 1990）。

この唐草文の第2単位第2支葉は「人」字状に分岐した部分に縦長の珠文をもっており、SKH01の三葉状支葉と同じ構造である。とくに、SKH01Aの外側の背向する蕨手2葉の下に置かれた三葉状支葉は縦長の珠文をもつことから、全く同じ文様であるということができる。

このようにみると、SKH01Aの文様の特徴、すなわち対葉花文が大きく発達して先端が離れること、唐草文の先端が肥厚すること、三葉文の左右の小葉が外彎しないこと、三葉状支葉をもつことなどは、西大寺の東大寺式軒平瓦やその文様をもつ軒平瓦6730Aの特徴でもある。こうした両者の類似は、両者が無関係な中で偶然生じたとするにはあまりにも共通点が多すぎる。偶然の結果として理解するにはあまりに無理があり、それはむしろ恣意的な判断というべきであろう。したがって、両者の数多くの共通点は、一方から他方への影響の結果生じたとすべきであろう。

前述したように、松本氏の年代観によれば、SKH01は西大寺の東大寺式軒平瓦より古いことから、両者の共通点は、SKH01から西大寺の東大寺式軒平瓦へもたらされたことになる。しかも、SKH01の中で大量に用いられた最後の瓦であるKB203が760年代はじめ頃に比定されることから、西大寺創建時の東大寺式軒平瓦に影響を与えた可能性が最も高いのはKB203であるはずだと思われるが、6730Aの対葉花文、三葉状支葉には、より古いSKH01Aと共通する特徴が認められる。しかも、6730Aと同時期に比定される東大寺所用の6732Hの対葉花文やその外側にある先端が外側に巻く支葉にもSKH01Aと同じ特徴が認められる。さらに、KB203の特徴は対葉花文の足が長く伸びて中心葉とつながるとともに、対葉花文の先端がバチ状に近い形をすることにあるが、前者は6732Zbに共通し、後者は6733Hに近い。6732Zb・6733Hは延暦3（784）年前後に比定されている。したがって、松本氏の年代観に従う限り、SKH01が東大寺式軒平瓦に及ぼした影響は、ほぼSKH01内での年代順に、しかも遅れて伝えられたことになる。称徳天皇の創建した西大寺や平城京を舞台に、当時の讃岐が先進地であるかのようなこのような現象が起こりうるであろうか。著者はこのような考えを全く容認できないとともに、その原因となった松本氏の年代観に賛同することはできない。

さらにいえば、松本氏の論文がこのような結論を導き出すこととなった原因は、SKH01の編年が誤っており、しかも讃岐国分尼寺の同種の軒瓦を編年対象に加えなかったために、それぞれの文様の変化過程を詳細に把握できなかったこと、そのため、畿内の東大寺式軒平瓦との詳細な文様の比較ができなかったこと、さらに、SKH01の年代を決定するにあたって、想定される年代の下限についての検討がなされなかったことにあると思われる。

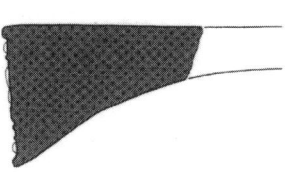

図52　西大寺出土の6730A（1：4）

資料の年代は、その資料がもつ様々な属性のうち、最も新しい属性によって決定される。古い属性は後の時期まで残る可能性があるが、新出の属性は古い時期にさかのぼって存在することは決してないからだ。

一例をあげると、著者はSKH01Aの年代の決定に際して、対葉花文の先端が大きく離れていることも新しい特徴の一つとして重視している。その理由は、同じ構造の中心飾をもつ東大寺式軒平瓦の変遷において、天平勝宝年間（749〜756年）に始まる初期のものは全て対葉花文の先端が相接しており、対葉花文の先端が離れるのは天平宝字年間（757〜764年）以降のことであるとの研究結果が存在するからである（岩永 2001、岡本 1976）。

松本氏も天平彫刻の対葉花文と讃岐国分寺SKH01Aの対葉花文の類似性を指摘しながらも、先端が大きく離れる対葉花文は天平彫刻に類例を求めることができないことを認めているが、結果的にそれを無視し、讃岐国分寺SKH01Aと讃岐国分寺の完成の年代をさかのぼらせたため、前述したような著者の疑問、問題視を生じさせる結果となったのであろう。資料のもつ諸属性の分析にあたって、年代の下限の検討がなされていないことは、年代決定の方法論上の重大な欠陥でもある。つまり必要な手順を欠いた年代論については、結論の正否だけではなく、方法論の適否も再検討されなければならない。

3. 讃岐国分寺跡SKH01Aの成立時期

既述したように、SKH01Aの成立時期は、対葉花文の先端が大きく離れていること、三葉文の左右の小葉が外彎しないこと、対葉花文の外側に置かれた、先端が外側に巻く支葉（唐草文第1単位第2支葉）が比較的長いことなどの特徴によって、そうした特徴をもたない初期の東大寺式軒平瓦や平城宮系（6732A・C・O）までさかのぼらせることはできない。SKH01Aの文様と類似する東大寺式軒平瓦を挙げると、三葉文の左右の葉が直線的に開く6732N・M、対葉花文の先端が離れる6732X・H、対葉花文の外側の、先端が外側に巻く支葉が比較的長い6732Hなどがあり、いずれも神護景雲年間（767〜769年）に比定されている。さらに、今回新たに、6730Aの唐草文第2単位第2支葉とSKH01Aの三葉状支葉との類似点を確認した。6730Aも西大寺の創建時期とされている。

このように、讃岐国分寺SKH01Aと東大寺式軒平瓦などとの類似点・共通点が、神護景雲年間（767〜769年）とされるものに集中することは、偶然とは考えられない。やはり、讃岐国分寺SKH01Aの成立にあたって神護景雲年間の東大寺式軒平瓦などの影響があったと考えざるを得ない。

さらに追加すると、SKH01Aの対葉花文が比較的長い特徴も6732Hに類似し、唐草文の先端がふくらむこと、初期の東大寺式軒平瓦と比較すると、三葉文の中央部が左右の小葉にくらべて大きく成長していることなど、いずれも神護景雲年間とされる東大寺式軒平瓦の特徴と共通するので、SKH01Aが760年代末〜770年代はじめ頃に成立したとするこれまでの結論を変える必要はないと考えている。

また、6730Aの三葉文が下向きであり、SKH01Aと異なることは、SKH01Aの成立にあたって、

東大寺式軒平瓦だけでなく、東大寺式軒平瓦の影響を受けて成立した、畿内の同時期の瓦の影響も認められることもわかる。さらに、松本論文を参考にすると、対葉花文の形や唐草文先端の瘤状ふくらみなどは、SKH01Aの文様が単に同時期の東大寺式軒平瓦のコピーではなく、独自に天平時代の文様を美しい造形で再現しようとした可能性が高く、むしろそこにSKH01Aの大きな特徴をみるべきであろう。

4. 讃岐国分寺の再整備について

　上述したように、讃岐国分寺の均整唐草文軒平瓦SKH01Aの瓦当文様には、神護景雲年間（767～769年）の畿内の東大寺式軒平瓦およびその系統の軒平瓦の文様との類似点・共通点が多く認められる。しかも西大寺の瓦との類似点・共通点が多いということは、SKH01Aが神護景雲年間をさかのぼらないことを示すと共に、その出自や成立の事情を考える上でとくに重要視されなければならない。

　均整唐草文軒平瓦SKH01は、これと組み合う軒丸瓦と共に、讃岐国分寺・国分尼寺の全ての堂宇に用いられたと考えられている。天平勝宝8 (756) 歳12月20日、翌年の聖武天皇の一周忌の斎会に用いるため、讃岐国分寺など26国に灌頂幡・道場幡・緋綱が下されているので、この時に讃岐国分寺が何らかの形ですでに存在し、翌年の聖武天皇の一周忌の斎会を実施できる程度の整備がなされていたことはほぼ確実であろう。それもかかわらず、ほぼ全面的に讃岐国分寺が整備され直していることは、天平勝宝8歳までの讃岐国分寺の伽藍が中央政府の考える国分寺のレベルに達していなかったため、改めて再整備が指示されたと考えるほかない。すなわち、SKH01とこれに組み合う軒丸瓦は再整備に用いられた瓦と考えられなければならない。

　既述したように、このことを裏付けるのが『続日本紀』天平宝字3 (759) 年11月9日条の「頒下国分二寺図於天下諸国」であろう。一般にはこの記事は国分寺造営に関してはあまり評価されていないようにみえる。しかし、角田氏は「これは建立の詔勅の渙発後、18、9年に及んでも大部分の国々の国分寺の伽藍が未着工であった事実を指証するもので、（中略）国分二寺の図とは、僧寺に関しては、二重構造をもち、外郭の正面には南（大）門、東南または西南に七重塔を設け、廻廊で仕切られた内郭には南に中門、北に講堂、中央に金堂を配する伽藍配置図であったと想察される。無論、主要な堂塔の指図も添えられていたに相違ない。また要請のあった国々には、工匠や瓦工等が中央より派遣されたことであろう。（後略）」（角田 1996) として積極的に評価している。

　著者は、「大部分の国々の国分寺の伽藍が未着工であった」とは考えていないが、実に示唆に富んだ指摘である。中央政府の見方からすれば、讃岐国分寺を含めて、多くの国分寺の伽藍が未完成であり、さらなる整備が必要とされたため、改めて国分二寺の図が諸国に配付されたのであろう。

　しかし、それでもなお、多額の財政を必要とする讃岐国分寺の再整備を直ちに実施することはできず、必要な準備期間を経て、770年前後になって、やっと本格的に讃岐国分寺の再整備が開始されたと考えられるのである。

第3節　均整唐草文軒平瓦SKH01Bの特徴とSKH01Bからみた
　　　　　讃岐国分寺の整備状況について

1. はじめに

　讃岐国分寺跡出土の均整唐草文軒平瓦SKH01Bは、国分尼寺跡ではKB201Bと呼ばれ、両寺院で用いられたことが知られている。すでに大正8年に長町彰氏が讃岐国分尼寺跡出土の小破片を考古学雑誌に紹介している（長町 1919）[9]が、讃岐国分寺跡で型式名が設定されたのは昭和60年（松尾 1985a）、国分尼寺跡では平成8年（川端 1996）であった。

　SKH01Bの内区文様は、同種の均整唐草文軒平瓦SKH01Aの唐草文を引き、SKH01Aと同じく対葉花文をもつ東大寺式軒平瓦の中心飾を有するが、その細部は異なっている。直線顎のものと曲線顎のものがあり、その比は3：2である。直線顎のものには凹面に粘土板合わせ目線のみられるものがあることから粘土板桶巻作りと考えられている（松尾ほか 1986）。青灰色の堅緻な焼成であるが、SKH01A・SKH01Cと比較すると胎土に砂粒を多く含み[10]、作りがやや雑な印象を受ける。

　当初、讃岐国分寺跡の発掘調査では、SKH01BはSKH01Aに後続すると考えられていた（松尾 1985a、松尾ほか 1996）が、再検討の結果、讃岐国分寺跡ではSKH01A→SKH01C→SKH01Bへと変化することが明らかになり（図34）、時期についても対葉花文の足が長く伸びる東大寺式軒平瓦6733A・Bなどの中心飾との類似から、延暦3（784）年頃までに比定されることになった（渡部 2004b）。

　SKH01Bは、讃岐国分寺跡ではSKH01A・01Cに近い大量の出土が認められ、770年前後にはじまったと考えられる讃岐国分寺の再整備における主要な軒平瓦の一つと考えられるが、先行するSKH01A・01Cの文様と比較検討した結果、下外区の線鋸歯文が13個から12個に減少し、三葉文の中央部が紡錘形になるとともに、蕚をV字状につくり、蕨手2葉の先端のふくらみを円形に単純化するなど、比較的大幅な文様の変化、簡略化が認められ、文様が比較的粗雑化する。

　その後、讃岐国分寺跡出土の軒瓦を検討する中で、SKH01Bは讃岐国分寺の初期の軒平瓦の中では長さが短いこと、SKH01A・01Cの一部には凸面瓦当側に赤色の茅負の痕跡がみられるのに対して、SKH01Bにはほとんど認められないことが明らかになったことから、その実態と意味するところをまとめてみたい。

2. SKH01Bの大きさについて

　讃岐国分寺跡出土の軒平瓦については、瓦当面の幅が分かるもの、軒瓦の全長が分かるもの、その両方が分かるものが少数出土している（表3）。

　それによると、均整唐草文軒平瓦SKH01Aの瓦当面の幅は、最小で26.3cm、最大で28.6cm、平均で27.5cmであるが、13点中4点が27.3～27.5cmの中に収まる。また、SKH01Aの瓦の全長[11]は最小で33.2cm、最大で36.3cm、平均で34.9cmであるが、10点中4点が34.6～35cmの中に収まる。

表3 讃岐国分寺跡出土軒平瓦の大きさ

型 式	NO	出土位置	遺構等	出土年月日	瓦当面の幅(cm)	軒瓦の全長(cm)
SKH01A	1	DR-10	第2層	860718	27.4	33.4
	2	DR-10	第2層	860718	26.7	—
	3	HB-13	5層中	851204	27.8	—
	4	HB-18	第2層	850826	27.4	—
	5	HC-17	第2層	850826	28.3	33.2
	6	IB-03	第2層	850717	27.4	35.6
	7	IB-04	畔第2層下層	851014	26.8	35.4
	8	IB-05	僧坊南雨落溝	850712	26.3	35
	9	IC-06	北雨落溝	850917	28.6	34.6
	10	IC-07	東SD雨落	850903	—	34.7
	11	IC-08	南雨落溝	850828	28.5	36.3
	12	JD-02	第2層	860811	28	34
	13	JO-02	第2層	860811	27	34.9
	14	—	—		27.3	—
		平均			27.5	34.7
SKH01C	15	DL-09	黒褐色土	860521	26.9	35.1
	16	DN-01	第2層	850709	27.1	—
	17	EI-13	SD最下層	841213	26.7	—
	18	HB-13	SE中	851204	26.8	—
	19	HB-14	第2層	851001	26.4	41.3
	20	HB-18	第2層	850913	27.7	37.7
	21	HC-15	南雨落溝	850925	27.2	—
	22	IA-01	第2層	851021	27	—
	23	JC-03	南雨落溝	860901	—	37.8
	24	—	—	—	—	36
		平均			27.0	37.6
SKH01B	25	BE-13	SF	840409	26	32.5
	26	CF-44	第3層	850220	—	32.3
	27	CR-15	第2層	850930	—	33.3
	28	DQ-11	第2層	860708	27.5	—
	29	DS-04	第2層	850709	27	—
	30	HE-14	SD最下層	841217	26.4	—
	31	IB-03	第2層	850718	26.8	—
	32	IB-06	第2層	850610	26.9	32.2
	33	JD-02	第2層	860811	27	31.7
		平均			26.8	32.4
SKH03	34	DA-53	第2層	850307	26.9	34
	35	HC-15	南雨落溝	850925	26.5	—
	36	HC-17	第2層	850826	27.2	38.7
	37	HC-18	第2層	850917	27.0	—
		平均			26.9	36.4
SKH05A	38	CI-48	SD灰茶色粘質土	850227	29.6	—
	39	DR-01	瓦溜り溝	861022	28.8	—
	40	ER-01	第2層	860804	29.1	—
	41	—	—	—	31.3	—
		平均			29.7	—

表 4　讃岐国分寺跡出土の赤色顔料をもつ軒平瓦

区　分	NO	赤色顔料	出土位置	出土年月日	遺構等
SKH01A	1	有	DM-00	860708	第2層
	2	有	HB-18	850826	〃
	3	有	HB-18	850826	〃
	4	有	HC-17	850826	〃
	5	有	IB-03	850717	〃
	6	有	IB-04	851014	畔第2層下層
	7	有	IC-07	850903	東SD雨落
	8	有	JD-02	860811	第2層
	9	有	JO-02	860811	〃
	10	有	―	―	
	11	有？	DR-06	850626	〃
	12	有？	EQ-09	860731	SK暗褐色土
	13	有？	HB-18	850913	第2層
SKH01C	14	有	DP-09	851119	第2層
	15	有	DR-00	850806	〃
	16	有	IA-01	851021	〃
	17	有	RM-13	911004	回廊雨落溝
	18	有	RM-13	910919	回廊内側雨落溝
	19	有	WA-10	911016	南限大溝第2層
	20	有	―		北面築地跡か
	21	有	DN-01	850709	第2層
SKH01B	22	有	IB-03	850718	第2層
	23	有？	JD-02	860811	〃
SKH01B	24	有	DQ-11	860703	〃
	25	有	DR-08	850906	北雨落溝
	26	有？	IC-02	850723	第2層
	27	有？	―	850617	SD灰色粘質土
SKH05A	28	有	DS-03	850909	第2層
	29	有	IA-05	850606	〃
	30	有	IA-07	850605	〃
	31	有	―	―	―

SKH01Aに後続するSKH01Cでは、瓦当面の幅は、最小で26.4cm、最大で27.7cm、平均で27.0cmであるが、8点中6点が26.7〜27.2cmの中に収まる。幅はSKH01Aに比べて、わずかに狭くなるが、各個体相互の差異は小さくなり、より規格化されているといえる。SKH01Cの全長は、最小で35.1cm、最大で41.3cm、平均で37.6cmとなる。長さはSKH01Aに比べて、全体的に長くなり、平均でも約3cm長いが、各個体の差が大きい。41.3cmととくに長い軒平瓦は、特殊な用途に用いられたものであろうか。

これに対して、SKH01Bの幅は最小で26cm、最大で27.5cm、平均で26.8cmである。幅は、7点中4点が26.8〜27cmの中に収まり、SKH01Cとほとんど同じである。しかし、瓦の長さは、最小で31.7cm、最大で33.3cm、平均で32.4cmであり、5点中3点が32.2〜32.5cmの中に収まる。SKH01A〜01Cの中で最も短いことが注目される。

9世紀中頃とされるSKH03と10世紀中頃とされるSKH05Aは計測できる資料が少ないため確定はできないが、SKH03の瓦当面の幅は平均で26.9cm、全長は同じく36.4cmであり、SKH05Aは瓦当面の幅の平均が29.7cmと大きいことから、SKH01Bより全長が長いものと思われる。こうしてみると、SKH01Bの瓦の短さが目立っている。

SKH01Bの段階で、瓦が短くなる理由については、瓦葺きの技術の変化によるものか、SKH01Bを葺いた建物によるものか判然としないが、軒平瓦の大きさから、SKH01Bに伴う平瓦を抽出できる可能性もあり、今後平瓦を研究する際に注意しておかなければならないことであろう。

3.　赤色顔料の痕跡をもつ軒平瓦からみた讃岐国分寺の整備状況について

讃岐国分寺跡出土の軒平瓦のうち、均整唐草文軒平瓦SKH01A・SKH01Cには、凸面の瓦当側

5～10cm付近に、数cm程度の帯状に赤色顔料（赤色の茅負の痕跡）が残るものが知られている（図53）（松尾ほか 1996）。今回目視によって凸面に赤色顔料が確認できたのは、SKH01Aでは127点中10点、SKH01Cでは121点中6点[12]であるが、86点出土しているSKH01Bではわずか1点しか認められなかった（表4）[13]。

一般に、金堂など国分寺の主要堂塔の柱などは赤色に塗られていたと考えられているが、讃岐国分寺では現在のところ、軒瓦に残された赤色の茅負の痕跡から、柱などの彩色を想定する以外に方法がない。

讃岐国分寺跡の軒平瓦に残された赤色顔料を分析した朽津信明氏によれば、顔料はすべてベンガラであり、それほど純粋なものではないため、色調は鮮やかな朱色ではなく、やや鈍い赤色であるという（朽津 2006）。

図53 軒平瓦凸面の赤色顔料

赤色に彩色された堂塔を特定することは難しいが、赤色顔料を残す軒平瓦は僧坊跡南部を中心に出土しているほか、僧坊跡の北側からも出土しているので、僧坊が赤色に彩色されていたことはほぼ疑いないであろう。また、塔跡の南東にあたる回廊の溝から赤色顔料を残すSKH01Cが2点出土していることから、回廊も彩色されていた可能性が高い[14]。そうだとすると、塔・金堂・講堂・南大門・中門などの主要堂塔も彩色されていたものと考えられる。

これに対して、僧坊跡の東南に位置する、鐘楼と推定されている礎石建物跡からは赤色顔料をもつ軒平瓦が全く出土していないので、この建物は彩色されていなかった可能性が高いものと思われる。

一方、注目されるのは、SKH01Bに赤色の茅負の痕跡をもつものがわずか1点しか出土していないことである。この点は、赤色顔料の可能性のあるものを含めても、SKH01A13点、SKH01C7点に対して、SKH01Bは2点しかなく、SKH01BはSKH01A・SKH01Cの出土量のそれぞれの約2/3、三者の合計のうち約26％を占めるので、SKH01A・SKH01Cに比べて赤色顔料の痕跡をもつものがかなり減少しているといえる。

また、9世紀中頃とされる均整唐草文軒平瓦SKH03では86点中2点、10世紀中頃とされる均整唐草文軒平瓦SKH05Aでは54点中4点に赤色顔料の痕跡が確認され、赤色顔料の痕跡の可能性のあるものを含めるとSKH03は4点となるので、SKH01BはSKH03・05Aと比べても赤色顔料の痕跡をもつものが少ないといえそうである。

したがって、このことがSKH01Bの用いられた状況を反映しているのであれば、SKH01Bは主要堂塔以外の建物に多く用いられた可能性が高くなるとともに、讃岐国分寺はSKH01Bの段階、すなわち長岡京遷都の頃には主要堂塔の整備がほとんど終了していたと考えることができる。

第4節　天平勝宝以前の讃岐国分寺

1．はじめに

　国分寺町教育委員会が昭和58年度～61年度及び平成3年度に実施した発掘調査によって、讃岐国分寺跡は四周の溝の中心間で東西220m、南北240mの寺域をもち、講堂跡に建てられたと考えられている現本堂の北に、東西約84m、南北約12m、21間×3間の礎石建物である大規模な僧坊跡が検出され、講堂跡の東で鐘楼跡と考えられる礎石建物跡を、講堂跡の西で掘立柱建物跡を検出した。また、金堂跡と現仁王門を結ぶ回廊跡も確認され、現仁王門は中門跡に建てられたと考えられることから、塔は回廊の中に収まり、大官大寺式の伽藍配置が復元された。また、僧坊跡の南北中軸線は金堂跡と講堂跡の中心を結ぶ南北線と一致することから、伽藍は寺域の西側4分の1を画する南北線を中軸線とすることが明らかとなった。

　この伽藍に用いられた瓦は、八葉複弁蓮華文軒丸瓦SKM01と均整唐草文軒平瓦SKH01Aを最古の組み合わせとして、八葉複弁蓮華文軒丸瓦SKM03A、八葉単弁蓮華文軒丸瓦SKM02A・04、均整唐草文軒平瓦SKH01B・01Cなどがあり、760年頃には全体がほぼ完成したと考えられた（松尾ほか 1996）。

　ところが、東大寺式軒平瓦の中心飾をもつSKH01Aを再検討した結果、対葉花文が大きく発達して先端が大きく離れること、三葉文の左右の葉が外湾しないことなどから6732G・E・J・U・Fa・Fbなど初期の東大寺式軒平瓦や平城宮系の6732A・C・Oまでさかのぼらせることは困難であり、三葉文の左右の葉が直線的に開き、唐草文の先端が玉状にふくらむ6732N、対葉花文の外側に置かれた、先端が外側に巻く支葉の足が比較的長い6732Hなどの成立以降、すなわち神護景雲年間（767～769年）以降と考えられることになった。

　一方、『続日本紀』天平勝宝8（756）歳12月20日条には、同年5月2日に崩御した聖武天皇の一周忌の斎会を飾るため、讃岐国など26国に灌頂幡・道場幡・緋綱を下し、使用後は金光明寺（国分僧寺）に寺物として収め、必要な時に使用することとしている[15]（黒板編 1968a）。

　この点については、讃岐国分寺跡から創建時の瓦と考えられた軒丸瓦SKM01・02A・02L・03A・03L・04・06、軒平瓦SKH01A・01B・01Cなどより先行すると思われる瓦も出土していることから、聖武天皇の一周忌に前身の讃岐国分寺が存在しており、さらに『続日本紀』天平宝字3（759）年11月9日条の「頒下国分二寺図於天下諸国」にみられる全国的な国分寺整備の施策にもとづき、770年代を中心とした時期に再整備されたのではないかとした。

　本節ではこれを受けて、再整備前の讃岐国分寺を取り上げ、讃岐国分寺の創建や聖武天皇の一周忌の斎会が行われたと考えられる讃岐国分寺、すなわち天平勝宝以前の讃岐国分寺について考えてみたい。

2. 8世紀中頃以前の讃岐国分寺に関するこれまでの研究

　讃岐国分寺跡から8世紀中頃以前とみられる瓦が出土することは、昭和9年に浪花勇次郎氏が十葉単弁蓮華文軒丸瓦SKM23を採集したことによってはじめて注目されるようになった[16]（安藤編 1974）。この瓦は窪んだ小さな中房に1個の蓮子をもち、蓮弁の弁端が連弧状となってわずかに切れ込み、各蓮弁の中房近くに珠文をもつもので、浪花氏は白鳳期とした。

　これを受けて、飯塚五郎蔵氏・藤井正巳氏は『続日本紀』天平勝宝8（756）歳12月20日条を重視し、あるいはこの時には出来上がっていたのではないかとするとともに、「讃岐国分寺が以前からあった大寺の転用された所謂定額寺ではないか、とも一応は考えられる」とした（飯塚・藤井 1944）。

　また、昭和28年に刊行された『新修香川県史』では、讃岐国分寺跡の瓦には「天平期以前と思われるものがあり」、讃岐国分寺は、「天平以前からあった定額寺を転用したものではないかとも考えられる。」としている（松浦・和田 1953）。

　浪花勇次郎氏によって白鳳期とされた十葉単弁蓮華文軒丸瓦SKM23については、後に安藤文良氏によって改めて取り上げられ、平安時代とする研究者がいることを紹介しながらも、古式な型であるとして、ここでも奈良時代前期[17]に比定している（安藤 1967）。

　また、讃岐国分寺跡で採集された八葉単弁蓮華文軒丸瓦SKM24Aについては、安藤文良氏（安藤 1967）、中川重徳氏（安藤編 1974）ともこれを奈良時代としている。中川重徳氏はこの中で、これを昭和43年奈良国立博物館の「飛鳥・白鳳古瓦展」に送ったが、後に出版された図録（稲垣ほか 1970）に収録されなかったというエピソードを紹介している。

　これに対して、藤井直正氏は、古式とされる瓦は「単子葉弁の端丸瓦で、弁の感じでは一見奈良時代前期のものとも見られるが、製作手法においては後代の模作であり、（中略）奈良時代後期をさかのぼるものではない。」として、SKM23・SKM24Aなどを8世紀後半以降に比定し、天平13年の国分寺造営の詔以前の寺院が讃岐国分寺に転用されたという想定を否定した（藤井 1978）。

　しかし、昭和58年に刊行された『新編香川叢書　考古編』では、十葉単弁蓮華文軒丸瓦SKM23の蓮弁に珠文をもつことについて、蓮弁の先端に珠文を置くものが四天王寺や飛鳥寺などにみられ、それらがモデルになったと考えられることから、八葉複弁蓮華文軒丸瓦、均整唐草文軒平瓦などの国分寺創建瓦より先行する可能性があるとした。また、八葉単弁蓮華文軒丸瓦SKM24Aは飯山町（現丸亀市）法勲寺に類例がみられることから今後に期待がもたれるとして、国分寺の創建瓦としたものより先行する可能性を示唆している（新編香川叢書刊行企画委員会 1983a）。

　さらに、安藤文良氏は昭和62年に刊行された『香川県史　資料編』において、十葉単弁蓮華文軒丸瓦SKM23、八葉単弁蓮華文軒丸瓦SKM24Aを共に白鳳期に比定した（安藤 1987）。

　また、松本豊胤氏はSKM23、SKM24Aが国分寺創建瓦と考えられる一群の瓦（SKM01・SKM03A・SKH01C）より先行する可能性があり、そうであれば、讃岐国分寺は天平13（741）年以前に伽藍の一部が存在していたことになるとしている（松本 1987）。

　一方、国分寺町教育委員会による讃岐国分寺跡の大規模な発掘調査では、SKM23・24A・24Bなどが出土したが、資料が少ないことを理由に、時期の比定や用いられ方などは十分には検討されな

かった（松尾 1987）。

　後述するように、この調査によって坂出市開法寺跡・鴨廃寺に用いられ、白鳳期とされる八葉単弁蓮華文軒丸瓦（SKM26）など、明らかに8世紀中頃をさかのぼる瓦が出土したものの、十分な注意が払われなかったようで、報告もされなかった。この調査では、八葉複弁蓮華文軒丸瓦SKM01-均整唐草文軒平瓦SKH01Aを讃岐国分寺の創建に係る最古の組み合わせとし、全体の完成を760年頃としていることからみて、結果的にSKM23・24A・24Bなどは讃岐国分寺の創建には直接関わらない瓦と評価したことになった。

　以上のように、讃岐国分寺については、天平13（741）年の国分寺造営の詔以前に前身伽藍があったとする見方と、国分寺造営の詔によって新しく造営されたとする見方があるが、いずれについても出土瓦の年代比定の根拠が十分に示されなかったこと、八葉複弁蓮華文軒丸瓦SKM01-均整唐草文軒平瓦SKH01Aの組み合わせを8世紀中頃に比定し、国分寺造営の詔の直後に大規模な讃岐国分寺の造営開始を想定したことから、讃岐国分寺の創建をめぐる議論が深化できていない状況にある。

　したがって、ここでは、問題となる瓦を中心に検討したうえで、讃岐国分寺の創建と初期の伽藍などの問題について現時点での整理を行うことにしたい。

3. 8世紀中頃以前と考えられる瓦

①SKM26（図54-1・図55-1）

　国分寺町教育委員会の発掘調査によって、昭和61年、講堂跡西側にある7間×4間の掘立柱建物跡（SB30）の範囲内から出土した八葉単弁蓮華文軒丸瓦である。1点出土したが、未報告であるのでここで紹介する。讃岐国分寺跡発掘調査での型式略号の設定方法に従い、新たな型式名を与え、SKM26とする。

　瓦の表裏面は灰色気味の淡灰褐色を、胎土は淡褐色を呈し、焼成は良好である。蓮弁の両側及び間弁は低い凸線で描かれている。蓮弁の中央部がわずかに盛り上がり、弁端中央が切れ込む特徴から、坂出市開法寺跡のKH106（図56-1・図57-1）、鴨廃寺のKM102（川畑 1996）と同文であることがわかる。開法寺跡出土の完形品（安藤編 1974）を参考にすると、低く突出した中房に1＋8個の蓮子をもち、内傾する周縁には密な線鋸歯文をめぐらす。開法寺跡と鴨廃寺の出土品は同笵とされているが、この瓦も同笵の可能性がある。

　類例は大阪府五十村廃寺、田辺廃寺などから出土し、藤沢一夫氏は、偏行唐草文軒平瓦と組み合い、両者を藤原宮期に比定している（藤沢 1973）。さらに、藤井直正氏は、開法寺跡出土品は田辺廃寺出土品に比べて直径が大きくなると共に外縁の鋸歯文が増加し、蓮弁の表現において力が弱く便化の傾向がみられ、後出的要素が認められるとしている（藤井 1978）。

②SKM23（図54-2・図55-2）

　十葉単弁蓮華文軒丸瓦である。国分寺町教育委員会の発掘調査で2点出土したと報告されているが、3点（うち1点は2個の破片が接合）確認できた。このほか、現本堂（講堂跡）の東南堀沿いや旧大師堂の東などから採集された3点が知られている（松尾ほか 1996、安藤 1967、安藤編 1974、大塚・黒川 1975）。

第3章 瓦からみた古代の讃岐国分寺　99

1　SKM26

2　SKM23

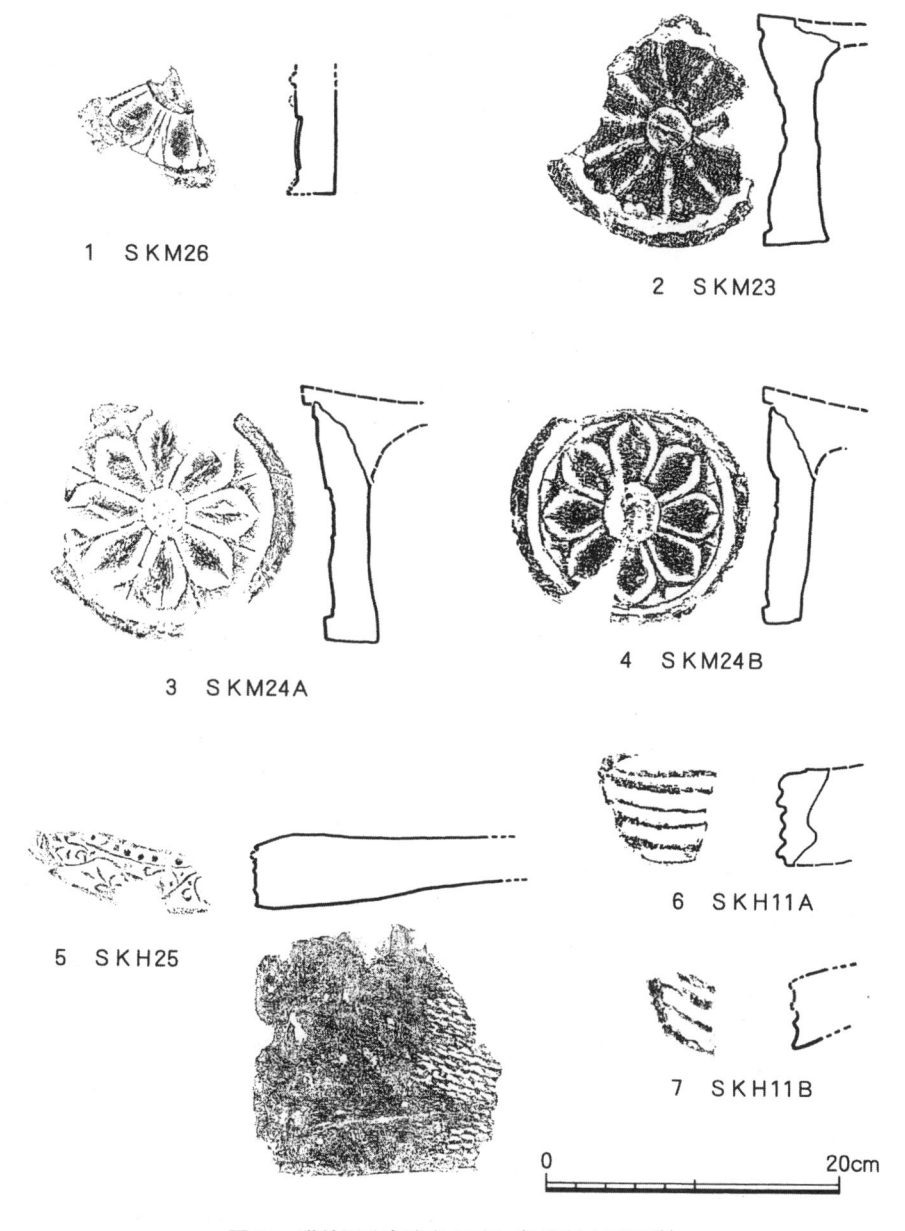

3　SKM24A

4　SKM24B

5　SKH25

6　SKH11A

7　SKH11B

0　　　　　20cm

図54　讃岐国分寺跡出土瓦1（8世紀中頃以前）

　中房は一段低くなり、比較的小さい。中央に1個の蓮子をもつ。蓮弁は周縁に向かって広がり、弁端の中央がわずかに切れ込む。不明瞭な部分もあるが、各蓮弁の中房近くに1個の珠文をもつ。間弁はなく、低い周縁が直立する。丸瓦部は瓦当裏面の比較的高い位置に取り付き、丸瓦部の根元、瓦当部裏面に粘土をつけて補強している。表裏面とも褐色味を含む淡灰色〜暗灰色を呈し、焼成はやや軟質である。

　SKM23は讃岐国分寺跡以外での出土は知られていない。しかし、蓮弁の形は異なるが、蓮弁の

1. SKM26
2. SKM23
3. SKM24A
4. SKM24B
5. SKH25
6. SKH11A
7. SKH11B

図55 讃岐国分寺跡出土瓦2（8世紀中頃以前、縮尺不同）

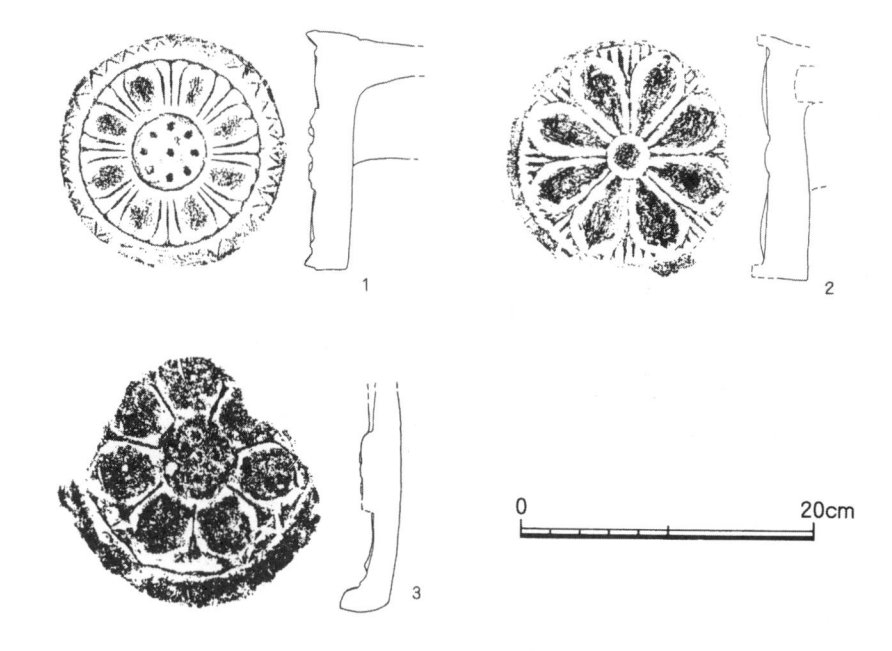

図56　讃岐国分寺関連瓦1（1. 坂出市開法寺跡KH106、2. 丸亀市法勤寺跡HK101、3. 高松市宝寿寺跡HZ102）

中房寄りに珠文をもつ特徴は高松市宝寿寺跡の六葉素弁蓮華文軒丸瓦HZ101B（図57-4）と共通することが知られている（安藤編 1974、森ほか 1995）。

宝寿寺跡は高松市前田東町に所在し、土壇と礎石が残され、発掘調査は行われていないが、珠文をもたないHZ101Aと珠文をもつHZ101Bの2種類の六葉素弁蓮華文軒丸瓦が採集されている。

さらに、高松市前田東・中村遺跡では、この土壇・礎石の東南約400メートルの地点（F区）でHZ101A・101Bが落ち込み状遺構（SX02）から、平瓦・須恵器・土師器・弥生土器・木製品（曲物・斎串・刀形木製品・独楽・杭・板材）と共に出土している（図58）（森ほか 1995）。

瓦と須恵器は落ち込み状遺構の中段のテラス状部分から集中的に出土しているが[18]、発掘調査報告書では、須恵器には奈良時代末頃の平底の坏（図58-512）が1点報告されている。しかし、発掘調査時における遺物の取り上げ日をみると、この坏のみ他の須恵器より2週間以上早く取上げられており、また、発掘調査報告書によると、落ち込み状遺構の埋土上部に攪乱土等が堆積していることから、取上げ日が早い512は攪乱土などから出土した可能性が大きく、瓦とは供伴しないものと思われる[19]。

512を除く須恵器には、7世紀中頃まで用いられた、立上がりをもつ古墳時代タイプの坏身がみられないことから、報文で述べられているように7世紀後半に比定できるので、瓦と須恵器の同時性を認めて、六葉素弁蓮華文軒丸瓦HZ101A・101Bも7世紀第3四半期に比定できるものと考えられる。

現在のところ、SKM23の成立時期を明確にし難いが、宝寿寺跡の六葉素弁蓮華文軒丸瓦HZ101Bにみられる蓮弁上の珠文の類似性から7世紀後半を上限とし、丸瓦部が瓦当裏面の比較的

1. 坂出市開法寺跡 KH106

2. 丸亀市法勲寺跡 HK101

3. 高松市宝寿寺跡 HZ101A
（前田東・中村遺跡出土）

4. 高松市宝寿寺跡 HZ101B
（前田東・中村遺跡出土）

図57 讃岐国分寺関連瓦2（縮尺不同）

5. 高松市宝寿寺跡 HZ102

第3章 瓦からみた古代の讃岐国分寺　103

高い位置につくことから、8世紀後半までは下らないものと考えることができよう。

③ SKM24A（図54-3・図55-3）

八葉単弁蓮華文軒丸瓦で、2点出土したと報告されているが、5点（うち1点は2個の破片が接合）が確認できた。このほかに、国分寺町教育委員会の発掘調査以前に金堂跡の西などから2点が採集されている[20]。後述するSKM24Bと共に、讃岐国分寺跡以外では知られていない。

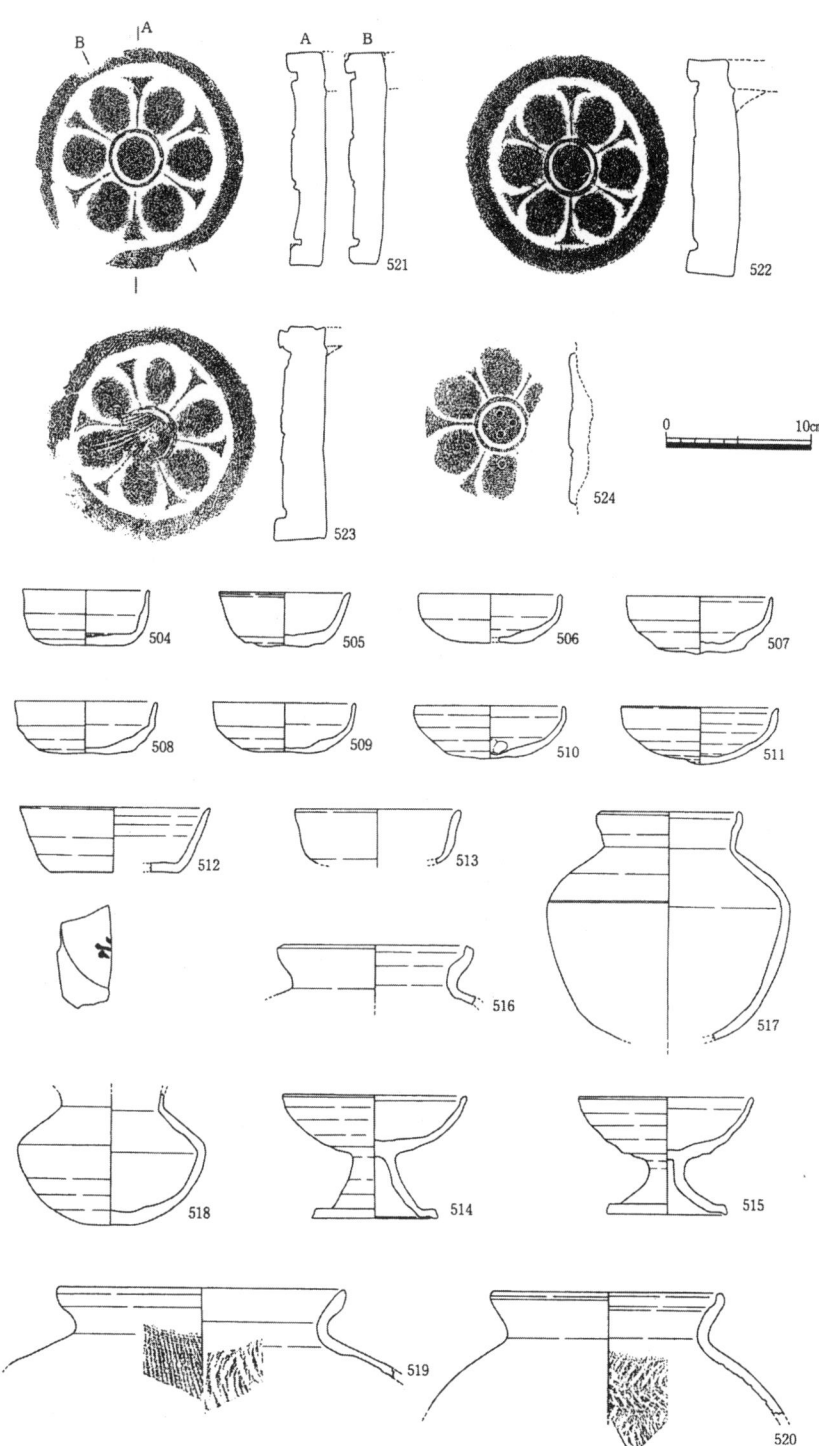

瓦当面は中房が一段低くなり、比較的小さい。他の出土例を参考にすると、1＋6個の蓮子をもつ。蓮弁は細く、ゆるやかに盛り上がり、先端は鋭く尖る。中房から周縁までのびる、細い凸線で表された間弁を特徴とする。類似した文様をもつSKM24Bと比較すると、蓮弁と間

図58　高松市前田東・中村遺跡F区SX02出土の瓦・須恵器

弁は華奢な印象を与える。周縁は低く直立する。淡灰褐色から灰色を呈し、やや軟質なものが多い。SKM24Aの時期についてはSKM24Bと共に考える。

④SKM24B（図54-4・図55-4）

八葉単弁蓮華文軒丸瓦で、4点の出土が報告されているが、2片が接合したもの1点を確認した[21]。内区文様はSKM24Aとほぼ同じ構造をもつが、内区の外側に圏線をもつ点が異なる。また、SKM24Aと比較すると、中房・蓮子はやや大きく、蓮弁は相対的に幅広で、ややずんぐりとした形をしている。間弁は大きくバチ状に広がり、その先端の中央部が尖る。瓦当は薄手の作りで、灰色から淡灰色を呈し、焼成は軟質である。

SKM24Aは先端の尖った蓮弁と凸線で表された直線状の間弁をもつことから、白鳳期とされている丸亀市法勲寺跡出土の八葉素弁蓮華文軒丸瓦HK101（図56-2・図57-2）との類似が注目されてきた（新編香川叢書刊行企画委員会 1983a）。しかし、蓮弁と間弁は、宝寿寺跡の七葉素弁蓮華文軒丸瓦HZ102（図56-3・図57-5）からの変化を想定すべきであろう。

前述したように、宝寿寺跡の六葉素弁蓮華文軒丸瓦HZ101A・HZ101Bは先端が丸味をもった幅広、肉厚の蓮弁をもち[22]、7世紀第3四半期に比定される。

宝寿寺跡HZ102では幅広の蓮弁の先端が尖ると共に、HZ101A・101Bでバチ状であった間弁がさらに大きく開き、その中央部に重ねるように先端が短く尖った槍先状の表現をもつ。さらに、直立気味に立ち上がる周縁の内面に線鋸歯文がつけられるようになる。中房は比較的大きく、突出し、1＋4個の蓮子をもつ。蓮弁や間弁の形などからみれば、宝寿寺跡ではHZ101A・101B→HZ102へと変化したことが想定できる（川畑 1996）[23]。

讃岐国分寺跡のSKM24A・24Bはともに先端が尖った単弁をもち、宝寿寺跡HZ102の蓮弁の形を受け継いでいる。しかし、八葉になるとともに、中房が小さくなったことから、蓮弁は相対的に幅狭で基部が細くなっている。蓮弁の形態は、宝寿寺跡HZ102→讃岐国分寺跡SKM24B→SKM24Aへと一定の変化をしていることが認められる（図59）。

また、SKM24Bの間弁の中央部先端が短く尖る特徴は、独特の間弁をもつ宝寿寺跡HZ102の特徴を残しているとみられること、SKM24Bの内区外側の圏線はHZ102の周縁内側の低い段からの変化とみられることなどから、讃岐国分寺跡SKM24Bは宝寿寺跡HZ102の影響のもとに成立したと考えられる。

さらに、讃岐国分寺跡SKM02Aは、発掘調査の出土状況から均整唐草文軒平瓦SKH01Cと組み合って築地に用いられたと考えられており、そうであれば、八葉複弁蓮華文軒丸瓦SKM01・均整唐草文軒平瓦SKH01Aをさかのぼらないことから、8世紀第4四半期に比定されるが、その蓮弁の基部はSKM24Aよりさらに細くなると共に、間弁は先端が急激に広がり、一見すると「T」字状に近い形に変化するなど、蓮弁・間弁ともさらに新しい形態をしていることが認められる。

なお、法勲寺跡出土の八葉素弁蓮華文軒丸瓦HK101（図56-2・図57-2）はこれまで白鳳期に比定されていたが、SKM24Aと同様に基部が細い蓮弁をもち、直線状の間弁を挟んで凸線が多条化、装飾化していることから、SKM24Aをさかのぼることはないと考えて良い。8世紀中頃～後半に比定できるものと思われる。

第 3 章　瓦からみた古代の讃岐国分寺　105

以上のように、蓮弁・間弁などの形態変化からみれば、讃岐国分寺跡の八葉単弁蓮華文軒丸瓦 SKM24A・24B は、讃岐国分寺の再整備に伴って 770 年代頃に製作された八葉複弁蓮華文軒丸 SKM01・八葉単弁蓮華文軒丸瓦 SKM02A・均整唐草文軒平瓦 SKH01A・01C などより古く、8 世紀中頃以前に比定することができよう。

⑤ SKH25（図 54-5・図 55-5）

国分寺町教育委員会の発掘調査によって、昭和 61 年、僧坊跡南西端付近から出土した偏行唐草文軒平瓦である。1 点出土し、未報告である。讃岐国分寺跡発掘調査での型式略号の設定方法に従い、SKH25 とする。SKH25 も現在のところ、讃岐国分寺跡以外での出土は知られていない。

瓦当面の左半部をもつ破片で、上外区に密な珠文帯をもち、内区には向って左から右に流れる波状の主葉から派生する支葉・小葉が凸線で描かれている。下外区はもたない。直線顎で、凸面には縦方向の縄叩き目が認められる。表面は灰色で、胎土に 2 〜 3mm 大の砂粒を少量含み、焼成は良い。

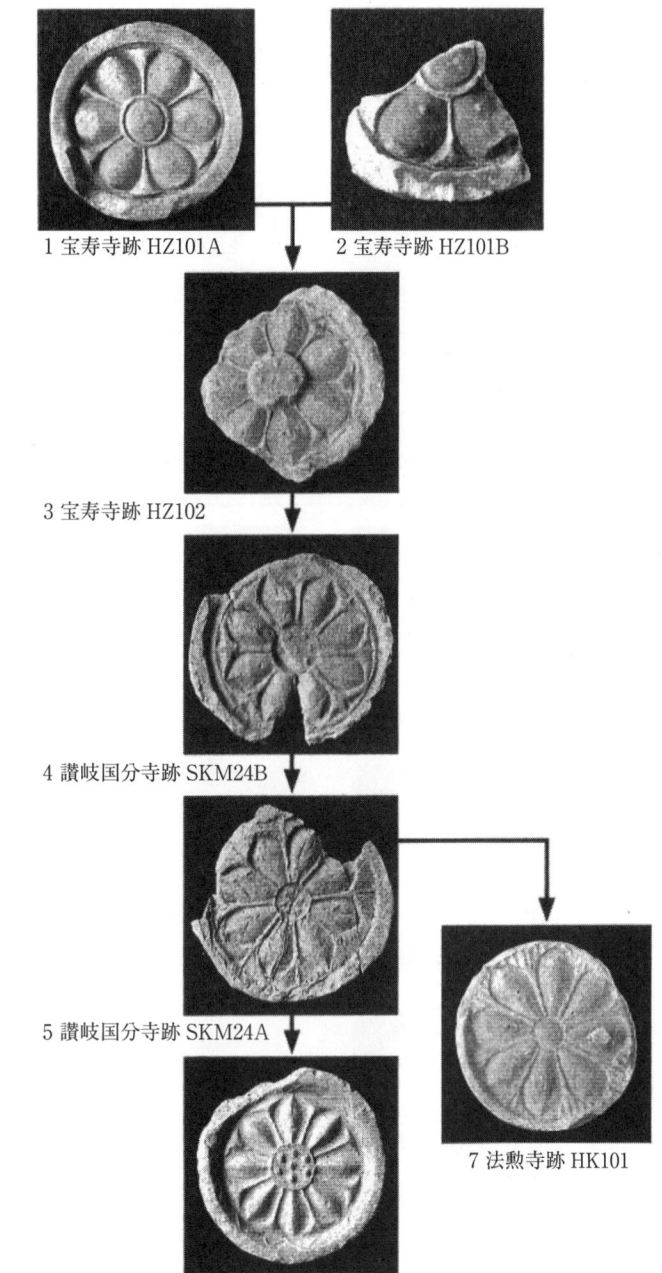

類似の偏行唐草文軒平瓦はさぬき市石井廃寺 IS202、同市極楽寺跡（型式名未設定）、坂出市開法寺跡 KH202、同市鴨廃寺 KM202・KM203、丸亀市田村廃寺 TM202（東 2002・2003）、善通寺市仲村廃寺 NK202A・NK202B、同市善通寺 ZN203A・ZN203B などがある。

石井廃寺 IS202 と極楽寺跡出土品、開法寺跡 KH202 と鴨廃寺 KM202、田村廃寺 TM202 と仲村廃寺 NK202A・善通寺 ZN203B はそれぞれ同笵とされている（川畑 1996、蓮本 2001、東 2003）。

1　宝寿寺跡 HZ101A　　2　宝寿寺跡 HZ101B
3　宝寿寺跡 HZ102
4　讃岐国分寺跡 SKM24B
5　讃岐国分寺跡 SKM24A
6　讃岐国分寺跡 SKM02A
7　法勲寺跡 HK101

図 59　単弁蓮華文軒丸瓦の変遷（縮尺不同）

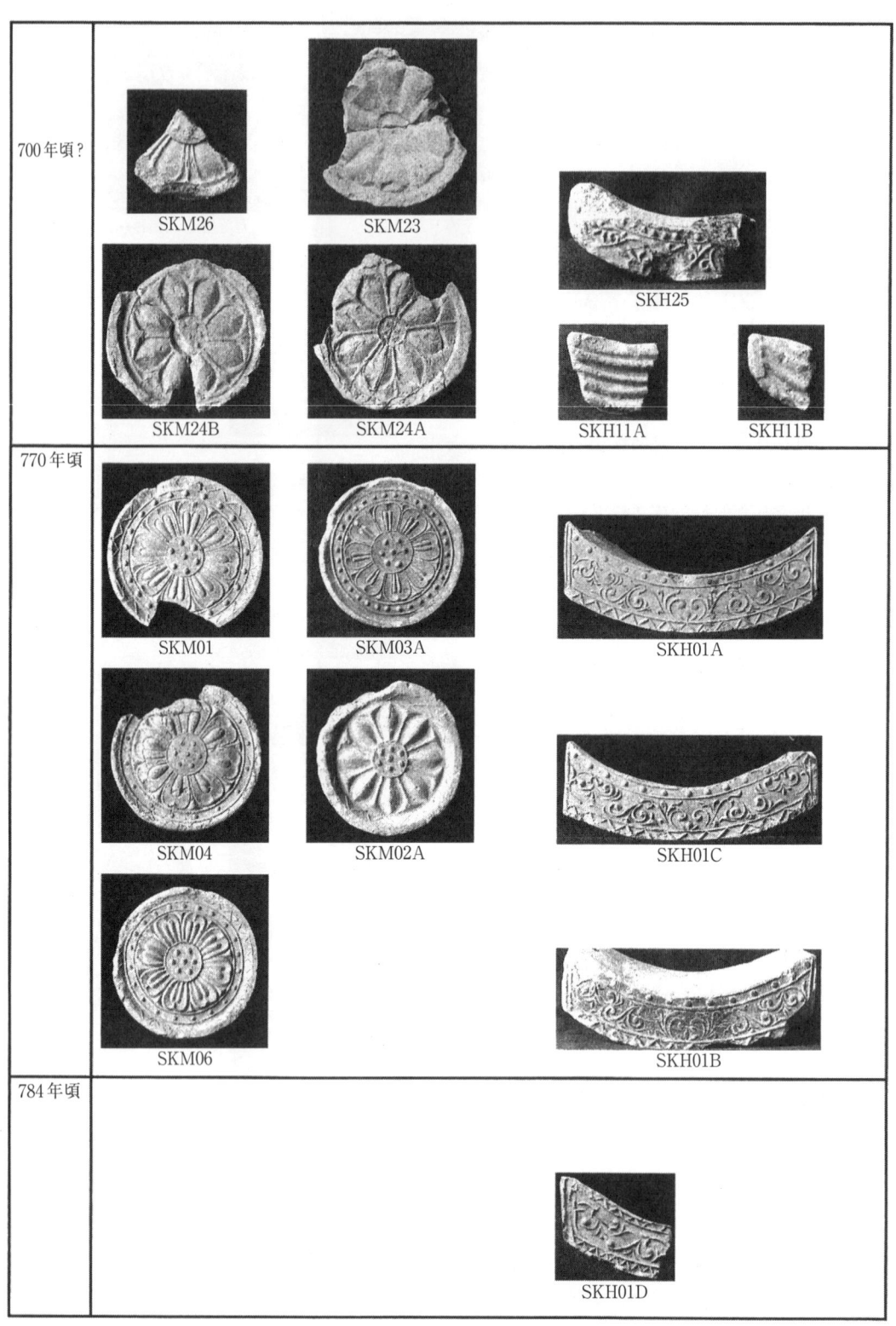

700年頃?	SKM26　SKM23　SKH25 SKM24B　SKM24A　SKH11A　SKH11B
770年頃	SKM01　SKM03A　SKH01A SKM04　SKM02A　SKH01C SKM06　SKH01B
784年頃	SKH01D

図60　讃岐国分寺跡出土軒瓦編年図（縮尺不同）

また、開法寺跡KH202は先述した八葉単弁蓮華文軒丸瓦KH106（鴨廃寺KM102・讃岐国分寺跡SKM26）と組み合い、白鳳期に比定している[24]。

開法寺跡KH202・鴨廃寺KM202、善通寺ZN203A・ZN203B、田村廃寺TM202・仲村廃寺NK202Aは段顎で、凸面に格子叩き目をもつ。石井廃寺IS202は段顎をもち、凸面に縄叩き目をもつ。極楽寺跡出土品も段顎をもつが、小破片のため、叩き目は確認できていない。

これに対して、本例と鴨廃寺KM203は直線顎で、凸面に縄叩き目をもつ。本例と鴨廃寺KM203は唐草主葉の節点が消滅し、小葉も減少して簡略化されていること、直線顎で縄叩き目をもつことなどから、段顎をもつものより後出すると考えられる。

また、本例と鴨廃寺KM203を比較すると、鴨廃寺KM203は小葉がさらに少なくなり、簡略化されていること、渦巻き状支葉の派生部分の小葉が凸線で表された山形状に変化していることなどから、本例が先行するものと考えられる。

SKH25の時期を確定することは難しいが、この種の偏行唐草文軒平瓦は開法寺跡KH202・鴨廃寺KM202を最古として、善通寺市仲村廃寺・善通寺・丸亀市田村廃寺・さぬき市石井廃寺・極楽寺跡、大阪府柏原市田辺廃寺・五十村廃寺などに展開したと考えられ、SKH25はさらに後出することから、8世紀中頃に比定できる可能性が高いものと思われる[25]。

⑥SKH11A・11B（図54-6・7・図55-6・7）

SKH11として分類されている軒平瓦は国分寺町教育委員会の発掘調査で2点出土し、うち五重弧文をもつもの（図54-6・図55-6）が報告されている。2点とも東面築地跡の中央部にあたる推定東大門地区から出土している。この他に五重弧文をもつものが2点、四重弧文をもつものが1点採集されており、五重弧文・四重弧文の各1点は現本堂（講堂跡）前（南）にある堀の石垣からの採集としている（大塚・黒川 1975）。

なお、国分寺町教育委員会の報文では6・7を区別していないので、6をSKH11A、7をSKH11Bとしておく。6・7はともに瓦当面左端部の破片で、6は五重弧文をもち、7は四重弧文をもつ。7の四重弧文は瓦当面左端の外縁をなす縦線につながっており、重郭文軒平瓦の影響を認めることができる。二重の重郭文をもつ軒平瓦は天平年間に平城宮・難波宮などで用いられていることから、7は8世紀中頃に比定できる可能性がある。また、難波宮大極殿院では二重の重郭文の中に弧文をもつ軒平瓦が用いられており（八木 1995）、6の五重弧文がその影響を受けたと考えれば、これも8世紀中頃に比定できる可能性があろう[26]。

8世紀に編年される讃岐国分寺跡の軒瓦を集成すると図60のようになる[27]。

4．8世紀中頃以前の讃岐国分寺

以上のように、十葉単弁蓮華文軒丸瓦SKM23、八葉単弁蓮華文軒丸瓦SKM24A・24B、SKM26、重弧文軒平瓦SKH11A・11B、偏行唐草文軒平瓦SKH25が8世紀中頃以前に比定できるならば、それらを用いた建物が存在したことになる。

そこで、発掘調査におけるそれらの出土位置をみると、SKM23は僧坊跡東半分からその北側に分布し（図61のA）、SKM24A・SKM24B・SKM26は講堂跡（現本堂）の西側で検出された南北

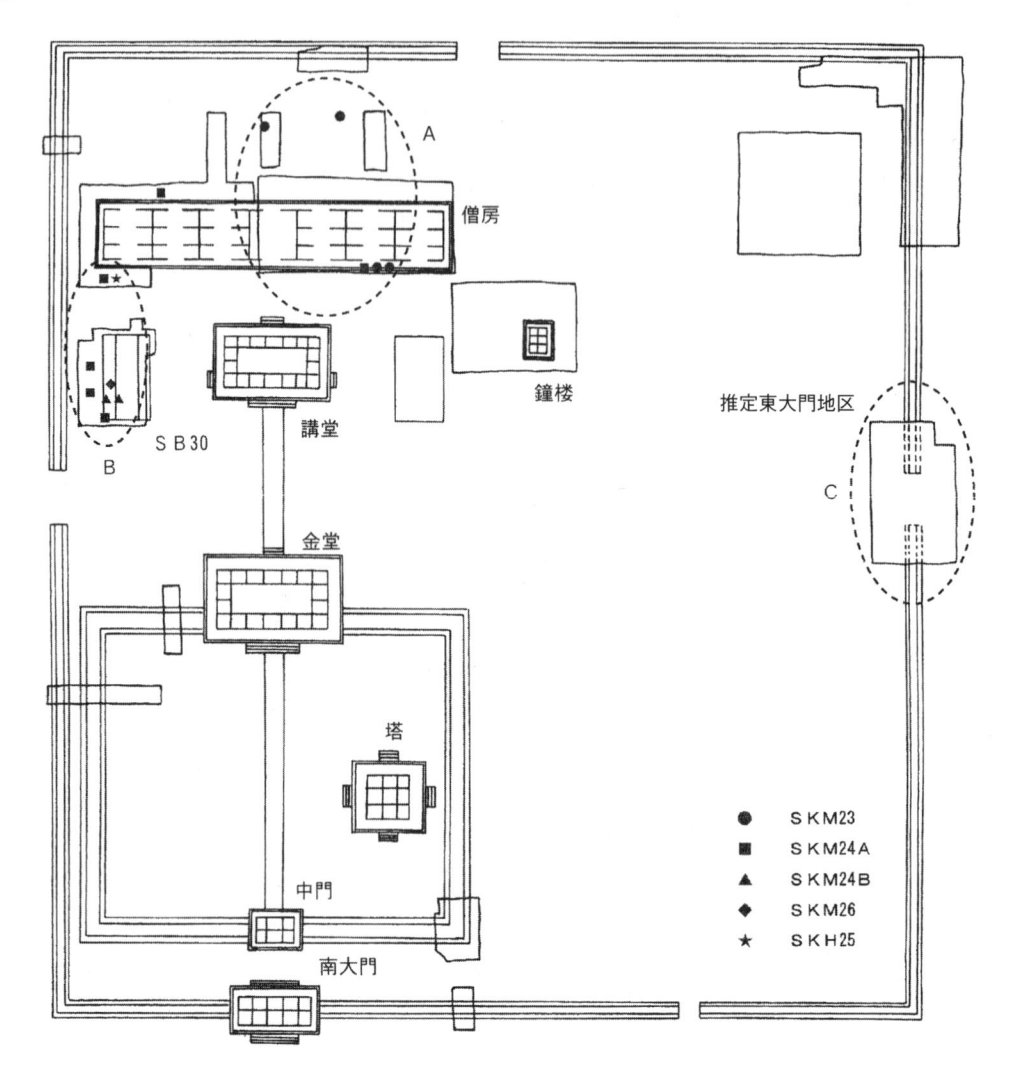

図61 讃岐国分寺の伽藍配置と8世紀中頃以前の軒瓦の出土位置

棟の掘立柱建物跡SB30に集中し（図61のB）、SKH11A・11Bは推定東大門地区から出土している（図61のC）[28]。SKM23、SKH11A・11B、それ以外の瓦（SKM24A・24B・SKM26・SKH25）はそれぞれ分布を異にしていることから、それぞれの分布域内あるいはその付近に建物があったものと思われる[29]。

また、SKM24A・24B・SKM26のほとんどがSB30の建物範囲内から出土していることから、SB30の創建が8世紀中頃以前にさかのぼる可能性も考えられるが、報文では、SB30の柱掘形から奈良時代後期の須恵器坏蓋片が出土していること、SB30の西側柱筋は僧坊の西側柱筋と、北側柱筋は講堂（現本堂）の北側柱筋と一致することから、SB30は僧坊などと共に、計画的に建てられたとしている。

なお、瓦の出土点数からみれば、SB30の付近にあったと考えられる先行建物はSKM24Aを主体

に使用していたものと思われる。

　ところで、SKM23、SKM24A、SKH11A・11Bを主体に使用したと考えられる建物が760年代末以降に整備された讃岐国分寺に先行する讃岐国分寺であったとする直接的な証拠はない。しかし、聖武天皇の一周忌の斎会を飾るため、天平勝宝8（756）歳に灌頂幡・道場幡・緋綱が下され、使用後は金光明寺（国分僧寺）に寺物として収め、必要なときに用いるよう指示されていることから、この時に讃岐国分寺が何らかの形ですでに存在していたと考えられること、寺院又は仏教施設の可能性がきわめて高い瓦葺きの建物のあった場所に、後に讃岐国分寺が整備されていることから、これらの建物が先行する讃岐国分寺であった可能性はきわめて高いと思われる。

　この数棟の建物が讃岐国分寺の創建にあたって新たに建築されたのか、それ以前にあった施設が国分寺として利用されたのかについては、SKM23、SKM24A・24B、SKH11A・11B、SKH25の年代が限定できていないこと、白鳳期とされるSKM26はわずか1点の出土であり、転用瓦の可能性もあることなどから、不明とせざるを得ない。

　しかし、高松市洲崎寺に8世紀前半に比定される百相廃寺MM201と同笵又は同文と思われる変形偏行唐草文軒平瓦（図62）が讃岐国分寺跡出土として所蔵されている（渡部 2006）[30]こと、SKM23は蓮弁上の珠文が宝寿寺跡HZ101Bと共通することから、7世紀末までさかのぼる可能性もあるので、国分寺造営の詔以前から存在していた小規模な仏教施設をもとにして讃岐国分寺を創建した可能性は排除できない。

　また、先行讃岐国分寺の施設として想定した数棟以外にも建物が存在し、建物以外の施設も存在していた可能性はあるが、この点については、発掘調査、とくに伽藍中枢部の発掘調査が十分に行われていない現状では今後の調査に待たなければならない。

　再整備された讃岐国分寺によって先行国分寺の建物下部も破壊され、遺構として残っていない可能性もあろう。再整備された讃岐国分寺が寺域の西側1/4を画する南北線を伽藍の中軸線とするなどやや不自然とも思われる伽藍配置をもつことについても、先行讃岐国分寺の影響も含めて、今後さらに検討する必要があるものと思われる。

　ただ、先行讃岐国分寺の建物に用いられたとしたSKM23、SKM24A・24B、SKH11A・11Bが以前から採集され、知られていたのに対して、国分寺町教育委員会による大規模な発掘調査においてもこれらの軒瓦が少量しか出土せず、これら以外に8世紀中頃以前の可能性のある瓦がわずかしか出土しなかったこと、寺域の東北部や南部から8世紀中頃以前の可能性のある瓦が全く出土しなかったことは、先行讃岐国分寺には多数の建物、大規模な施設が存在していなかったことを示唆し、SKM23・SKH11A・11Bなどが現本堂（講堂跡）の南から採集されたことが確実であれば、再整備された讃岐国分寺の中心伽藍が先行讃岐国分寺の堂宇の中心部に配置された可能性が高いことを示唆しているように思われる。聖武天皇の一周忌の斎会を営んだ讃岐国分寺は完成した大規模な伽藍をもたず、数棟の堂宇で構成されていたようである。

　しかしながら、SKH11A・11Bが再整備された讃岐国分寺の寺域東端から出土し、SKH24Aなどが西端から出土していることは、讃岐国分寺の創建にあたって、当初から広い寺域が決められていた可能性もあり、注目される[31]。

図62 讃岐国分寺跡出土軒平瓦 SKH32（州崎寺蔵）

5. 讃岐国分寺の創建をめぐって

　8世紀中頃に先行讃岐国分寺の存在が考えられるならば、そこに用いられた瓦から興味深い想定が成り立つ。

　国分寺町教育委員会による讃岐国分寺跡の整備を目的とした発掘調査では、大官大寺式伽藍の創建時の軒丸瓦とされた八葉複弁蓮華文軒丸瓦SKM01は丸亀市宝幢寺跡の八葉複弁蓮華文軒丸瓦HD102の文様の系譜下にあると考えられることから、これを、国分寺造営に郡司の協力を求め、協力郡司に対する優遇策を打ち出した『続日本紀』天平19（747）年11月7日条（黒板編 1968a）の反映とみて、宝幢寺が所在する那珂郡の郡司による讃岐国分寺造営への協力と考えた（松尾ほか 1996）。

　しかし、SKM01は均整唐草文軒平瓦SKH01Aと組み合い770年前後に比定されることから、天平19年の記事の直接の反映とは考えがたい。

　一方、讃岐国分寺跡から、坂出市開法寺・鴨廃寺に用いられた八葉単弁蓮華文軒丸瓦SKM26や開法寺跡・鴨廃寺の系譜を引く偏行唐草文軒平瓦SKH25が出土したことは国分寺の創建を考える上できわめて重要な意味をもつものとして注目される。

　『続日本紀』延暦10（791）年9月20日条には「讃岐国阿野郡人正六位上綾公菅麻呂」が戸籍の改訂の際に失われた朝臣の姓の回復を求める記事がある（黒板編 1968b）。菅麻呂は、己亥（文武3、703）年にはじめて朝臣の姓を賜ったとしているが、『日本書紀』によれば天武13（685）年、八色の姓の制定に際し、綾君を含む52氏に朝臣が与えられている（坂本ほか 1965）。綾公と綾君は同族と考えられ、奈良時代末期に地方豪族としてきわめて高い位階をもっていた綾氏は白鳳期においても阿野郡の有力豪族であったことがわかる。また、白鳳期の阿野郡では平野奥部に開法寺（藤井 1978）[32]、鴨廃寺が創建されており、それぞれの寺院の近くに大型横穴式石室が分布して古墳と寺院が関連をもつと考えられること（羽床 1980、渡部 1982・1998、松原 1988）、姓が阿野郡（旧名綾郡）（奈良国立文化財研究所 1978）の地名を負っていることなどから、綾氏は遅くとも6世紀後半〜末には有力豪族であったと考えることができる。

　奈良時代の阿野郡の郡司に関する記録は残っていないが、綾公菅麻呂が「讃岐国阿野郡人」と記され、正六位上という高い位階をもっていること、開法寺跡の周辺に讃岐国府が設置されていることなどから、綾氏が讃岐国府の設置・運営に関与し、国衙権力の一翼を担うとともに、阿野郡の有力豪族、郡司の一員として、大きな力をもっていたことは想像に難くない。

　讃岐国分寺跡出土のSKM26が国分寺造営の詔以前に綾氏によって同地に創建された寺院に用いられていたものか、国分寺造営の詔に伴い讃岐国分寺を創建又は拡充する際に、氏寺の瓦を再利用したものかは明確にし難いが、いずれにしても、開法寺跡・鴨廃寺の偏行唐草文軒平瓦KH202・KM202の系譜を引くSKH25も讃岐国分寺に用いられていることから、綾氏が讃岐国分寺の造営に

密接に関わり、協力したことは容易に想像できる[33]。
　一方、SKM23は詳細な時期を明確にできないものの、蓮弁の中房寄りに珠文をもつ特徴が高松市宝寿寺跡の六葉素弁蓮華文軒丸瓦HZ101Bの影響である可能性があること、SKM24A・24Bの蓮弁・間弁には宝寿寺に用いられた七葉素弁蓮華文軒丸瓦HZ102の影響が認められることから、宝寿寺を創建した豪族も讃岐国分寺の造営に大きな役割を果たしたことが想定される。
　宝寿寺は律令時代の讃岐国山田郡に位置する。天平宝字7 (763) 年の山田郡弘福寺田内校出田注文に「復擬主政大初位上秦公大成」とあり（東京大学史料編纂所 1977）、内容から同年の文書と推定されている山田郡司牒案に「大領外正八位上綾公人足」、「少領従八位上凡□」、「主政従八位下佐伯」、「□□□上秦公大成」、「□□□外少初位□秦」、「□□□下秦公□□麻呂」の名がみえる（高橋 1997）。松原弘宣氏は「少領従八位上凡□」を「少領従八位上凡直」、「□□□上秦公大成」を「復擬主政大初位上秦公大成」、「□□□外少初位□秦」を「主帳外少初位下秦」と復元し（松原 1988）、これに従えば、8世紀後半の山田郡には郡司として綾公（大領）、凡直（少領）、佐伯（主政）、秦公（復擬主政）、秦（主帳）がいたことになる。
　現在のところ、これらのうち、どの豪族が宝寿寺を創建し、経営したのか、また、山田郡の綾氏が宝寿寺とどのような関係をもっていたのかなどは明らかではないが、阿野郡の綾氏が讃岐国分寺の整備に関与したと考えられることからみて、山田郡の綾氏も関与している可能性があり、今後さらに究明する必要がある。
　ともあれ、阿野郡の綾氏は讃岐国分寺の整備に関わったと考えられるが、政府が度重なる国分寺整備の施策を実施し、さらに聖武天皇の一周忌の斎会を国分寺で全国的に実施するため強力に整備を進めたにもかかわらず、初期の讃岐国分寺が大規模に整備された伽藍をもたなかったとみられることは、讃岐国府や讃岐国分寺・国分尼寺の所在する地域を本拠地とする地方豪族の政治的対応とその結果としての初期讃岐国分寺の内容を如実に示しているといえよう。

（追記）
　渡部 2005の公表後、高松市洲崎寺において、8世紀前半に比定される勝賀廃寺KT202A・202B・百相廃寺MM201のいずれかと同笵と考えられる変形偏行唐草文軒平瓦（図62）が讃岐国分寺跡出土として所蔵されていることが判明した（渡部 2006）。その後、高松市教育委員会渡邊誠氏から、故松浦正一氏の資料にも同様の拓本があることを教示され、検討した結果、洲崎寺の資料と松浦氏の拓本2点は同一の個体であり、拓本余白への注記により、昭和15年9月19日に国分寺から採集され、昭和15年・16年に採拓されたことが明らかになった。讃岐国分寺創建軒瓦の一つとして、新たにSKH32の型式名を与え、ここで紹介しておきたい。
　なお、渡部 2005では、SK830出土土器（松尾ほか 1986）を取り上げ、須恵器にはその前後のものを含むものとしたが、その後機会を得て実見した結果、9～10世紀のものを少量含むものの、8世紀末以前の須恵器はまったく含まないことを確認した。ここで前稿の誤りを訂正しておきたい。

第5節　瓦からみた讃岐国分尼寺の造営時期について

1. はじめに

　讃岐国分尼寺が讃岐国分寺とともに奈良時代に建立されたことは江戸時代から知られていた（増田 1768、中山 1828、梶原 1853）が、造営の開始時期や完成時期などについては現在まで明らかにされていない。

　大正8（1919）年、長町彰氏は讃岐国分尼寺跡出土瓦をはじめて取り上げ（長町 1919）、八葉複弁蓮華文軒丸瓦KB104（讃岐国分寺跡SKM18）、均整唐草文軒平瓦KB201A（同SKH01C）・KB201B（同SKH01B）・KB204・KB205や格子叩き目・縄叩き目をもつ平瓦の破片などを紹介しているが、軒瓦の年代等については言及していない。

　大正11年に刊行された『史蹟名勝天然紀念物調査報告1』（香川県史跡名勝天然記念物調査会 1922）では、国分寺瓦窯跡（府中・山内瓦窯跡）から天平期以降の軒瓦が出土することを紹介し、聖武天皇の在世中は国分二寺の整備が進まなかったとしている。

　また、昭和6年には坂出市所在の鎌田共済会郷土博物館で、讃岐国分尼寺跡出土の十六葉細素弁蓮華文軒丸瓦KB101・八葉複弁蓮華文軒丸瓦KB103B・KB104・均整唐草文軒平瓦KB203が展示され（岡田 1931）、讃岐国分尼寺に用いられた軒瓦の内容が徐々に明らかになった。

　昭和13年、岡田唯吉氏は『国分寺の研究』（岡田 1938）の中で、讃岐国分尼寺跡出土の軒瓦を天平期として、国分寺建立の際に尼寺も創立されたとした。また、堀井三友氏も『国分寺址之研究』（堀井 1956）において、讃岐国分尼寺跡出土軒瓦が奈良時代と思われることから、国分寺と同時に建立されたとしたが、いずれも瓦の編年研究をふまえた年代観にもとづくものではなかった。ただ、堀井三友氏は讃岐国分尼寺跡出土瓦には国分寺と共通するものがあるとともに、十六葉細素弁蓮華文軒丸瓦KB101のように国分尼寺にのみ出土する軒瓦があることに注目している。

　その後、昭和40年代から安藤文良氏を中心に香川県内の古瓦の集成が進み（安藤 1967、安藤編 1974、大塚・黒川 1975）、これを受けて昭和58年の『新編香川叢書　考古編』（新編香川叢書刊行企画委員会 1983b）では十六葉細素弁蓮華文軒丸瓦KB101を創建瓦とみることもできるとして、はじめて出土瓦から讃岐国分尼寺の創建時期を明らかにしようとした。

　また、松本豊胤氏は、昭和62年に刊行された『新修国分寺の研究』の中で、軒丸瓦Ⅳ類－(1)－(A)と軒平瓦Ⅱ類を讃岐国分尼寺の創建瓦とし、「国分寺建立の詔以後時を経ずして讃岐国分尼寺が建立されたことを物語っている。」とした（松本 1987）。

　松本氏のいう軒丸瓦Ⅳ類－(1)－(A)は国分尼寺跡出土瓦の挿図中には掲載されていないが、讃岐国分寺に関する記述の中に「周縁の内傾面には23個の鋸歯文が施されている。」と記されているので八葉複弁蓮華文軒丸瓦SKM01と考えられる。また、軒平瓦Ⅱ類は挿図中の均整唐草文軒平瓦KB201A、すなわち讃岐国分寺跡SKH01Cをいうと考えられるので、松本氏は、讃岐国分尼寺ではSKM01－SKH01Cの組合せがみられ、讃岐国分寺とほぼ同時期の建立を想定したようである。

第3章　瓦からみた古代の讃岐国分寺　113

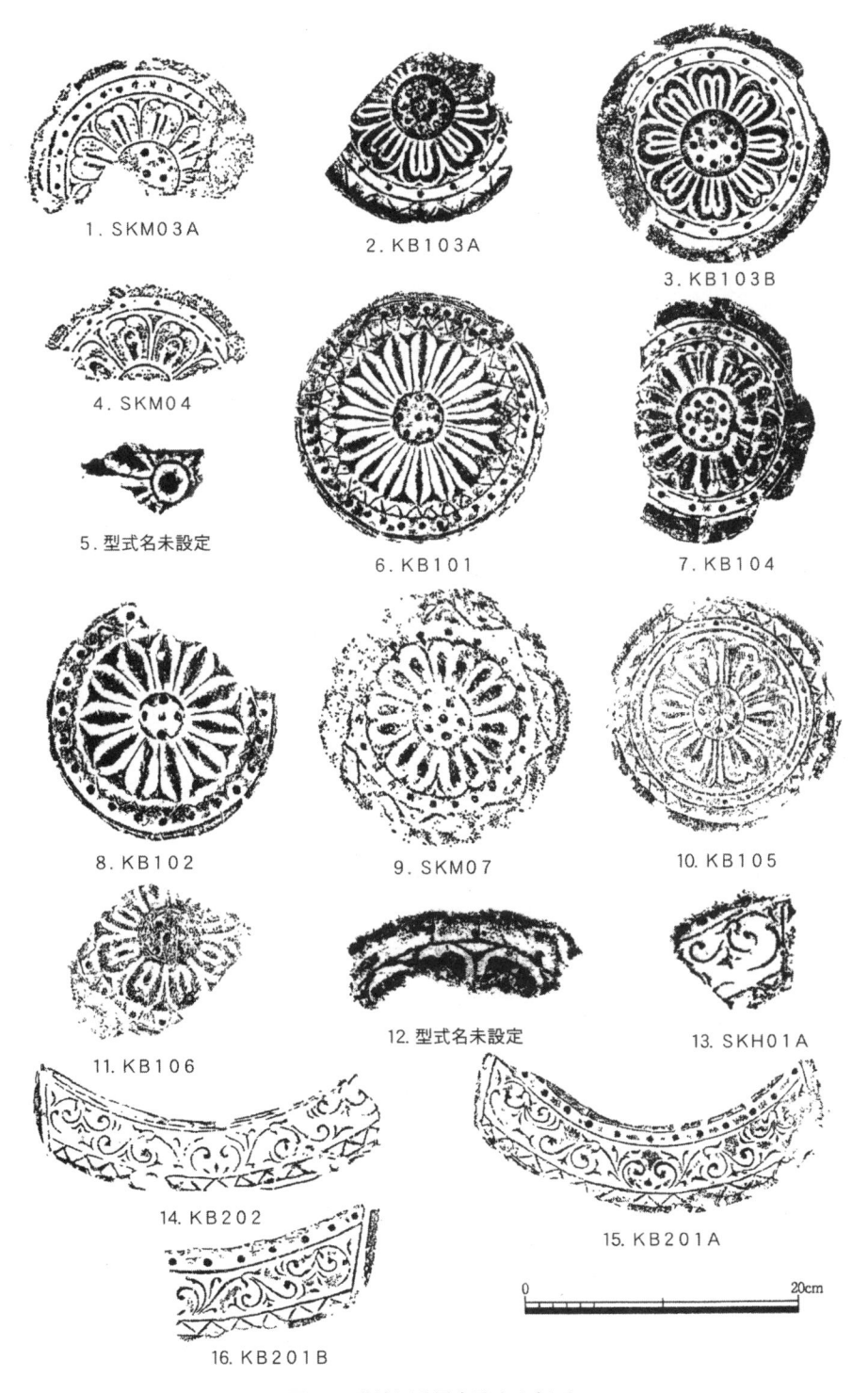

1. SKM03A
2. KB103A
3. KB103B
4. SKM04
5. 型式名未設定
6. KB101
7. KB104
8. KB102
9. SKM07
10. KB105
11. KB106
12. 型式名未設定
13. SKH01A
14. KB202
15. KB201A
16. KB201B

図63　讃岐国分尼寺跡出土軒瓦1

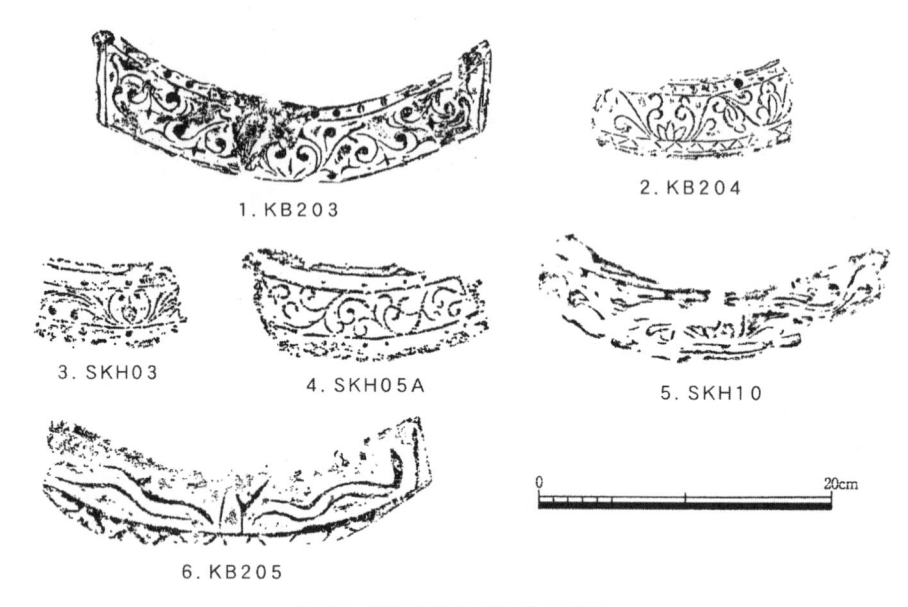

1. KB203
2. KB204
3. SKH03
4. SKH05A
5. SKH10
6. KB205

図64　讃岐国分尼寺跡出土軒瓦2

　しかし、讃岐国分尼寺跡出土とされるSKM01は、了恵寺資料とされる1点の拓本が鎌田共済会郷土博物館に所蔵されているが、北海道石狩市了恵寺に所蔵されている当該瓦を確認した結果、「サヌキ国分寺」の注記があるとともに、住職の高木憲了氏からも讃岐国分寺跡出土であるとの説明をいただいたので、八葉複弁蓮華文軒丸瓦SKM01は讃岐国分尼寺跡からは出土していないことになり、現在のところSKM01－SKH01Cの組合せを讃岐国分尼寺の創建瓦とすることはできないことになる。

　一方、昭和57年度に実施された史跡指定地南西部での発掘調査で、讃岐国分尼寺の寺域の西側を限ると思われる南北溝が検出され、出土遺物からみてこの溝が10世紀に埋没を開始していることから、その掘削はそれ以前であるとしたが、国分尼寺の創建時期を推定する有力な根拠となる、溝の掘削時期の特定には至らなかった（大山 1983）。

　しかし、昭和59年度の讃岐国分尼寺跡の発掘調査において、国分尼寺の創建期の瓦とみられる均整唐草文軒平瓦KB202は、讃岐国分寺跡SKH01Aの瓦范の上外区の珠文帯を周縁帯に彫り直したものであることが明らかにされた（松尾 1985b）。

　また、昭和59年度の讃岐国分寺跡の発掘調査ではSKH01Aを創建期軒平瓦の最古に位置づけ（松尾 1985a）、翌昭和60年度の発掘調査において、讃岐国分寺の創建年代を8世紀中頃と想定した（松尾ほか 1986）ことから、国分尼寺は8世紀中頃をあまり遅れない時期に創建されたと考えられることになった。

　しかし、讃岐国分尼寺跡では発掘調査がほとんど行われていないため、創建期の瓦の種類・数量や軒丸瓦と軒平瓦の組合せの問題、実年代の比定などはほとんどわかっていない。ただ、発掘資料ではないが、讃岐国分尼寺跡の軒瓦についてはこれまで多くの人々によって注目され、比較的多くの資料が採集され、紹介されている。これらの資料のほとんどは、学術的な調査を経ていないなど

第3章 瓦からみた古代の讃岐国分寺 115

1. SKM03A-SKH01A

2. KB103B-KB202

3. SKM04-KB201A (SKH01C)

4. KB101-KB201B (SKH01B)

6. KB104-KB203

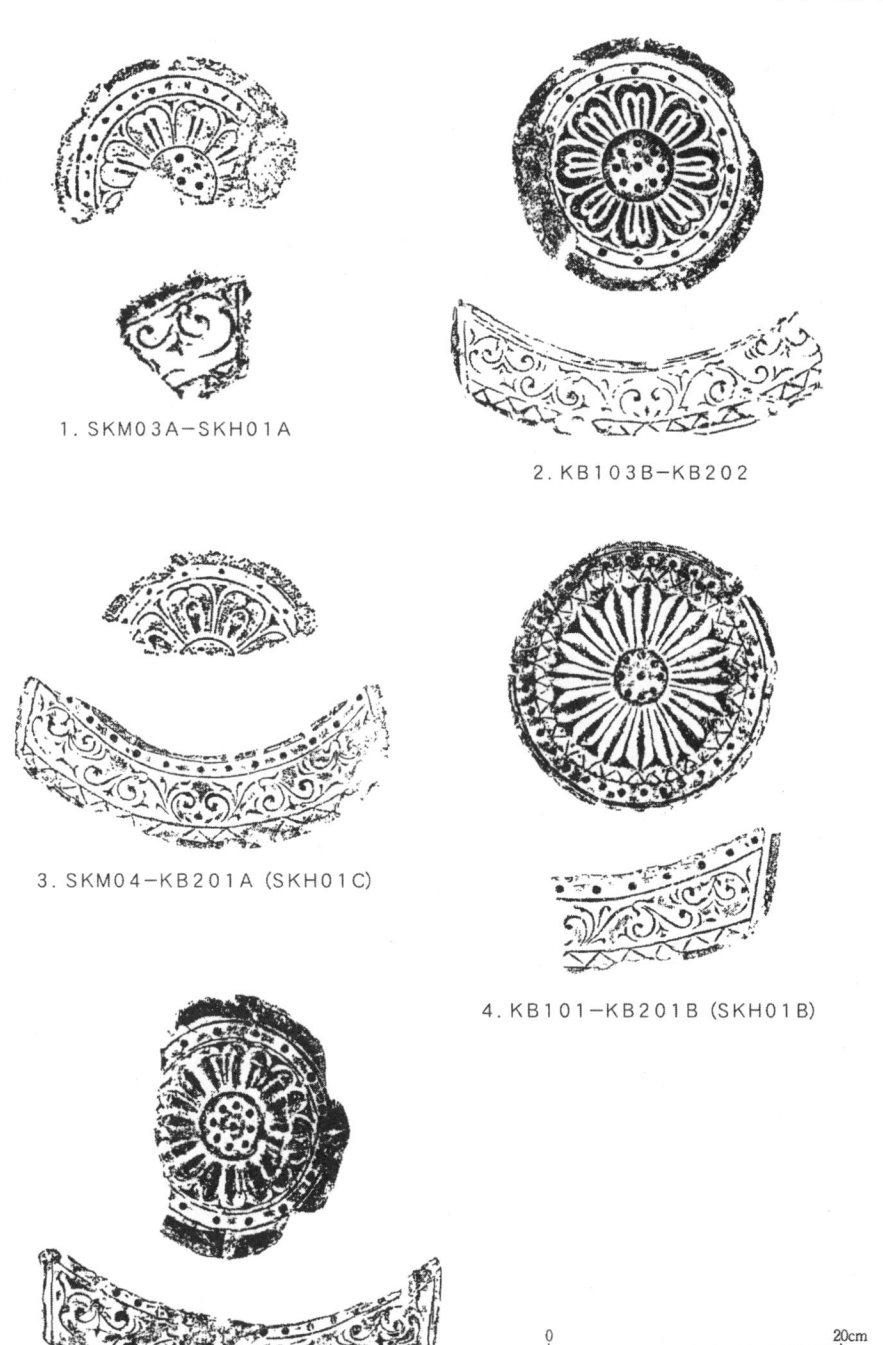

図65 讃岐国分尼寺における軒瓦の組み合わせ

1．鎌田共済会郷土博物館資料

1. KB201B（SKH01B）　　　2. KB101　　　3. KB105（SKM15）

2．洲崎寺資料

1. SKM03A　　　2. KB103B　　　3. KB101

4. KB210B（SKH01B）　　　5. KB203

3．法華寺資料

1. KB103B　　　2. KB202

4．了恵寺資料

1. KB201A（SKH01C）　　　2. KB201B（SKH01B）　　　3. KB203

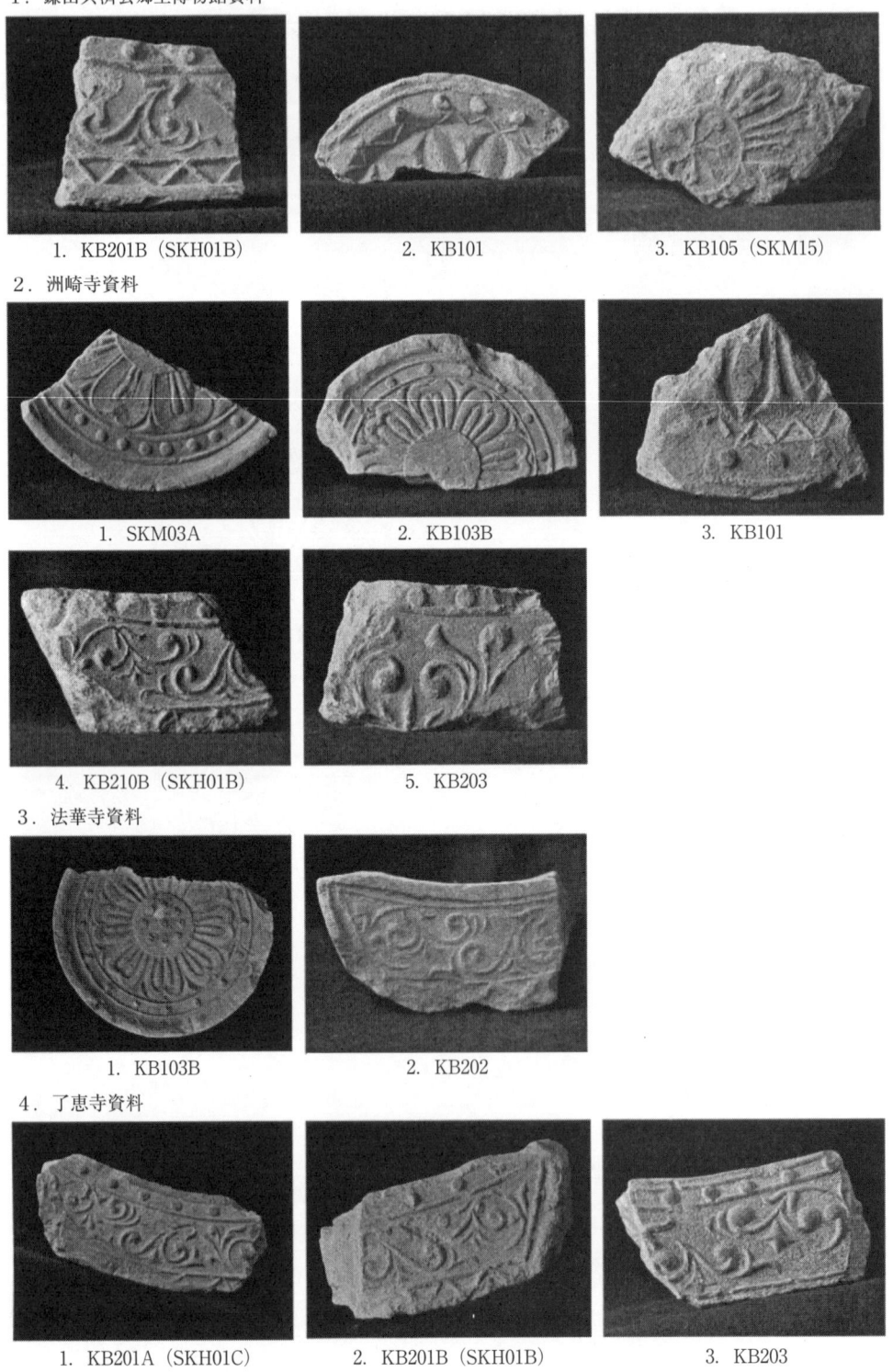

図66　讃岐国分尼寺跡出土未報告軒瓦1（縮尺不同）

第3章 瓦からみた古代の讃岐国分寺　117

4．安藤文良氏資料

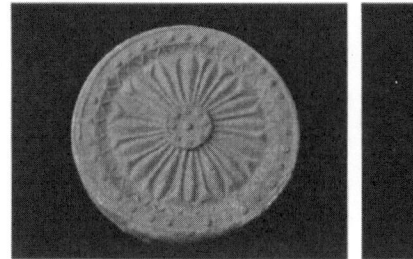

1. KB101 　　　　　　　2. KB101

5．上原孝夫氏資料

1. KB102 　　　　　　　2. KB203

6．大西徳次郎氏資料

1. SKM04 　　　　2. KB101 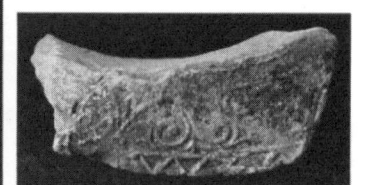　　　　3. KB202

4. KB201B（SKH01B） 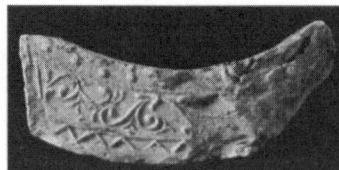　5. KB201B（SKH01B） 　6. KB203

図67　讃岐国分尼寺跡出土未報告軒瓦2（縮尺不同）

7. 堀家守彦氏資料

1. KB101 　　2. KB101 　　3. KB101

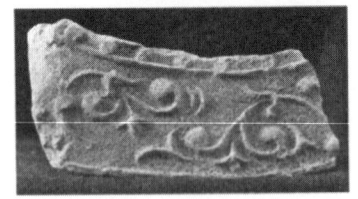

4. KB203

8. 米崎旭氏資料

1. 八葉単弁蓮華文軒丸瓦 　　2. SKH01A 　　3. KB201A（SKH01C）

図68　讃岐国分尼寺跡出土未報告軒瓦3（縮尺不同）

の問題があるが、多くの資料を分析できればある程度有効な結論を導き出すことも可能であろう。

したがって、本稿では讃岐国分尼寺研究の基礎的作業の一つとして、讃岐国分尼寺跡から出土したとされる軒瓦を集成し、国分尼寺における軒瓦の様相を可能な限り明らかにし、その分析によって国分尼寺の造営時期を考えてみることにしたい。

2. 讃岐国分尼寺跡出土とされる軒瓦とその組み合わせ

平成18年度までに讃岐国分尼寺跡において7次の発掘調査が実施され、そのうち第1次〜第3次・第7次調査で軒瓦が出土した。これらの発掘成果の公表以外に、さまざまな機会に採集された瓦については、大正8年の長町彰氏による資料紹介以来、拓本・写真・実測図などで報告されたものが現在までに18例ある。ほかに、未公表資料を含む拓本資料が2例、博物館・寺院・個人の所蔵資料を9例確認することができた。これらについて、古代の瓦に限って集成し、各資料の重複関係を明らかにしたのが表5である。さらに、重複が認められる軒瓦については初出資料で代表させると、

軒丸瓦が12型式13種、49点、軒平瓦が9型式11種、51点確認できた（図63・64、表6）。

これらのうち、ほぼ9世紀前半頃までに比定できる可能性が高いのは、軒丸瓦ではKB101・KB103B・KB104（SKM18）・KB102・SKM03A・SKM04・KB103A・型式未設定（図63-5・12）の9種、44点で、軒丸瓦のうち90％を占める。軒平瓦ではKB201B（SKH01B）・KB202・KB203・KB201A（SKH01C）・KB204・SKH01Aの6種、43点で、軒平瓦のうち84.3％を占める。

軒丸瓦と軒平瓦のそれぞれの中で、最も多く出土しているのは十六葉細素弁蓮華文軒丸瓦KB101（34.7％）と均整唐草文軒平瓦KB201B（SKH01B、23.5％）であり、それぞれ他の型式に比べてとくに多く採集されている。

KB101は瓦当部の比較的低い位置に丸瓦部が取り付き、補強粘土を内外面とも多量に施し、丸瓦部上面と瓦当裏面との境を曲線的に仕上げており、接合部の形態・技法が讃岐国分寺跡八葉単弁蓮華文軒丸瓦SKM02Aに類似する。また、KB101と同范又は同文とされている三木町始覚寺跡出土SI104（川畑 1996）は丸瓦部がさらに低位に取り付くことから、KB101がSKM02Aをさかのぼることは考えられない。

SKM02Aは讃岐国分寺跡で均整唐草文軒平瓦SKH01Cと組み合うとされているので、KB101がSKH01Cに後続するKB201B（SKH01B）と組み合うと考えて矛盾は生じない。したがって、KB101－KB201B（SKH01B）の組合せがまず想定できる（図65-4）。

次に、KB101－KB201B（SKH01B）の組合せに先行するとみられる軒瓦をあげると、軒丸瓦では八葉複弁蓮華文軒丸瓦SKM03A・KB103A・KB103B・八葉単弁蓮華文軒丸瓦SKM04があり、軒平瓦では均整唐草文軒平瓦SKH01A・KB202・KB201A（SKH01C）がある。このうち、国分寺町教育委員会による讃岐国分寺跡の発掘調査では、SKM03A－SKH01A、SKM04－SKH01B・01Cの組合せを想定している（松尾ほか 1986）。

出土量からみると、KB101－KB201B（SKH01B）の組合せに先行するとみられる軒瓦の中では、KB103B（20.4％）－KB202（15.7％）が多く、この両者が讃岐国分尼寺の整備の初期に主要な組合せとして用いられたと考えられる[34]（図65-2）。

次にKB101－KB201B（SKH01B）の組合せに後出するとみられる軒瓦をあげると、軒丸瓦では八葉複弁蓮華文軒丸瓦KB104（SKM18）、軒平瓦では均整唐草文軒平瓦KB203・KB204がある。このうち、KB203（15.7％）はKB201B（SKH01B）に後続し、KB104（SKM18、14.3％）は、讃岐国分寺跡でKB201B（SKH01B）と組み合うとしたSKM06より後出する[35]ことから、KB104（SKM18）とKB203の時期は一致し、両者は組み合うものと考えられる（図65-6）。

単弁蓮華文軒丸瓦（KB102及び図63-5）と均整唐草文軒平瓦KB204は時期を明確にすることができない。あるいは、KB102とKB204が組み合うかとも思われるが、その解明は今後の課題である。また、以上の組合せは採集資料の分析によるものであることから、今後発掘調査による多数の資料をもとに再検討を加える必要がある。

表5 讃岐国分尼寺跡出土軒瓦の報告等と重複について

NO		名　称	型式名	報告等の重複（文献NO・資料NO）					備　考
1		長町彰「讃岐国分寺の古瓦」『考古学雑誌』9-5　1919							資料NOは文献の遺物番号
	1	八葉複弁蓮華文軒丸瓦	KB104						
	2	均整唐草文軒平瓦	KB204						
	3	均整唐草文軒平瓦	KB201B	SKH01B					
	4	均整唐草文軒平瓦	KB201A	SKH01C	15-9-1				
	5	均整唐草文軒平瓦	KB205		15-11-1	27-1			
2		岡田唯吉『郷土博物館第6回陳列品解説』財団法人鎌田共済会　1931							備　考
NO		名　称	型式名	報告等の重複（文献NO・資料NO）					
	1	十六葉細素弁蓮華文軒丸瓦	KB101	6-44	7-83	8-75	9-1	11-2	16-111	18-1	25-2
	2	八葉複弁蓮華文軒丸瓦	KB103B	3-7						
	3	八葉複弁蓮華文軒丸瓦	KB104	SKM18	5-89	6-8	8-71	11-7	15-4	16-100	18-5	19-13-8	21-4-1	22-4	25-8
	4	均整唐草文軒平瓦	KB203	5-93	6-47	7-114	8-72	11-11	12-3	15-7	18-11	20-3-8	22-5	25-12
3		岡田唯吉『讃岐国分寺』『国分寺の研究』1938							資料NOは文献の遺物番号
NO		名　称	型式名	報告等の重複（文献NO・資料NO）					
	6	十六葉細素弁蓮華文軒丸瓦	KB101	15-1						
	7	八葉複弁蓮華文軒丸瓦	KB103B	2-2						
	8	均整唐草文軒平瓦	KB204	23-1						型式比定はやや不確実
	9	均整唐草文軒平瓦	KB201B	SKH01B	5-92					資料NOは文献の遺物番号
4		福家惣衛『香川県通史　古代・中世・近世編』1965							備　考
NO		名　称	型式名	報告等の重複（文献NO・資料NO）					
	1	八葉複弁蓮華文軒丸瓦	KB103B	5-90	7-67	8-73	11-4	16-101	18-4	22-2	25-5			
5		安藤文良『讃岐古瓦図録』『文化財協会報』特別号8　1967							資料NOは文献の遺物番号
NO		名　称	型式名	報告等の重複（文献NO・資料NO）					
	88	十六葉細素弁蓮華文軒丸瓦	KB101							
	89	八葉複弁蓮華文軒丸瓦	KB104	SKM18	2-3	6-8	8-71	11-7	15-4	16-100	18-5	19-13-8	21-4-1	22-4	25-8
	90	八葉複弁蓮華文軒丸瓦	KB103B	4-1	7-67	8-73	11-4	16-101	18-4	22-2	25-5			
	91	六葉複弁蓮華文軒丸瓦	KB105	SKM15	8-83	11-6	18-6	25-9							
	92	均整唐草文軒平瓦	KB201B	SKH01B	3-9						型式比定はやや不確実
	93	均整唐草文軒平瓦	KB203	2-4	6-47	7-114	8-72	11-11	12-3	15-7	18-11	20-3-8	22-5	25-12
	94	均整唐草文軒平瓦	KB205	8-84	11-13	18-13					
6		安藤文良『瓦その1　国分寺と国分尼寺』香川県文化会館郷土資料室列品目録　1970							備　考
NO		名　称	型式名	報告等の重複（文献NO・資料NO）					
	8	八葉複弁蓮華文軒丸瓦	KB104	SKM18	2-3	5-89	8-71	11-7	15-4	16-100	18-5	19-13-8	21-4-1	22-4	25-8	国分寺跡七葉複弁蓮華文軒丸瓦として紹介

第3章 瓦からみた古代の讃岐国分寺 121

	名称	型式名												備考
44	十六葉複弁蓮華文軒丸瓦	KB101	2-1	7-83	8-75	9-1	11-2	16-111	18-1	25-2				
47	均整唐草文軒平瓦	KB203	2-4	5-93	7-114	8-72	11-11	12-3	15-7	18-11	20-3-8	20-9-5	22-5	25-12

7 安藤文良『古瓦百選―讃岐の古瓦―』1974

NO	名称	型式名												備考
67	八葉複弁蓮華文軒丸瓦	KB103B	4-1	5-90	8-73	11-4	16-101	18-4	22-2	25-5				報告等の重複 (文献NO・資料NO)
83	十六葉細弁蓮華文軒丸瓦	KB101	2-1	6-44	8-75	9-1	11-2	16-111	18-1	25-2				
114	均整唐草文軒平瓦	KB203	2-4	5-93	6-47	8-72	11-11	12-3	15-7	18-11	20-3-8	20-9-5	22-5	25-12

8 大塚勝純・黒川隆弘『讃岐国分寺の瓦と塼』1975

NO	名称	型式名												備考
71	八葉複弁蓮華文軒丸瓦	KB104 SKM18	2-3	5-89	6-8	11-7	15-4	16-100	18-5	19-13-8	21-4-1	22-4	25-8	報告等の重複 (文献NO・資料NO)
72	均整唐草文軒平瓦	KB203	2-4	5-93	6-47	7-114	11-11	12-3	15-7	18-11	20-3-8	20-9-5	22-5	25-12
73	八葉複弁蓮華文軒丸瓦	KB103B	4-1	5-90	7-67	11-4	16-101	18-4	22-2	25-5				
74	均整唐草文軒平瓦	KB201A SKH01C	9-2	11-10	18-8	25-10								
75	十六葉複弁蓮華文軒丸瓦	KB101	2-1	6-44	7-83	9-1	11-2	16-111	18-1	25-2				
76	均整唐草文軒平瓦	KB204												
77	十六葉細弁蓮華文軒丸瓦	KB101												
78	均整唐草文軒平瓦	KB203												
79	十(八?)葉単弁蓮華文軒丸瓦		11-9	25-1										
80	均整唐草文軒平瓦	KB204												
81	十六葉細弁蓮華文軒丸瓦	KB101												十六葉弁蓮華文軒丸瓦(平安時代)として紹介
82	均整唐草文軒平瓦	KB201A SKH01C SKH05A												
83	六葉単弁蓮華文軒丸瓦	KB105 SKM15	5-91	11-6	18-6	25-9								
84	均整唐草文軒平瓦	KB205	5-94	11-13	18-13									

9 奈良国立博物館『特別展国分寺』1980

NO	名称	型式名												備考
1	十六葉細弁蓮華文軒丸瓦	KB101 SKM18	2-1	6-44	7-83	8-75	11-2	16-111	18-1	25-2				報告等の重複 (文献NO・資料NO)
2	均整唐草文軒平瓦	KB201A SKH01C	8-74	11-10	18-8	25-10								

10 渡部明夫・羽床正明「国分尼寺跡」『香川県埋蔵文化財調査年報 昭和55年度』1981

NO	名称	型式名												備考
1	八葉複弁蓮華文軒丸瓦	KB104 SKM18												資料NOは文献NOの遺物番号
2	十六葉細弁蓮華文軒丸瓦	KB101												
3	均整唐草文軒平瓦	KB201B SKH01B												
4	均整唐草文軒平瓦	KB201B SKH01B												

11 渡部明夫・羽床正明「国分尼寺跡」『香川県埋蔵文化財調査年報 昭和55年度』1981 (法華寺所蔵瓦)

NO	名称	型式名												備考

資料NOは文献NOの遺物番号

NO	名称	型式名									備考
1	十六葉細弁蓮華文軒丸瓦	KB101	25-3								
2	十六葉細弁蓮華文軒丸瓦	KB101	2-1	6-44	7-83	8-75	9-1	16-111	18-1	25-2	
3	十一葉素弁蓮華文軒丸瓦	KB102	25-4							25-5	
4	八葉複弁蓮華文軒丸瓦	KB103B	4-1	5-90	7-67	8-73	16-101	18-4	22-2		
5	八葉複弁蓮華文軒丸瓦	KB103B	25-7								
6	六葉複弁蓮華文軒丸瓦	KB105	SKM15	5-91	8-83	18-6	25-9				
7	八葉複弁蓮華文軒丸瓦	KB104	SKM18	2-3	5-89	6-8	8-71	15-4	16-100	18-5	19-13-8	21-4-1	22-4	25-8	
8	—										中世巴文軒丸瓦
9	八葉単弁（？）蓮華文軒丸瓦		8-79	25-1							形式未設定
10	均整唐草文軒平瓦	KB201A	8-74	9-2	18-8	25-10					
11	均整唐草文軒平瓦	KB203	2-4	5-93	6-47	7-114	8-72	12-3	15-7	18-11	20-3-8	20-9-5	22-5	25-12	
12	均整唐草文軒平瓦	KB204									
13	均整唐草文軒平瓦	KB205	5-94	8-84	18-13						

12 香川叢書刊行企画委員会『新編香川叢書 考古編』1983

NO	名称	型式名				報告等の重複（文献NO・資料NO）					備考
1	八葉複弁蓮華文軒丸瓦	KB103B	24-2								
2	十六葉細弁蓮華文軒丸瓦	KB101									資料NOは文献の遺物番号
3	均整唐草文軒平瓦	KB203	2-4	5-93	6-47	7-114	8-72	11-11	15-7	18-11	20-3-8	20-9-5	22-5	25-12	

13 大山真充『史跡讃岐国分寺跡 第2次調査報告』1983

NO	名称	型式名				報告等の重複（文献NO・資料NO）					備考
1	十六葉細弁蓮華文軒丸瓦	KB101									
2	八葉複弁蓮華文軒丸瓦	KB103B									KB103Aの可能性あり
3	均整唐草文軒平瓦	KB203									

14 松本忠幸『讃岐国分僧・尼寺跡 昭和59年度発掘調査概報』1985

NO	名称	型式名				報告等の重複（文献NO・資料NO）					備考
1	均整唐草文軒平瓦	KB202	19-16-8	20-9-2							
2	均整唐草文軒平瓦	KB202	18-10								
3	八葉唐草文軒平瓦		SKH10								
4	八葉単弁蓮華文軒丸瓦	KB106	SKM09	18-7							資料NOは文献の遺物番号

15 松本豊胤『讃岐「新修国分寺の研究」』1987

NO	名称	型式名				報告等の重複（文献NO・資料NO）					備考
1	十六葉細弁蓮華文軒丸瓦	KB101	3-6								
2	八葉単弁蓮華文軒丸瓦		SKM04								
3	八葉複弁蓮華文軒丸瓦	KB103B									
4	八葉複弁蓮華文軒丸瓦	KB104	SKM18	2-3	5-89	6-8	8-71	11-7	16-100	18-5	19-13-8	21-4-1	22-4	25-8	
5	八葉複弁蓮華文軒丸瓦		SKM03A	26-1							

第3章 瓦からみた古代の讃岐国分寺 123

NO	名 称	型式名												備 考	中世巴文軒丸瓦
6	—	KB203	2-4	5-93	6-47	7-114	8-72	11-11	12-3	18-11	20-3-8	20-9-5	22-5	25-12	
7	均整唐草文軒平瓦														
8	均整唐草文軒平瓦	SKH05A	23-2												
9-1	均整唐草文軒平瓦	SKH01C	1-4												9-2と別個体のため細分
9-2	均整唐草文軒平瓦	SKH01B	23-3												9-1と別個体のため細分
10	均整唐草文軒平瓦	SKH03	24-7												
11-1	均整唐草文軒平瓦	KB205	1-5	27-1											11-2と別個体のため細分
11-2	均整唐草文軒平瓦	KB205	27-2												11-1と別個体のため細分
12	七葉複弁蓮華文軒丸瓦	SKM07													

16 安藤文良『古瓦』『香川県史 13 資料編 考古』1987 報告等の重複（文献NO・資料NO） 資料NOは文献の遺物番号

NO	名 称	型式名											備 考
58	十一葉素弁蓮華文軒丸瓦	KB102	18-2										
100	八葉複弁蓮華文軒丸瓦	KB104	SKM18	2-3	5-89	6-8	8-71	11-7	15-4	18-5	19-13-8	21-4-1	
101	八葉複弁蓮華文軒丸瓦	KB103B		4-1	5-90	7-67	8-73	11-4	18-4	22-2	25-5		
111	十六葉細弁蓮華文軒丸瓦	KB101		2-1	6-44	7-83	8-75	9-1	11-2	18-1	25-2		

17 木村捷三郎監修・廣田長三郎編『古瓦図考』1996 報告等の重複（文献NO・資料NO） 資料NOは文献の遺物番号

NO	名 称	型式名											備 考
463	八葉複弁蓮華文軒丸瓦	KB103B											
464	均整唐草文軒平瓦	KB202											

18 川畑聰『第11回特別展 讃岐の古瓦展』1989 報告等の重複（文献NO・資料NO）

NO	名 称	型式名											備 考
1	十六葉細弁蓮華文軒丸瓦	KB101	2-1	6-44	7-83	8-75	9-1	11-2	16-111	25-2			
2	十一葉素弁蓮華文軒丸瓦	KB102	16-58										
3	八葉複弁蓮華文軒丸瓦	KB103 A	22-1										
4	八葉複弁蓮華文軒丸瓦	KB103B	4-1	5-90	7-67	8-73	11-4	16-101	22-2	25-5			
5	八葉複弁蓮華文軒丸瓦	KB104	SKM18	2-3	5-89	6-8	8-71	11-7	15-4	16-100	19-13-8	21-4-1	25-8
6	六葉複弁蓮華文軒丸瓦	KB105	SKM15	5-91	8-83	11-6	25-9						
7	八葉単弁蓮華文軒丸瓦	KB106	SKM09	14-4	9-2	11-10	25-10						
8	均整唐草文軒平瓦	KB201A	SKH01C	8-74									
9	均整唐草文軒平瓦	KB201B	SKH01B	25-11									
10	均整唐草文軒平瓦	KB202		2-4	5-93	6-47	7-114	8-72	11-11	12-3	15-7	20-3-8	20-9-5	22-5	25-12
11	均整唐草文軒平瓦	KB203	14-2										
12	均整唐草文軒平瓦	KB204											
13	均整唐草文軒平瓦	KB205	5-94	8-84	11-13								

19 松本忠幸ほか『特別史跡讃岐国分寺跡保存整備事業報告書』1996 報告等の重複（文献NO・資料NO）

| NO | 名 称 | 型式名 | | | | | | | | | | | 備 考 |

| 13-8 | 八葉複弁蓮華文軒丸瓦 | KB104 | SKM18 | 2-3 | 5-89 | 6-8 | 8-71 | 11-7 | 15-4 | 16-100 | 18-5 | 21-4-1 | 22-4 | 25-8 | |
| 16-8 | 均整唐草文軒平瓦 | KB202 | | 14-1 | 20-9-2 | | | | | | | | | | |

20 渡部明夫「讃岐国分寺創建軒平瓦の型式学的再検討」『財団法人香川県埋蔵文化財センター研究紀要』XI 2004

報告等の重複(文献NO・資料NO) 資料NOは文献の遺物番号

NO	名 称	型式名													備 考
2-3	均整唐草文軒平瓦	KB202		31-4											
3-8	均整唐草文軒平瓦	KB203		2-4	5-93	6-47	7-114	8-72	11-11	12-3	15-7	18-11	20-9-5	22-5	25-12	
9-2	均整唐草文軒平瓦	KB202		14-1	19-16-8											
9-5	均整唐草文軒平瓦	KB203		2-4	5-93	6-47	7-114	8-72	11-11	12-3	15-7	18-11	20-3-8	22-5	25-12	

21 渡部明夫「讃岐国分寺跡出土軒丸瓦の編年～子葉間に仕切り線をもたない複弁蓮華文軒丸瓦の編年について～」『香川県埋蔵文化財センター研究紀要』II 2006

報告等の重複(文献NO・資料NO) 資料NOは文献の遺物番号

NO	名 称	型式名										備 考
4-1	八葉複弁蓮華文軒丸瓦	KB104	SKM18	2-3	5-89	6-8	8-71	11-7	15-4	16-100	18-5	19-13-8	22-4	25-8	
7-2	八葉複弁蓮華文軒丸瓦	KB104	SKM18	31-1											

22 安藤文良氏拓本資料(鎌田共済会郷土博物館蔵)

報告等の重複(文献NO・資料NO)

NO	名 称	型式名											備 考
1	八葉複弁蓮華文軒丸瓦	KB103 A		18-3										
2	八葉複弁蓮華文軒丸瓦	KB103B		4-1	5-90	7-67	8-73	11-4	16-101	18-4	25-5			なお、SKM011点は、讃岐国分寺跡出土であることを確認したため削除
3	八葉複弁細素弁蓮華文軒丸瓦	KB104	SKM18	29-3										
4	八葉複弁蓮華文軒丸瓦	KB104	SKM18	2-3	5-89	6-8	8-71	11-7	15-4	16-100	18-5	19-13-8	21-4-1	25-8	
5	均整唐草文軒平瓦	KB203		2-4	5-93	6-47	7-114	8-72	11-11	12-3	15-7	18-11	20-3-8	25-12	

23 鎌田共済会郷土博物館資料

報告等の重複(文献NO・資料NO)

NO	名 称	型式名			備 考
1	均整唐草文軒平瓦	KB204		3-8	
2	均整唐草文軒平瓦	KB201B	SKH05A	15-8	
3	均整唐草文軒平瓦	KB201B	SKH01B	15-9-2	
4	十六葉細素弁蓮華文軒丸瓦	KB101	SKH01B		
5	六葉複弁蓮華文軒丸瓦	KB105	SKM15		

24 洲崎寺資料

報告等の重複(文献NO・資料NO)

NO	名 称	型式名			備 考
1	八葉複弁蓮華文軒丸瓦		SKM03 A		
2	八葉複弁蓮華文軒丸瓦	KB103B		12-1	
3	八葉複弁蓮華文軒丸瓦	KB103B			
4	十六葉細素弁蓮華文軒丸瓦	KB101			
5	均整唐草文軒平瓦	KB201B	SKH01B		
6	均整唐草文軒平瓦	KB203			

第３章　瓦からみた古代の讃岐国分寺　125

7	均整唐草文軒平瓦		SKH03	15-10									備考	
25	法華寺資料													
NO	名称	型式名				報告等の重複（文献NO - 資料NO)							備考	
1	八葉単弁蓮華文軒丸瓦	KB101			8-79								型式未設定	
2	十六葉細素弁蓮華文軒丸瓦	KB101		2-1	6-44	7-83	8-75	9-1	11-2	16-111	18-1			
3	十六葉細素弁蓮華文軒丸瓦	KB102		11-1										
4	十一葉素弁蓮華文軒丸瓦	KB102		11-3										
5	八葉複弁蓮華文軒丸瓦	KB103B		4-1	5-90	7-67	8-73	11-4	16-101	18-4	22-2			
6	八葉複弁蓮華文軒丸瓦	KB103B		11-5										
7	八葉複弁蓮華文軒丸瓦	KB103B												
8	八葉複弁蓮華文軒丸瓦	KB104	SKM18	2-3	5-89	6-8	8-71	11-7	15-4	16-100	18-5	19-13-8	21-4-1	22-4
9	十六葉複弁蓮華文軒丸瓦	KB105	SKM15	5-91	8-83	11-6	18-6							
10	均整唐草文軒平瓦	KB201A	SKH01C	8-74	9-2	11-10	18-8							
11	均整唐草文軒平瓦	KB201B	SKH01B	18-9										
12	均整唐草文軒平瓦	KB203		2-4	5-93	6-47	7-114	8-72	11-11	12-3	15-7	18-11	20-3-8	20-9-5	22-5
13	均整唐草文軒平瓦	KB202												
26	了恵寺資料													
NO	名称	型式名				報告等の重複（文献NO - 資料NO)							備考	
1	八葉複弁蓮華文軒平瓦	KB205	SKM03 A	15-5										
2	均整唐草文軒平瓦	KB205	SKH01C	15-11-2										
3	均整唐草文軒平瓦	KB101	SKH01B											
4	均整唐草文軒平瓦	KB101												
27	安藤文良氏資料													
NO	名称	型式名				報告等の重複（文献NO - 資料NO)							備考	
1	均整唐草文軒平瓦	KB102		1-5	15-11-1									
2	均整唐草文軒平瓦	KB203		15-11-2										
28	上原孝夫氏資料													
NO	名称	型式名				報告等の重複（文献NO - 資料NO)							備考	
1	十一葉素弁蓮華文軒丸瓦	KB102												
2	十六葉細素弁蓮華文軒丸瓦	KB203												
29	大西徳次郎氏資料													
NO	名称	型式名				報告等の重複（文献NO - 資料NO)							備考	
1	八葉単弁蓮華文軒丸瓦	KB101	SKM04											
2	十六葉細素弁蓮華文軒丸瓦	KB101												

	名 称	型式名		備 考
3	八葉複弁蓮華文軒丸瓦	KB104	SKM18	22-3
4	均整唐草文軒平瓦	KB202		
5	均整唐草文軒平瓦	KB201B	SKH01B	
6	均整唐草文軒平瓦	KB201B	SKH01B	
7	均整唐草文軒平瓦	KB203		

30 堀家守彦氏資料

NO	名 称	型式名		備 考
				報告等の重複（文献NO・資料NO）
1	十六葉細弁蓮華文軒丸瓦	KB101		
2	均整唐草文軒平瓦	KB101		
3	均整唐草文軒平瓦	KB202		
4	均整唐草文軒平瓦	KB203		

31 米崎旭氏資料

NO	名 称	型式名		備 考
				報告等の重複（文献NO・資料NO）
1	八葉複弁蓮華文軒丸瓦	KB104	SKM18	21-7-2
2	八葉単弁（？）蓮華文軒丸瓦	SKH01 A		型式未設定
3				
4	均整唐草文軒平瓦	KB202		20-2-3
5		KB201A	SKH01C	

32	渡邊誠「史跡讃岐国分尼寺跡〜第7次調査〜」「高松市内遺跡発掘調査概報－平成18年度国庫補助事業－」高松市埋蔵文化財調査報告101 2007			資料NOは文献の遺物番号

NO	名 称	型式名		備 考
				報告等の重複（文献NO・資料NO）
9	十六葉細弁蓮華文軒丸瓦	KB101		

33 松浦正一氏拓本資料（瀬戸内海歴史民俗資料館蔵）

NO	名 称	型式名		備 考
				報告等の重複（文献NO・資料NO）
1	八葉複弁蓮華文軒丸瓦	KB103B		
2	八葉複弁蓮華文軒丸瓦	KB104	SKM18	
3	八葉複弁蓮華文軒丸瓦	KB104	SKM18	
4	十六葉単弁蓮華文軒丸瓦		SKM08	
5	均整唐草文軒平瓦		SKH01A	
6	均整唐草文軒平瓦		SKH01A	
7	均整唐草文軒平瓦	KB202		
8	均整唐草文軒平瓦	KB201A	SKH01C	
9	均整唐草文軒平瓦	KB201A	SKH01C	
10	均整唐草文軒平瓦	KB201B	SKH01B	
11	均整唐草文軒平瓦		SKH04	

※NOの網掛けは「重複なし」又は「初出資料」　　　　その他重複資料は省略

3. 讃岐国分尼寺の整備をめぐって

以上のように、讃岐国分尼寺の整備においてはKB103B - KB202、KB101 - KB201B (SKH01B)、KB104 (SKM18) - KB203の組合せが主要に用いられたと考えられる。このうち、KB201B (SKH01B)を除くと、讃岐国分寺からはKB104 (SKM18)が1点出土しているのみであり、KB201B (SKH01B)も讃岐国分寺では主に主要堂塔の最終段階に用いられた[36]。と考えられることから、国分尼寺は讃岐国分寺と異なる独自の瓦を使用することを基本にして整備することを意図したことがわかる。

讃岐国分尼寺の整備における初期の主要な軒瓦の組合せはKB103B - KB202であったと思われるが、讃岐国分寺で想定されたSKM03A - SKH01Aの組合せも少量ながら出土している（図65-1）。KB103BはSKM03Aに後続し

表6　讃岐国分尼寺跡出土軒瓦の種類と数量

区分	名称	型式名 国分尼寺	型式名 国分寺	数量	割合(%)
軒丸瓦	十六葉複弁蓮華文軒丸瓦	KB101		17	34.7
	八葉複弁蓮華文軒丸瓦	KB103B		10	20.4
	八葉複弁蓮華文軒丸瓦	KB104	SKM18	7	14.3
	十一葉素弁蓮華文軒丸瓦	KB102		3	6.1
	八葉複弁蓮華文軒丸瓦		SKM03A	2	4.1
	八葉単弁蓮華文軒丸瓦		SKM04	2	4.1
	六葉複弁蓮華文軒丸瓦	KB105	SKM15	2	4.1
	八葉単弁蓮華文軒丸瓦	型式名未設定		1	2.0
	八葉複弁蓮華文軒丸瓦	KB103 A		1	2.0
	十六葉単弁蓮華文軒丸瓦		SKM08	1	2.0
	八葉単弁蓮華文軒丸瓦	KB106	SKM09	1	2.0
	七葉複弁蓮華文軒丸瓦		SKM07	1	2.0
	八葉複弁(？)蓮華文軒丸瓦	型式名未設定		1	2.0
	軒丸瓦合計			49	100.0
軒平瓦	均整唐草文軒平瓦	KB201B	SKH01B	12	23.5
	均整唐草文軒平瓦	KB202		8	15.7
	均整唐草文軒平瓦	KB203		8	15.7
	均整唐草文軒平瓦	KB201A	SKH01C	6	11.8
	均整唐草文軒平瓦	KB204		6	11.8
	均整唐草文軒平瓦		SKH01A	3	5.9
	均整唐草文軒平瓦	KB205		3	5.9
	均整唐草文軒平瓦		SKH05A	2	3.9
	均整唐草文軒平瓦		SKH03	1	2.0
	均整唐草文軒平瓦		SKH04	1	2.0
	均整唐草文軒平瓦		SKH10	1	2.0
	軒平瓦合計			51	100.0
	軒瓦合計			100	

（平成18年度出土資料までを含む）

[37]、KB202はKB201A (SKH01C) に先行する[38]と考えられることから、国分尼寺の整備は、KB103B - KB202の段階よりわずかにさかのぼって開始されたとともに、讃岐国分寺の再整備にわずかに遅れて開始されたと考えられる。ただし、SKM03A - SKH01Aが少量しか用いられず、讃岐国分寺からの転用瓦である可能性もあり、讃岐国分尼寺の整備の開始時期の詳細についてはなお検討が必要である。

一方、府中・山内瓦窯跡出土とされるKB103Bと均整唐草文軒平瓦SKH01C (KB201A) に、酷似した胎土と同様な焼成をもつものがあり、同時製作の可能性も考えられることから、KB202とSKH01Cが同時期またはきわめて時期差が小さい可能性があり[39]、そうであれば、KB202・KB201Aの合計が27.5％となり、これと組み合うと考えられる軒丸瓦（KB103A・103B・SKM04）の合計が26.5％となって、ともに比較的出土量が多いことから、国分尼寺の整備がこの時期から順調に進行したとみることもできる。

讃岐国分尼寺の整備が最も盛んであったのは、次のKB101 - KB201B (SKH01B) の段階である。先述のように、KB201B (SKH01B) は讃岐国分寺の再整備における最終段階の軒平瓦であり、主要堂塔の主体をなす軒瓦としてはあまり用いられなかったと考えられることから、讃岐国分寺の主要堂塔がほぼ完成しつつある時期に、国分尼寺では伽藍が急ピッチで整備されていたことになる。

次のKB104 (SKM18) - KB203は国分尼寺の整備の最終段階であり、この段階を経て、国分尼寺

の整備がほぼ終了したものと考えられる。

以上のように、讃岐国分尼寺は、独自の軒瓦を用いることを基本にして、讃岐国分寺の再整備にやや遅れて整備が開始されたが、KB103B－KB202の段階で整備が本格化し、讃岐国分寺の再整備が終了に向かいつつあるKB101－KB201B（SKH01B）の段階で最盛期を迎え、国分寺の完成後であるKB104（SKM18）－KB203の段階をへて伽藍がほぼ完成したものと思われる。

最後に、讃岐国分尼寺の造営年代を軒平瓦から想定してみよう。

讃岐国分寺の再整備と国分尼寺の創建には、東大寺式軒平瓦の影響を受けた1型式6種の均整唐草文軒平瓦が用いられ、それらはSKH01A→KB202→SKH01C（KB201A）→SKH01B（KB201B）→KB203→SKH01Dへと変化するとともに、東大寺式軒平瓦の文様との対比から、SKH01Aが770年前後に出現し、SKH01B（KB201B）は延暦3（784）年頃までに、KB203がそれ以降に比定される[40]。

讃岐国分寺ではSKM01－SKH01Aの組合せが最も古く、770年前後に比定されるので、SKM01に後続する軒丸瓦SKM03Aと軒丸瓦SKH01Aの組合せをその直後に比定することができる。従って、讃岐国分尼寺の整備がはじまったと考えられるSKM03A－SKH01Aの段階を770年代前半～中頃とすることができよう。

また、KB202は、先述したようにSKH01Aの瓦笵の上外区の珠文帯を周縁帯に彫り直したものであることから、SKH01Aの終了後の770年代後半頃に比定される。

KB202は讃岐国分尼寺のみで用いられるのに対して、KB201A（SKH01C）は讃岐国分寺を中心に用いられていることから、両者はほぼ同時期に使用されていた可能性が高いと考えられるので、KB201A（SKH01C）も770年代後半頃に比定される。

従って、KB201A（SKH01C）に後続するKB201B（SKH01B）は780年代に比定され、KB203は早くても780年代後半以降となり、790年代に下る可能性も排除できない。

以上のことから、讃岐国分尼寺の整備がはじまったSKM03A－SKH01Aの段階を770年代前半～中頃とし、大規模な整備が行われたKB101－KB201B（SKH01B）の段階を780年代、整備が終了に向かいつつあるKB104（SKM18）－KB203の段階を780年代後半から790年代にかかる頃とすることができよう。

第6節　小　結

第3章では、讃岐国分寺跡・国分尼寺跡出土の軒瓦の年代と、軒瓦からみた讃岐国分寺・国分尼寺の造営時期や造営をめぐる問題を取り上げた。

第1・2節では、讃岐国分寺・国分尼寺の創建軒瓦とされていた均整唐草文軒平瓦SKH01の年代比定を行い、これまで8世紀中頃（760年頃まで）に創建されたと考えられていた讃岐国分寺の造営年代を再検討した。

SKH01は、以前から東大寺式軒平瓦の中心飾をもつことが注目されていたが、瓦文様の系譜の

問題にとどまっていたため、比較的実年代が明らかな東大寺式軒平瓦の文様との詳細な比較をつうじて、SKH01の年代を推定した。

東大寺式軒平瓦は、近畿地方では東大寺のみならず、西大寺をはじめとした奈良の多くの寺院や平城宮跡で用いられているのに対して、香川では讃岐国分寺・国分尼寺を中心としたごく少数の寺院などで用いられていることから、SKH01の中心飾が東大寺式軒平瓦の影響のもとに成立したことは疑いないところである。

そこで、SKH01で最も古く編年されるSKH01Aの中心飾と唐草文を東大寺式軒平瓦のそれと比較すると、SKH01Aは、対葉花文が大きく発達するとともに、その先端が大きく離れること、三葉文の左右の葉が外彎しないこと、唐草文の先端が大きくふくらむことなどから、6732G・E・J・U・Fa・Fbなど初期の東大寺式軒平瓦や平城宮系の6732A・C・Oまでさかのぼらせることはできず、三葉文の左右の小葉が直線的に開き、唐草文の先端がふくらむ6732N、対葉花文の外側に置かれた、先端が外側に巻く支葉の足が比較的長い6732Hなどに類似することが明らかになった。

6732N・6732Hなどはほぼ神護景雲年間（767～769年）に比定されていることから、SKH01Aは神護景雲年間以降、おそらく770年前後に比定することが妥当と考えられる。

また、SKH01B（KB201B）は対葉花文の足が長く伸び、KB203は長く伸びた対葉花文の足が中心葉につながることを特徴とするが、こうした特徴は延暦3（784）年前後に比定される6732Zbや6733A・Bに認められることから、SKH01B（KB201B）・KB203は延暦3（784）年を前後する頃に比定できる。

したがって、軒平瓦SKH01が、国分寺町教育委員会の発掘調査で確認された讃岐国分寺跡の大規模な伽藍に伴うことは明らかであることから、大規模な整備された伽藍をもつ讃岐国分寺は770年頃から整備がはじまったと考えざるをえなくなり、『続日本紀』天平勝宝8歳12月20日条によって、この頃には讃岐国分寺が存在していたと考えると、770年頃からはじまる伽藍の整備は、再整備であったと考えられる。

第3節では、均整唐草文軒平瓦SKH01Bの大きさの特徴を明らかにするとともに、讃岐国分寺の再整備の進捗状況について、SKH01Bを中心として考察した。

讃岐国分寺の再整備に用いられた均整唐草文軒平瓦の長さの平均は、SKH01Aが34.7cm、SKH01Cが37.6cmであるのに対して、SKH01Bが32.4cmである。

これは、SKH01Bの平瓦部が短くなった結果と考えられるので、このことから、SKH01Bに伴う平瓦を抽出できる可能性があり、今後平瓦を研究する際に重視すべき点であることを指摘した。

また、均整唐草文軒平瓦SKH01には、凸面の瓦当側に赤色顔料の痕跡が残されているものがあり、これは、軒瓦を支える茅負を赤色に彩色した際に付着したものと考えられている。

赤色顔料の痕跡は、最も古いSKH01Aでは127点中10点、これに後続するSKH01Cでは121点中6点に認められたが、さらに新しいSKH01Bでは68点中わずか1点しか認められなかった。

このことから、讃岐国分寺では、柱などを赤色に彩色する主要施設に主に用いられたのはSKH01A・01Cであり、SKH01Bの段階、すなわち780年代頃には、主要施設の整備がほぼ終了しつつあったことが推定できることとなった。

第4節では、再整備以前の讃岐国分寺、つまり、天平宝字元（759）年に聖武天皇の一周忌の斎会が行われた頃までの讃岐国分寺を取り上げた。

讃岐国分寺跡では、以前から国分寺建立に先行する寺院の存在が想定されていたが、軒瓦の年代比定が不十分であったため、議論が深化できていなかった。

そこで、讃岐国分寺跡出土の軒瓦を再調査すると、八葉単弁蓮華文軒丸瓦SKM26・十葉単弁蓮華文軒丸瓦SKM23・八葉単弁蓮華文軒丸瓦SKM24A・24B、偏行唐草文軒平瓦SKH25・五重弧文軒平瓦SKH11A・四重弧文軒平瓦SKH11Bなど、8世紀中頃以前と考えられる軒瓦が確認できた。

このうち、八葉単弁蓮華文軒丸瓦SKM26は坂出市開法寺跡・鴨廃寺から出土する白鳳期の軒丸瓦であり、十葉単弁蓮華文軒丸瓦SKM23は、連弁の基部に珠文をもつ特徴が、7世紀第3四半期に比定される高松市宝寿寺跡HZ101Bに類似することから、7世紀後半までさかのぼる可能性もあることがわかった。

また、SKM24A・24B、SKH25・SKH11A・11Bなどは8世紀中頃に比定できる可能性が高いことから、8世紀中頃には、いくつかの建物によって構成された讃岐国分寺が存在し、それが770年頃に大規模な伽藍をもった寺院に再整備されたことが明らかになるとともに、讃岐国分寺に先行する小規模な寺院又は仏教施設が存在していた可能性も排除できないこととなった。

また、これまで、八葉複弁蓮華文軒丸瓦SKM01が、丸亀市宝幢寺跡HD102の文様の系譜を引くこと、SKM01に後続する八葉複弁蓮華文軒丸瓦SKM03Aが宝幢寺跡から出土することを根拠にして、讃岐国分寺の創建に、宝幢寺がある那珂郡の郡司の協力があったとされてきたが、SKM01の年代が下ること、阿野郡の有力豪族である綾氏の氏寺とされる開法寺のSKM26が讃岐国分寺跡から出土していること、SKH25が開法寺に用いられた偏行唐草文軒平瓦KH202の文様の系譜を引くことから、阿野郡の綾氏が讃岐国分寺の創建に協力したことが明らかになった。

第5節では、讃岐国分尼寺の造営時期の問題を取り上げた。讃岐国分尼寺跡ではこれまで発掘調査がほとんど行われていないこともあって、その造営時期については詳細が分かっていなかったが、軒瓦が多数採集されているので、それらを集成して、造営期の軒瓦を抽出し、その年代から讃岐国分尼寺の造営時期を推定した。

平成18年度までに出土した軒瓦の集成の結果、軒丸瓦49点、軒平瓦51点を確認することができた。この中で、十六葉細素弁蓮華文軒丸瓦KB101が軒丸瓦全体の34.7％、均整唐草文軒平瓦KB201B（SKH01B）が軒平瓦全体の23.5％を占めて最も多く、このことから両者が組み合うと考えることができた。さらに、出土量と編年上の前後関係から、八葉複弁蓮華文軒丸瓦KB103B（20.4％）－均整唐草文軒平瓦KB202（15.7％）、八葉複弁蓮華文軒丸瓦KB104（SKM18、14.3％）－均整唐草文軒平瓦KB203（15.7％）が組み合うことも想定できた。

また、讃岐国分寺跡で確認された八葉複弁蓮華文軒丸瓦SKM03A－均整唐草文軒平瓦SKH01Aも讃岐国分尼寺跡から少量出土している。

以上のことから、讃岐国分尼寺は、国分寺にわずかに遅れて、SKM03A－SKH01A段階（770年代前半～中頃）に整備がはじまり、KB103B－KB202段階を経て、KB101－KB201B（SKH01B）段階（780年代）に整備が最盛期を迎え、KB104（SKM18）－KB203段階（780年代後半～790年

代にかかる頃）をもって整備がほぼ終了したことが明らかになった。

註）
（1）なお、松尾1987、松尾ほか1996によれば、SKH01Aは表面の調整が丁寧に行われているため製作技法は明らかでないが、SKH01Cは凹面に粘土板合せ線や模骨痕がみられることから粘土板桶巻作りであり、SKH01Bも凹面に粘土板合せ線がみられることから粘土板桶巻作りであろうとしている。
　　したがって、SKH01C・Bからみれば、SKH01Aも粘土板桶巻作りである可能性が高く、製作技法においてもSKH01Aは当時の中央の技法は採用せず、讃岐の前代の伝統を受け継いでいるものと考えられる。
　　また、讃岐国分寺の軒平瓦はSKH04でも桶巻作りが確認されており、讃岐国分寺では奈良時代から平安前期まで桶巻作りが主流を占めていた可能性があるとしている。
（2）東大寺式軒平瓦については、各種類の時期的な対応関係や年代比定の根拠が不明確なものもあり、今後さらに修正されるであろうが、6732Nが西大寺の創建に伴い出現した瓦であれば、讃岐国分寺のSKH01Aの年代比定は大きくは変わらないものと思われる。
（3）第3章第3・4節参照。
（4）天平宝字3年11月9日条「頒下国分二寺図於天下諸国」
（5）松本氏はこの論文において、讃岐国分寺所用瓦の年代以外にも多くの点に言及しているが、各論点について厳密な追試・検討が必要であると考えている。資料を検討する機会があれば改めて再考したい。
（6）なお、先ほどSKM01（B技法）の笵の押撚方向の決定に用いた2点のうち、一方の資料は瓦当面下部の破片で、胎土に砂粒をほとんど含まないこと、文様がきわめてシャープなことからB技法とした。また、笵の押撚方向は、瓦当裏面に丸瓦部、またはそれに近いことを示す盛り上がりをもつことから想定したため、若干の誤差をもっている。
（7）44点出土したとされるSKM04の大部分を調査し、笵割れ前の瓦当を4点確認している。
（8）なお、SKH01Aの三葉状支葉に類似した文様は、平城宮跡出土6675Aの中心飾にも認められる。6675Aは、6730Aに類似した中心飾をもつ均整唐草文軒平瓦で、下向きの三葉文は中心葉が小さく、左右の小葉が大きいため、SKH01Aの三葉状支葉に似る。唐草文は主葉を4回反転させ、それぞれに遊離した各1葉の支葉を添えるとともに、先端部以外には主葉から各1葉の支葉が伸びる。主葉・支葉の先端は巻く。唐草文には三葉状支葉に類似した文様を持たない。上外区に珠文、下外区と両脇区に鋸歯文をもつ。段顎をもつこと、文様から6732・6730Aより古いと考えられる。三葉状支葉に類似した文様が中心飾にあることから、三葉文の一種と考えられるが、他に類例がなく、著者には、6732・6730Aとの関係はわからない。現在のところ、SKH01Aとの関係を積極的に示す証拠は認められない。
（9）報文中の瓦拓本図のⅢである。
（10）胎土に砂粒を多く含むのは、SKH01Cにも認められるが、SKH01Bでは多くの個体に認められるようになる。
（11）ここでいう全長とは、瓦当面の下端から後端部までの直線の長さである。角を欠失しているもの、後端部が完存していないものが多く、数値は約5mm以下の誤差を含む。
（12）ほかに、瓦当面を赤色顔料で彩色したもの（表4－NO20、図77－1）が1点ある。
（13）SKH01A・01C・01Bの総数については、渡部2004aに発表した数量（SKH01Aが127点、SKH01Cが121点 SKH01Bが86点）とし、SKH03・SKH05Aについては赤色顔料調査時の計測数とした。第2章註（1）参照
（14）赤色顔料を残す均整唐草文軒平瓦SKH01Cが回廊の創建時に用いられたとすると、金堂・塔はSKH01C以前の軒瓦が用いられた可能性が高く、八葉複弁蓮華文軒丸瓦SKM01・SKM03A―均整唐草文軒平瓦SKH01Aの組合せが有力視される。
　　なお、SKH01Cが塔に伴うのであれば、建立時の僧坊にSKM03A―SKH01Aの組み合わせが想定されているので、讃岐国分寺の再整備においては、塔の建立がやや遅れたことになる。しかし、国分寺の造営については、『続日本紀』天平19年11月7日条の「限来三年以前。造塔金堂僧坊悉皆令了。」、天平勝宝8歳6月10日条の「頃者。分遣使工。検諸国仏像。宜来年忌日必令造了。其仏殿兼使造備。如有仏像并殿已造畢者。亦造塔令会忌日。」から、金堂から塔へと整備が行われるとともに、僧坊も早期に整備しようとしたと考えられる。したがっ

(15) この記事については、この頃までには国分寺の造営がかなり進んでいたことの根拠とするものが多いが、青木ほか 1985のように、同年6月諸国に使者を派遣し、国分寺造営を催検していること、斎会のあと幡、緋綱を国分寺に収置することに注目し、これら26国の多くでは国分寺造営が遅れるなどしたため、一周忌の斎会を国分寺で行わなかったのではないかとする解釈もある。
(16) この瓦については、採集者の浪花勇次郎氏が『古瓦百選―讃岐の古瓦―』（安藤編 1974）に紹介する中で、昭和9年11月27日付け大阪毎日新聞、同年12月2日付け徳島毎日新聞に白鳳期のものとみて発表したことを記すと共に、1941年に洲崎寺住職御城俊禅氏も新聞紙上に同意見を発表したと記している。
(17) 白鳳期をいう。
(18) 森ほか 1995の写真図版88ページ及び調査者である香川県埋蔵文化財センター森格也氏のご教示による。
(19) 512は平成元年2月3日に取り上げられているのに対して、それ以外の須恵器は平成元年2月23日～3月7日の間に取り上げられている。
なお、森格也氏によれば、瓦と須恵器は落ち込み状遺構の中段のテラス状部分から出土し、曲物・斎串・刀形木製品・独楽・杭・板材などの木製品は一段低い底部から出土したとしているが、7世紀後半の土坑（中段のテラス状部分）を8世紀末頃の土坑（一段低い底部を含む部分）が切り合い、8世紀末頃の土坑から須恵器平底の坏（512）が出土した可能性も考えられる。
(20) 1点は安藤 1967、安藤編 1974及び大塚勝純・黒川隆弘 1975の報告資料。他の1点は米崎旭氏所蔵品である。
(21) SKM24AとSKM24Bについては、松尾ほか 1996に記された出土点数と確認できた点数に大きな差がみられる。その理由は明らかでないが、両者の文様は類似していることから、報告時に一部を誤認した可能性も考えられる。
(22) 森ほか 1995によれば、蓮弁に珠文をもつHZ101Bは蓮弁先端が尖りぎみになるとしているが、HZ101Aにも尖りぎみの蓮弁があり、HZ101A→HZ101Bへと蓮弁先端が尖りぎみになる傾向は明確には認められなかった。
(23) 蓮弁の珠文を新しく追加されたものとみれば、HZ101A→HZ101B→HZ102の順に新しくなったことになる。なお、さぬき市下り松廃寺からHZ101Aに類似した六葉素弁蓮華文軒丸瓦が出土している。SG101と呼ばれるこの瓦は中房が凸レンズ状にふくらみ、平板な宝寿寺跡HZ101A・101Bとの違いが認められる。下り松廃寺SG101と宝寿寺跡HZ101A・101Bとの関係が注目される。
ただし、現在のところ、下り松廃寺ではこれ以外に類似の素弁蓮華文軒丸瓦は出土しておらず、後述する讃岐国分寺跡のSKM24A・24Bへの直接的な影響は認められない。
(24) 安藤編 1974ほか。なお、安藤編 1974では善通寺ZN203Aをこの種の偏行唐草文軒平瓦の最古に位置づけている。
(25) 第5章第1節参照。
(26) 亀田修一氏はSKH11A・Bを讃岐国分寺創建瓦の一つと推測している（亀田 1990）。
(27) 瓦の編年は軒瓦の文様だけでなく、丸瓦・平瓦を含めた製作技法もあわせて行うべきであるが、讃岐国分寺跡では膨大な丸瓦・平瓦の整理がほとんど行われておらず、今後の課題として残されている。
(28) 国分寺町教育委員会の発掘調査以前の採集品は除く。また、SKH11A・11Bは推定東大門地区から出土したと報告されているが、報告書とは異なる方法で出土位置が注記されているため、出土位置を特定できなかった。
(29) 大塚・黒川 1975によれば、SKM23は現本堂（講堂跡）の東南堀沿いから1点出土したとしており、SKM23の分布範囲は南にさらに拡大する可能性が高い。
(30) なお、この瓦の凸面には、縦書きで「昭和十五、元、十九。讃岐国分寺」の墨書をもつ。
(31) また、僧坊・講堂との計画的配置をうかがわせる掘立柱建物SB30は、8世紀中頃以前の軒瓦が集中することから讃岐国分寺の再整備以前に遡る可能性もあり、東大門推定地でもSKH11A・11Bが出土していることを重視すれば、讃岐国分寺の伽藍配置は創建当初から基本が定まっていた可能性もある。
(32) 藤井直正氏はこの中で、開法寺は綾氏が建立したとしている。
(33) 藤井直正氏も藤井1978において、讃岐国分寺・国分尼寺の建立にあたり、その選地に綾氏の政治力が大きく左右したと想定している。

(34) 採集資料の数量からみるかぎり、KB103BはKB202と組み合うと考えざるを得ないが、最終的には発掘調査によって確認する必要がある。
(35) 第2章第2節参照
(36) 第3章第3節参照
(37) 第2章第2節参照
(38) 第2章第1節参照
(39) 第4章第1節参照
(40) 第3章第1・2節参照

引用・参考文献

青木和夫ほか 1985『続日本紀』(新日本古典文学大系14、岩波書店)
東　信男 2002『田村遺跡発掘調査報告書―株式会社百十四銀行城西支店建設に伴う丸亀市田村町所在の古代寺院跡の調査―』丸亀市教育委員会・株式会社百十四銀行
東　信男 2003「田村廃寺出土瓦について」(『続文化財学論集』文化財学論集刊行会)
安藤文良 1967「讃岐古瓦図録」(『香川県文化財保護協会報』特別号8、香川県文化財保護協会)
安藤文良 1987「古瓦」(『香川県史13　資料編　考古』香川県)
安藤文良編 1974『古瓦百選―讃岐の古瓦―』美巧社
飯塚五郎蔵・藤井正巳 1944「讃岐国分寺考」(『考古学雑誌』34-5、日本考古学会)
稲垣晋也 1987「南海道古瓦の系譜」(『新修国分寺の研究』第5巻上、吉川弘文館)
稲垣晋也ほか 1970『飛鳥白鳳の古瓦』奈良国立博物館
岩永省三 2001「屋瓦」(『史跡頭塔発掘調査報告』奈良国立文化財研究所学報、第62冊、奈良国立文化財研究所)
大塚勝純・黒川隆弘 1975『讃岐国分寺の瓦と塼』牟礼印刷株式会社
岡田唯吉 1931『郷土博物館第6回陳列品解説』(財)鎌田共済会
岡田唯吉 1938「讃岐国分寺」(角田文衛編『国分寺の研究』考古学研究会)
岡本東三 1976「東大寺式軒瓦について―造東大寺司を背景として―」(『古代研究』9、元興寺仏教民俗資料研究所考古学研究室)
小澤　毅 1990「瓦塼」・「西大寺の創建及び復興期の瓦」(『西大寺防災施設工事・発掘調査報告書』西大寺)
大山真充 1983『史跡讃岐国分尼寺跡　第2次調査報告』香川県教育委員会
香川県史蹟名勝天然紀念物調査会 1922「国分寺及国分尼寺」(『史蹟名勝天然紀念物調査報告』1　香川県)
梶原景紹 1853『讃岐国名勝図絵』(嘉永6年、松原秀明編『日本名所風俗図絵　14　四国の巻』角川書店　1981年所収)
亀田修一 1990「瓦からみた国分寺の造営―中国・四国地域―」(『月刊考古学ジャーナル』318、ニューサイエンス社)
川畑　聰 1996『第11回特別展　讃岐の古瓦展』高松市歴史資料館
朽津信明 2006「古代地方寺院の外装塗装の色について」(『保存科学』45、独立行政法人文化財研究所・東京文化財研究所)
黒板勝美編 1968a『新訂増補国史大系　続日本紀』(前編、吉川弘文館)
黒板勝美編 1968b『新訂増補国史大系　続日本紀』(後編、吉川弘文館)
坂本太郎ほか 1965『日本書紀下』(日本古典文学大系68、岩波書店)
新編香川叢書刊行企画委員会 1983a「讃岐国分寺跡」(『新編香川叢書　考古編』香川県教育委員会)
新編香川叢書刊行企画委員会 1983b「讃岐国分尼寺跡」(『新編香川叢書　考古編』香川県教育委員会)
高橋敏子 1997「讃岐国山田郡司牒案」(『特別展　国宝指定記念　百郷文書と東寺の重宝』京都府立総合資料館)
角田文衛 1996「国分寺の創設」(『新修国分寺の研究　総括』第六巻、吉川弘文館)
東京大学史料編纂所 1977『大日本古文書』(編年之五、東京大学出版会)
中山城山 1828『全讃史』文政11年(青井常太郎校訂『国訳全讃史』藤田書店、1937年)
長町　彰 1919「讃岐国分尼寺の古瓦」(『考古学雑誌』9-5、考古学会)

奈良国立文化財研究所 1978『藤原宮木簡1 （解説）』奈良国立文化財研究所
奈良文化財研究所・奈良市教育委員会 1996『平城京・藤原京出土軒瓦型式一覧』奈良文化財研究所
蓮本和博 2001「白鳳時代における讃岐の造瓦工人の動向―讃岐、但馬、土佐を結んで―」（『財団法人香川県埋蔵文化財調査センター研究紀要』Ⅸ　財団法人香川県埋蔵文化財調査センター）
羽床正明 1980「『続日本紀』大宝三年三月丁丑の制と讃岐綾氏」（『文化財協会報』76、香川県文化財保護協会）
花谷　浩 1991「軒平瓦の変遷」（『平城宮発掘調査報告』ⅩⅢ　奈良国立文化財研究所学報、第50冊、奈良国立文化財研究所）
廣岡孝信 2000「Ⅰ期の瓦」（『東大寺防災施設工事・発掘調査報告書』東大寺）
藤井直正 1978「讃岐開法寺考」（『史跡と美術』485、史跡美術同攷会）
藤沢一夫 1973「河内田辺廃寺の屋瓦」（『大阪府文化財調査概要　1971年度』〔財〕大阪文化財センター）
堀井三友 1956『国分寺址之研究』堀井三友遺著刊行委員会
増田休意 1768『三代物語』明和5年
松尾忠幸 1985a『特別史跡讃岐国分寺跡　昭和59年度発掘調査概報』国分寺町教育委員会
松尾忠幸 1985b『讃岐国分僧・尼寺跡　昭和59年度発掘調査概報』国分寺町教育委員会
松尾忠幸 1987『特別史跡讃岐国分寺跡　昭和61年度発掘調査概報』国分寺町教育委員会
松尾忠幸ほか 1986『特別史跡讃岐国分寺跡　昭和60年度発掘調査概報』国分寺町教育委員会
松尾忠幸ほか 1996『特別史跡讃岐国分寺跡保存整備事業報告書』国分寺町教育委員会
松本忠幸 2009「出土瓦からみた讃岐国分寺の創建」（『佛教藝術』303、毎日新聞社）
松本豊胤 1987「讃岐」（『新修国分寺の研究』第5巻上　吉川弘文館）ほか
松原弘宣 1988『古代の地方豪族』吉川弘文館
松浦正一・和田正夫 1953『新修香川県史』香川県教育委員会
毛利光俊彦 1991「平城宮・京出土軒瓦編年の再検討」（『平城宮発掘調査報告』ⅩⅢ　奈良国立文化財研究所学報、第50冊、奈良国立文化財研究所）
森　格也ほか 1995『前田東・中村遺跡』（『高松東道路建設に伴う埋蔵文化財発掘調査報告』3　香川県教育委員会・財団法人香川県埋蔵文化財調査センター・建設省四国地方建設局）
八木久栄 1995「後期難波宮大極殿院の屋瓦」（『難波宮址の研究　第十　―後期難波宮大極殿院地域の調査―』財団法人大阪市文化協会）
山崎信二 2003「東大寺式軒瓦について」（『論集東大寺の歴史と教学』ザ・グレイトブッダ・シンポジウム論集、第1号、東大寺）
渡部明夫 1982「讃岐の古墳文化」（『香川県の歴史と風土』創土社）
渡部明夫 1998「考古学からみた古代の綾氏（1）―綾氏の出自と性格及び支配領域をめぐって―」（『財団法人香川県埋蔵文化財調査センター研究紀要』Ⅵ　財団法人香川県埋蔵文化財調査センター）
渡部明夫 2004a「讃岐国分寺創建軒平瓦の型式学的再検討」（『財団法人香川県埋蔵文化財調査センター研究紀要』ⅩⅠ財団法人香川県埋蔵文化財調査センター）
渡部明夫 2004b「軒平瓦SKH01の瓦当文様からみた讃岐国分寺の造営年代」（『香川史学』31　香川歴史学会）
渡部明夫 2005「天平勝宝以前の讃岐国分寺」（『香川県埋蔵文化財センター研究紀要』Ⅰ　香川県埋蔵文化財センター）
渡部明夫 2006「均整唐草文軒平瓦SKH01Bに関する2、3の問題について～讃岐国分寺とその周辺でのあり方から～」（『田村久雄先生傘寿記念文集　十瓶山Ⅱ』田村久雄傘寿記念会）

第4章　讃岐国分寺の瓦生産

第1節　府中・山内瓦窯跡について —讃岐国分寺瓦屋の基礎的整理—

1. はじめに

　讃岐国分寺跡から南西に約1km離れ、坂出市府中町前谷から高松市国分寺町新名空路にかけて所在する府中・山内瓦窯跡は、讃岐国分寺・国分尼寺の所用瓦を出土する瓦窯跡として知られている。現在のところ、讃岐国分寺跡・国分尼寺跡の初期の所用瓦を出土する瓦窯跡はほかに知られていないとともに、瓦窯跡から出土する軒瓦の型式は全て讃岐国分寺跡又は国分尼寺跡にみられることから、府中・山内瓦窯跡は讃岐国分寺・国分尼寺の専用瓦屋と考えられている。

　府中・山内瓦窯跡は大正11年10月12日に国史跡に指定されたが、これは同年7月に刊行された『史蹟名勝天然紀念物調査報告1』によって、讃岐国分寺跡・国分尼寺跡・国分寺瓦窯跡（府中・山内瓦窯跡）が取り上げられ、その重要性が明らかになったことによるものであろう。この報告の中で、府中・山内瓦窯跡では当時現存していた6基を含めて10基の瓦窯跡が確認されており（図8）、天平期以後の瓦を出土すると述べるとともに、そのうちの有段窖窯1基は完全に近い状態で残るとして、実測図を掲載している（香川県名勝天然記念物調査会　1922・1934）。

　『史蹟名勝天然紀念物調査報告1』には府中・山内瓦窯跡から出土した軒瓦は紹介されなかったが、当初から注目されていたようで、大正14年に開催された財団法人鎌田共済会郷土博物館の第1回展示会に2点の軒瓦が展示されている（岡田　1925）。しかし、ここでも瓦の拓本・写真等は刊行物に掲載されなかった。

　その後、岡田唯吉氏は昭和12年に発表した「讃岐国分寺及全瓦窯跡」（岡田　1937）の中で、用水池築造のための掘り下げ断面付近に7、8基の瓦窯跡が存在していることを明らかにした。この瓦窯跡は山内村（現高松市国分寺町）に属するとしており、先の『史蹟名勝天然紀念物調査報告1』の瓦窯跡分布図には山内村に3基の瓦窯跡が記されていることから、岡田氏に従えば全体では少なくとも14～15基の瓦窯跡が確認されたことになる。

　さらに、岡田氏は、昭和13年の『国分寺の研究』においても同様の記述をするとともに、府中・山内瓦窯跡出土の2点の七葉複弁蓮華文軒丸瓦SKM07を拓本で紹介している（岡田　1938）。

　府中・山内瓦窯跡に関しては、その後しばらく活発な研究は行われなかったが、昭和42年に安藤文良氏は香川県内の古瓦を集成する中で、府中・山内瓦窯跡出土の軒瓦を取り上げ、SKM07のほか、奈良時代に属する八葉複弁蓮華文軒丸瓦KB103B・均整唐草文軒平瓦SKH01Cを紹介し（安藤　1967）、さらに翌昭和43年には松本豊胤氏が、現存する比較的保存状態の良い有段窖窯1基の実測図を紹介している（図9）（松本　1968）。

しかし、それ以降は本格的な調査や基礎的な研究は行われず、府中・山内瓦窯跡の紹介がなされても（香川県教育委員会 1961・1971・1996、安藤編 1974、安藤 1987、川畑編 1988、大塚・黒川 1975、新編香川叢書刊行企画委員会 1983）、軒瓦の新資料が若干追加された程度で、瓦窯跡の分布や構造、時期的な変遷、瓦生産の内容などについては依然として明らかでなく、中には指定地内の現存瓦窯跡の数にすら誤解が生じている[1]。

　そのような状況の中、平成19年3月、現状変更に伴い、高松市教育委員会が野上池北側の一段高い地点（図69×印）で確認調査を実施した結果、かつて瓦窯跡とされたものは土坑であることが確認された。

　以上のように、府中・山内瓦窯跡は讃岐国分寺・国分尼寺の瓦を焼成した瓦窯跡として早くから注目され、国史跡に指定されたが、現在までのところ本格的な調査・研究がなく、遺跡の内容や瓦

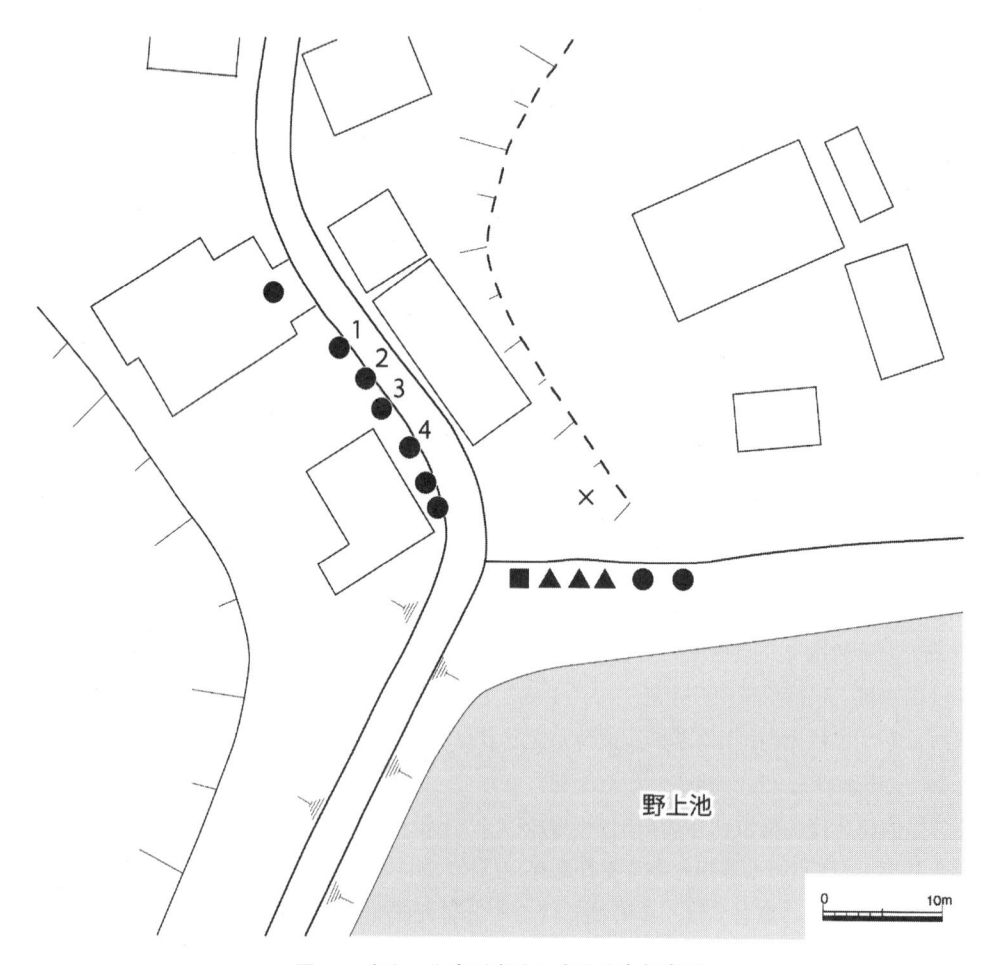

図69　府中・山内瓦窯跡の窯跡分布想定図
● 『史蹟名勝天然記念物調査報告1』に記載された瓦窯跡
▲ 岡田唯吉「讃岐国分寺及全瓦窯跡」『讃岐史談』2-2　1937による瓦窯跡（位置は想定）
■ 安藤文良氏によるSKH04採集の瓦窯跡。　× 土坑。
（数字は本文中の窯跡番号）

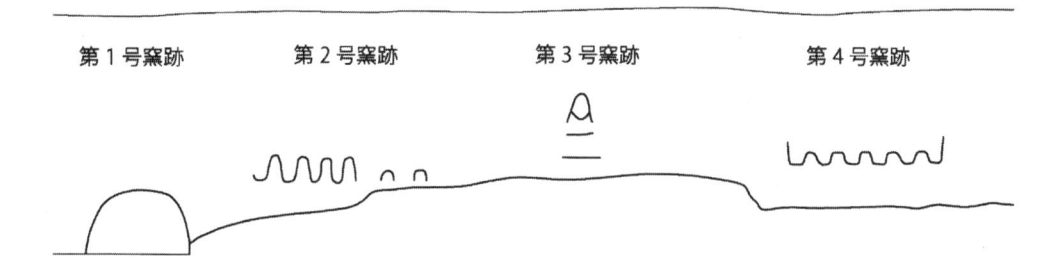

図70　府中・山内瓦窯跡遺構現況略図（1：100）

生産の実態などはほとんど分かっていない。従って、本節では、遺跡の現状把握と出土瓦の集成などの基礎的作業を通じて、現時点でのまとめを行い、若干の問題について考えてみたい。

2. 瓦窯跡について

　府中・山内瓦窯跡は、古墳時代前期の刳抜式石棺の石材産出地として有名な、鷲ノ山の北端に位置する標高約250mのピークから北西に下った山麓の谷の北側斜面に位置する。現在、この谷の下端部は堤で堰き止められて野上池（大正期には「野瓶池」と呼称）が造られているが、その堤の北端付近に瓦窯跡が分布している。

　多くの瓦窯跡は、谷の斜面に沿って、ほぼ横一列に分布しているが、一段高い斜面（図69×印）でも土坑が1基確認されている。現状ではこの土坑の付近に瓦窯跡は確認できないが、窯壁片や布目瓦の小片が散布している[2]ことから、今後斜面の上部から新たな瓦窯跡が発見される可能性もあろう。

　前述したように、岡田唯吉氏は山内村側において、用水池（野上池）築造の際に掘り下げられた断面付近で7、8基の瓦窯跡を確認している。山内村は現在の高松市国分寺町に属し、野上池の北岸と東岸が含まれるが、東岸は上流側にあたることから池の築造に際して掘削する必要はなく、岡田氏の村域認識に誤りがなければ、「7～8基」の瓦窯跡は北岸にあったと考えられる。

　したがって、先の『史蹟名勝天然紀念物調査報告1』の瓦窯跡分布図では、野上池の北岸部に3基の瓦窯跡が記されていることから、ここにさらに4～5基の瓦窯跡があったことになり[3]、岡田氏に従うならば府中・山内瓦窯跡全体では少なくとも13～14基の瓦窯跡があったことになる（図69）[4]。

　そのうち、現在確認できる瓦窯跡は4基である（図70）。いずれも坂出市府中町に属し、羽床正男氏の宅地を造成した際の崖面に露出している。崖面は北西から南東にのび、最も北側に位置するのは、天井部を残す保存の良い瓦窯跡として紹介されてきた有段窖窯（図9）である。いま仮に、これを第1号瓦窯跡とし、南東に向かって順次番号をつけると、第2号瓦窯跡はロストル窯、第3号瓦窯跡は有段窖窯、第4号瓦窯跡はロストル窯である。

　なお、『史蹟名勝天然紀念物調査報告1』によれば、この崖面から7基の瓦窯跡が確認されているが、1基は地権者である羽床氏の住宅の下に位置する。また、他の2基は4号瓦窯跡の東南側（図

70の右側）に位置するが、この部分は土嚢で崖面が覆われているので、現状では瓦窯跡を確認することはできない。

　第1号瓦窯跡は有段窖窯で、砂礫質の斜面を刳り抜いて構築している。松本氏が紹介した実測図（松本 1968）から計測すると、現状で長さ約2.35m、高さ約2.65m、開口部は床面の幅1.4m、高さ0.82mである。3段の床面が完存するが、その下方の壁に2段の痕跡を残す。窯体は、下方の2段までは幅約1.4mであるが、上方3段は徐々に狭くなり、最上段の部分で幅約1mとなる。各段は高さ約20cm、奥行き約20〜40cmで、各段の角を通した傾斜は約42°である。最上段奥壁の中央上方に、やや奥に傾いた直径25cm前後の煙出しをもつ。松本氏は最下段前面の平坦面を燃焼室の床面として、現状で焚き口と燃焼室の一部を失っているとしているが、この部分は焼成室であり、焚き口と燃焼室は下方に埋まっているのではないかと思われる[5]。なお、残存する窯壁下部は陶質に焼き締まっている。

　第2号瓦窯跡はロストル窯である。第1号瓦窯跡から約0.9m離れている。窯体の幅は約2.5mで、6条のロストルが残存する。第1号瓦窯跡の覆屋の基礎のコンクリートが、左から4条目のロストルの上を縦に通っている。現状で、ロストルの露出面は、基部の幅17〜21cm、上端の幅15〜18cm、高さ40cm弱であり、下部約10cmは地山を削り出し、その上部約25cmは砂混じりの粘土で構築し、さらにスサ混じり粘土を3〜5cm盛り上げて上端を蒲鉾状に仕上げている。ロストル間は15cm前後の場合が多い。ただし、向かって右2条のロストルは一段低く、右から2条目と3条目の間隔が約30cmと幅広になっているので、拡張修理を行った可能性などが考えられる。左から3条目のロストルの右前の下方に燃焼室の奥壁がわずかに残る。

　第3号瓦窯跡は有段窖窯で、第2号瓦窯跡から約1.7m離れている。煙出しとともに、最上部の2段の床面がわずかに残る。崖面での観察によると、煙出しは傾斜しており、奥壁付近で縦約30cm、横約20cmの楕円形を呈し、徐々に細くなって直径10数cmになることが確認できる。

　第4号瓦窯跡はロストル窯で、第3号瓦窯跡から約2.7m離れて築かれている。窯体底部の幅は内法で約2.05mを測り、高さ19cm、基底の幅約20cm、上端の幅約15cm程度のロストル5条が崖面に断面として露出している。第4号瓦窯跡から約1.9m離れて長さ約2.6mにわたって土嚢が積み上げられており、その端で崖面は野上池の堤に沿って南西方向にほぼ直角に曲がる。

3．出土瓦について

　現在のところ、府中・山内瓦窯跡出土として軒丸瓦11点、軒平瓦4点、丸瓦1点、平瓦2点が確認できる。これらは全て採集品である。このうち軒平瓦の1点は瓦当面を失っている。

　(1) 軒丸瓦（図71-1〜図72-7・図74-1〜図75-3）[6]

　図71-1[7]は八葉複弁蓮華文軒丸瓦SKM03Aで、低く突出した中房に1+6個の蓮子をもち、子葉を細く、蓮弁を平板に作る。間弁は蓮弁間の先端近くから短く伸び、先端がわずかに切れ込むものがある。蓮弁・間弁の外側には円圏で挟まれた32個の珠文をもつ。丸瓦部を含めた長さは40cmで、瓦当面は直径17.2cm、厚さ約3.1cmである。

　讃岐国分寺跡ではSKM03Aは均整唐草文軒平瓦SKH01Aと組み合うと考えられている（松尾ほ

か 1986)。第2・第3章で述べたように、SKH01Aは八葉複弁蓮華文軒丸瓦SKM01とも組み合い、これが讃岐国分寺の再整備期における最も古い組合せであり、760年代末から770年代初期に成立したと考えられることから、八葉複弁蓮華文軒丸瓦SKM03Aはこれに後続する時期に比定できる。

　2〜4は八葉複弁蓮華文軒丸瓦KB103Bで、周縁内側の傾斜面に線鋸歯文をもつKB103Aとともに、讃岐国分寺跡からは出土せず、両者は国分尼寺専用の軒丸瓦と考えられている。低く突出した中房に1＋8個の蓮子をもつ。SKM03Aと比較すると、中房や蓮弁の外周は縁取り状に盛り上がらない。子葉の外側や蓮弁間の溝が幅広となるとともに、珠文が16個に減少している。蓮弁は先端の切り込みが大きくなり、円圏との間に小さな三角形状の飾り（突起）を加えている。

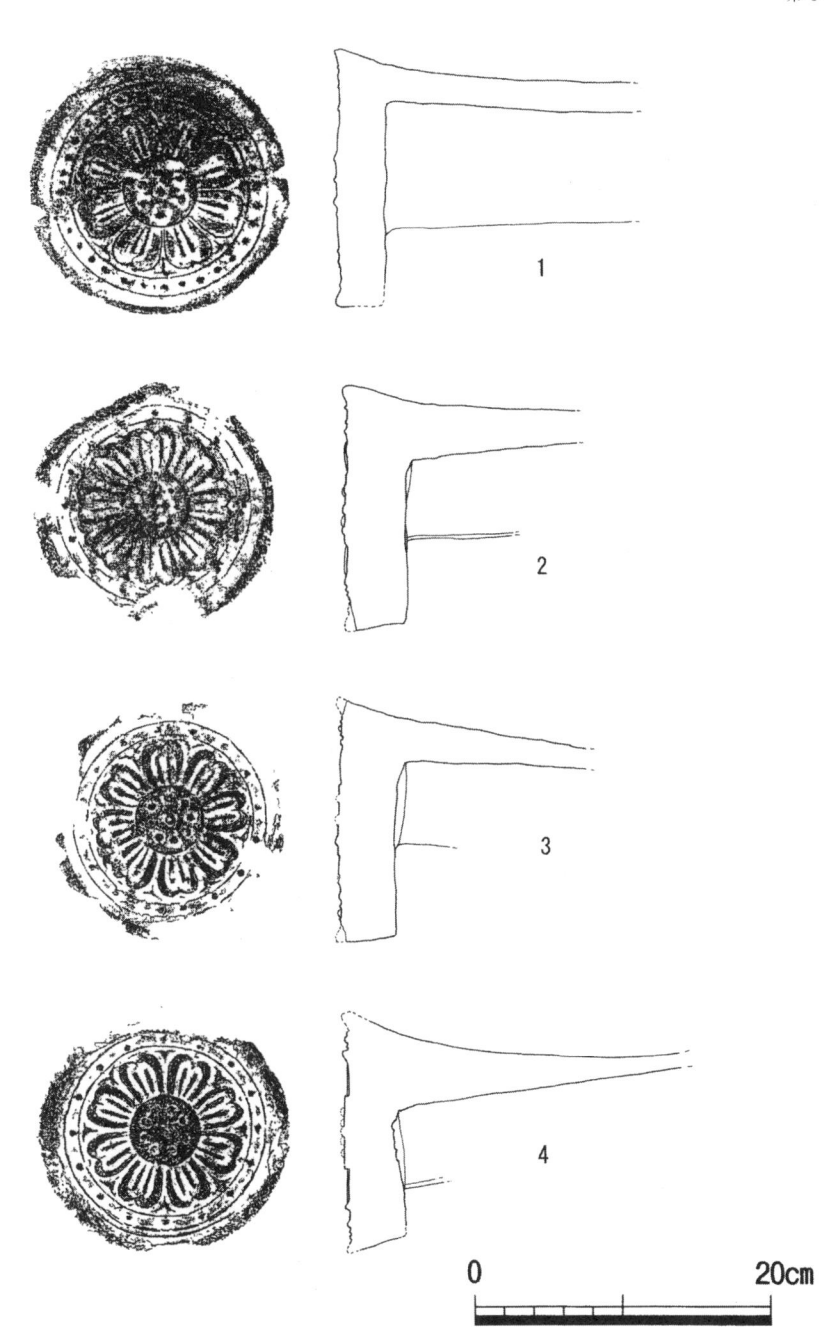

図 71　府中・山内瓦窯跡出土瓦 1

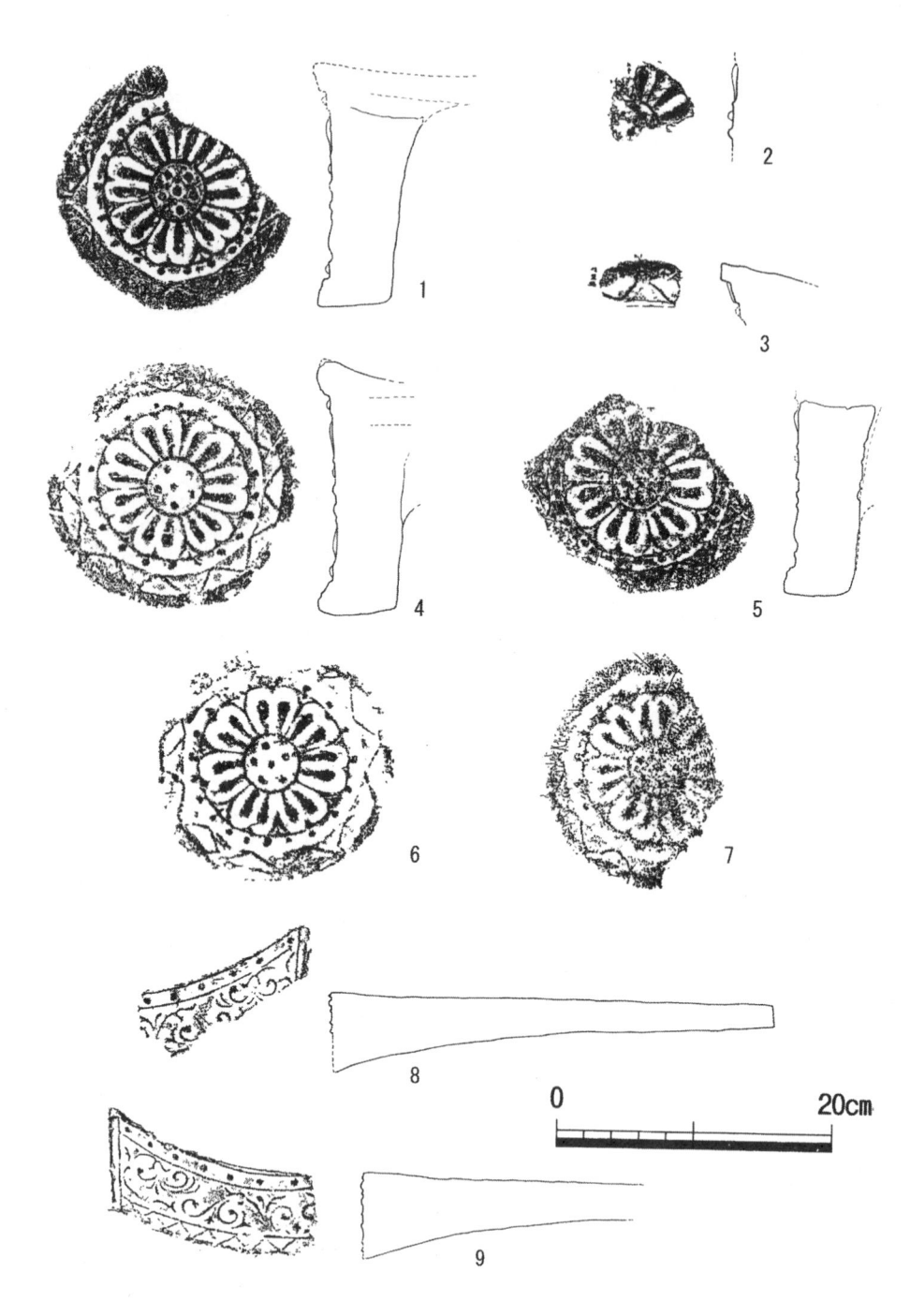

図72　府中・山内瓦窯跡出土瓦2

第4章　讃岐国分寺の瓦生産　141

間弁はほとんどが先端に切り込みをもつ。瓦当は直径16.5cm前後、厚さ約4cmである。製作は「蒲鉾状型木」による一本作り（松尾1987）と考えられる。KB103BはSKM03Aに後続する。

2は坂出市郷土郷土資料館所蔵資料で、燻べ焼きされたため表面が灰黒色を呈し、軟質の焼成で、淡灰色の胎土に1～4mm大の砂粒

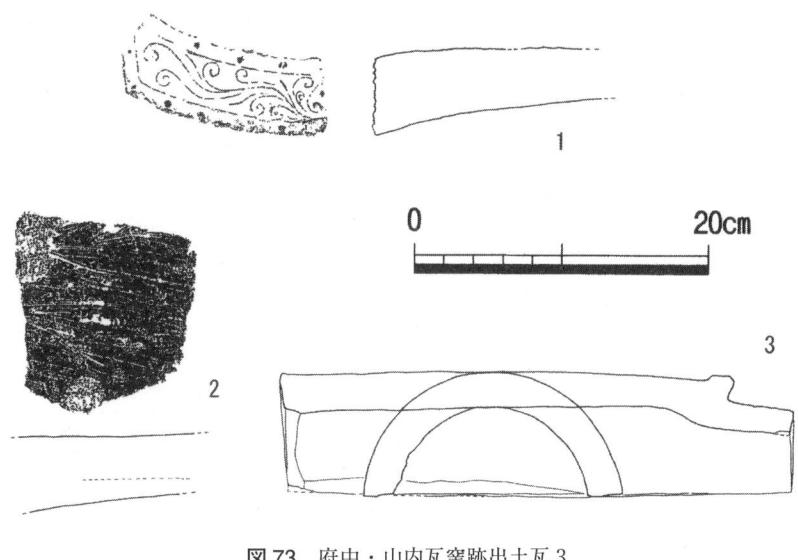

図73　府中・山内瓦窯跡出土瓦3

をやや多く含む。同じく坂出市郷土資料館所蔵の均整唐草文軒平瓦SKH01C（図72-9）も燻べ焼きされており、胎土・焼成が酷似することから、両者は同時に焼成された可能性も想定される。

図72-1～7は七葉複弁蓮華文軒丸瓦SKM07である。円圏で囲んだ中房に1+5個の蓮子をもつ。蓮弁は外縁を凸線で描き、中房近くでは隣り合う蓮弁が凸線を共有するとともに、先端部分は珠文帯内側の円圏と兼ねる。凹んだ蓮弁に盛り上がった比較的大きい2本の子葉をもつ。蓮弁先端には円圏から小さな三角形状の突起を出し、蓮弁の切り込みを表現している。間弁は退化し、これも円圏から突出する小さな三角形状の突起で表している。蓮弁先端と兼ねる円圏の外側に20個の珠文をめぐらせ、一段高くなって周縁内側の傾斜面がめぐり、そこに17個の大きい線鋸歯文を施す。周縁には明瞭な端面をもつ。讃岐国分寺跡の発掘調査では、均整唐草文軒平瓦SKH05Aと組み合い、10世紀中頃に比定されている（松尾ほか1986・1996）。

(2) 軒平瓦（図72-8～図73-2・図75-4・5）

図72-8[8]（安藤1967、川畑編1988）・9は均整唐草文軒平瓦SKH01Cで、両者とも直線顎をもつ。8は全長32.3cmで、9は前述したように、八葉複弁蓮華文軒丸瓦KB103B（図71-2）と胎土・焼成が酷似する。9の凹面には布目痕を残し、瓦当側の幅約7cmは横方向のヘラケズリを施している。凸面は摩滅が著しいため明確にし難いが、縦方向のヘラケズリを施しているようである。

SKH01Cはこの種の軒平瓦で最初に作られたSKH01Aに後続するもので、前述したSKH01Aの年代観から、770年代後半頃に比定できるものと考えられる。

図73-1は均整唐草文軒平瓦SKH04で、安藤文良氏によると、氏自身が野上池の北西隅、堤の北東隅にあたる斜面に有段窖窯の上部が露出しているのを発見し、その内部から採集したものである。瓦当面の左半部を残し、界線で囲まれた内区には中心飾の下部から左に長く伸びた唐草文が展開する。

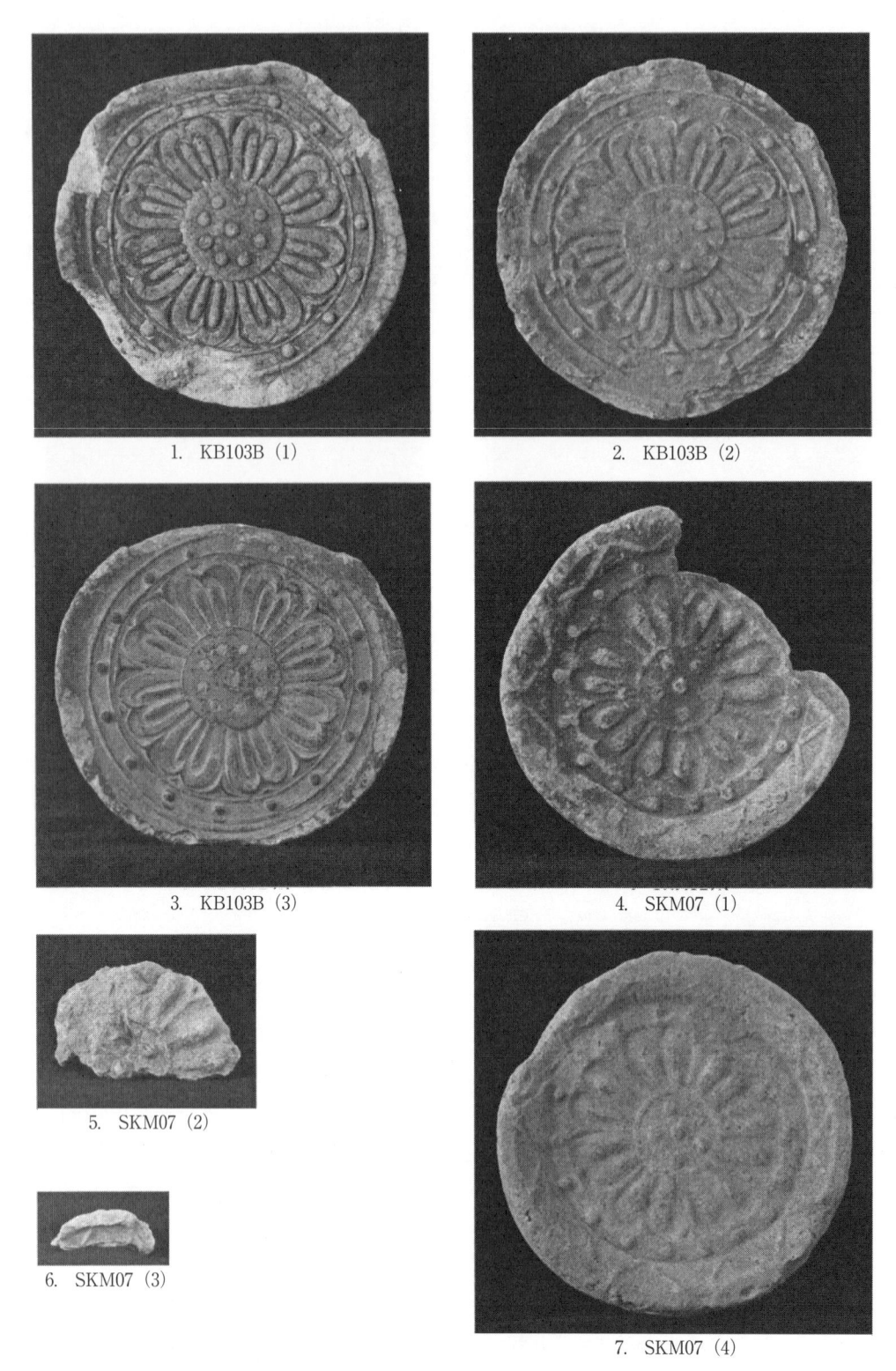

1. KB103B (1)
2. KB103B (2)
3. KB103B (3)
4. SKM07 (1)
5. SKM07 (2)
6. SKM07 (3)
7. SKM07 (4)

図74 府中・山内瓦窯跡出土瓦4（縮尺不同）

1. SKM07

2. SKM07

3. SKM07

4. SKH01C

5. SKH04

6. 丸瓦

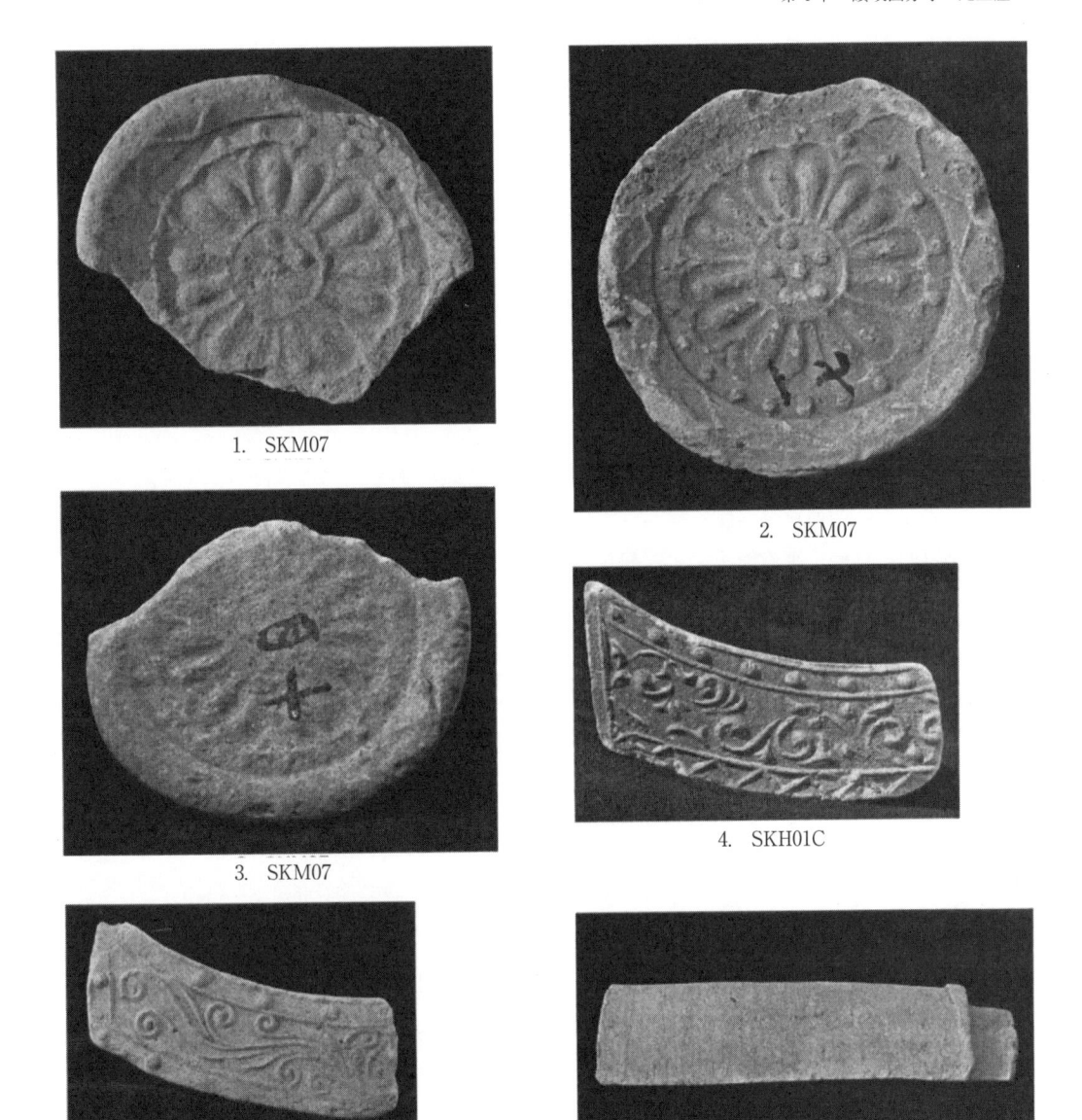

図75　府中・山内瓦窯跡出土瓦5（縮尺不同）

　讃岐国分寺跡出土品を参考にすると、中心飾は、内部に菱形状の飾りをもつ擬宝珠状の文様を線描きし、その左右を対向するC字状の唐草文で囲む。左右に流れる唐草文は先端部を渦状に巻き込み、端部が若干肥厚する主葉と細く流れる支葉で構成される。上下の外区には各9個の珠文を、左右の脇区には各3個の珠文をもつ。SKH04は、9世紀中頃に比定されているSKH03と比較すると、中心飾や唐草文がより装飾的になり、後出すると考えられるので、9世紀後半頃に比定できるものと考えられる。

　図73-2は瓦当部分を欠失した軒平瓦である。平瓦の下方（凸面側）に粘土を加えて先端部を厚

く作ったことが断面から観察される。凹面は縦方向のヘラケズリ、凸面は縦方向のヘラナデで丁寧に調整している。砂粒をあまり含まない良質の粘土を用い、須恵器質の堅緻な焼成で、淡青灰色を呈する。胎土・焼成や丁寧な調整から、SKH01A又は01Cではないかと思われる。

(3) 丸瓦（図73-3・図75-6)

完形の玉縁付丸瓦で、長さ34.9cm、幅は玉縁の付け根で15.9cm、中央部で17.5cm、先端でやや狭くなって16.7cmとなる。中央部の高さは8.3cmである。玉縁に接する筒部の外面は整わないタガ状に突出する。筒部と玉縁の上面は横方向のナデで丁寧に調整し、下面には粗い布目が残されている。筒部の先端面はヘラケズリが施されているが、玉縁の先端面は無調整である。また、筒部の一方の下端面には、分割のための切り込み痕が残されている。焼成は良好である。

(4) 平瓦

羽床氏の宅地から採集された2点の破片が鎌田共済会郷土博物館に所蔵されている。いずれも凹面に布目痕をもち、凸面には長軸に対して平行ないしは平行に近い縄叩き目をもつ。縄叩き目の上には、短軸方向に近い、斜めのナデが認められる。

以上のほか、坂出市鼓ヶ岡神社にある鼓ヶ岡文庫に、「国分寺瓦窯跡遺瓦」として八葉単弁蓮華文軒丸瓦2点（開法寺跡KH106・讃岐国分寺跡SKM09)・均整唐草文軒平瓦（讃岐国分寺跡SKH01C)1点[9]・丸瓦2点と、「国分寺瓦窯跡遺瓦　寄附人羽床十四吉氏」として丸瓦1点・平瓦2点が展示されている。しかし、川畑迪氏はこの軒瓦3点を開法寺跡出土としている（川畑編1988)。また、瓦には注記もなく、他の展示品についても出土地に疑問のあるものが認められることから、府中・山内瓦窯跡出土とする確証は得られない。

4. まとめ

府中・山内瓦窯跡から発見された瓦のうち最も古いものは770年代前半〜中頃に比定できる八葉複弁蓮華文軒丸瓦SKM03Aであり、最も新しいものは10世紀中頃と考えられている七葉複弁蓮華文軒丸瓦SKM07である。両者とも子葉間に仕切り線をもたない。子葉間に仕切り線をもたない複弁蓮華文軒丸瓦は讃岐国分寺跡・国分尼寺跡で13型式16種が確認されているが、県内においては両寺跡以外では非常に少なく、しかも散発的にしか用いられていないことから、讃岐国分寺跡を中心として用いられたことがわかる。このうち最も古いのは八葉複弁蓮華文軒丸瓦SKM01であるが、SKM03AはSKM01に文様がきわめて近く、SKM01に後続すること、両者はともに均整唐草文軒平瓦SKH01Aと組み合うと考えられていることから、府中・山内瓦窯はSKM01－SKH01Aの段階には操業を行っていた可能性がきわめて高いものと思われる。

従って、府中・山内瓦窯では、770年前後に開始されたと考えられる讃岐国分寺の再整備期から10世紀中頃まで、子葉間に仕切り線をもたない複弁蓮華文軒丸瓦をはじめとした讃岐国分寺・国分尼寺の所用瓦を焼成していたことはほぼ疑いないものと思われる。

先述したように、府中・山内瓦窯跡から出土する軒瓦はいずれも讃岐国分寺跡又は国分尼寺跡から出土している。また、現在のところ、讃岐国分寺の再整備期より古い瓦は府中・山内瓦窯跡から出土しておらず、再整備にあたって最初に用いられた八葉複弁蓮華文軒丸瓦SKM01は讃岐国分寺

跡以外では出土していない。また、SKM01と組み合う均整唐草文軒平瓦SKH01Aも讃岐国分寺跡・讃岐国分尼寺跡[10]以外では出土していないことなどから、府中・山内瓦窯は国分寺の再整備に伴い、讃岐国衙が専用瓦屋として整備したものと考えられる。

また、府中・山内瓦窯が少なくとも10世紀中頃まで操業していたことからすると、専用の国分寺瓦屋が比較的遅くまで機能していた例として注目される。

なお、10世紀中頃とされる七葉複弁蓮華文軒丸瓦SKM07は同笵瓦又は同文瓦がさぬき市長尾寺（松尾ほか1996、安藤編1974）、高松市百相廃寺（安藤編1974）、高松市拝師廃寺（川畑1996）から出土している。これらの瓦がどこで生産されたのかは、府中・山内瓦窯の瓦生産を考えるうえでも重要であり、今後の研究が注目される。

一方、府中・山内瓦窯跡で出土している、八葉複弁蓮華文軒丸瓦SKM03Aは、讃岐国分寺・国分尼寺のほか、同笵品が丸亀市宝幢寺跡（安藤1967、藤井1983、稲垣1987、松尾1987、松尾ほか1996）、大阪府八尾市小坂合遺跡（駒井ほか2000）から出土している。宝幢寺跡からは、SKM01のもとになった八葉複弁蓮華文軒丸瓦HD102（稲垣1987、松尾ほか1996）が出土し、宝幢寺の創建・維持に関わった豪族が讃岐国分寺の整備に密接に関係したことが想定されている（松尾ほか1996）。

前述したように、府中・山内瓦窯跡では10基ないし14〜15基の瓦窯跡の存在が想定されるが、これらは宅地造成と溜め池築造・改修に伴う掘削によって発見されていることから、瓦窯跡の中にはすでに消滅したものがあるかもしれない。しかし一方では、これまでに組織的な発掘調査が全く行われていないことから、発掘調査を計画的に実施すれば、さらに多くの瓦窯跡が発見されることも考えられる。府中・山内瓦窯跡では10基ないし14〜15基以上の瓦窯跡の存在を想定することは十分可能であり、大規模な国分寺瓦屋であったことが予想される。

瓦窯は現状で有段窖窯とロストル窯が確認できる。第3号瓦窯跡は有段窖窯で、煙出しと最上部2段の床面をわずかに残している。これに対して、近接して残存するロストル窯の第2号瓦窯跡は燃焼室の奥壁の一部を残し、第3号瓦窯跡より残存度が高い。第3号瓦窯跡の付近では、斜面が第1号・2号瓦窯跡より約2m奥まで削られているが、第3号瓦窯跡が窖窯であることから、長大な可能性が高いことを考えると、ロストル窯の第2号瓦窯は第3号瓦窯より斜面の奥、つまり高位に作られたものと思われる。

第2号瓦窯を構築し、その前面付近を活用しながら操業するためには、第1号窯又は第3号窯の窯体下部を破壊しなければならないことから、府中・山内瓦窯跡では、有段窖窯がロストル窯に先行したことが想定できる。ただ、有段窖窯が先行したとしても、八葉複弁蓮華文軒丸瓦SKM03A・均整唐草文軒平瓦SKH01Cに須恵質のものと燻べ焼されたものが存在することから、この段階には有段窖窯とロストル窯が並行して用いられた可能性が想定されている（駒井ほか2000）。SKM03A段階で府中・山内瓦窯においてロストル窯が用いられたとすると、香川で最も古い例となり、香川のロストル窯は讃岐国分寺の再整備に伴って畿内から新たに導入された可能性が高いことになる。

一方、有段窖窯は藤原宮の所用瓦を焼成した三豊市宗吉瓦窯跡で用いられており、そこでの瓦

窯跡の各段の角を通した傾斜角は約40°〜45°と、府中・山内瓦窯跡と同様の急傾斜の作りであり、府中・山内瓦窯の有段窖窯が藤原京所用瓦を焼成した宗吉瓦窯の影響を受けた可能性もあり、両者の系譜的関係が注目される。

府中・山内瓦窯跡から発見された八葉複弁蓮華文軒丸瓦KB103Bは、SKM03Aと同じく「蒲鉾状型木」による一本作りと考えられる。同種の軒丸瓦のうち最も古い八葉複弁蓮華文軒丸瓦SKM01には瓦当と丸瓦を接合するものと、「蒲鉾状型木」による一本作りの2種があり、後者は、それ以前の香川の軒丸瓦に認められないことから、「蒲鉾状型木」による一本作りも、770年代を中心に進められたと考えられる讃岐国分寺の再整備にあたって畿内から新たに導入された技術であったと考えられる。また、軒平瓦についてみると、均整唐草文軒平瓦SKH01Aは、対葉花文をもつ東大寺式軒平瓦の中心飾をもち、ここにも畿内の影響が認められる。

しかしながら、SKM01の瓦当文様は丸亀市宝幢寺跡の八葉複弁蓮華文軒丸瓦HD102を祖型とし、讃岐国分寺跡出土の8世紀の軒丸瓦には「蒲鉾状型木」による一本作りとともに瓦当と丸瓦の接合式が併存していること、SKH01Aは当時の畿内では時代遅れとなった下外区の線鋸歯文帯をもち、SKH01B・01Cは白鳳期以来の粘土板桶巻作りで製作される（松尾1987、松尾ほか1996）など、在地の技術、伝統も認められる。また、これらの瓦は畿内から新たに導入されたロストル窯とともに、旧来の有段窖窯でも焼成されたと考えられることから、讃岐国分寺再整備期における府中・山内瓦窯での瓦製作にあたっては、新たに導入された畿内の技術と在地の伝統的技術が併存して用いられたと考えられる。これが造瓦工人の編成などの問題とどのように関わるかは今後解決すべき重要な課題である。

府中・山内瓦窯跡は国史跡に指定されて保護されているものの、これまで本格的な研究がなされなかった。このため、遺跡の規模・内容ついてすら不明な部分が少なくない。今後、適切に遺跡を保護し、活用するためには、何よりもまず遺跡の内容を正確に把握することが必要であり、そのためには発掘を伴った確認調査の実施が強く望まれる。

第2節　平行叩き目をもつ讃岐国分寺跡出土の軒平瓦

1．はじめに

讃岐国分寺の再整備に用いられた均整唐草文軒平瓦SKH01A〜01Cは、凸面と凹面をヘラケズリやナデで丁寧に調整することを特徴とする。とくに凸面はほとんどが全面にわたって調整され、叩き目を残すものはきわめて少ない。讃岐国分寺跡の発掘調査では格子叩き目をもつSKH01Cが注目されている（図77-1、松本ほか1996）が、凸面の叩き目についてはむしろ報告のない平行叩き目が多いようである。しかも、平行叩き目の中には国分寺再整備期の瓦生産を考える上で注目すべき資料があることから、ここで取り上げ、その意味するところを考えてみたい。

2. 叩き目をもつ讃岐国分寺再整備期の軒平瓦

　本節で検討の対象としたのは、SKH01Aが127点中100点、これに後続するSKH01Cが121点中103点、さらに新しく比定されるSKH01Bが86点中67点である。SKH01A〜01Cの全てを検討対象とすることができなかったが、80％前後の資料を対象としたことになり、全体の傾向を知るには十分であろう。なお、ここでは取り上げないが、最も新しいSKH01D1点と01A〜01Cの区分が不明なもの3点については、叩き目は確認できなかった。

　図76-1は瓦当面左半部の破片で、左上端部の支葉が強く湾曲して外反すること、左上部から右に向かって伸びた蕨手2葉の、右側に配された二つの小葉の下部が離れていることなどからSKH01Aとすることができる。凸面には端正な印象を受ける縦方向（長軸方向）の縄叩き目を残すが、瓦当側約12cm幅は縦方向のナデで叩き目を消している。凹面は横方向の丁寧なナデを施し、布目を消す。青灰色を呈し、堅緻に焼成されている。

　76-2はSKH01Cで、凸面は縦方向のケズリでほとんどの叩き目を消すが、末端部の狭い範囲に、やや斜行する縄叩き目が残る。凹面は瓦当側を幅約2cmほど横方向のナデで調整し、他の部分は斜め方向を主体としたナデを施す。末端部に布目が部分的に残る。胎土に1〜3mm大の砂粒をやや多く含み、やや軟質の焼成で赤色味を含む灰褐色から暗灰褐色を呈する。

　図77-1は三葉文の中心が擬宝珠形にふくらんだ蕾状を呈し、かつ低くなっていることからSKH01Cであることがわかる。凸面に格子叩き目をもつ。瓦に注記はないが、讃岐国分寺跡資料館の所蔵資料には他に格子叩き目をもつSKH01Cが認められないことから、北面築地跡から出土したと報告されているものと思われる（松本ほか 1996）。凸面の瓦当側1.5〜4.5cm幅は横方向のヘラケズリで叩き目を消すが、それ以外の部分には8〜9mm角の格子叩き目を残している。瓦当面のほぼ全面にベンガラと思われる赤色顔料が薄く残っている。淡灰褐色を呈し、焼成はやや軟質である。胎土に1〜3mm大の砂粒を少量含む。

　このほか、安藤文良氏は現本堂の西側から昭和15年に出土したSKH01Cに1cm角の格子叩き目をもつことを紹介している（安藤編 1974）。

　図77-2〜図78-1も三葉文に低い擬宝珠形の中心部をもつこと、左右両上端部から内側に伸びる蕨手2葉に接する二つの小葉の下部が繋がっていること、蕨手2葉がU字状の萼の外部から派生していることなどからSKH01Cとすることができる。3点とも凸面に平行叩き目をもつ。叩き目は畝幅2〜3mm、溝幅約4mmで、後述する図78-2の叩き目に比べて倍ほどの太さである。

　図77-2の凸面には、縦方向の平行叩目きを施した後、部分的に斜め方向の平行叩き目を施す。瓦当近くの叩き目は縦方向のナデで消す。凹面には布目が残されているが、瓦当側の幅4cmほどは横方向のケズリ調整を施し、布目を消している。

　図77-3は凸面に縦方向の平行叩き目が施され、瓦当側は横方向のケズリで叩き目を消す。凹面には粘土板採取時の条痕状の糸切り痕を残すが、瓦当側は約1cm幅でケズリを施す。

　図78-1の凸面にも縦方向の平行叩き目をもつ。瓦当付近の調整は磨滅のため明らかでない。凹面には布目の上に斜め方向のナデが施されているが、瓦当側は約1cm幅で横方向にケズリ調整を施している。

図77-2・3は砂粒が少ない胎土を用い、堅緻に焼成されているが、図78-1は1～5mm大の砂粒を多く含み、やや軟質の焼成である。図77-2は瓦当面のみ青灰色、その他は灰色を呈する。3は淡灰褐色を呈する。図78-1は瓦当面と凹面が淡青灰色、凸面は淡灰色を呈する。

図78-2は瓦当面右上端部の破片で、上外区の珠文の下と右端部に内区を囲む凸線が認められる。図では分かりにくいが、内区の右上端部には弱く彎曲しながら外反する支葉があり、その左側に、左に反転する唐草とその先端に萼が認められる。右上端部の支葉の外彎が弱いこと、萼がV字形になり、主葉が萼の奥に繋がっているようにみえることなどからSKH01Bとすることができる。

凹面には、瓦当近くまで布目が残り、瓦当面から5cmほど離れて布目の上から縦方向を主体とする平行叩き目を施している。叩き目の単位は幅約2.3cm、長さ4cm以上の長方形で、9本の畝と8本の溝をもつが、焼成時の収縮を考慮すると原体はさらに若干大きくなる。叩きは瓦当を左にみて、主に上から下へ、左から右へと施されている（図79）。畝幅は約1mm、溝幅は約2mmで、瓦の叩き目としては異常に細く、須恵器の平行叩き目に類似する。しかし、畝と溝は高低差が大きい。叩き目の上からナデなどは施されていない。凹面の布目の上に叩き目を施した目的は明らかでない。凸面には縦方向のケズリを施している。灰色から青灰色を呈し、凸面はやや軟質の焼成である。

3. SKH01A～01Cの叩き目について

国分寺町教育委員会の発掘調査で出土した均整唐草文軒平瓦SKH01A～01Cにおいて、今回確認できた叩き目は、太めの平行叩き目が3点、縄叩き目が2点、格子叩き目が1点、細めの平行叩き目が1点である。叩き目をもつ軒平瓦は270点中わずか7点（2.6％）であり、讃岐国分寺の再整備に用いられた軒平瓦は、表面調整がきわめて丁寧に行われたことがわかる。

縄叩き目は、讃岐国分寺の再整備に最初に用いられたSKH01Aとこれに後続するSKH01Cに各1点が確認できた。SKH01Bには認められなかったが、縄叩き目は一般に国分寺造営以降に盛行すると考えられることから、SKH01Bにも用いられたであろうことは十分に想定される。

格子叩き目は安藤文良氏の紹介を含めるとSKH01Cの2点、太めの平行叩き目はSKH01Cの3点である[11]。このことから、SKH01Cに太めの平行叩き目がやや多く用いられたとも考えられるが、資料が少ないため、断定はできない。また、太めの平行叩き目と格子叩き目がSKH01C段階で出現したのか、それとも当初から存在していたものが、SKH01C段階で表面調整がやや省略された結果、偶然確認できたのかについても現状では明らかにしがたい。

SKH01Bで確認できたのは細めの平行叩き目1点である。ただし、叩き目は凹面の布目の上から施されており、一般的な瓦製作に必要な工程とは考えられず、瓦の叩き目としては異常に細くて須恵器の叩き目に近いなど、特殊な例とみることができる。

以上の軒平瓦は国分寺の専用瓦屋であった府中・山内瓦窯で生産されたと考えられるが、府中・山内瓦窯跡の約3km南には、遅くとも8世紀中頃には讃岐の須恵器生産をほぼ独占していた陶（十瓶山）窯跡群があることから、8世紀の須恵器とSKH01Bの叩き目を比較してみたい。

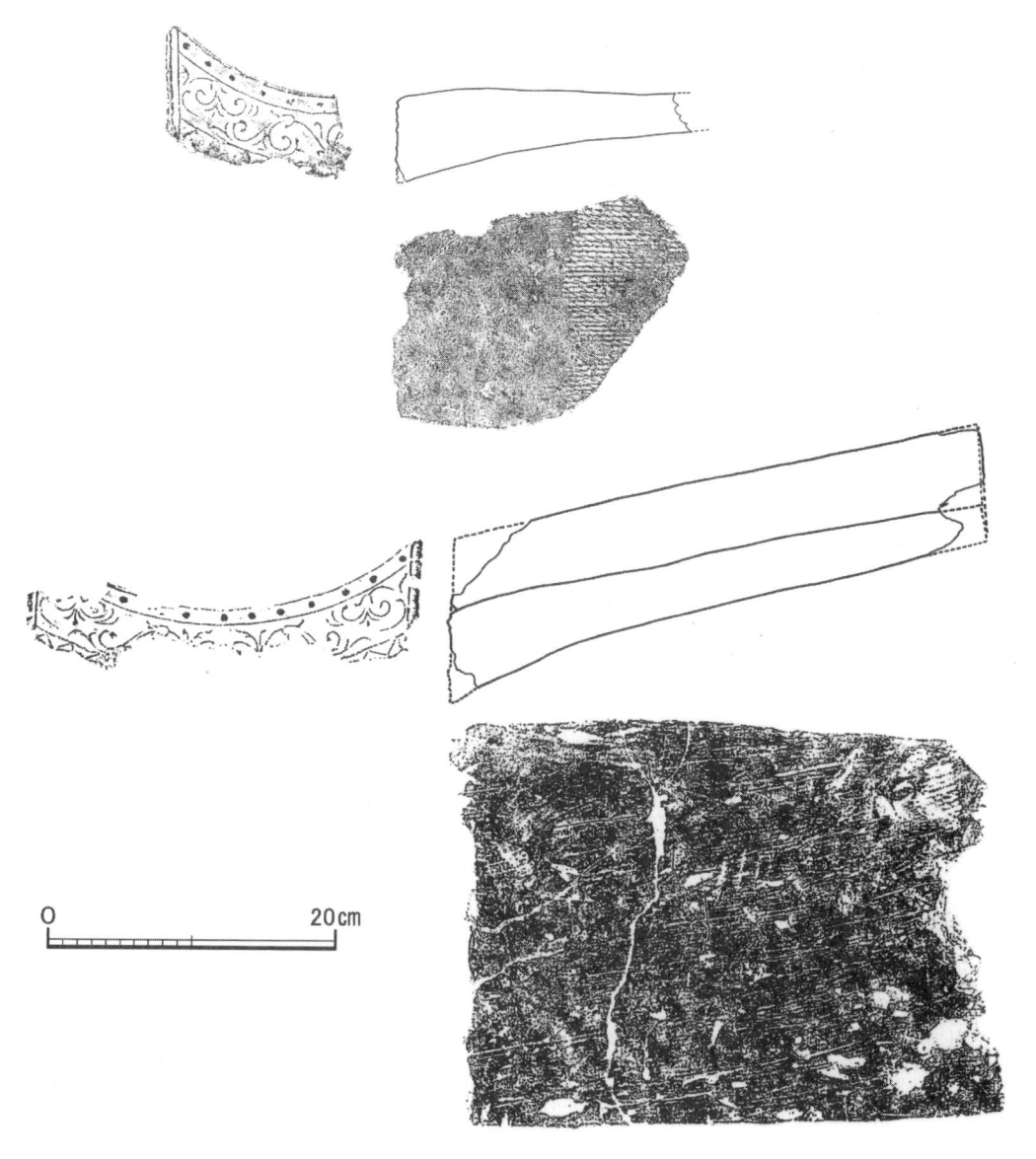

図76　讃岐国分寺跡出土軒平瓦の叩き目1

4. 北条池1号窯跡採集の須恵器の叩き目について

　図80は綾川町陶に所在する北条池1号窯跡から採集された須恵器甕の叩き目である。北条池1号窯跡は、讃岐国分寺跡から約4km南に位置する陶（十瓶山）窯跡群に所在し、発掘調査は実施されていないが、採集資料に関していくつかの報告があり（渡部 1980、植田 1992、佐藤 1993b、中山・佐藤 1998）、8世紀中頃の須恵器窯跡として知られている。長岡京遷都の頃に比定されるSKH01Bよりやや先行するが、陶（十瓶山）窯跡群では8世紀後半の須恵器の叩き目を明らかにする良好な資料がないため、比較的時期の近い資料として紹介する。

　採集された須恵器はすべて平行叩き目をもつ甕の破片である。図80-1～8は木目に平行して溝

150

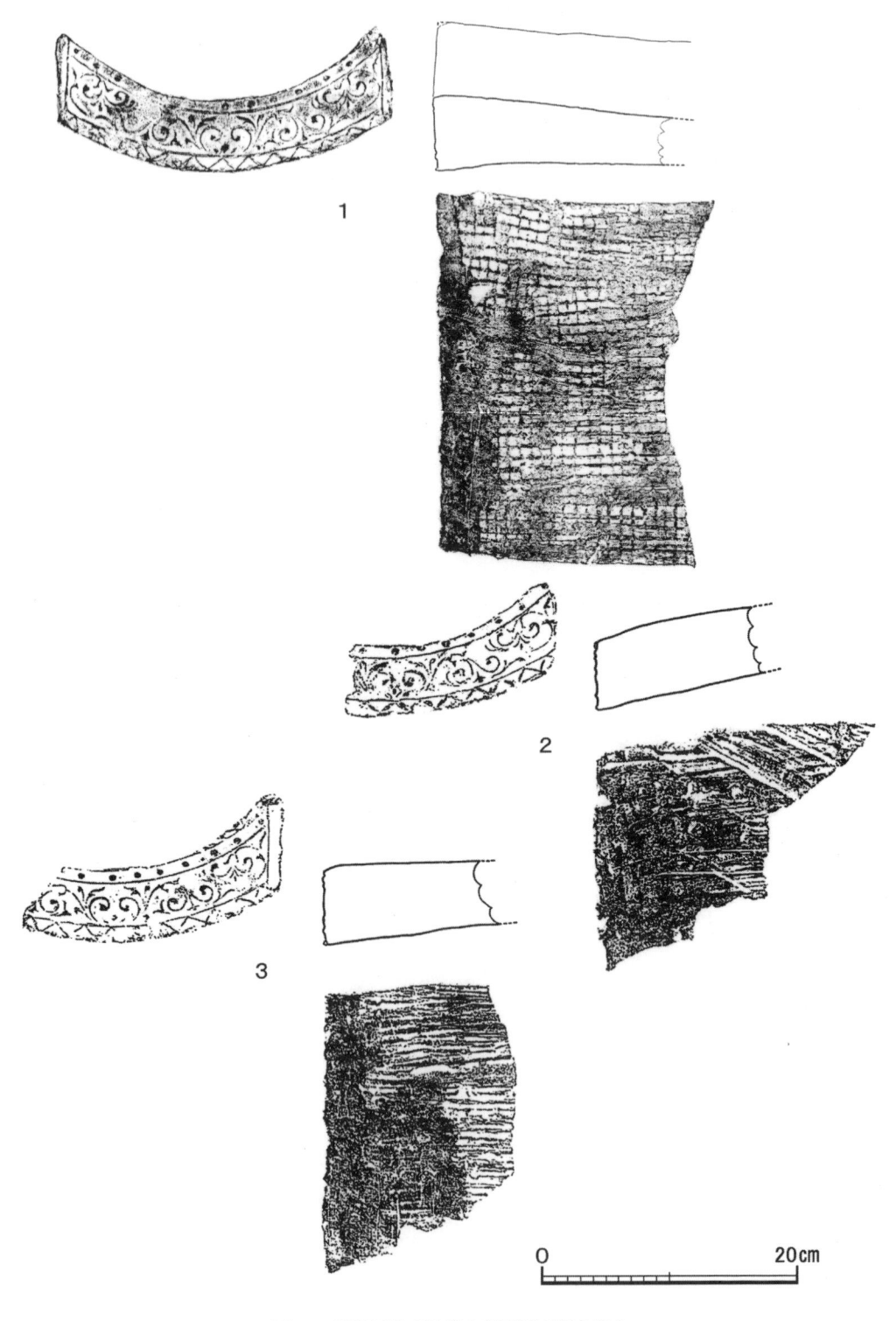

図77 讃岐国分寺跡出土軒平瓦の叩き目2

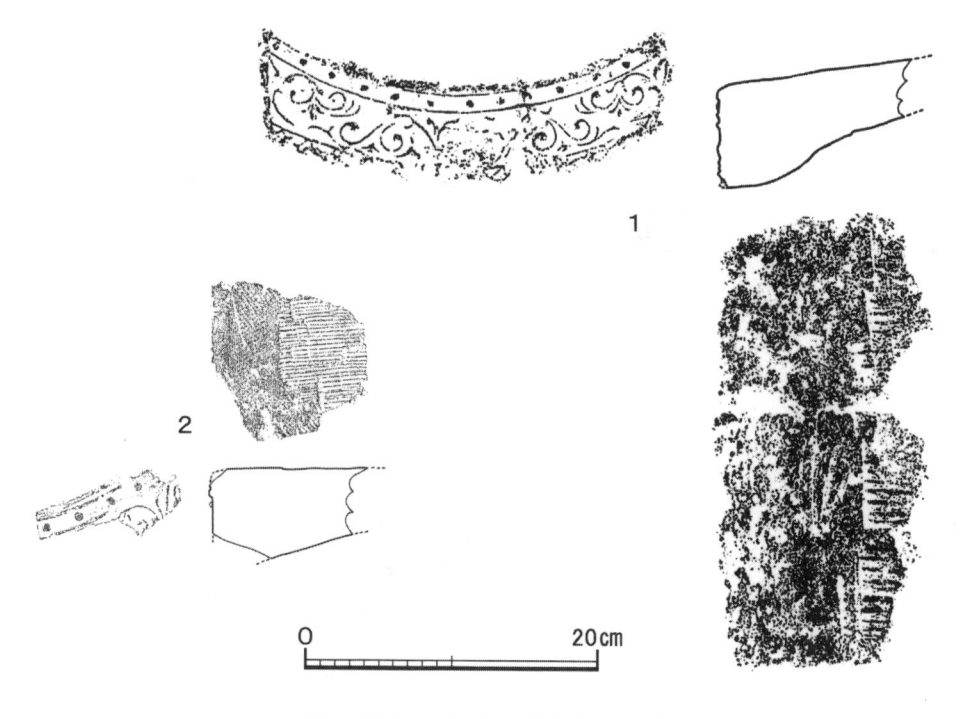

図78 讃岐国分寺跡出土軒平瓦の叩き目3

が彫られている。9〜11は格子叩き目にみえるが、木製叩き具の年輪に直交して平行の溝を彫ったため擬格子叩き目となったものであり、本来の格子叩き目ではない。また、11の叩き目は粗雑にみえ、他の叩き目と様相が異なる。北条池1号窯跡に隣接する平安時代末の北条池2号窯跡に伴うものと思われる。

擬格子叩き目の9〜11を除くと、1〜8は特徴に乏しい平行叩き目であるが、畝幅1〜2mm、溝幅約2mmの細い叩き目をもつ1〜5・7と畝幅・溝幅のやや大きい叩き目をもつ6・8に分けられる。

讃岐国分寺跡出土の均整唐草文軒平瓦SKH01B（図78-2）と北条池1号窯跡採集の須恵器甕の叩き目については、胎土や器壁の厚さの違いなどによる焼成時の収縮率の問題などもあるが、現状でみる限り、木目に平行して溝を彫り、両者の畝幅と溝幅に大きな違いがないなど、類似しているといえる。

5. SKH01Bの平行叩き目をめぐって

香川の白鳳期から奈良時代の瓦の叩き目については詳細が明らかにされていないが、白鳳期の瓦は格子叩き目をもち、奈良時代前半にも格子叩き目が広く残存する[12]一方、縄叩き目も用いられた（東 2002・2003）とされている。また、三豊市三野町宗吉瓦窯跡からは、平行叩き目をもつ白鳳期の平瓦も知られており（白川 2001、渡部ほか 2009）、叩き目の大きさは讃岐国分寺跡出土SKH01Cの太めの平行叩き目に近い。

図79　SKH01Bの叩き目（約2：3）

　ところが、SKH01Bの平行叩き目は、凹面に施した目的は明らかでないものの、これまでの出土瓦には全く知られていない細めの叩き目であり、須恵器の叩き目ときわめて類似している。
　ところで、8世紀後半から末頃と考えられる讃岐国分寺の再整備、国分尼寺の整備にあたっては、主要堂塔や国分寺の築地などに大量の瓦が必要とされ、こうした大量の瓦を短期間に製作するため、府中・山内瓦窯を専用の瓦屋として新たに設けている。
　府中・山内瓦窯では、軒丸瓦の製作に「蒲鉾状型木」（松尾1987、松尾ほか1996）を用いて瓦当部と丸瓦部を同時につくる一本作りの技法が新たに導入されていることなどから、畿内からの工人の移動に伴う新たな技術の移転があったことは明らかである。
　しかし、その一方で、瓦当と丸瓦を接合する従来の技法が平行して行われていることは、府中・山内瓦窯の成立当初から在地の工人も加わって瓦生産が行われていたことを示している。さらに、須恵器に類似した細めの叩き目が新たに確認されたことは、府中・山内瓦窯の瓦生産に須恵器工人の動員があったことを強く示唆するものと考えられる。
　当時の讃岐国では、西端部（現三豊市・観音寺市）の地域を除くと、陶（十瓶山）窯跡群以外では、須恵器生産は8世紀中頃にはほぼ壊滅状態となっており（渡部1980）、しかも陶（十瓶山）窯跡群が府中・山内瓦窯跡の南約3kmときわめて近い位置に立地していることから、府中・山内瓦窯の瓦製作に影響を与えたり、工人を動員できる須恵器生産地は陶（十瓶山）窯跡群以外には考えられない。また、ここでは7世紀後半頃には開法寺・鴨廃寺の瓦生産を開始しており（松本1968、安藤編1974、川畑1996）、瓦生産の技術も有している。
　一方、陶（十瓶山）窯跡群は7世紀中頃から須恵器生産を開始し、その成立に綾氏が関与したと考えられている（羽床1982、綾南町誌編纂委員会1998）。

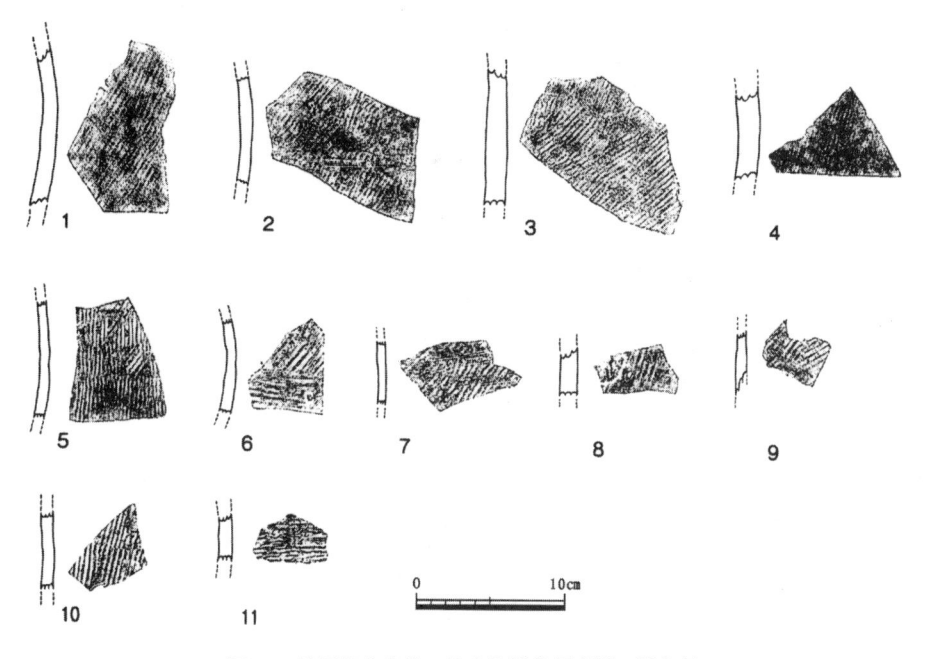

図80 綾川町北条池1号窯跡採集須恵器の叩き目

表7 綾川町北条池1号窯跡採集須恵器の叩き目

図番号	器種	器壁の厚さ (mm)	内面調整	外面調整	叩き目 畝幅(mm)	叩き目 溝幅(mm)	備考
1	甕	約10	横方向のナデ	斜位の平行叩き目	1〜2	約2	
2	〃	約8	横方向のナデ	斜位の平行叩き目の上にカキ目	1〜2	1〜2	
3	〃	12〜14	横方向のナデ	斜位の平行叩き目	1〜2	約2	
4	〃	約15	横方向のナデ	斜位の平行叩き目	約1	約2	
5	〃	6〜7	ナデ	縦位の平行叩き目の上に一部斜位の平行叩き目	約1	約2	
6	〃	6〜7	押さえの上にナデ	縦位・横位の平行叩き目	約2	約2〜3	
7	〃	5〜6	横方向(?)のナデ	斜位の平行叩き目の上にカキ目	約1	約2	
8	〃	約12	?	斜位の平行叩き目	1〜2	約2	
9	〃	6〜7	横方向のナデ	斜位の擬格子叩き目	1〜2	約2〜3	擬格子叩き目
10	〃	約8	ナデ	斜位の擬格子叩き目	1〜2	約2	擬格子叩き目
11	〃	約9	横方向のナデ	横位の擬格子叩き目	約1	約2	擬格子叩き目、平安後期

したがって、讃岐国衙は国分寺の再整備、国分尼寺の整備に際して、綾氏が管理する民窯を用いず、新たに官営の専用瓦屋を設けたが、実際の瓦製作にあたっては民窯の須恵器工人も加わっており、国分寺瓦屋の運営に綾氏の関与も考えられるのである。

第3節　陶（十瓶山）窯跡群における初期の瓦生産と讃岐国分寺瓦屋

1. はじめに

　香川県綾歌郡綾川町陶を中心に広がる陶（十瓶山）窯跡群[13]は、奈良時代以降、讃岐国の須恵器生産をほぼ独占するとともに、平安時代後期には平安宮・平安京に瓦を供給したことでよく知られているが、ここでの瓦生産は白鳳期にさかのぼる。

　昭和41・42（1966・1967）年度に実施された、府中ダム建設に伴う発掘調査において、10世紀初頭前後の須恵器を包含する田村神社東灰原の下から、地山に貼り付いた状態で八葉複弁蓮華文軒丸瓦1点（図86-1）が発見された。発掘調査報告書によれば、調査は工事と併行して行われたこともあり、軒丸瓦の付近から布目をもつ平瓦を2点ほど検出したものの、瓦窯跡は確認できなかったとしている。この軒丸瓦は、内傾した周縁に✕状の文様をめぐらすのが特徴で、高く突出した中房に1＋5＋8個の不揃いな蓮子をもち、蓮弁は彫りが深く、丸瓦部は瓦当裏面の上端に取りつくものであり、陶（十瓶山）窯跡群出土瓦の中で最古に位置づけられた（松本1968）。

　昭和49年、安藤文良氏は讃岐の代表的な古瓦を紹介する中でこの軒丸瓦を取り上げ、丸瓦部を瓦当の上端に食い込ませる初期的な接合方法であるとして奈良時代に比定するとともに、同笵品が高松市坂田廃寺・坂出市開法寺跡から出土しているとした（安藤編1974）。

　一方、昭和58年には、須恵器を焼成した大師堂池1号窯跡が発掘調査され、8世紀後半〜末頃と考えられる第二次床面から、須恵器の焼成台に用いられたとみられる丸瓦2点が出土した（大砂古・安田1983）。

　さらに、同年、濱田重人氏は庄屋原4号窯跡から6〜7m下の府中湖々底で、田村神社東灰原出土品に類似した蓮弁をもつ八葉複弁蓮華文軒丸瓦（図86-5）を採集し、あらためて田村神社東灰原出土品とともに注目された。

　濱田氏の採集瓦は、翌昭和59年に拓本が紹介され、田村神社東灰原・坂田廃寺・開法寺の出土品と同型式であり、庄屋原では格子叩き目をもつ熨斗瓦・平瓦も出土することから、開法寺・坂田廃寺の所用瓦の一部が陶（十瓶山）窯跡群で生産された有力な根拠であるとされた（瀬戸内海歴史民俗資料館1984）[14]。

　また、昭和62年、安藤文良氏は香川県の古瓦を概観する中で、田村神社東灰原出土の八葉複弁蓮華文軒丸瓦の類例が坂田廃寺、開法寺跡、坂出市鴨廃寺から出土しているとするとともに、坂出市醍醐廃寺出土品は周縁が無文であることを除くと、内区文様は田村神社東灰原出土品と酷似するとした（安藤1987）。

　一方、蓮本和博氏は、平成4（1992）年、陶（十瓶山）窯跡群・開法寺跡・鴨廃寺・醍醐廃寺などが所在する古代阿野郡の渡来人を考察する中で、田村神社東灰原出土八葉複弁蓮華文軒丸瓦の同笵瓦が坂田廃寺と開法寺跡から出土し、これと鴨廃寺・醍醐廃寺出土品は同型式の異笵瓦であるとした（蓮本1992）。

さらに、平成8年、川畑聰氏は、香川県内の古瓦を整理・紹介する中で、高松市坂田廃寺で最古に比定される八葉複弁蓮華文軒丸瓦SK101は、周縁に＞＜状の文様をもつなどの違いがあるものの、1＋5＋8個の周環のある蓮子をもち、蓮弁は強く反転して彫りが深く、周縁が三角縁であって、川原寺式に近いとして白鳳期に比定し、坂田廃寺ではSK102・103がその系譜を引くとともに、開法寺跡・鴨廃寺・陶（十瓶山）窯跡群から同文瓦が出土し、そのうち開法寺跡KH105と鴨廃寺KM101は同笵であるとした（川畑 1996）。

平成10年、著者は陶（十瓶山）窯跡群を概観する中で、田村神社東灰原・庄屋原4号窯跡下出土の八葉複弁蓮華文軒丸瓦について、前者を坂田廃寺・開法寺跡出土品と同笵として紹介している（綾南町誌編纂委員会 1998）[15]。

平成11年には、採集者である濱田重人氏もこの軒丸瓦の資料紹介を行い、採集時の詳細を明らかにするとともに、蓮弁文は川原寺式の流れを汲み、田村神社東灰原出土品と同系統であり、坂出市醍醐廃寺出土品と同文であるとした。ただ、この軒丸瓦が庄屋原4号窯跡に伴うものか、未確認の窯に伴うものかは判断できないとしている（濱田 1999）。

一方、陶（十瓶山）窯跡群を長年研究されている田村久雄氏は早くから古式の瓦にも注目し、白鳳期から陶（十瓶山）窯跡群で瓦生産が広く行われていたと考えていた。著者も昭和50年代に田村氏採集の格子叩き目をもつ平瓦を拝見するとともに、田村氏の案内で庄屋原4号窯跡の窯体前面で平瓦・丸瓦を確認した。

庄屋原4号窯跡に丸瓦・平瓦が伴うことは、前述のように、昭和59年に瀬戸内海歴史民俗資料館が指摘したが、平成5年に佐藤竜馬氏も庄屋原4号窯跡の須恵器を紹介する中で平瓦に言及している（佐藤 1993a）。さらに、田村久雄氏と渡邊誠氏及び著者が平成18年末〜19年初頭に行った分布調査において、坂出市下野原1・2号窯跡や綾川町内間6号窯跡からも古式と考えられる平瓦・丸瓦が採集されるとともに、平成18年度末の香川県教育委員会の確認調査によって、8世紀の庄屋原2号窯跡からも平瓦が発見される（信里 2007）など、田村久雄氏の想定が徐々に裏付けられつつある。

そこで、本節では、最近の資料を含めて陶（十瓶山）窯跡群における初期の瓦を紹介し、その供給先を明らかにするとともに、讃岐国分寺瓦屋（府中・山内瓦窯跡）と比較することにより、陶（十瓶山）窯跡群の瓦生産の実態や特徴などを考えることにしたい。

2. 陶（十瓶山）窯跡群出土の初期の瓦

(1) 下野原1・2号窯跡（図82・図83-1・2）

府中湖に向かって西に開く小さな谷の、北側斜面の下部に、焚き口を南に向けた窖窯が東西に2基並んでいる。斜面下部に窯体の天井部が落ち込み、窯壁が散在している。窯跡の西側には、府中湖の水位が下がると、西に向かって下る湖底の斜面が露出するが、窯跡の西5〜10mの範囲の斜面に丸瓦・平瓦・須恵器がまばらに散布している。遺物の散布範囲は比較的狭く、その南北には散布が全く認められないことから、1号窯跡又は2号窯跡、ないしは両者で焼成された須恵器・瓦の失敗品が廃棄されたものと考えられる。

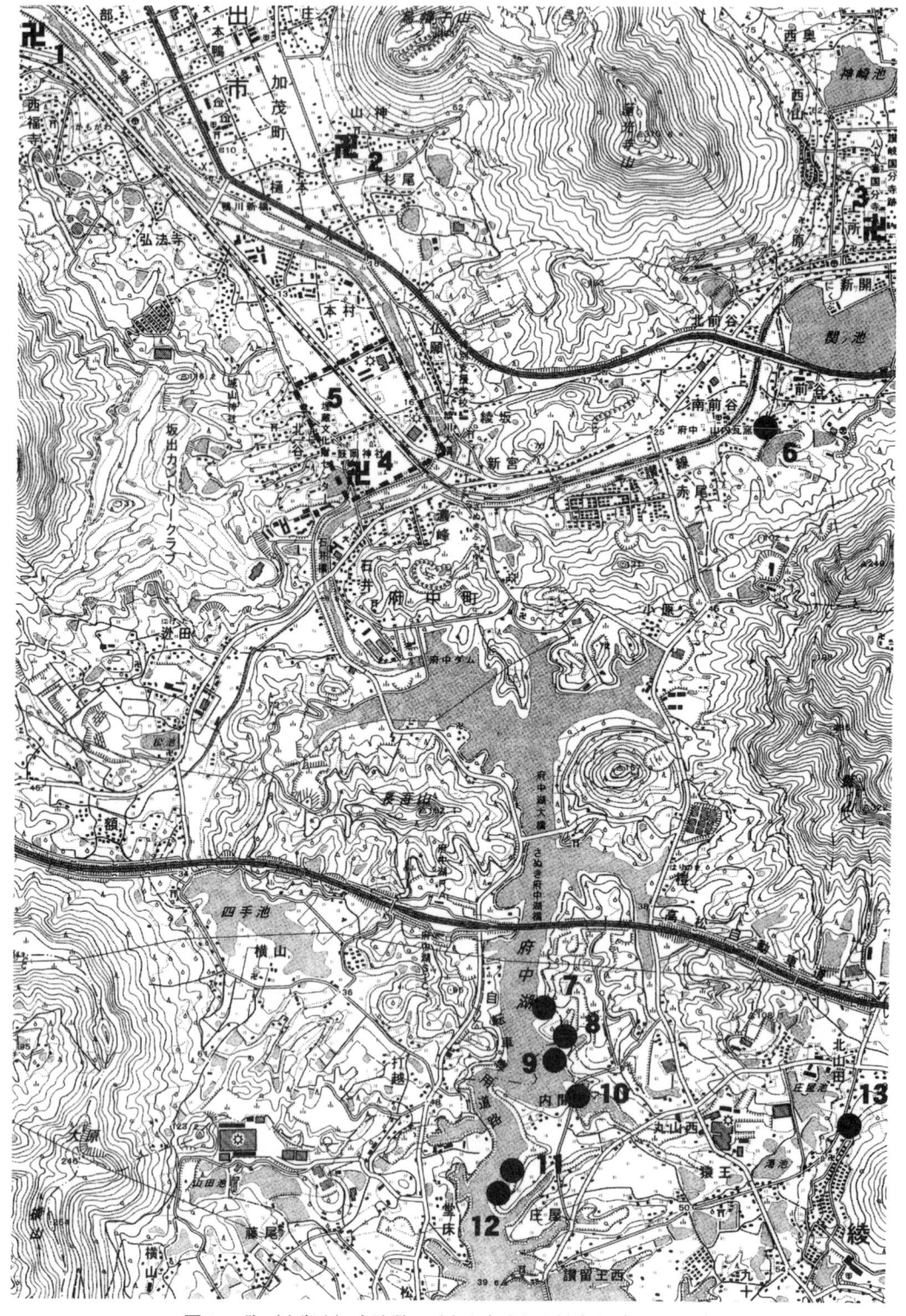

図81 陶（十瓶山）窯跡群の瓦出土窯跡と関係遺跡（1：30,000）
1. 醍醐廃寺 2. 鴨廃寺 3. 讃岐国分寺跡 4. 開法寺跡 5. 讃岐国府跡 6. 府中・山内瓦窯跡（讃岐国分寺瓦屋）7. 下野原1・2号窯跡 8. 内間7号窯跡 9. 内間6号窯跡 10. 田村神社東灰原 11. 庄屋原4号窯跡 12. 庄屋原2号窯跡 13. 大師堂池1号窯跡

瓦は、丸瓦1点、平瓦12点が採集されている。平瓦のうち5点に格子叩き目が確認され、叩き目の外縁部を残す4点には、叩き目の外側に幅約2〜4mmの凹線が認められる。

図83-1・2は、ともに内面に模骨痕が認められ、桶巻作りで製作されたことがわかる。叩き目は、幅約2mmの格子枠に、4〜5mm大の凹部で構成される。外縁部の格子目はやや小さくなる。

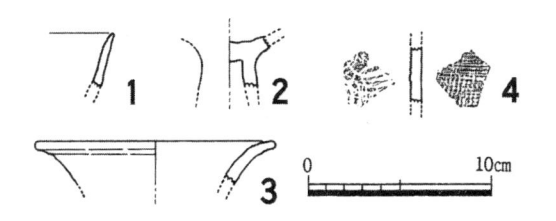

図82 下野原1・2号窯跡採集須恵器

図82は瓦と共に採集された須恵器で、1は坏身の小片である。2は高坏の脚部で、脚部の最狭部の直径は2.9cmである。3は長頸壺の口縁部である。口縁部は水平に近く大きく広がり、直径は13cmである。4は甕の体部の破片で、外面には平行叩き目の上に横方向のカキ目を、内面には同心円の叩き目をもつ。内面の叩き目は畝と溝の凹凸の落差が大きい。

以上の須恵器のうち、長頸壺や脚部の細くなった小型の高坏、外面に平行叩き目の上に横方向のカキ目をもち、内面に畝と溝の落差の大きい同心円の叩き目をもつ甕は、陶（十瓶山）窯跡群最古の須恵器窯跡として知られる打越窯跡に類例が認められる（渡部・森・古野 1997）。

一方、陶（十瓶山）窯跡群では、8世紀前半と考えられている池宮神社南窯跡以降、小型の高坏や畝と溝の落差の大きい同心円の叩き目をもつ甕がほぼ消滅することから、これらの須恵器は打越窯跡出土須恵器の新相段階（佐藤 1993b）、すなわち7世紀後半に比定することができる。

したがって、前述の平瓦がこれらの須恵器と共伴し、あるいは両者が近い時期に焼成されたことが想定されることから、平瓦も7世紀後半に比定できる可能性が高いものと思われる。

(2) 内間7号窯跡

府中湖の満水時の汀線付近に窯壁の散乱が認められる。田村久雄氏が、かつて瓦片も散乱していたことを確認していることから、瓦を焼成した窯跡であることが想定される。地形からみると、窯体は北西に開口するものと考えられる。

(3) 内間6号窯跡（図83-3）

府中湖の水位が下がったときに現れる南西向きの斜面に、窖窯の天井部が落ち込んだことを示す窯体の破片が帯状に集中している。窯体の破片に混じって丸瓦の破片が確認できた。

丸瓦は玉縁部分の破片で、残存部の長さ8.5cm、高さ6.3〜6.5cm、幅10.3〜11.2cmである。元の方がやや大きくなっている。外面は全体を横方向のナデで調整し、内面は下端部をヘラケズリするほかは布目が認められる。下底面はヘラケズリで仕上げている。

なお、内間6・7号窯跡は窖窯であること、7〜8世紀の須恵器窯・瓦窯が集中する地域に所在することから、同時期の瓦を焼成した窯跡と考えられる。

(4) 田村神社東灰原（図86-1・2）

図86-1は、10世紀初頭前後の須恵器を含む灰原の下、地山直上から検出された八葉複弁蓮華文軒丸瓦である。丸瓦部は欠失するが、瓦当部はほぼ完存する。瓦当面の直径は17cm、中房の直径は4.7cmで、同種の他の軒丸瓦に比べて厚作りである。中房は高く突出し、1＋5＋8個の蓮子をも

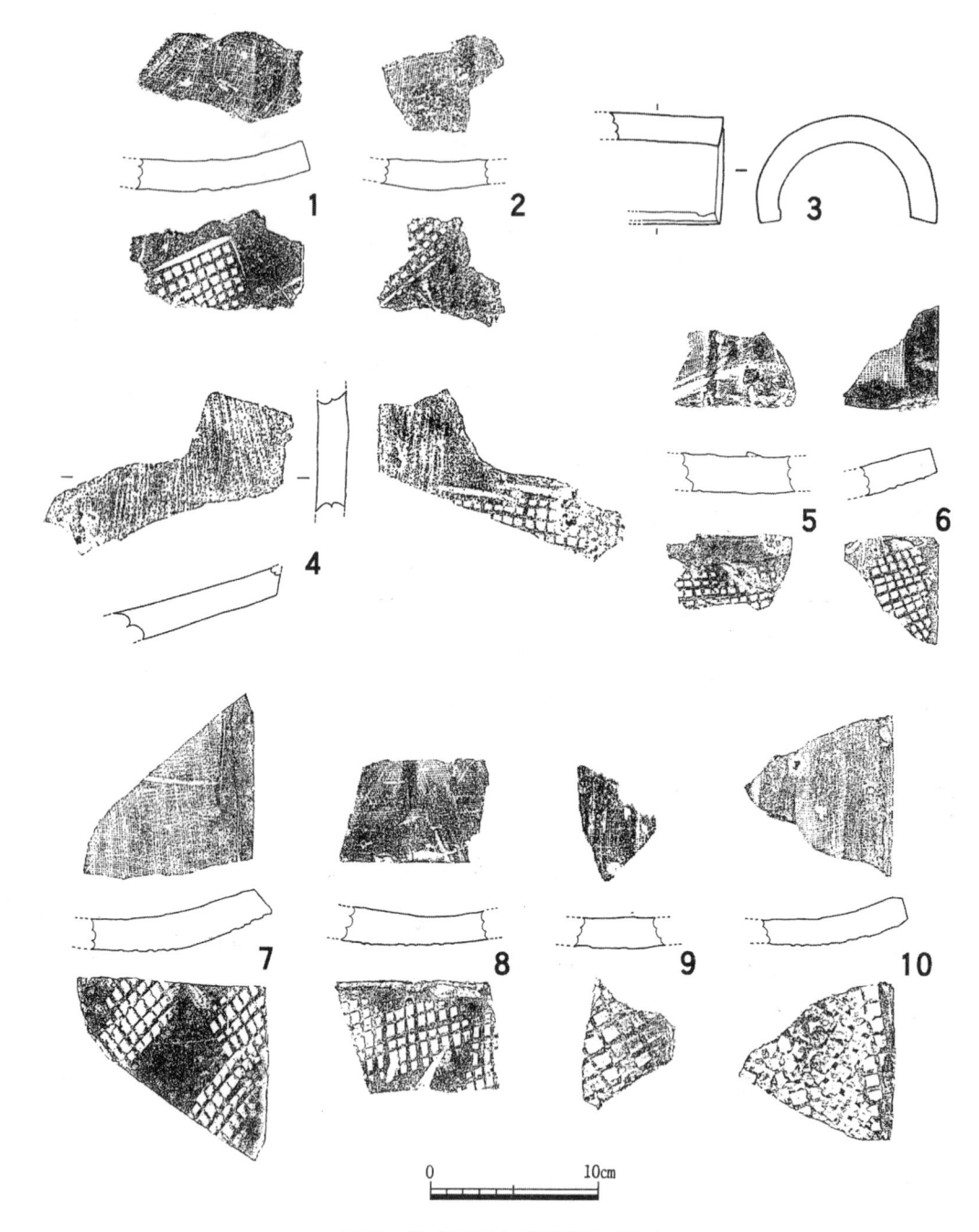

図83　陶（十瓶山）窯跡群出土瓦1
1・2. 下野原1・2号窯跡　3. 内間6号窯跡　4. 庄屋原2号窯跡　5～10. 庄屋原4号窯跡

つ。蓮子は突出し、配置は整わない。蓮弁は彫りが深く、比較的長い子葉をもつ。間弁は中房から伸び、先端で双葉状に開く。周縁の内側端部に円圏をめぐらせ、その外側に内傾する周縁がつづく。周縁内面には＞＜状の特徴的な文様をめぐらせるが、その長さは不揃いで、やや雑な印象を受

ける。瓦当裏面の上部は、外周部分が段状となり、外周に沿って付けた丸瓦部がはずれたことがわかる。剥離痕からみると、丸瓦部は瓦当に浅く食い込ませ、補強粘土もわずかである。

2は田村久雄氏が同所から採集した軒丸瓦で、現在、所在不明となっているが、表裏面の拓本が残されている。内区には複弁蓮華文と思われる蓮弁と間弁が認められ、間弁の先端両側は、蓮弁の外側にめぐらせた細い円圏と一体化している。その外側に細い円圏をめぐらせ[16]、外縁部内面に線鋸歯文をめぐらせる。瓦当裏面は不定方向のハケ目による調整が認められる。現在のところ、同文の軒丸瓦は知られていない。

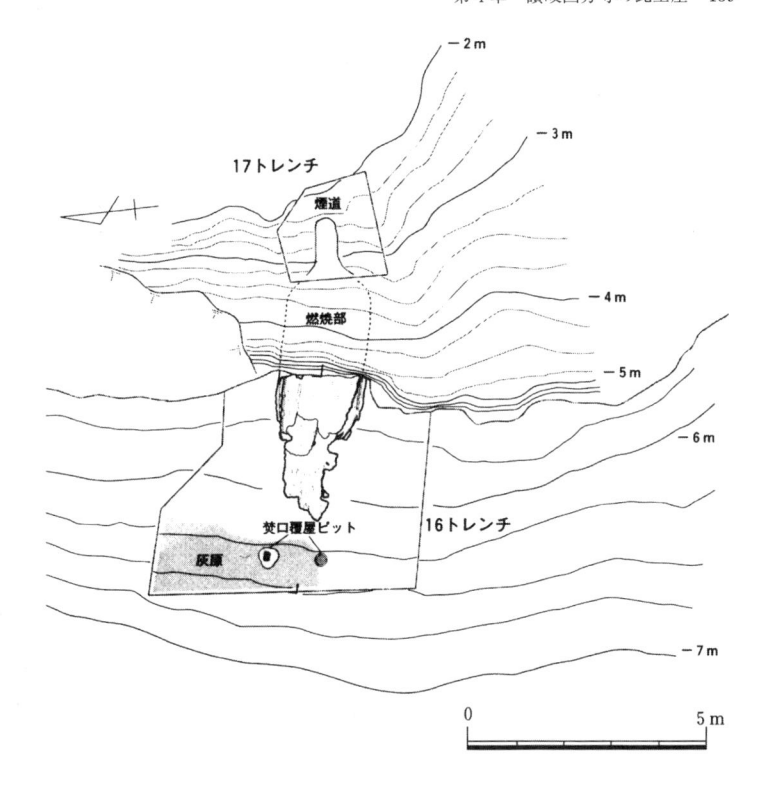

図84　庄屋原4号窯跡

(5) 庄屋原4号窯跡（図83-5～10）

弓なりにのびた府中湖の東岸に、南から1号～4号窯跡がならび、やや北に離れて5号窯跡が位置している。香川県教育委員会による平成18年度の試掘調査によって、窖窯の焼成部、煙道部が検出された。窯体は2回以上の補修を受けており、第1次窯は全長約5m、幅約1.4m、第2次窯は全長約7m、幅約1.3mで、第2次窯には焚き口の覆屋を支えたと考えられる2基の柱穴やその付近から始まる灰原も検出された（図84・85）。

第2次窯は焼成部の上部と煙道部を第1次窯と共用するものの、焼成部を下方に延長していることから明らかなように、作り直しに近い大幅な補修であった。

試掘調査で須恵器（坏蓋・高台付き坏身・平底の坏身・皿）とともに平瓦・丸瓦が出土したほか、試掘調査以前に採集須恵器の紹介もなされており、須恵器は9世紀前半に比定されている（佐藤 1993b、田村久雄古稀記念会 1997）。

平瓦の叩き目はすべて格子叩き目で、22点の格子叩き目は3種類に区分できる。ここでは3種類の格子叩き目をⅠ類～Ⅲ類に分類して説明する。

Ⅰ類（図83-5・6）の格子叩き目は、幅約2mmの格子枠に、一辺4mm前後の凹部からなる。下

野原1・2号窯跡灰原や後述する庄屋原2号窯跡のものに近い小型の叩き目であるが、叩き目外縁部の凹線は認められない。22点中2点（9.1％）が確認され、全体の占める割合は高くない。外縁部の凹線を除くと、Ⅰ類は下野原1・2号窯跡、庄屋原2号窯跡の格子叩き目と共通する。

Ⅱ類（図83-7・8）は幅2～3mmの格子枠に、4～6mm大の細長い平行四辺形の凹部で構成される斜格子叩き目である。これも外縁部の格子目はやや小さくなっている。叩き目外縁部の凹線は認められない。15点（68.2％）あり、庄屋原4号窯跡の叩き目では主体を占める。

Ⅲ類（図83-9・10）は正方形のやや大型の叩き目で、幅2～3mmの格子枠に、一辺約6mmの凹部からなる。ここでも、外縁部の格子はやや小さくなる。叩き目外縁部の凹線は認められない。5点（22.7％）を確認することができる。

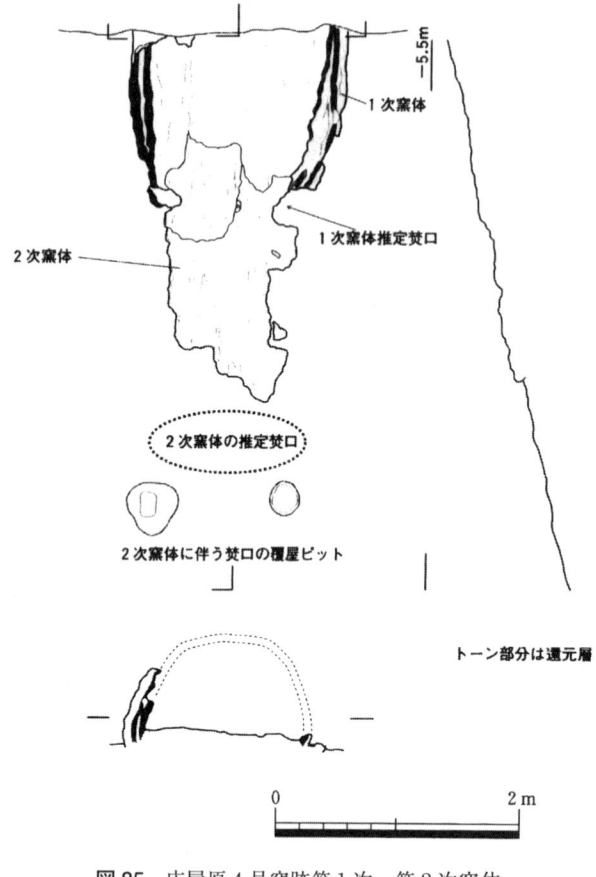

図85　庄屋原4号窯跡第1次・第2次窯体

なお、試掘調査を担当した信里芳紀氏は、著者に対して、第1次窯はずんぐりとした窯体で、陶（十瓶山）窯跡群の8・9世紀の須恵器窯には類例がみられないことから、瓦は第1次窯で焼成されたのではないかとの見解を示しており、首肯すべきものと考えている。信里氏に従えば、瓦は9世紀前半以前に比定できる。ただ、第2次窯は作り直しに近い大幅な補修をされているものの、焼成部の上部と煙道部は第1次窯と重なることから、瓦と須恵器は比較的近い時期に焼成されたものと考えられる。

(6) 庄屋原4号窯跡下（図86-5）

庄屋原4号窯跡の窯体から6～7m下の府中湖々底で採集された八葉複弁蓮華文軒丸瓦である。瓦当面は直径16.6cm、中房は直径4.2cmの大きさである。中房は突出し、蓮子は格子状に配置された1＋8個の外側に、不規則に配置された4個と棒状のものが認められる。棒状のものは2個の蓮子がつながった可能性が高く、外側の蓮子は6個と考えられる。周縁内側には、田村神社東灰原出土品にみられる✕状の文様の一部が認められる。この軒丸瓦は、田村神社東灰原出土品と比較すると、瓦当・中房ともやや小さくなり、蓮弁はより細長くなって、返りも弱く、全体的に平面的で華

奢な作りになっている。また、周縁内側の円圏が省略されており、周縁内側の特徴的な文様も雑になっていることなどから、やや新しく位置づけることができるものと思われる。

(7) 庄屋原2号窯跡（図83-4）

採集須恵器の紹介が行われている（佐藤 1993b、田村久雄古稀記念会 1997、植田 1991）ほか、「中」字を刻印した平底の杯身も採集され、注目されている（佐藤 1995、中山・佐藤 1998）。また、平成18年度の試掘調査によって、窖窯の焼成部・煙道部の一部が検出され、須恵器（坏蓋・高台付き坏身・皿）とともに平瓦が1点検出された。須恵器は庄屋原（3号）窯跡よりやや新しく、庄屋原（3号）窯跡の年代観に連動して、8世紀前半、あるいは8世紀後半に比定されている（信里 2007、佐藤 1993a・b、1995、渡部 1980）。

平瓦の凹面には縦方向の条痕の上に布目をもち、一部はその上から縦方向のナデを施している。縦方向の条痕は、素材の粘土板を切り取った際の痕跡であろう。凸面には格子叩き目が施されている。叩き目は幅約2mmの格子枠に、一辺4〜5mmの凹部からなるが、外縁部の格子は一辺4〜5mm×2〜3mmとやや小さくなっている。叩き目外縁に幅約4mmの凹線をもつ。格子目は下野原1・2号窯跡や庄屋原4号窯跡のI類と類似している。

凹・凸面や断面に二次的加熱の明瞭な痕跡は確認できないが、1点のみの出土であることから、須恵器の焼成台として用いられた可能性も考慮しておく必要があろう。

(8) 大師堂池1号窯跡（図87）

十瓶山北西麓にある大師堂池の北側斜面に位置し、南に開口した窖窯である。窯体下部はすでに消滅し、上部5mほどが検出された。床面は2枚あり、第2次床面から須恵器坏蓋・高台付き坏身・平底の坏身・皿・壺とともに、煙道部近くと床面ほぼ中央部から各1点の丸瓦が発見された。第2次床面の須恵器は8世紀後半〜末頃に比定されている（佐藤 1993a・b、田村・渡部 1986）。

丸瓦は2点とも玉縁部分のみ欠失している。筒部の凸面にススが付着し、二次的に火を受けた痕跡が認められること、この2点以外に瓦が出土していないことから、2点の丸瓦は玉縁部分を打ち欠き、須恵器焼成に伴う焼成台として用いられたのであろう。

図87-1は残存部の全長33.6cm、筒部の長さ31cm、高さ7.2cm、幅16.8cmの大きさの丸瓦で、玉縁部分をわずかに残す。凹面には布目が認められる。凸面は縦方向に近い斜めのナデで調整しているが、拓本の中央やや右寄りの上部を中心に縄叩き目が消し残されている。また、凸面の両側部にはススが付着しており、二次的に火を受けたことを示している。2は1とほぼ同大で、筒部の残存長27.2cm、高さ7.3cm、幅17cmを測る。凸面には1とほぼ同じ位置に縄叩き目が消し残されている。2点の丸瓦は、大師堂池1号窯の須恵器焼成に伴い、須恵器と近い時期に付近で製作されたものを焼成台として使用した可能性が高く、遅くとも8世紀末までには陶（十瓶山）窯跡群に縄叩き目が導入されたことを示す資料として注目される。

以上、最近確認された資料も含めて、陶（十瓶山）窯跡群における初期の瓦資料を紹介したが、これらからみて、陶（十瓶山）窯跡群において7世紀後半〜8世紀に瓦生産が行われていたことは明らかである。瓦を出土した窯跡は、ほとんどが府中湖の奥部に分布しており、この付近が陶（十瓶山）窯跡群における初期の瓦生産地であったことも明らかになった。

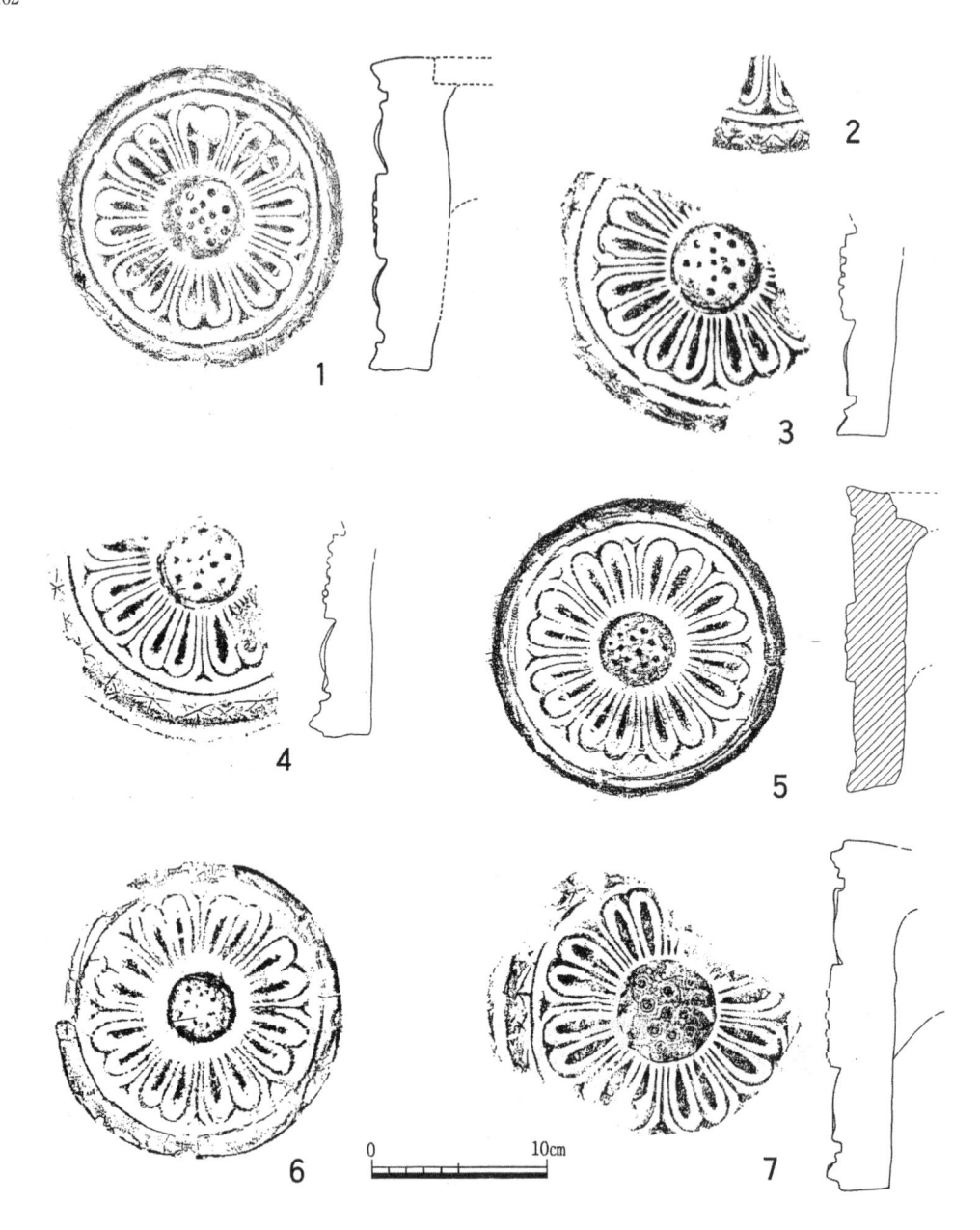

図86 陶（十瓶山）窯跡群出土瓦2及び関連する八葉複弁蓮華文軒丸瓦
1・2. 田村神社東灰原　3. 開法寺跡 KH105　4. 鴨廃寺 KM101　5. 庄屋原4号窯跡下　6. 醍醐廃寺 DG101
7. 坂田廃寺 SK101

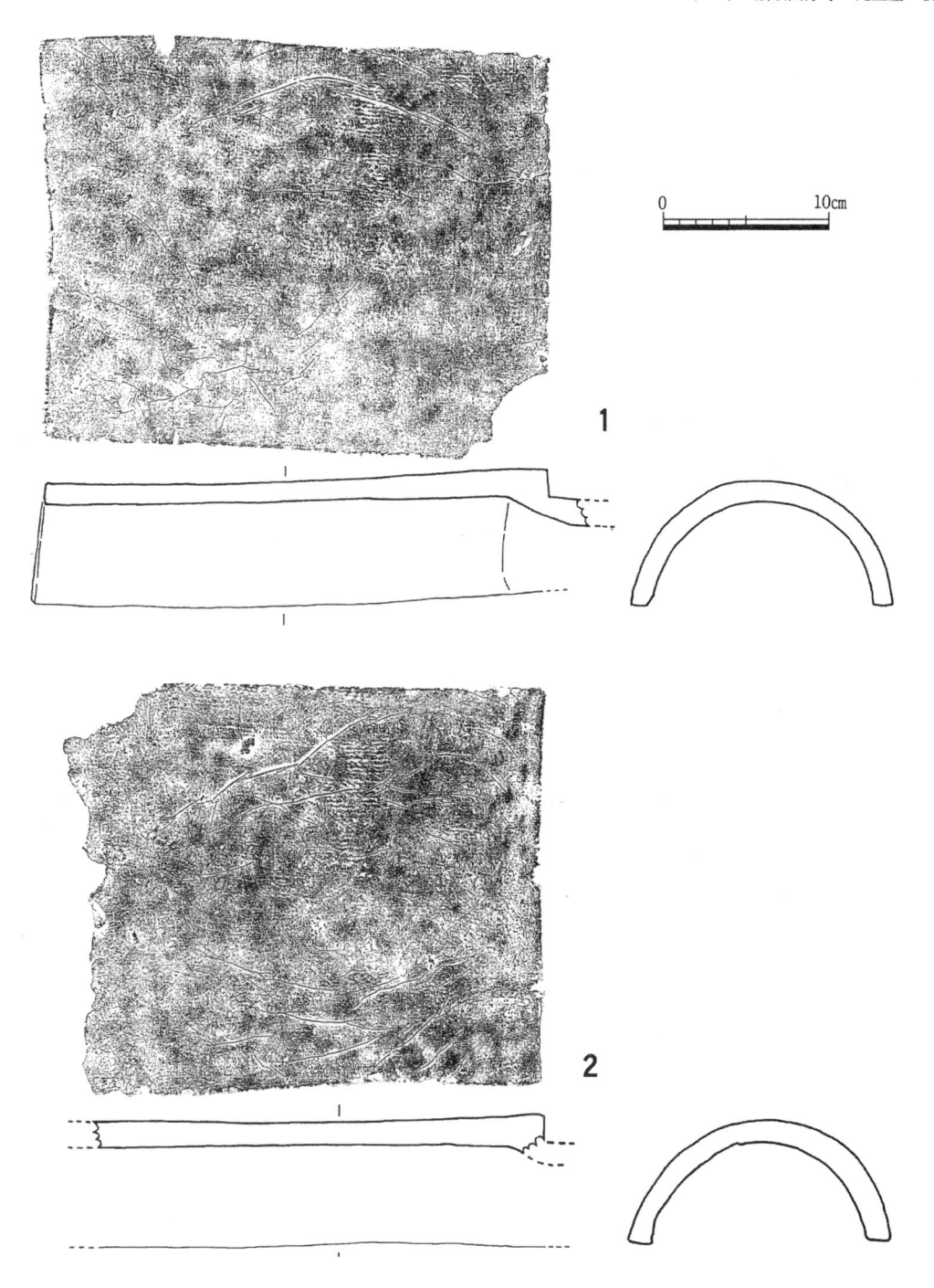

第4章　讃岐国分寺の瓦生産　163

図87　陶（十瓶山）窯跡群出土瓦3　1・2大師堂池1号窯跡

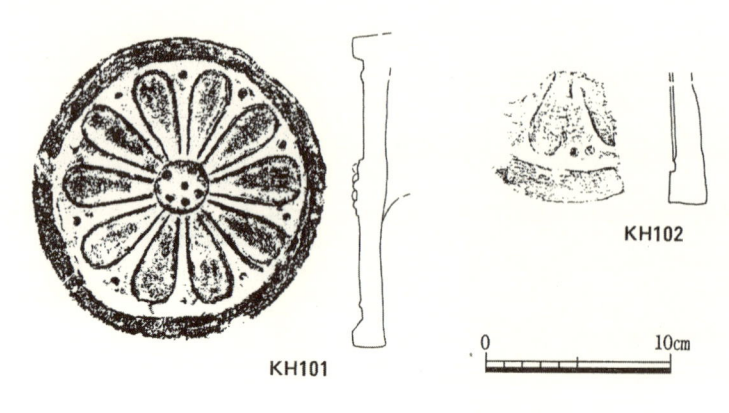

図88　坂出市開法寺の創建軒丸瓦

一方、下野原1・2号窯跡の対岸にあたる府中湖の西岸には、TK217型式～TK48型式併行期の須恵器を出土し、陶（十瓶山）窯跡群における最古の須恵器窯とされる打越窯跡が所在し、その南にもTK217型式併行期の須恵器の散布地がある[17]ほか、ここから北条池の西端部にかけて、庄屋原（3号）窯跡・池宮神社南窯跡・北条池1号窯跡などをはじめとする8世紀の須恵器窯跡が集中しており、7世紀後半～8世紀の瓦生産は同時期の須恵器窯跡の集中地区内でほとんどが行われていたことを示している。しかも、瓦を出土した窯は須恵器窯に混在すると共に、瓦と須恵器を出土する窯もみられることから、須恵器工人が瓦生産に携わるとともに、瓦生産と須恵器生産が未分化の状況であったことが想定される。

陶（十瓶山）窯跡群における平安時代末頃の瓦窯は須恵器窯と分かれて、多くの場合5基前後の支群を形成しており（田村・渡部・渡邊 2008）、そこに一定程度須恵器生産とは分離された集中的な瓦生産が想定される状況が看取できるが、これとは明らかに異なっている。

後述するように、陶（十瓶山）窯跡群で7世紀後半～8世紀に生産された瓦は、開法寺をはじめとする綾川下流域の寺院に供給されたと考えられるが、打越窯跡でTK217型式併行期の須恵器を焼成していることなどから、開法寺跡で最も古く、白鳳期初期と考えられている十葉素弁蓮華文軒丸瓦KH101・102（図88）（安藤編 1974、川畑 1996）もこの付近で焼成された可能性が高いと考えられる。

3. 陶（十瓶山）窯跡群における瓦の生産とその供給について
（1）軒丸瓦（図86・89）

前述したように、田村神社東灰原出土の八葉複弁蓮華文軒丸瓦は、庄屋原4号窯跡下・綾川下流域の寺院跡・高松市坂田廃寺の軒丸瓦と同笵、同文、同系などの関係が指摘されているので、まず、それについて再検討する。

川畑聰氏は開法寺跡KH105と鴨廃寺KM101は同笵であるとしたが、中房の蓮子間の笵傷をみると、田村神社東灰原出土品を含めて、同じ2ヶ所に笵傷（◀▶で示した箇所）があり、この3者が同笵であることがわかる（図89）。

提示資料によれば、蓮子間の笵傷は、鴨廃寺KM101→田村神社東灰原出土品→開法寺跡KH105と増加しているようであるが、検討可能な資料が少ないことから、開法寺跡と鴨廃寺における全体的な使用時期の前後関係は現在のところ確定できない。いずれにせよ、3者の八葉複弁蓮華文軒丸

瓦は同笵であることから、陶(十瓶山)窯跡群で生産され、綾川下流域の開法寺と鴨廃寺に供給されたことは明らかである。

次に、庄屋原4号窯跡下出土品は蓮子の数や配置などが異なるものの、周縁内面に✕状の特徴的な文様を残し、周縁は三角縁であり、突出した中房にやや細長い蓮弁をもつとともに、先端で短く双葉状に開く間弁をもつなど、前3者と文様がきわめて近い。しかし、周縁内側の円圏が省略され、中房がやや小さく、蓮弁がやや平板になることから、田村神社東灰原出土品などより新しい時期に比定できる。

さらに、醍醐廃寺DG101は蓮子の配置が庄屋原4号窯跡下出土品に類似するとともに、中房がさらに小さくなり、周縁内面の文様が消滅することから、さらに新しい時期に比定することができる。蓮弁・間弁も庄屋原4号窯跡下出土品に酷似することから、陶(十瓶山)窯跡群で生産されたと考えられる。

一方、高松市坂田廃寺SK101は、中房がきわめて大きく、1+5+8個の蓮子に周環をもつなど、田村神社東灰原出土品より古い特徴が認められることから、川畑聰氏(川畑 2003)のいうように、この種の八葉複弁蓮華文軒丸瓦の最古に位置づけることができる。

以上のように、田村神社東灰原の八葉複弁蓮華文軒丸瓦は、高松市坂田廃寺SK101を祖型として成立し、坂出市開法寺跡・鴨廃寺に用いるため陶(十瓶山)窯跡群で生産されるとともに、文様が若干変化しながら生産が継続され、醍醐廃寺にも供給されたと考えることができる。

(2) 平瓦の格子叩き目(図90・91)

陶(十瓶山)窯跡群で生産された軒丸瓦が、綾川下流域の3寺院に供給されたのであれば、当然、軒平瓦、丸瓦、平瓦なども供給されたと考えられる。開法寺跡KH105は重弧文軒平瓦と組み合うと考えられている(藤井 1978)が、陶(十瓶山)窯跡群では当該期の軒平瓦は発見されていない。しかし、平瓦は出土しているので、最近発掘調査が行われている開法寺跡出土平瓦と比較することによって、その供給の問題を考えてみたい。

開法寺は讃岐最古の寺院の一つとして、また、讃岐国府の一角に位置する寺院として、さらには讃岐国司時代の菅原道真の漢詩に登場する寺院として注目されている。昭和45年、凝灰岩切石を用いた壇上積基壇をもつ塔跡が発掘調査され、法起寺式の伽藍が想定された(川畑・松本 1977、藤井 1978)。その後、平成11年に塔跡の北約50mで僧坊と考えられる礎石建物跡が発見され(今井 2000)、現在までの発掘調査によって、推定僧坊跡の南に講堂跡と推定される東西の礎石建物跡なども確認されている(今井・増田 2007)。

この発掘調査に伴い、白鳳期～平安時代の軒丸瓦・軒平瓦とともに、大量の丸瓦、平瓦が出土している。平瓦には多様な格子叩き目・縄叩き目が施されているが、格子叩き目の中には陶(十瓶山)窯跡群の格子叩き目に類似したものが認められる。

図90は陶(十瓶山)窯跡群出土平瓦と開法寺跡出土平瓦の格子叩き目を比較したものである。叩き目については、庄屋原4号窯跡の格子叩き目の分類にもとづき、Ⅰ類：幅約2mmの格子枠に、4～5mm大の正方形の凹部で構成されるもの。Ⅱ類：幅2～3mmの格子枠に、4～6mm大の細長い平行四辺形の凹部で構成される斜格子叩き目。Ⅲ類：幅2～3mmの格子枠に、約6mm大のや

や大型の凹部から構成されるものとする。

　開法寺跡出土平瓦の格子叩き目にはさらに多様な格子叩き目が認められるが、9～11はⅠ類に分類され、12・13はⅡ類に、14・15はⅢ類に分類することができる。

　このように、開法寺跡出土平瓦と陶（十瓶山）窯跡群出土平瓦の格子叩き目は、格子枠や叩き目の大きさ、形が類似しているといえるが、さらに共通する特徴が認められる。

　陶（十瓶山）窯跡群ではⅠ類の多くの格子叩き目の外縁に溝が認められた（図90-1～3）が、開法寺跡ではⅠ類（図90-9～11）のみならず、やや大型の格子叩き目の一部（図91-4）にも認められる。

　現在のところ、香川県内では平瓦の叩き目に関してまとまった研究はなされておらず、不明な部分が大きいが、外縁に溝をもつ格子叩き目は三豊市宗吉瓦窯跡（白川 2001、渡部ほか 2009）、丸亀市田村廃寺（東 2002・2003）では確認されておらず、また、著者においても綾川流域以外には確認できていないことから、この地域の特徴ではないかと思われる。

　また、図91-2・3は、横方向の格子枠が細くなるとともに、上方にめくれ上がっているが、これは、粘土板に叩き下ろした叩き具を、上方にずらしながら離したため生じた現象である。同じ特徴は、開法寺跡出土平瓦（図91-5・6）にも認められ、工人のクセを示すと考えられるこのような特徴も、現在のところ他地域の格子叩き目には認められない。

　したがって、前述したように、同笵軒丸瓦の存在、軒丸瓦の蓮弁文などの類似、平瓦の格子叩き

図89　八葉複弁蓮華文軒丸瓦の同笵関係（縮尺不同）
左：田村神社東灰原　　中央：開法寺跡 KH105　　右：鴨廃寺 KM101

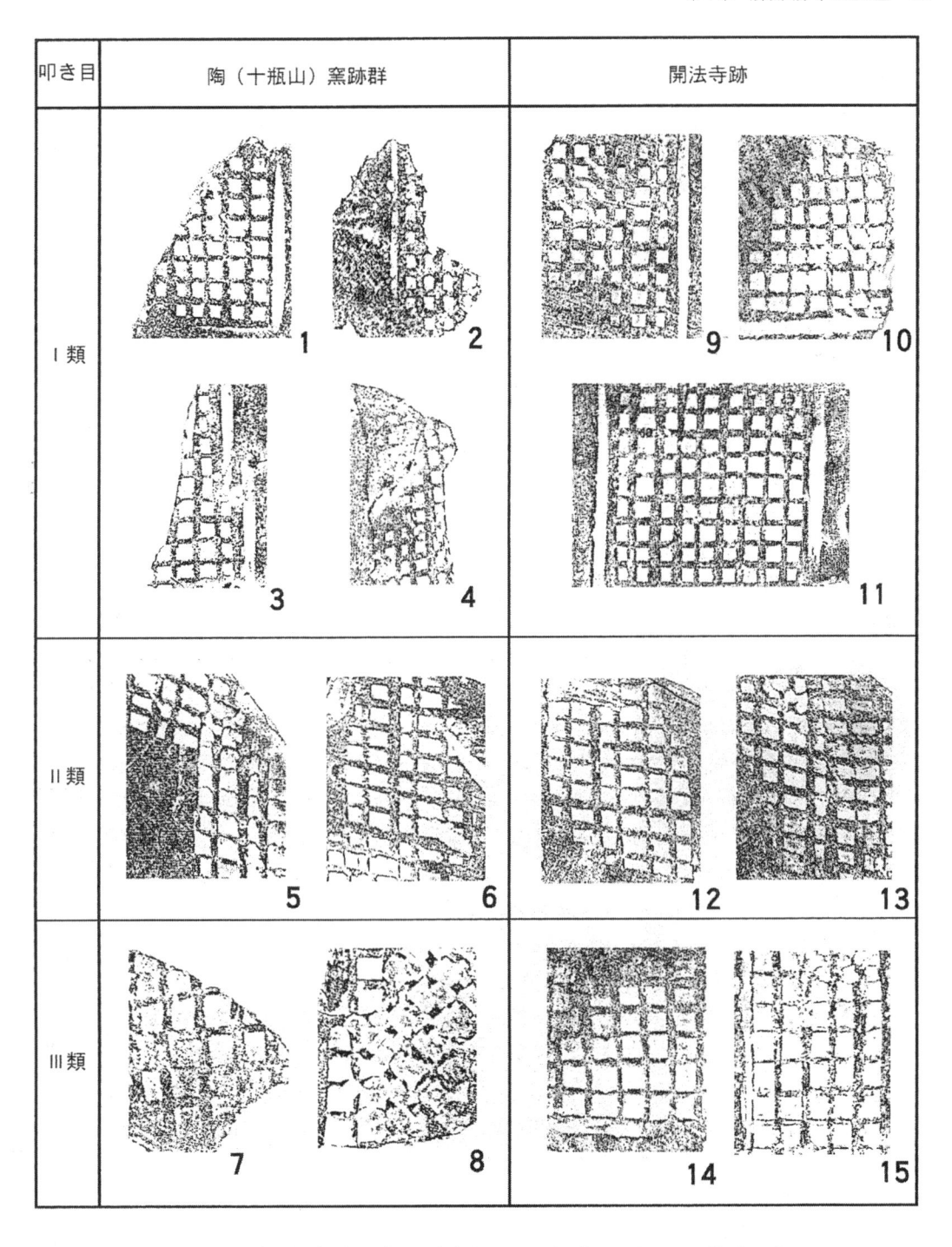

叩き目	陶（十瓶山）窯跡群	開法寺跡
Ⅰ類	1　2　3　4	9　10　11
Ⅱ類	5　6	12　13
Ⅲ類	7　8	14　15

図90　陶（十瓶山）窯跡群・開法寺跡出土平瓦の格子叩き目の比較（1：2）

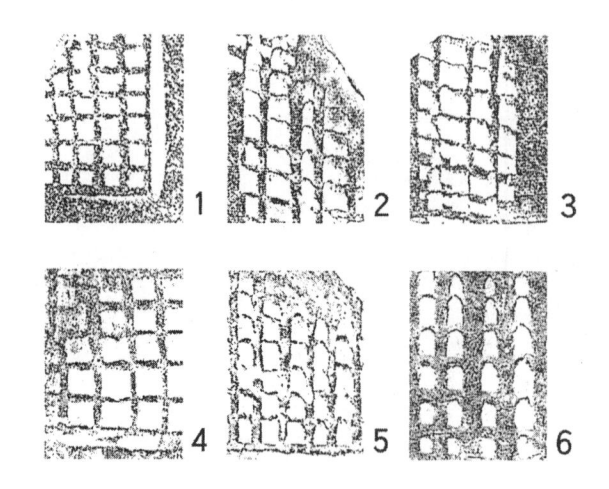

図91 陶（十瓶山）窯跡群（上段）と開法寺跡（下段）の平瓦に共通する格子叩き目の特徴

目の形態的、技術的類似からみて、陶（十瓶山）窯跡群で生産された瓦が、開法寺・鴨廃寺・醍醐廃寺に供給されたことは間違いないであろう。

4. 讃岐国分寺瓦屋（府中・山内瓦窯跡）との関係をめぐって

前述のように、陶（十瓶山）窯跡群では、綾川下流域の3寺院に供給するために、7世紀後半〜8世紀に瓦生産が行われていた。大師堂池1号窯跡の瓦は、供伴する須恵器から8世紀後半〜末に比定できるが、庄屋原4号窯跡では、9世紀前半とされる須恵器窯（第2次窯）以前に格子叩き目をもつ瓦が生産されたと考えられ、大師堂池1号窯跡の縄叩き目より先行する可能性が強いことから、8世紀後半を中心とした時期に比定できるのではないかと考えている。

こうした時期に、下野原1・2号窯跡の北東約4kmに讃岐国分寺が創建され、下野原1・2号窯跡から讃岐国分寺までのほぼ3/4の地点に讃岐国分寺瓦屋として府中・山内瓦窯が設けられる。

府中・山内瓦窯は、770年頃からはじまる讃岐国分寺の再整備と国分尼寺の創建のために新たに設けられた瓦屋であった[18]。府中・山内瓦窯については、讃岐国分寺・国分尼寺の整備という事業の性格上、また、讃岐国分寺の再整備に合わせてその近くに大規模な瓦窯を新設するという、瓦窯設置の計画性、規模の大きさ、さらには、ロストル窯、「蒲鉾状型木」による一本づくり技法、東大寺式軒平瓦の文様の導入など、新設瓦窯における造瓦技術の革新性、文様などの畿内との共通性、あるいは製品である瓦、とくに初期の瓦が他の寺院等でほとんど用いられていないことなどからみて、官窯として設置され、国衙が管理・運営に当たったことは疑いないであろう。

これに対して、陶（十瓶山）窯跡群では、綾川下流域の開法寺・鴨廃寺・醍醐廃寺に供給するため、7〜8世紀に瓦を生産していた。この3寺院のうち、開法寺は讃岐国府内に所在することから、国衙との関係が想定されており（藤井1978）、あるいは官寺に準じる寺として国衙から経済的支援を受けた可能性も考えられる。

ただし、開法寺は創建瓦とされる十葉素弁蓮華文軒丸瓦KH101（図88）が、高句麗系とされる奈良豊浦寺の八葉素弁蓮華文軒丸瓦の文様を引き、白鳳期初期と推定されていること、鴨廃寺も白鳳期に創建されていること、開法寺の近くに新宮古墳が所在し、鴨廃寺の近くには穴薬師（綾織塚）古墳が、醍醐廃寺の近くには醍醐古墳群が所在していることから、3寺院とも古墳時代後期に大型横穴式石室墳を築造したこの地域の豪族が氏寺として創建したと考えられている（羽床1980、松原1988、渡部1982・1998）。

したがって、国府や国衙機能が整備される以前にあっては、豪族の氏寺である開法寺・鴨廃寺

に瓦を供給した窯は、同時期の須恵器窯を含めて豪族の窯（民窯）であり[19]、さらに、7～8世紀を通じてそれらの寺院に長期にわたって瓦を供給し続けている窯は、8世紀段階においても民窯であったことを示していると考えて良い。つまり、讃岐国衙は国分寺の再整備に伴う瓦の調達にあたって、既存の民窯を利用しなかったと考えられるのである。

そのことは、讃岐国衙が国分寺の再整備事業を進めるにあたって、豪族との個別の協力関係よりも、むしろ直営事業としての実施を目指していたように思われる[20]。その背景には、讃岐国衙にはそれを可能とする条件がすでに整っていたと考えられるのである。このことは、8世紀後半の讃岐国衙を考える上で、注目しなければならない重要な点であろう。

第4節　小　結

第4章では、国分寺瓦屋とされている府中・山内瓦窯跡の瓦窯跡と出土瓦の内容を明らかにするとともに、讃岐国分寺跡出土軒平瓦及び古代阿野郡の陶（十瓶山）窯跡群における瓦生産から、府中・山内瓦窯の瓦生産の問題を考察した。

第1節では、これまでほとんど調査されず、全容がほとんど明らかになっていなかった府中・山内瓦窯跡について、過去の記録、現地の観察、出土瓦の集成によって、現段階における基礎的な整理を行った。

その結果、瓦窯跡はこれまで10基の存在が知られており、現状で有段窖窯2基、ロストル窯2基が確認できるが、過去の記録から、全体では13～14基が発見されていた可能性があることが想定できた。

現存する瓦窯跡については、破壊の程度や立地場所からみると、有段窖窯が先行し、ロストル窯が後で作られたようである。しかし、讃岐国分寺跡出土の八葉複弁蓮華文軒丸瓦SKM03Aや府中・山内瓦窯跡出土のKB103B・均整唐草文軒平瓦SHH01Cには燻べ焼きされたものがあり、ロストル窯で焼成されたと考えられることから、府中・山内瓦窯では初期の段階からロストル窯が用いられたと考えられる。SKM03Aに用いられたロストル窯は県内最古となり、讃岐国分寺の再整備に伴って、「蒲鉾状型木」による一本作りの技法などとともに、畿内から導入されたものと考えられる。

また、1号窯跡（有段窖窯）は燃焼室の床面より上の部分が残存していると考えられていたが、検討の結果、現存部最下段は焼成部であり、焚き口・燃焼部はさらに下に埋没している可能性が高いと思われる。

出土瓦は、770年代に比定される八葉複弁蓮華文軒丸瓦SKM03A・KB103B、均整唐草文軒平瓦SKH01Cや9世紀後半頃の均整唐草文軒平瓦SKH04、10世紀中頃の七葉複弁蓮華文軒丸瓦SKM07が確認できた。

これらは、いずれも同型式の軒瓦が讃岐国分寺や国分尼寺に用いられており、SKM03Aは讃岐国分寺跡で最古の均整唐草文軒平瓦SKH01Aと組み合うと考えられることから、府中・山内瓦窯は讃岐国分寺の再整備と国分尼寺の整備に伴って設置された国分寺専用瓦屋であることが改めて確

認できた。
　第2節では、讃岐国分寺跡出土軒平瓦の製作技法の一つである、凸面の叩き目を整理するとともに、叩き目の類似から、府中・山内瓦窯での瓦生産に、陶（十瓶山）窯跡群の須恵器工人の関与を想定した。
　国分寺町教育委員会の発掘調査では、均整唐草文軒平瓦SKH01Cの格子叩き目が注目されているが、SKH01全体の叩き目は整理されていなかったことから、讃岐国分寺の再整備でとくに問題となるSKH01A〜01Cの叩き目のあり方を整理した。
　その結果、讃岐国分寺跡出土のSKH01A〜01Cの270点中、太めの平行叩き目が3点、縄叩き目が2点、格子叩き目が1点、細めの平行叩き目が1点確認され、全体としてきわめて丁寧に表面調整を行っていることが改めて明らかになるとともに、太めの平行叩き目がやや多く用いられた可能性があることもわかった。
　また、SKH01Bで確認された細めの平行叩き目は、類例に乏しく、畝幅・溝幅が須恵器の叩き目に酷似していることから、府中・山内瓦窯の瓦生産に須恵器工人の関与を想定することができた。
　讃岐国では8世紀中頃になると、西端部（現三豊市・観音寺市の地域）を除くと、府中・山内瓦窯跡の約3km南に位置する陶（十瓶山）窯跡群以外では須恵器生産がほぼ壊滅状態になっているので、府中・山内瓦窯の瓦生産に関与した須恵器工人は、陶（十瓶山）窯跡群の工人であったと考えられる。
　また、陶（十瓶山）窯跡群は7世紀中頃に、阿野郡の有力な豪族である綾氏の関与によって成立したと考えられていることから、府中・山内瓦窯の運営に綾氏が関わっていた可能性も想定されることとなった。
　第3節では、陶（十瓶山）窯跡群の瓦生産との比較をとおして、府中・山内瓦窯跡の性格を考察した。
　陶（十瓶山）窯跡群では、7世紀後半から13世紀頃まで瓦を生産したことが知られていたが、最近の資料の増加によって、7世紀後半から8世紀末頃においても、地域の豪族の氏寺に供給するために盛んに瓦生産を行っていたことが具体的に分かるようになった。
　陶（十瓶山）窯跡群の瓦当文様や平瓦の叩き目などからみると、そこでは7世紀の伝統的な瓦作りを8世紀後半頃まで行っているが、そうした中、陶（十瓶山）窯跡群の近くに、府中・山内瓦窯が大規模な国分寺瓦屋として突如成立する。
　しかも、府中・山内瓦窯で生産された初期の瓦は、陶（十瓶山）窯跡群の8世紀の瓦当文様や製作技法などと大きな違いが認められるとともに、讃岐国分寺・国分尼寺以外ではほとんど用いられず、瓦当文様や製作技法に畿内の強い影響が認められることは、讃岐国衙が府中・山内瓦窯を讃岐国分寺の瓦屋として設置し、運営・管理したことを明示しているものといえる。

註）
（1）松本豊胤氏は論文（松本1987）に「指定を受けているもの1基だけで、同所の羽床家の屋敷内に焚口が開口している」と記しているが、後述するように、現状でもこの瓦窯跡を含め、崖面に4基の瓦窯跡の存在が確認で

きる。
（２）平成14年10月5日に田村久雄氏と著者が確認した。
（３）後で紹介する均整唐草文軒平瓦SKH04(図73-1)は、昭和49年、野上池の堤の改修工事の際に安藤文良氏が池の北西隅(堤の北端東側)で有段窖窯を確認し、その窯体上部から採集したものである。この瓦窯跡の位置は、『史蹟名勝天然記念物調査報告1』の分布図に記載された、野上池北岸の2基の瓦窯跡よりやや西にあたると考えられることから、野上池北岸(山内村側)の「7～8ヶ所」の瓦窯跡の一つである可能性も考えられる。
（４）ただし、府中・山内瓦窯跡の地権者の一人で、昭和2年のお生まれの羽床正男氏は、平成19年2月10日著者に対して、幼少時に野上池の北岸の掘削面に2基の窯跡が存在していたことは記憶しているが、それ以上の瓦窯跡の存在は記憶にないと述べており、岡田唯吉氏の記述が正しいとする確証は得られていない。なお、羽床氏は、2基の窯跡は断面の上部が円弧状であったとしていることから、これらは有段窖窯であったと考えられる。
（５）白川雄一氏によれば、現状の瓦窯跡が極めて短いことなどから、窯体の下部は宅地造成に伴う盛り土中に埋もれている可能性が強いのではないかとしている。確かに、現状では燃焼部奥壁の段が異常に低く、宅地造成後に残存する現状で遺構の全てを判断するのは危険であり、発掘調査によって本来の瓦窯跡の規模・構造を明らかにする必要がある。
（６）これらの軒丸瓦は以下の文献に紹介されている。
　　　図71-1：安藤 1987、安藤編 1974
　　　図71-3：大塚・黒川 1975
　　　図71-4：安藤 1967・1987、新編香川叢書刊行企画委員会 1983、川畑編 1988
　　　図72-1：新編香川叢書刊行企画委員会 1983、川畑編 1988
　　　図72-4：安藤 1967・1987
　　　図72-6：岡田 1938
　　　図72-7：岡田 1938
（７）この瓦は実見できなかったので、主に安藤文良氏の実測図・拓本を参照させていただいた。
（８）この瓦も実見できなかったので、安藤文良氏の実測図・拓本を参照させていただいた。
（９）この瓦は開法寺跡（又は讃岐国分寺跡）からの出土であることが最近明らかになった。第5章第2節の追記参照。
（10）現在3点が確認できる。第3章第4節参照
（11）なお、9世紀中頃に比定されている均整唐草文軒平瓦SKH03の1点に、太めの平行叩き目に類似したものが凹面末端部に残されているが、この個体には軒瓦末端の端面にも同様のものが認められるので、これについては瓦を乾燥した際についた圧痕かと思われる。
（12）第5章第1節参照
（13）この窯跡群は「陶窯跡群」と「十瓶山窯跡群」の二つの名称が用いられてきた。ここでは「陶（十瓶山）窯跡群」と呼称する。
（14）なお、瀬戸内海歴史民俗資料館 1984では軒丸瓦の発見者を田村久雄氏と誤認している。
（15）なお、この中で、庄屋原4号窯跡下の軒丸瓦の出土地を庄屋原5号窯跡付近と誤認しているので、ここで訂正しておきたい。
（16）拓本から判断したが、外縁部の内側端部である可能性もある。
（17）平成19年1月13日に、田村久雄氏、渡邊誠氏とともに確認し、須恵器を採集した。田村氏は、かつて散布地の西側斜面で焼土を確認しており、窯跡の存在が想定される。
（18）第4章第1節参照
（19）陶(十瓶山)窯跡群は、地域権力の関与によって成立し（佐藤 1997、森 1968、渡部 1980）、その地域権力を有した豪族は『日本書紀』、『続日本紀』にみえる綾氏であろうと考えられている（羽床 1982、渡部 1998）。
（20）それにもかかわらず、結果的には讃岐国分寺の再整備において那珂郡の郡司の協力が想定され（松尾ほか 1996）、国分尼寺の整備において山田郡・三木郡などの豪族などの協力が想定されている（第5章第2節参照）。なお、松本（松尾）氏はその後、讃岐国分寺の整備に対する那珂郡司の協力を撤回した（松本 2009）が、著者はその必要はないと考えている。

引用・参考文献

東　信男 2002『田村遺跡発掘調査報告書―株式会社百十四銀行城西支店建設に伴う丸亀市田村町所在の古代寺院跡の調査―』丸亀市教育委員会・株式会社百十四銀行

東　信男 2003「田村廃寺出土瓦について」(『続文化財学論集』文化財学論集刊行会)

安藤文良 1967「讃岐古瓦図録」(『文化財協会報』特別号8、香川県文化財保護協会)

安藤文良 1987「古瓦」(『香川県史　13　資料編　考古』香川県)

安藤文良編 1974『古瓦百選―讃岐の古瓦―』美巧社

稲垣晋也 1987「南海道古瓦の系譜」(『新修国分寺の研究』第5巻上、吉川弘文館)

今井和彦 2000「讃岐国府跡(開法寺跡)」(『坂出市内遺跡発掘調査報告書　平成11年度国庫補助事業報告書』坂出市教育委員会)

今井和彦・増田鉄平 2007「開法寺遺跡」(『坂出市内遺跡発掘調査報告書　平成18年度国庫補助事業報告書』坂出市教育委員会)

植田　広 1991「庄屋原2号窯跡採集の資料」(『研究輯録』Ⅰ、財団法人広島県埋蔵文化財センター)

植田　広 1992「北條池1号窯跡採集のヘラ記号のある須恵器」(『研究輯録』Ⅱ　財団法人広島県埋蔵文化財調査センター)

大塚勝純・黒川隆弘 1975『讃岐国分寺の瓦と塼』牟礼印刷株式会社

岡田唯吉 1925『郷土博物館第1回陳列目録』財団法人鎌田共済会

岡田唯吉 1937「讃岐国分寺及仝瓦窯跡」(『讃岐史談』2-2)

岡田唯吉 1938「讃岐国分寺」(角田文衛編『国分寺の研究』考古学研究会)

香川県教育委員会 1961「府中・山内瓦窯跡」(『香川県の文化財』香川県文化財保護協会)

香川県教育委員会 1971「府中・山内瓦窯跡」(『香川県の文化財』香川県文化財保護協会)

香川県教育委員会 1996「府中・山内瓦窯跡」(『香川県の文化財』香川県教育委員会)

香川県史蹟名勝天然紀念物調査会 1922「国分寺及国分尼寺」(『史蹟名勝天然紀念物調査報告』1、香川県)

香川県史蹟名勝天然紀念物調査会 1934「国分寺及国分尼寺」(『国宝並ニ史蹟名勝天然紀念物調査報告』香川県)

川畑　聰 1996『第11回特別展　讃岐の古瓦展』高松市歴史資料館

川畑　迪編 1988『坂出市史　資料』坂出市

川畑　聰 2003「讃岐国における古代寺院出土軒瓦の同笵・同文関係」(『同志社大学考古学シリーズ　Ⅷ　考古学に学ぶ〔Ⅱ〕　考古学研究室開設五十周年記念』同志社大学考古学シリーズ刊行会)

川畑　迪・松本豊胤 1977「開法寺跡」(『仏教芸術』116、毎日新聞社)

駒井正明ほか 2000『小坂合遺跡―都市基盤整備公団八尾団地建替えに伴う発掘調査報告書―』財団法人大阪府文化財調査研究センター

佐藤竜馬 1993a「香川県十瓶山窯跡群における須恵器編年」(『関西大学考古学研究室開設四拾周年記念考古学論叢』関西大学)

佐藤竜馬 1993b「十瓶山窯跡群の須恵器とその検討課題」(『香川考古』2、香川考古刊行会)

佐藤竜馬 1995「綾南町庄屋原2号窯跡採集の刻印須恵器について―十瓶山窯跡群の須恵器とその検討課題(2)―」(『香川史学』23、香川歴史学会)

佐藤竜馬 1997「7世紀讃岐における須恵器生産の展開」(『財団法人香川県埋蔵文化財調査センター研究紀要』Ⅴ、財団法人香川県埋蔵文化財調査センター)

白川雄一 2001『宗吉瓦窯跡』(三野町埋蔵文化財発掘調査報告1、三野町教育委員会)

信里芳紀 2007「府中湖崩壊防止工事(第3・4工区)」(『埋蔵文化財試掘調査報告』香川県内遺跡発掘調査、ⅩⅩ、香川県教育委員会)

新編香川叢書刊行企画委員会 1983「府中・山内瓦窯跡」(『新編香川叢書　考古編』香川県教育委員会)

瀬戸内海歴史民俗資料館 1984「八葉複弁蓮華文軒丸瓦　綾南町内間庄屋原出土」(『瀬戸内海歴史民俗資料館だより』17　瀬戸内海歴史民俗資料館)

田村久雄・渡部明夫 1986「綾南町陶窯跡群採集の須恵器(2)」(『香川史学』15、香川歴史学会)

田村久雄・渡部明夫・渡邊誠 2008「陶(十瓶山)窯跡群の瓦生産について(1)―瓦窯跡の分布―」(『香川県埋蔵文化

財センター研究紀要』Ⅳ、香川県埋蔵文化財センター）
田村久雄古稀記念会 1997「須恵器製品」（『田村久雄先生古稀記念文集　十瓶山』田村久雄古稀記念会）
中山尚子・佐藤竜馬 1998「北条池1号窯跡採集の刻印須恵器―十瓶山窯跡群の須恵器とその検討課題(3)―」（『財団法人香川県埋蔵文化財調査センター研究紀要』Ⅵ、財団法人香川県埋蔵文化財調査センター）
蓮本和博 1992「古代讃岐の渡来人の研究」（『香川県自然科学館研究報告』14、香川県自然科学館）
羽床正明 1980「『続日本紀』大宝三年三月丁丑の制と讃岐綾氏」（『文化財協会報』76、香川県文化財保護協会）
羽床正明 1982「陶地区における須恵器生産の成立と変遷」（『文化財協会報　昭和56年度特別号』香川県文化財保護協会）
濱田重人 1999「綾南町陶・庄屋原4号窯跡付近採集の軒丸瓦」（『香川考古』7、香川考古刊行会）
藤井直正 1983「讃岐国古代寺院跡の研究」（『藤沢一夫先生古稀記念古文化論叢』藤沢一夫先生古稀記念論集刊行会）
藤井直正 1978「讃岐開法寺考」（『史迹と美術』485、史迹美術同攷会）
松尾忠幸 1987『特別史跡讃岐国分寺跡　昭和61年度発掘調査概報』国分寺町教育委員会
松尾忠幸ほか 1986『特別史跡讃岐国分寺跡　昭和60年度発掘調査概報』国分寺町教育委員会
松尾忠幸ほか 1996『特別史跡讃岐国分寺跡保存整備事業報告書』国分寺町教育委員会
松原弘宣 1988『古代の地方豪族』吉川弘文館
松本忠幸 2009「出土瓦から見た讃岐国分寺の創建」（『佛教藝術』303　毎日新聞社）
松本豊胤 1968『香川県陶邑古窯跡群調査報告』香川県教育委員会
松本豊胤 1987「讃岐」（『新修国分寺の研究』第5巻上、吉川弘文館）
森　浩一 1968「南海道の古代窯業遺跡とその問題」（『日本歴史』237、吉川弘文館）
安田和文・大砂古直生 1983『十瓶山西2号窯・大師堂池1号窯―香川県住宅供給公社による宅地造成に伴う埋蔵文化財発掘調査―』綾南町教育委員会
綾南町誌編纂委員会 1998「第3節窯業生産」（『綾南町誌』綾南町）
渡部明夫 1980「讃岐国の須恵器生産について」（『鏡山猛先生古稀記念古文化論攷』鏡山猛先生古稀記念論文集刊行会）
渡部明夫 1982「讃岐の古墳文化」（『香川県の歴史と風土』創土社）
渡部明夫 1998「考古学からみた古代の綾氏(1)―綾氏の出自と性格及び支配領域をめぐって―」（『財団法人香川県埋蔵文化財調査センター研究紀要』Ⅵ、財団法人香川県埋蔵文化財調査センター）
渡部明夫・森　格也・古野徳久 1997「打越窯跡出土須恵器について」（『財団法人香川県埋蔵文化財調査センター研究紀要』Ⅴ、財団法人香川県埋蔵文化財調査センター）
渡部明夫ほか 2009『宗吉瓦窯跡調査・保存整備報告』（『三豊市埋蔵文化財調査報告』1　三豊市教育委員会）

第5章　讃岐国分寺に関連する古代の寺院・瓦

第1節　開法寺式偏行唐草文軒平瓦について
―香川における7世紀末から8世紀前半の軒平瓦の様相―

1.　はじめに

　香川県内では、坂出市開法寺跡や善通寺市善通寺など8カ所の寺院遺跡から同系の偏行唐草文をもつ軒平瓦が出土している。一般に、これらの偏行唐草文軒平瓦の多くは白鳳期に比定されているが、大阪府柏原市田辺廃寺・五十村廃寺などからも出土し、開法寺跡や田辺廃寺などでは周縁内側に線鋸歯文をもつ八葉単弁蓮華文軒丸瓦と組み合うとみられ、大阪と香川に類似した軒瓦が存在することから、畿内に位置する田辺廃寺・五十村廃寺などからの影響によって香川で製作されはじめたと考えられている。

　ところが、讃岐国分寺跡からこの偏行唐草文軒平瓦の一種であるSKH25が出土していることが明らかになり、初期の讃岐国分寺を検討する中で、この種の偏行唐草文軒平瓦は坂出市開法寺跡KH202・鴨廃寺KM202を最古として、両寺院と讃岐国分寺に展開するとともに、善通寺市善通寺・仲村廃寺・丸亀市田村廃寺、さぬき市石井廃寺・極楽寺跡、大阪府柏原市田辺廃寺・五十村廃寺などの4地域に展開し、讃岐国分寺跡SKH25は8世紀中頃に比定できる可能性が高いとした[1]。

　しかし、この中では煩雑を避けるため結論のみを略述したことから、ここで改めてこの種の偏行唐草文軒平瓦を開法寺式偏行唐草文軒平瓦と総称して編年を行い、成立や変遷、年代などを再考するとともに、それによって明らかになるいくつかの問題と、これまで不明な部分の多かった香川の奈良時代前期（8世紀前半）の軒平瓦の様相を整理することにしたい。

2.　これまでの研究

　開法寺式偏行唐草文軒平瓦を最初に取り上げたのは藤井直正氏である。藤井氏は、昭和31年に発表した「大和から讃岐へ―讃岐上代仏教文化の一姿相―」（藤井 1956）の中で、藤沢一夫氏の資料を用い、五十村廃寺の八葉単弁蓮華文軒丸瓦は開法寺跡KH106よりやや小さいが文様が同じであること、五十村廃寺の軒平瓦は小片であり、充分な比較ができないものの、少しの文様の違いを認めるとしても偏行唐草文であることは開法寺跡KH202と共通しているとしたうえで、河内と讃岐に「瓜二つといっていゝくらいよく似ている」瓦が出土していることから、開法寺跡の八葉単弁蓮華文軒丸瓦KH106（鴨廃寺KM102）・偏行唐草文軒平瓦KH202は五十村廃寺のものをもとにして作られたと考えた。

　昭和40年、安藤文良氏は善通寺境内周囲の土塁から出土した瓦を報告する中で、新たな開法寺式偏行唐草文軒平瓦2種を紹介した（安藤 1965）。一方は類例が仲村廃寺・開法寺跡からも出土し

ているZN203Aで、平瓦部は桶巻き作りで製作され、奈良時代に比定し、他方は一枚作りで製作されたZN205で、平安時代に比定している。

　昭和45年に奈良国立博物館から刊行された『飛鳥白鳳の古瓦』（稲垣1970）では、善通寺ZN203Aの発見を受けて、開法寺跡KH202は善通寺ZN203Aの退化型式であり、五十村廃寺例はZN203Aに近いが、さらに子葉一葉を減じ、より繊細であるとして、五十村廃寺から開法寺への波及、つまり大阪から香川への波及に慎重な見解を述べるとともに、仲村廃寺NK202A（善通寺ZN203B）はZN203Aの退化形であり、鴨廃寺KM203はKH202の退化形であるとするなど、唐草文様をもとにした編年を行っている。

　善通寺ZN203Aを最古とする稲垣晋也氏に対し、藤沢一夫氏は昭和46年に実施された田辺廃寺の発掘調査の報告書において、田辺廃寺の当該軒丸瓦・軒平瓦が大阪府柏原市原山廃寺でも出土し、香川にも波及していると指摘したうえで、田辺廃寺出土瓦の中ではこれら（軒丸瓦第1類・軒平瓦第1類）が最も古く、金堂跡、西塔跡などの付近から多く出土したことから、その建立に用いられたと想定するとともに、その年代については、軒平瓦の唐草文に便化と繁縟化が認められること、縁飾として軒丸瓦が線鋸歯文を、軒平瓦が珠文もつことから、両者の縁飾が二重に用いられる藤原宮期に求められるとし、藤井直正氏の見解を支持した（藤沢1973）。

　これに対して、安藤文良氏は、昭和49年に刊行された『古瓦百選―讃岐の古瓦―』で善通寺ZN203Aを取り上げ、善通寺では十六葉細素弁蓮華文軒丸瓦（善通寺ZN101）との組み合わせを想定し、軒平瓦の類例が善通寺市仲村廃寺・坂出市鴨廃寺・開法寺跡・さぬき市石井廃寺・大阪五十村廃寺などにみられるが、善通寺のものが最も古く、源流は香川であるとした（安藤編1974）。

　また、同書の中で、溝淵茂樹氏は、さぬき市石井廃寺IS202は善通寺・仲村廃寺・開法寺跡のものに比して退化した型式であると指摘し（溝淵1974）、川畑迪氏は、鴨廃寺KM203は鴨廃寺KM202（開法寺跡KH202）を模して造られたもので、奈良時代末か平安時代初期のものであろうとして（川畑1974）、この種の偏行唐草文軒平瓦の比較的長期にわたる変遷、使用を想定した。

　一方、藤沢一夫氏は昭和51年、大阪府柏原市安宿大寺の八葉単弁蓮華文軒丸瓦を紹介する中で、同笵ないし同型のものが近隣の田辺廃寺・五十村廃寺・原山廃寺から出土し、有節忍冬唐草文軒平瓦と組み合い、同笵屋瓦を共有する一つの小世界を形成していると指摘するとともに、この組み合わせが讃岐にも波及したとして、再度藤井直正氏の考えを支持している（藤沢1976）。

　藤井直正氏は昭和53年に再び田辺廃寺と開法寺跡の八葉単弁蓮華文軒丸瓦・偏行唐草文軒平瓦を取り上げ（藤井1978）、田辺廃寺と開法寺跡の軒丸瓦の文様は全く同じであるが、開法寺跡のものは内区の蓮弁の表現において力が弱く、便化の傾向がみられ、直径が大きくなって外縁の鋸歯文が増えるなど、後出的要素が認められるとした。

　また、軒平瓦について、田辺廃寺のものは内区に有節忍冬唐草文をもつが、開法寺跡のものは偏行唐草文であり、別系統のものをモデルにしたと述べたが、その詳細は示されなかった。

　この点について、藤井氏は昭和58年に開法寺跡の偏行唐草文軒平瓦は法隆寺式の忍冬唐草文を原型にしたと述べているが（藤井1983）、ここにおいてもその根拠や変化の詳細については明らかにされなかった[2]。

これに対して、稲垣晋也氏は、昭和62年に刊行された『新修国分寺の研究』において、開法寺跡出土の軒平瓦は五十村廃寺・田辺廃寺の系統の偏行忍冬唐草文軒平瓦であり、新羅様式の系譜に連なる奈良巨勢寺式を祖型とし、善通寺・仲村廃寺例が古式であり、次いで石井廃寺例、鴨廃寺例、善通寺第二式などが段階をへた亜型式として展開するとしている（稲垣 1987）[3]。

一方、蓮本和博氏は平成7年から平成13年にかけて開法寺式偏行唐草文軒平瓦を製作技法から追求し、瓦当の形成に「包み込み技法」あるいはこれを含む広義の「瓦当面貼り付け技法」が用いられたとして、白鳳期における讃岐を中心とした造瓦工人の動向を復元しようとした（蓮本 1995・1999・2001）。

この中で、善通寺ZN203B（B笵）は、ZN203A（A笵）より写実的で繊細であるのに対して、ZN203Aには細部の省略が看取できるとして、ZN203Aはきわめて近い時期のZN203Bの模刻、もしくは、同時に彫られたうちの造形的に劣る作と考えた（蓮本 2001）。

また、川畑聰氏は、平成8年に香川県内の古瓦を通観する中で、石井廃寺IS202・開法寺跡KH202（鴨廃寺KM202）・善通寺ZN203A・ZN203B（仲村廃寺NK202A）を白鳳期末に比定し、仲村廃寺NK202BはNK202Aをあまり下らない時期に、鴨廃寺KM203を奈良時代末〜平安時代初頭に比定している（川畑 1996）。

さらに、東信男氏は丸亀市田村廃寺出土のTM202について、善通寺ZN203B・仲村廃寺NK202Aと同笵であるが、これに組み合うと考えられる十六葉細素弁蓮華文軒丸瓦（TM107）の笵傷が善通寺出土品（ZN101）より進行していることから、田村廃寺での使用を奈良時代初期に比定している（東 2002・2003）。

一方、近江俊秀氏は奈良県奈良市に所在する山村廃寺の瓦を検討する中で、共に軒平瓦に包み込み技法が認められる開法寺跡KH202を取り上げ、KH202の偏行唐草文は藤原宮式軒平瓦の影響のもとに成立したとして、その年代の上限を大和における藤原宮の造瓦開始以降とすることができるとした。

包み込み技法をもつ讃岐の偏行唐草文軒平瓦の成立の契機については、法隆寺忍冬唐草文軒平瓦の文様を反転した山村廃寺の軒平瓦より後出すると考え、「讃岐における藤原宮の造瓦開始直後に、畿内の渡来系氏族の瓦工の一部が讃岐へ移動し、在地寺院へ瓦の供給を行ったか、あるいは讃岐の瓦工が畿内の氏寺造営のため徴収され、その工事が完了するとともに讃岐に戻ったかのいずれかが考えられよう。」とするとともに、畿内と讃岐の寺院を造営した氏族間の結びつきは想定しがたいことから、瓦工の移動が畿内と讃岐のそれぞれの寺院との直接的な関係で行われたのではなく、その背景に官の介入を想定すべきであるとしている（近江 2004）。

また、松田重治氏は、高知県高知市秦泉寺廃寺出土の善通寺ZN101・ZN203Aについて、善通寺で両者が組み合うとする安藤文良氏の見解（安藤編 1974）を踏まえ、秦泉寺廃寺が秦氏の造営寺院であるとしたうえで、秦泉寺廃寺出土のZN203Aが曲線顎と縄叩き目をもち、奈良時代以降に下ることから、奈良時代に秦泉寺廃寺と善通寺のネットワークが構築され、讃岐国多度郡の秦氏の仲介によって、秦泉寺廃寺で使用されることになったとした（松田 2004）。

その後、佐藤竜馬氏は善通寺出土の開法寺式偏行唐草文軒平瓦を紹介する中で、蓮本和博氏と同

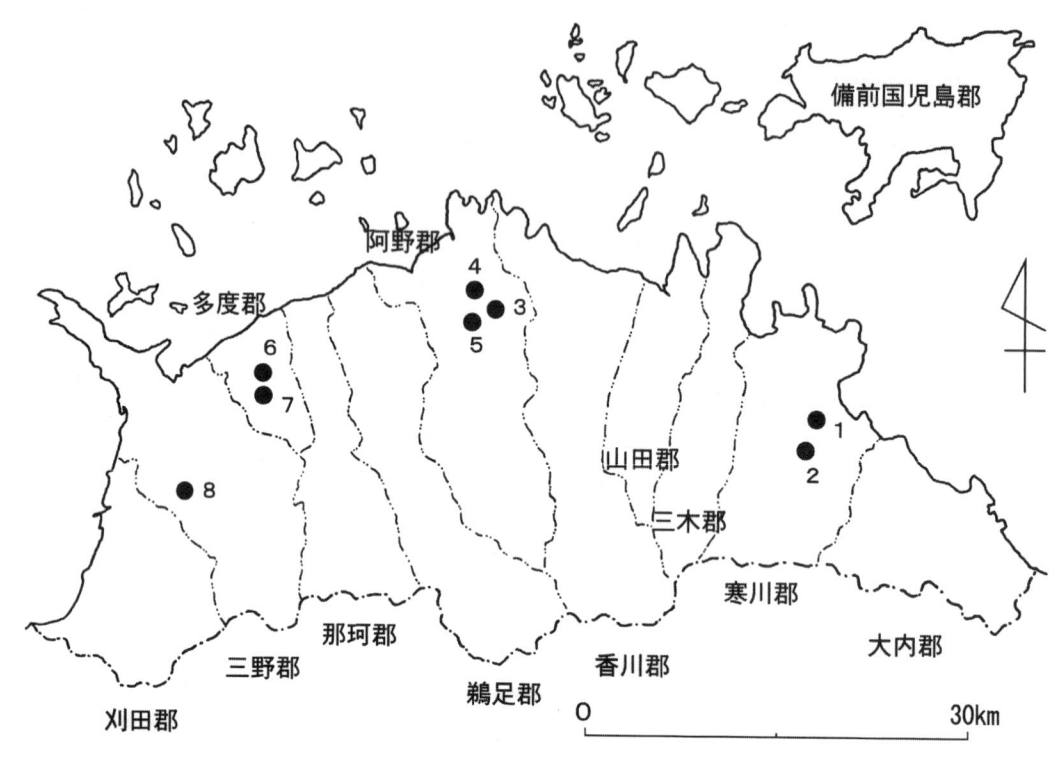

図92 開法寺式偏行唐草文軒平瓦出土寺院
1 石井廃寺　2 極楽寺跡　3 讃岐国分寺跡　4 鴨廃寺　5 開法寺跡　6 仲村廃寺　7 善通寺　8 妙音寺

じく、善通寺での2種類（善通寺ZN203A・ZN203B）を最古としたが、従来から藤原宮式の影響を受けたとされてきた瓦当文様について、「単なる藤原宮式の模倣（地方的変容）ではないようである」として、新羅系のデザインが参考にされたとした（佐藤2007）。

以上のように、開法寺式偏行唐草文軒平瓦についてはさまざまな視点から取り上げられ、成立時期については藤原宮期で一致しているが、出現についてみると、大阪田辺廃寺・五十村廃寺などからの開法寺への波及を想定するもの、これに加えて田辺廃寺・五十村廃寺の祖型を巨勢寺式に求めるもの、善通寺ZN203Aを最古とするもの、善通寺ZN203Bを最古とするもの、藤原宮式偏行唐草文軒平瓦の影響を想定するものなどがあるが、いずれについてもその根拠や詳細が十分に説明されているとは言い難い。

したがって、次に開法寺式偏行唐草文軒平瓦の編年を行い、この種の軒平瓦の成立と変遷を明らかにしたい。

3. 開法寺式偏行唐草文軒平瓦の編年

（1）開法寺跡KH202と善通寺ZN203A・ZN203B

香川の開法寺式偏行唐草文軒平瓦については、開法寺跡KH202を最古とする見方と、善通寺ZN203AあるいはZN203Bを最古とする見方があるので、まず、この三者を比較してみよう。

三者を概観すると、KH202、ZN203A、ZN203Bとも段顎をもち、凹面に模骨痕と布目を、凸面に

第5章 讃岐国分寺に関連する古代の寺院・瓦　179

格子叩き目を残しており、瓦当を包み込み技法で形成するなど、形態、造瓦技術とも共通性が高い。

また、瓦当文様は、上外区に密な珠文帯を、左右の脇区に各3個の珠文をもつとともに、向かって左から右に流れる偏行唐草文をもつなど、構成も共通しており、類似点が多いので、それぞれの文様をやや詳しくみることにする。

① 開法寺跡KH202
（図93-1・図95-1・図97-1）

同笵品が鴨廃寺から出土し、KM202の型式略号が与えられている。上外区に26個からなる密な珠文帯をもち、左右の脇区に各3個の珠文をもつ。内区には先端が渦状に巻く6単位の主葉と支葉・小葉からなる唐草文を配する。唐草主葉は巻きはじめる部分に2個の結節をもち、先端側の結節から次（右側）の主葉と1個の小葉が伸びる。なお、次の主葉は派生部分を細くし、しだいに太く表現していることから、各単位の主葉は左の単位から新たに生まれることを意図して描かれたことが理解される。左端の単位（第1単位）を除き、主葉の巻きの部分にも1～2個の結節をもち、そこから先端が円形に巻く1個の支葉が派生し、横走するとともに、4個の横走する小葉をもつ。右端の単位（第6単位）の先端側結節から長い主葉と短い小葉が各1個派生するが、主葉は巻かない。そ

1. 開法寺跡 KH202
2. 善通寺 ZN203A
3. 善通寺 ZN203B
4. 田辺廃寺軒平瓦第1類

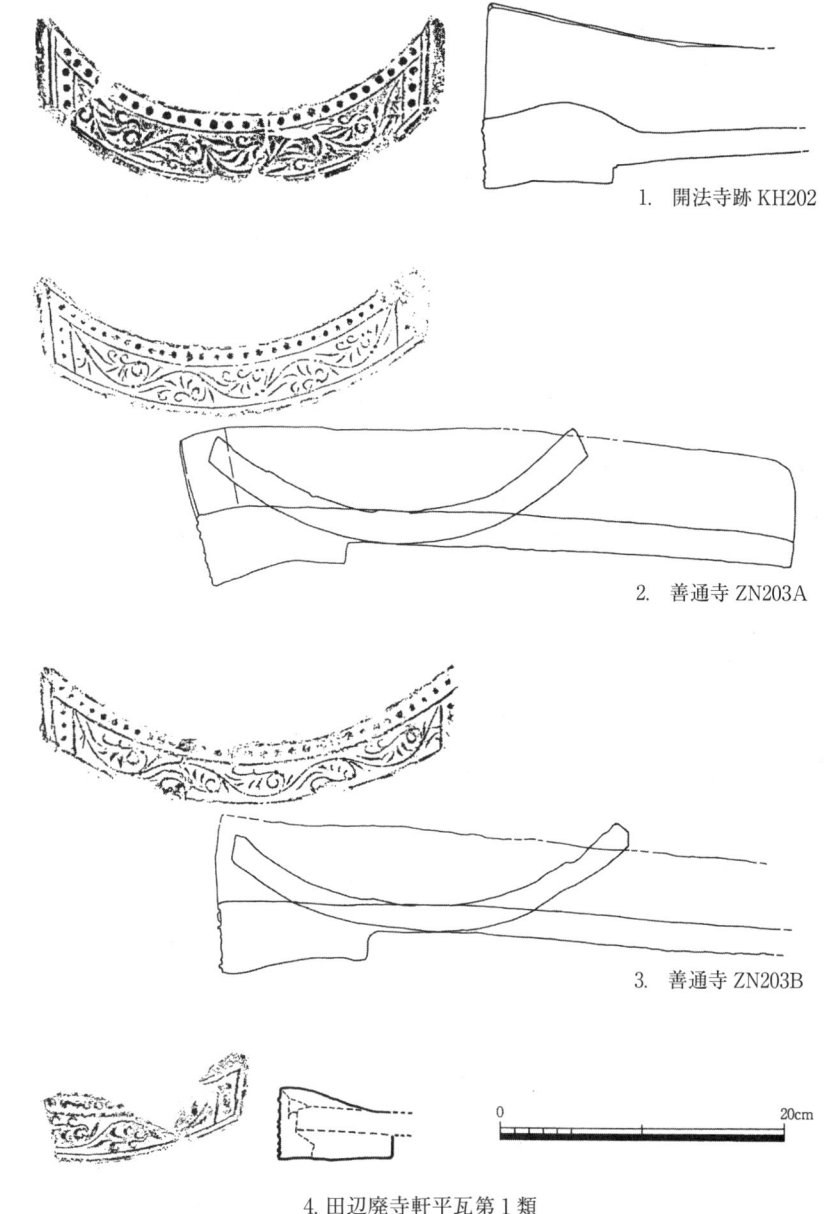

図93　開法寺式偏行唐草文軒平瓦1

1．石井廃寺IS202

2．讃岐国分寺跡SKH25

3．妙音寺MO204

4．仲村廃寺NK202B

5．鴨廃寺KM203

6．善通寺ZN204

0　　　　　　　　　　20cm

7．善通寺ZN205

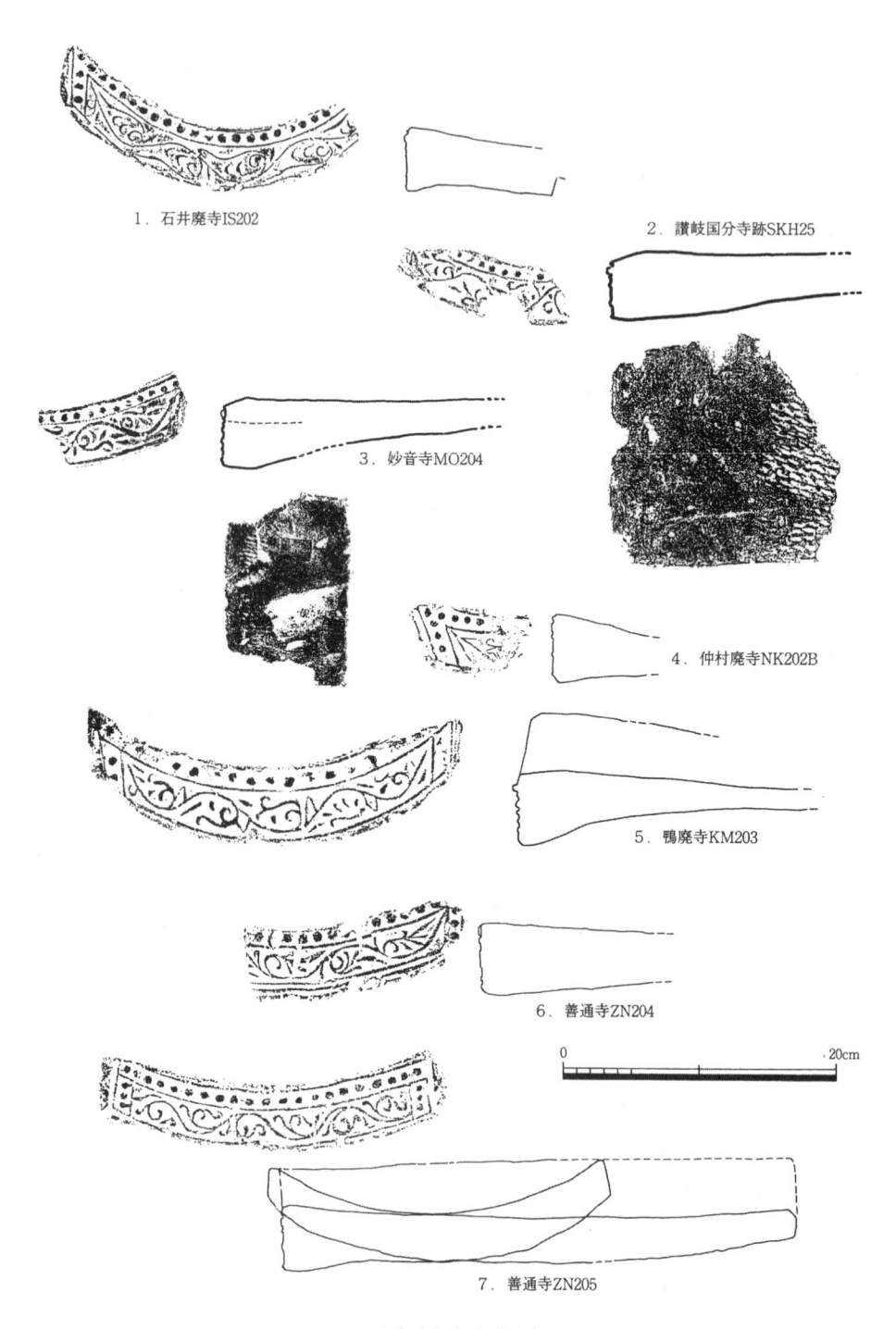

図94　開法寺式偏行唐草文軒平瓦2

第5章 讃岐国分寺に関連する古代の寺院・瓦　181

1. 開法寺跡 KH202

2. 善通寺 ZN203A

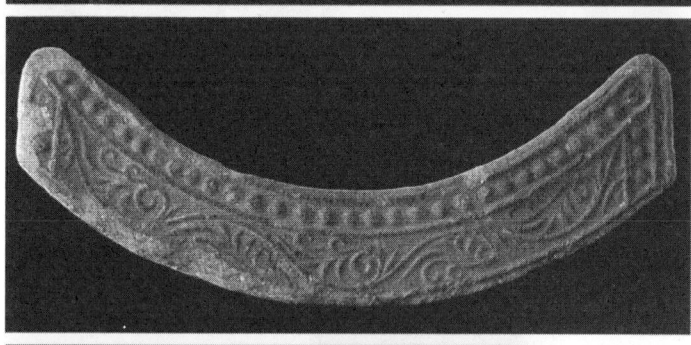

3. 田村廃寺 TM202
   （善通寺 ZN203B）

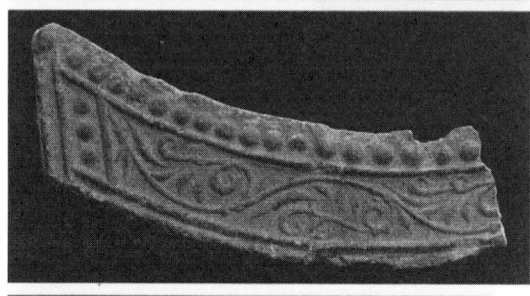

4. 善通寺 ZN203B

5. 田辺廃寺軒瓦第1類

図95　開法寺式偏行唐草文軒平瓦3（縮尺不同）

1. 石井廃寺 IS202

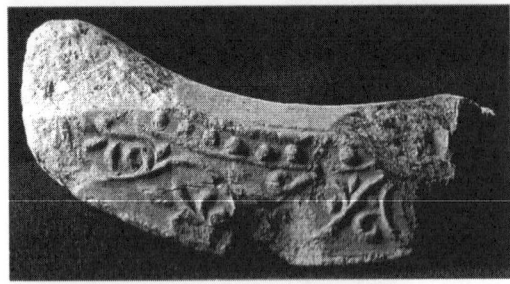

2. 讃岐国分寺跡 SKH25

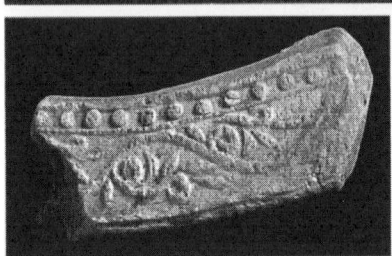

3. 妙音寺跡 MO204

4. 仲村廃寺 NK202B

5. 鴨廃寺 KM203

6. 善通寺 ZN204

7. 善通寺 ZN205

図 96　開法寺式偏行唐草文軒平瓦 4（縮尺不同）

第 5 章　讃岐国分寺に関連する古代の寺院・瓦　183

1. 開法寺跡 KH202

2. 善通寺 ZN203A

3. 善通寺 ZN203B

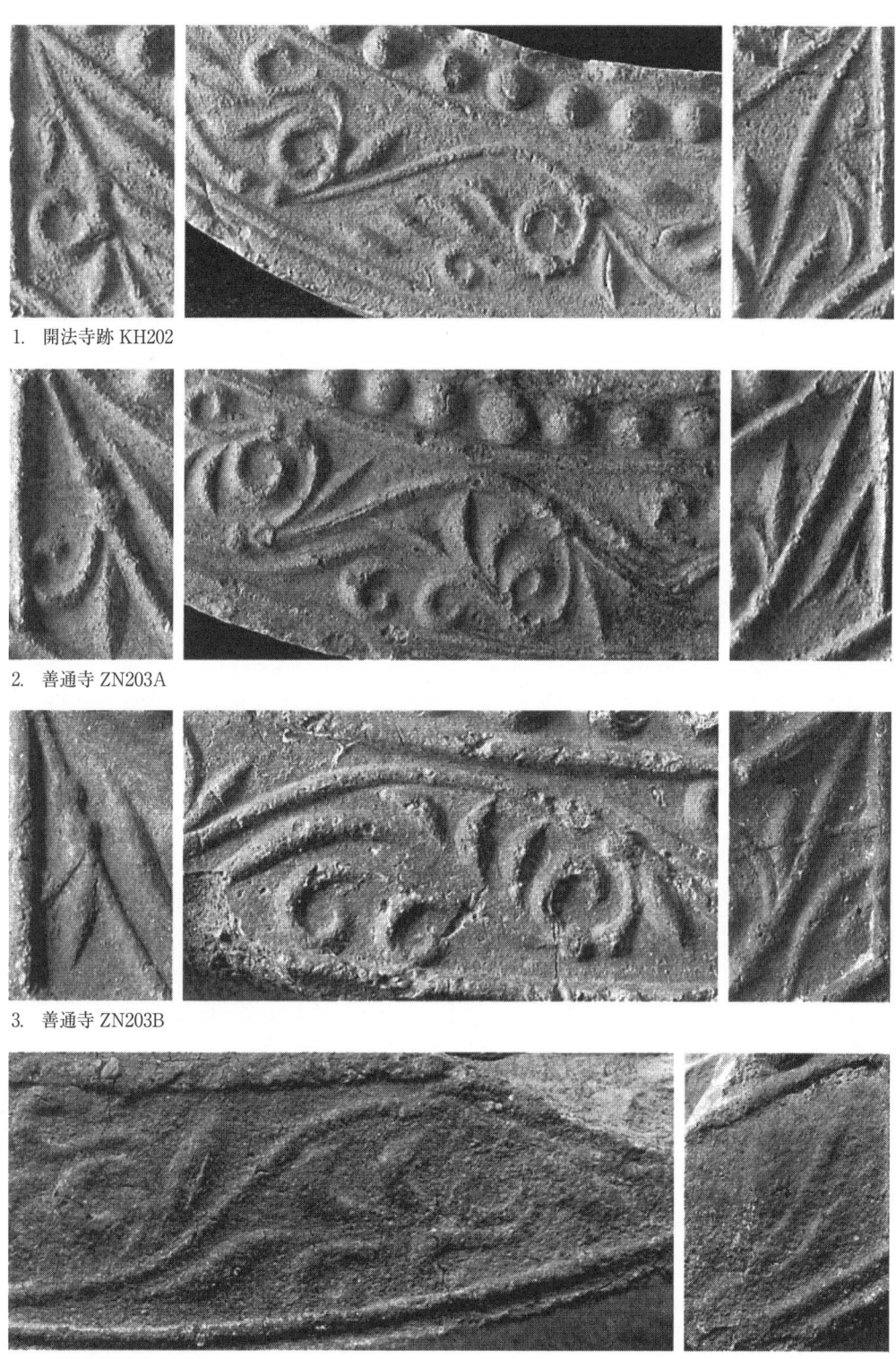

4. 田辺廃寺軒平瓦第 1 類

図 97　唐草文の変化（縮尺不同）

の主葉の下は4個の短い小葉で空間が埋められている。また、第1単位の主葉と内区と脇区を区画する縦線の間にも1個の小葉が配されている。さらに、以上の内外区全体を囲むように、上開きの「コ」字状に凸線をめぐらせる。

②善通寺ZN203A（図93-2・図95-2・図97-2）

高知市秦泉寺廃寺から同笵品が出土しているが、曲線顎と縄叩き目をもつことから、ZN203Aより新しい時期に製作されたと考えられている。上外区に29個の珠文を、左右の脇区に各3個の珠文をもち、内区には先端が渦状に巻く6単位の主葉と支葉・小葉からなる唐草文を配する。開法寺跡KH202と比較すると、上外区の珠文が3個増加し、上外区と右脇区を区画する凸線が省略されている。

善通寺ZN203Aで注目されるのは、主葉の描き方が開法寺跡KH202と異なる点である。主葉は、まず均一な太さの凸線で内区全体に波状線を描き、その6ヶ所に各2個の結節を置いて、その先端側から先端が渦状に巻く主葉と1個の短い小葉を派生させている。

開法寺跡KH202の偏行唐草文は、渦状に巻く先端部を除くと、唐草主葉が全体として流麗な波状を描くことは、図95-1にみるとおりである。こうした唐草文を描くためには、瓦笵または、瓦笵に貼り付ける紙に、まず波状の主葉線を描き、それを分割するように各単位を描いたうえで、その図に従って瓦笵を彫ったと考えられる。

これに対して善通寺ZN203Aに認められるように、内区全体に流れる1本の波状線から、先端が渦状に巻く6単位の主葉を派生させていることは、瓦笵製作において工程細部の省略、合理化が行われたことを示している。

さらに、善通寺ZN203Aの主葉第1単位（左端）の渦状の巻きをみると、その先端が内区と脇区を画する縦線によって切られている。こうした文様の部分的な欠失が生じるためには、開法寺跡KH202の主葉第1単位のような完全な形の主葉の存在が前提となることは明らかである。善通寺ZN203Aの唐草文は、開法寺跡KH202を手本にして製作されたが、文様の一部が内区に収まりきらず、欠けたのであろう。

また、善通寺ZN203Aは、第1単位の主葉と内区と脇区を画する縦線の間が無文となり、小葉が省略されているほか、第6単位から伸びる長い主葉の下でも小葉が変形されるとともに、2個に省略されている。

従って、善通寺ZN203Aの上外区の珠文が29個であり、渦状に巻いた主葉から派生した、先端が巻く支葉が2連であることなどは、善通寺ZN203Aが開法寺跡KH202に先行することを示すものではなく、善通寺ZN203A段階での加飾と理解すべきである。

以上のことから、善通寺ZN203Aは開法寺跡KH202の文様をもとにしながら、唐草文を省略する一方、唐草文の一部や上外区の珠文を加飾して製作されたと考えられる。

③善通寺ZN203B（図93-3、図95-3・4、図97-3）

同笵品が仲村廃寺・田村廃寺から出土し、それぞれNK202A、TM202の型式略号が与えられている。上外区に31個の珠文を、左右の脇区に各3個の珠文をもっている。善通寺ZN203Aと比較すると、上外区の珠文が3個増加している。また、左脇区外側の縦線が下に伸び、内外区全体を囲む

凸線につながっている。

　内区の唐草主葉は善通寺ZN203Aと同じく、内区全体に1本の波状の凸線を描き、6カ所に2個ずつの結節を配して、先端側の結節から主葉と短い小葉が派生するが、左端の第1単位では主葉の大部分は失われ、派生部分が痕跡的にしか残らない。見た目には、唐草主葉が1単位減少している印象を受ける。開法寺跡KH202・善通寺ZN203Aを介さなければ、これが唐草主葉の一部であることを認識するのは困難である。

　左端の主葉と内区と脇区を区画する縦線の間は、善通寺ZN203Aと同じく無文となっている。このように、左端の主葉単位がしだいに退化し、小葉が省略されるのは、開法寺跡KH202→善通寺ZN203A→善通寺ZN203Bへと左端の結節が内区左上端に近づいた結果、左側のスペースがしだいに狭くなったことに対応する現象である。

　各単位の主葉・支葉・小葉は善通寺ZN203Aと同様に配置されているが、渦状に巻いた主葉から派生する、先端が巻いた2連の支葉はつながるようになる。

　また、善通寺ZN203Aと同じく、内区右端の長く伸びた主葉の下に2個の小葉が描かれているが、長い小葉は右・下の界線にまたがり、短い小葉はレリーフ状の半円になり、内区と脇区を区画する右の界線に接するなど、善通寺ZN203Aよりさらに変化している。

　以上のように、これら3種の開法寺式偏行唐草文軒平瓦は、文様の省略化と複雑化を伴いながら変化しているが、上外区の珠文や先端が巻く支葉の数の変化については前後関係を明らかにする根拠が見当たらない一方、唐草主葉の描き方、左端の主葉第1単位の変化、右端の小葉の変化は明らかに開法寺跡KH202→善通寺ZN203A→善通寺ZN203Bへと省略化されており、この順序で時期差をもって変化したと考えることができる。

　以上の香川県内での変化過程をもとにして、香川の開法寺式偏行唐草文軒平瓦のもとになったとも考えられている大坂府田辺廃寺出土の軒平瓦第1類の文様と比較してみよう。

（2）開法寺跡KH202・善通寺ZN203A・ZN203Bと田辺廃寺軒平瓦第1類

　開法寺跡や善通寺などから出土する偏行唐草文軒平瓦については、類似したものが大阪府柏原市田辺廃寺・五十村廃寺などから出土している。田辺廃寺と五十村廃寺の偏行唐草文軒平瓦はいずれも破片であるが、残存部で比較すると、両者の唐草文は同文で、田辺廃寺出土品は段顎をもつ。現状では両者を区別するだけの根拠がみつからないことから、ここでは同型式ととらえ、田辺廃寺の発掘調査報告書に従って田辺廃寺軒平瓦第1類と呼ぶことにする。

田辺廃寺軒平瓦第1類（図93-4、図95-5、図97-4）

　文様の特徴を見ると、外区では、善通寺ZN203Aと同じく上外区と右脇区を区画する凸線を省略している。また、上外区の珠文は密に配置され、善通寺ZN203Bに近い印象を受ける。

　内区唐草文の主葉は善通寺ZN203A・ZN203Bと同じく、連続する波状の凸線を描き、要所に各2個の結節を置いて、先端側の結節から先端が渦状に巻く主葉と1個の小葉を派生させている。しかし、渦状に巻く主葉の結節はほとんどが省略されている。また、善通寺ZN203A・ZN203Bと同じく、先端が巻く2連の支葉が渦状に巻く主葉から派生するが、その先端の巻きがやや弱い特徴や配置は善通寺ZN203Bに近い。しかし、先端が巻く2連の支葉は、ZN203Bのように明瞭にはつな

がらない。

　唐草文の小葉についてみると、開法寺跡KH202から善通寺ZN203Bまで各単位4個であった小葉が3個に減少するとともに、内区右端の主葉の下は、主葉に沿った比較的長い小葉が1個のみとなって、善通寺ZN203Bよりさらに省略されている。

　以上のように、田辺廃寺軒平瓦第1類は主葉を連続する波状に描き、そこから先端が渦状に巻く主葉を派生させていること、先端が巻く2連の支葉をもつことは、開法寺跡KH202より善通寺ZN203A・ZN203Bに近いといえる。

　しかし、渦状に巻く主葉の結節を省略し、小葉が3個に減少するとともに、内区右端の主葉下では小葉が1個に省略されるなど、ZN203Bよりさらに新しい特徴も認められる。

　したがって、田辺廃寺軒平瓦第1類は善通寺ZN203Bよりさらに後出すると考えることができる。

（3）その他の開法寺式偏行唐草文軒平瓦

① 石井廃寺IS202（図94-1、図96-1）

　さぬき市石井廃寺のほか、同市極楽寺跡からも同笵と思われる軒平瓦が出土している。段顎をもち、凹面に模骨痕と布目が認められるものがある。香川県歴史博物館所蔵品[4]の凸面には縄叩き目が認められる。

　上外区には復元すると26～27個の珠文を、左右の脇区には各3個の珠文をもつ。内区の唐草主葉は善通寺ZN203A・ZN203Bと同じく、内区全体に1本の波状の凸線を描く。波状線の6カ所に各2個の結節を置き、その先端付近から渦状に巻く主葉と各1個の長い支葉・短い小葉を派生させている。長い支葉の基部にも2個の結節を置く。結節は開法寺跡KH202・善通寺ZN203A・ZN203Bのような円形でなく、短い棒状を呈するのは、東讃に多い藤原宮式偏行唐草文軒平瓦の影響と思われる。また、渦状に巻く主葉に沿って、2個の弧状の小葉を置き、これらの文様の上又は下に長い支葉が配されているため、先端が巻く支葉は省略されている。

　石井廃寺IS202は、主葉の結節から長い支葉を派生させ、先端が巻く支葉が消滅していること、渦状に巻く主葉の結節が消滅し、新たに長い支葉に施されていること、各単位の小葉が2個に減少していること、凸面に縄叩き目をもつことなどから、開法寺跡KH202・善通寺ZN203A・ZN203Bより後出することは明らかである。渦状に巻く主葉の結節が消滅していることは田辺廃寺軒平瓦第1類に近いが、先端の小葉が発達して長い支葉となった結果、先端が巻く支葉が消滅するなど、さらに変化しているので、田辺廃寺軒平瓦第1類より後出すると考えられる。

　石井廃寺IS202の唐草文様は、坂出地域（開法寺跡KH202・鴨廃寺KM202）、善通寺・丸亀地域（善通寺ZN203A・ZN203B・仲村廃寺NK202A・田村廃寺TM202）と異なることから、この段階までの開法寺式偏行唐草文軒平瓦については、石井廃寺・極楽寺跡出土品を東讃グループ、開法寺跡・鴨廃寺出土品を坂出グループ、善通寺・仲村廃寺・田村廃寺出土品を善通寺・丸亀グループとすることが可能である。

② 讃岐国分寺跡SKH25（図94-2、図96-2）

　国分寺町教育委員会の発掘調査で出土した瓦当左半部の破片で、直線顎をもつ。凸面の瓦当側は幅広くなで消すが、その奥側に縦方向の縄叩き目が認められる。残存する凹面の大部分は横方向の

ナデで調整するが、側縁付近に布目が認められる。瓦当文様は、上外区に密な珠文をもつが、左脇区の珠文部分が破損しているため、上及び左右脇区の珠文の数は不明である。唐草主葉は1本の波状の凸線を描き、そこから渦状に巻く主葉と短い小葉を派生させている。結節は消滅している。渦状に巻く主葉と短い小葉の間から先端が巻く1個の支葉を派生させ、波状の主葉との間に3個の小葉を配する。また、残存瓦当面の右端には、上下方向の主葉から派生した渦状に巻く主葉と1個の小葉があり、文様構成が崩れていることがわかる。

　讃岐国分寺跡SKH25は、唐草の各単位に3個に省略された小葉をもつことは田辺廃寺軒平瓦第1類と共通する。しかし、段顎より新しいと考えられる直線顎をもち、凸面に縄叩き目をもつとともに、結節が消滅し、上下方向の主葉から渦状に巻く主葉を派生させるなど唐草文の構成が崩れていることなどから、田辺廃寺軒平瓦第1類・石井廃寺IS202よりさらに新しい時期に比定することができる。

③ 妙音寺MO204（図94-3、図96-3）

　三豊市豊中町妙音寺の出土品として妙音寺に所蔵されている瓦当面右端部の破片である。これまで報告されていないため、新たに型式略号を与え、MO204とする。曲線顎をもち、凸面にはタテナデで消し残された縄叩き目が認められる。瓦当の製作は包み込み技法ではなく、平瓦の下部に粘土を厚く貼り付け、瓦笵を先端に押しつけて文様をだしている。文様は、上外区に密な珠文帯をもつが、右脇区はなくなっている。内区の唐草主葉は1本の波状の凸線を描き、そこから渦状に巻く主葉と小葉を派生させている。波状に伸びた唐草主葉の右上端部に1個の結節をもつ。文様の出が良くないためはっきりしないが、これ以外の結節はないようである。唐草の各単位には先端が巻く支葉1個と3～4個の小葉をもつ。小葉の数は一定しないようである。右から二つめの単位の先端が巻く支葉は、渦状に巻く主葉につながっている。

　妙音寺MO204は曲線顎、縄叩き目をもち、唐草文の結節がほとんど消滅していること、一部の唐草単位の小葉が3個に省略されていることなどは讃岐国分寺跡SKH25に近く、両者はほぼ同時期に比定することができるものと思われる。

④ 仲村廃寺NK202B（図94-4、図96-4）

　瓦当左端部の破片である。直線顎をもち、段顎は消滅している。凹面には布目を残すが、凹面の瓦当側を横のヘラケズリで、凸面及び側面を縦のヘラケズリで調整している。左脇区と上外区を区画する凸線を省略する。上外区に密な珠文を、左脇区に3個の珠文をもつ。内区では、唐草主葉の左上端部近くに1個の結節をもち、そこから上下に各1個の小葉が派生する。

　左端の結節が内区の左上端にさらに近づいたため、善通寺ZN203Bで痕跡的に認められた渦状に巻く主葉が省略されていること、直線顎であることなどから、善通寺ZN203Bより後出することは明らかである。また、内区左上端部の結節が単独で、太く強調されていることは妙音寺MO204の右上端部の結節に類似することから、これと近い時期に比定しておきたい。

⑤ 鴨廃寺KM203（図94-5、図96-5）

　曲線顎をもつ。凹面はナデで調整し、凸面はタテナデで瓦当側を幅広く調整して、その奥側に縦方向の縄叩き目が認められる。上外区は復元で19個、左右脇区は各2個の珠文が配されており、珠

1. 巨勢寺跡

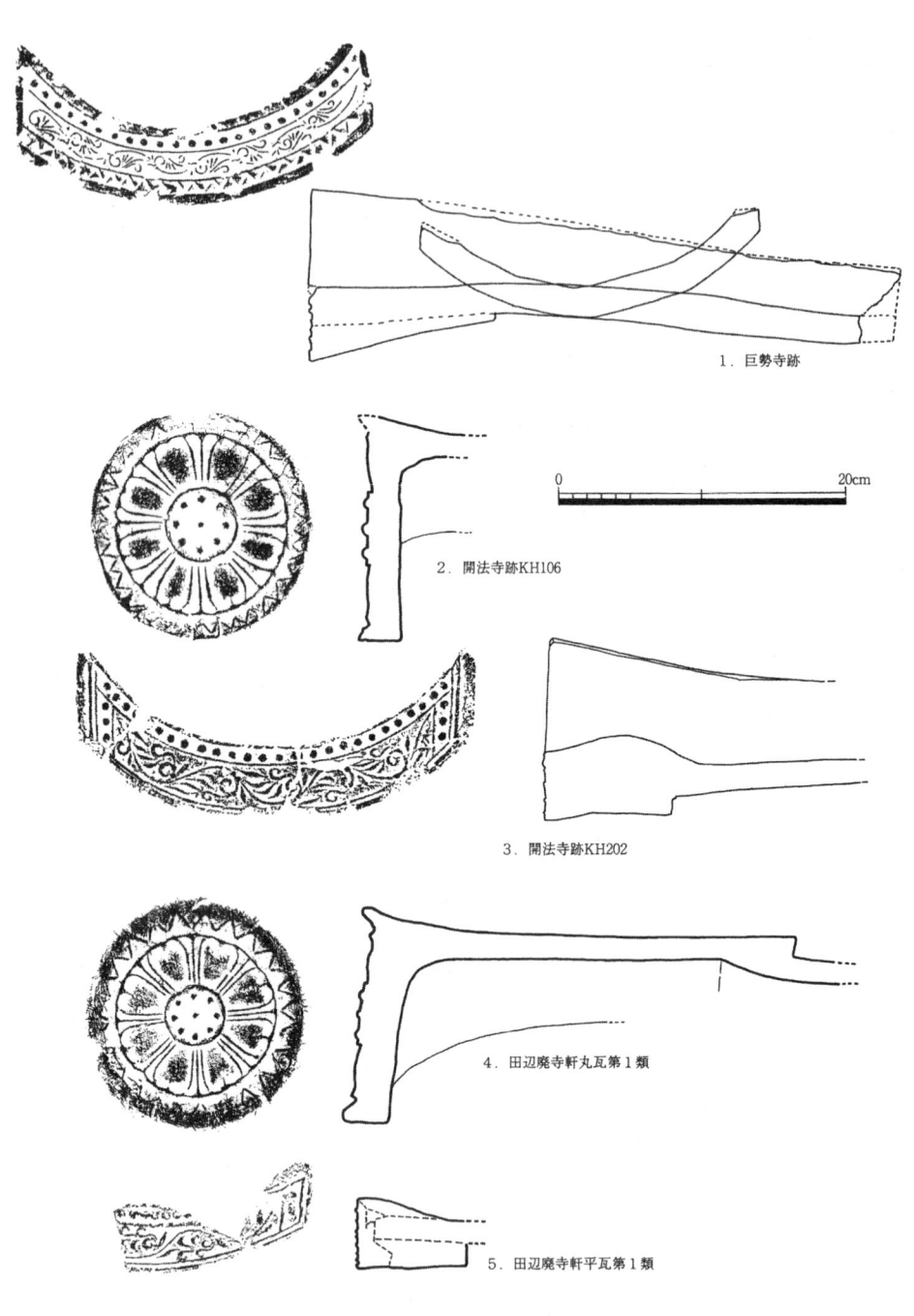

2. 開法寺跡KH106

3. 開法寺跡KH202

4. 田辺廃寺軒丸瓦第1類

5. 田辺廃寺軒平瓦第1類

図98　開法寺式偏行唐草文軒平瓦及び八葉単弁蓮華文軒丸瓦の比較

文の減少が認められる。内区の唐草主葉は波状の凸線を描き、そこから渦状に巻く主葉と三角形状に変化した小葉を派生させている。結節は消滅している。第4単位を除き、渦状に巻く主葉から、先端が巻く支葉が派生している。各単位の小葉は2～4個と一定せず、全体として文様の変化、省略が著しい。

　主葉から派生する小葉が三角形状に変化していること、小葉の省略がさらに進んでいることなどから、讃岐国分寺跡SKH25より後出するものと考えることができる。

　⑥ 善通寺ZN204（図94-6、図96-6）

　直線顎で、凸面には縄叩き目をもつ。これまでのものと異なり、偏行唐草文は右から左に流れる。波状の主葉から渦状に巻く主葉と小葉が1個ずつ派生する。唐草各単位の先端が巻く支葉は1個、小葉は3～4個であるが、両者とも渦状に巻く主葉と連続するとともに、主葉から派生する小葉には先端が巻くものもみられるなど、新しい特徴が認められる。

　こうした特徴や偏行唐草文の方向の逆転などから、仲村廃寺NK202Bより後出すると考えられる。

　⑦ 善通寺ZN205（図94-7、図96-7）

　直線顎で、凸面には縄叩き目をもつ。上外区に21個の珠文を、左右の脇区に各3個の珠文をもつ。善通寺ZN204と同じく、偏行唐草文が右から左に流れる。唐草文は小葉がほとんど省略され、渦状に巻く主葉の前後に先端が巻く支葉を配するなど、善通寺ZN204より新しい特徴が認められる。

　以上のように、開法寺式偏行唐草文軒平瓦は開法寺跡KH202・鴨廃寺KM202を最古として、次いで善通寺ZN203Aが、さらに遅れて石井廃寺IS202が成立し、それぞれの地域などで展開するとともに、善通寺ZN203Aより新しいZN203Bの影響を受けて田辺廃寺・五十村廃寺などを含む大阪府柏原市域でも製作されたと考えられる。

4．開法寺式偏行唐草文軒平瓦の成立と年代

　前述のように、開法寺跡KH202（鴨廃寺KM202）がこの種の偏行唐草文軒平瓦の最古に位置づけられるならば、その成立はどのように考えられるであろうか。

　開法寺跡KH202（鴨廃寺KM202）について、国内の偏行唐草文軒平瓦と比較する限り、稲垣晋也氏のいうとおり、奈良県御所市巨勢寺跡などから出土する巨勢寺式偏行唐草文軒平瓦に最も近く、両者の関係が注目される。

　巨勢寺式軒平瓦（図98-1・図99-1・2）（河上 2004）は段顎をもつ偏行唐草文軒平瓦で、瓦当面は左右の外区をもたず、上外区に24個の珠文を、下外区に面違い鋸歯文をもち、内区に細い凸線で描いた偏行唐草文をもつ。唐草文は8単位が向かって右から左に展開する。全体として波状に伸びた主葉の7カ所に1～2個の結節を置き、結節から短い小葉が派生するとともに、小葉の反対側には、結節又は結節付近から渦状に巻く主葉が派生する。さらに、渦状に巻く主葉と次（左側）の主葉の間にも短い小葉が派生している。また、唐草主葉と上下外区との間の空間には、扇状に広がる4個の小葉を配し、その上又は下に先端が巻く支葉1個を置いている。

巨勢寺式軒平瓦の唐草文の特徴として、2個の結節をもつ場合には、結節間は主葉がつながらないこと、渦状に巻く主葉が先端側の結節につながらない場合があることなどを挙げることができる。

　巨勢寺式軒平瓦と開法寺跡KH202（鴨廃寺KM202）を比較すると、左右脇区・下外区の有無、上外区の珠文数のほか、唐草文の展開する方向、唐草文の細部などに違いが認められる。

　両者の唐草文様の細部をやや詳しくみると、巨勢寺式の主葉は第8単位（左端）の渦状に巻く主葉で終止し、内区左上端部までは伸びない。また、両者とも各単位の主葉は連続せず、前の主葉から新たに生まれていることは共通するが、巨勢寺式では二つの結節間で主葉がつながらず、渦状に巻く主葉が結節から離れて派生するものがあり、結節の反対側に小葉が派生するなどの違いが認められる（図99-2・3）。

　しかしながら、両者の唐草文は展開する方向や配置、細部の形態が異なるものの、共に渦状に巻く主葉をもち、主葉が形成する空間に4個の小葉を配し、その上又は下側に先端が巻く1個の支葉をもつことから、開法寺跡KH202（鴨廃寺KM202）の唐草文は、巨勢寺式の結節から渦巻き状主葉の反対側に派生する小葉を省略し、結節間を主葉でつなぐとともに、渦状に巻く主葉を結節から連続して描いたと考えることができること、広島県吉田廃寺などから巨勢寺式の影響を受けたと考えられる偏行唐草文軒平瓦が出土していることなどから、巨勢寺式偏行唐草文軒平瓦が瀬戸内に広がる中で、香川で受容するに際して、唐草文を省略的に変形して逆方向に描くとともに、上外区の珠文を増加し、下外区を省略する（図99-3）などして、開法寺跡KH202（鴨廃寺KM202）が成立したと考えることができる[5]。

　河上邦彦氏は、巨勢寺式軒平瓦は巨勢寺の講堂に用いられており、講堂の建造と『日本書紀』朱鳥元（686）年8月23日条の持統天皇による「巨勢寺封二百戸。」を関連させて瓦の年代を7世紀末に比定している（河上 2004、橿原考古学研究所付属博物館 2003）。

　これに従うならば、巨勢寺式より変化した偏行唐草文をもつ開法寺跡KH202（鴨廃寺KM202）は7世紀末をさかのぼることはない。また、開法寺跡KH202（鴨廃寺KM202）は善通寺ZN203Aへと変化し、さらに善通寺ZN203B（仲村廃寺NK202A・田村廃寺TM202）→田辺廃寺軒平瓦第1類→仲村廃寺NK202Bへと変化し、後続するものが多いにもかかわらず、それらの多くが比較的古式の様相をもつことから、大幅に年代を下げる必要はないものと思われるので、7世紀末から8世紀初頭頃までの間に成立したと推定される。

　また、善通寺ZN203A・ZN203B・大阪田辺廃寺軒平瓦第1類・石井廃寺IS202は開法寺跡KH202（鴨廃寺KM202）より型式的に後出するものである。これらがきわめて短期間のうちに型式変化をとげたとする明確な証拠がない限り、従来のように白鳳期に比定することはできず、7世紀末より新しい時期に比定する必要があることから、ここでは8世紀前半に比定しておく。

　ただし、巨勢寺式軒平瓦の面違い鋸歯文は660年代に創建されたと考えられている奈良県明日香村川原寺の八葉複弁蓮華文軒丸瓦から用いられているが、藤原宮跡出土の偏行唐草文軒平瓦にはこれが簡略化された線鋸歯文が多く用いられているので、巨勢寺式軒平瓦がさらにさかのぼる可能性もある[6]。巨勢寺式軒平瓦が7世紀末をさかのぼるのであれば、善通寺ZN203Aは7世紀末までさ

1. 巨勢寺式軒平瓦（巨勢寺出土）

2. 巨勢寺式   3. 開法寺跡 KH202（左右反転）

図99 巨勢寺式軒平瓦と開法寺跡 KH202 の唐草文（縮尺不同）

かのぼることも考えられる。

また、讃岐国分寺跡SKH25が国分寺造営の詔にもとづき整備された初期の讃岐国分寺（再整備前の讃岐国分寺）に新たに用いられたとすれば8世紀中頃に比定できることになる[7]。仲村廃寺NK202Bは讃岐国分寺跡SKH25と同じ直線顎をもつことからほぼ同時期に比定できるであろう。鴨廃寺KM203は唐草文が讃岐国分寺跡SKH25より変化していることから8世紀後半に比定することが可能であろう。

開法寺式偏行唐草文軒平瓦の編年とおおよその比定年代は図100のとおりである。

5. 大阪府田辺廃寺・五十村廃寺出土の開法寺式偏行唐草文軒平瓦をめぐって

前述のように、大阪府田辺廃寺出土の偏行唐草文軒平瓦は開法寺跡KH202より新しいことが明らかとなった。この偏行唐草文軒平瓦は開法寺跡においても田辺廃寺においても八葉単弁蓮華文軒丸瓦と組み合わさると考えられているので、両者の軒丸瓦を比較し、さきの編年の可否をみることにしよう。

開法寺跡KH106（鴨廃寺KM102）（図98-2・図101-2）と田辺廃寺軒丸瓦第1類（図98-4・図

101-1）は、ともに低く突出した中房に1＋8個の蓮子をもつ。蓮弁の両側縁及び間弁は低い凸線で描かれて、蓮弁はわずかに盛り上がり、弁端中央が切れ込む。また、内傾する周縁には線鋸歯文をめぐらしている。

　両者の文様は酷似しているが、明確な相違も認められる。まず、瓦当面は開法寺跡KH106が直径15.4cmであるのに対して田辺廃寺例は14.7cmと小さく（図101-3）、中房の直径も開法寺跡KH106が5.2cmに対して田辺廃寺例は4.3cmで、これも小さい[8]。注目されるのは、瓦当面の直径に占める中房の直径の割合が開法寺跡KH106が33.8％であるのに対して、田辺廃寺例では29.3％であり、田辺廃寺例は中房が相対的にも小さくなったということができる。そのため、田辺廃寺例の蓮弁は基部がより細く、先端がより開く形に変化している。

　また、開法寺跡KH106では周縁の内側に低く狭い段をめぐらせ、蓮弁の先端が段の内側に接しているが、田辺廃寺軒丸瓦第1類では周縁の内側に細い溝をめぐらせ、さらに円圏をめぐらせて蓮弁の先端が円圏に重なっている。

　さらに、開法寺跡KH106では丸瓦部が瓦当面の比較的高い位置にとりつくが、田辺廃寺例ではより低い位置につくため、丸瓦部から瓦当面上端まで、より傾斜をもって立ち上がる。このため、周縁が傾斜をもってより大きく突出し、線鋸歯文も大きくなっている。

　以上のように、中房の小型化、丸瓦部の取り付き位置の低位化、線鋸歯文の大型化などはいずれも新しい特徴であり、蓮弁先端の幅広化も田辺廃寺で第1類より後出するとされる軒丸瓦第3類に認められることから、軒丸瓦においても田辺廃寺第1類は開法寺跡KH106（鴨廃寺KM102）より後出することが明らかである。

　このように、軒丸瓦・軒平瓦とも田辺廃寺出土品は開法寺跡出土品より後出することから、田辺廃寺の軒丸瓦・軒平瓦は香川からの影響によって、製作されたと考えなければならない。しかも、軒平瓦がともに「包み込み技法」で製作されていることは、奈良時代前半に香川から大阪へ工人の移動があったことを示している。

　ただ、田辺廃寺軒平瓦第1類は善通寺ZN203Bの影響を受けて作られているが、これと組み合う八葉単弁蓮華文軒丸瓦は善通寺で発見されておらず、現状では開法寺跡KH106の影響を受けたと考えざるを得ない。したがって、田辺廃寺の造瓦工人が善通寺・丸亀地域から移動したのか、坂出地域から移動したのかは明確にできない。

　今後、善通寺から開法寺跡KH106やこれに類似した軒丸瓦が出土すれば、善通寺・丸亀地域から工人が移動したことになるが、開法寺跡から善通寺ZN203Bやこれに類似した軒平瓦が出土すれば坂出地域から工人が移動したことが明確になる。

　また、善通寺ZN203A・ZN203Bの瓦笵の製作においても、開法寺のある坂出地域の工人が主導的役割を果たし続けていたと想定すれば、坂出地域の工人が開法寺跡の軒丸瓦と善通寺の軒平瓦をもとにして田辺廃寺の軒丸瓦・軒平瓦を作ったと考えることも可能である一方、善通寺・丸亀地域の工人が田辺廃寺の軒丸瓦・軒平瓦を製作するに際して、香川におけるこの種の瓦の故地である開法寺の組み合わせを念頭に製作したと想定することも可能であり、結論については今後の調査・研究を待つ必要がある。

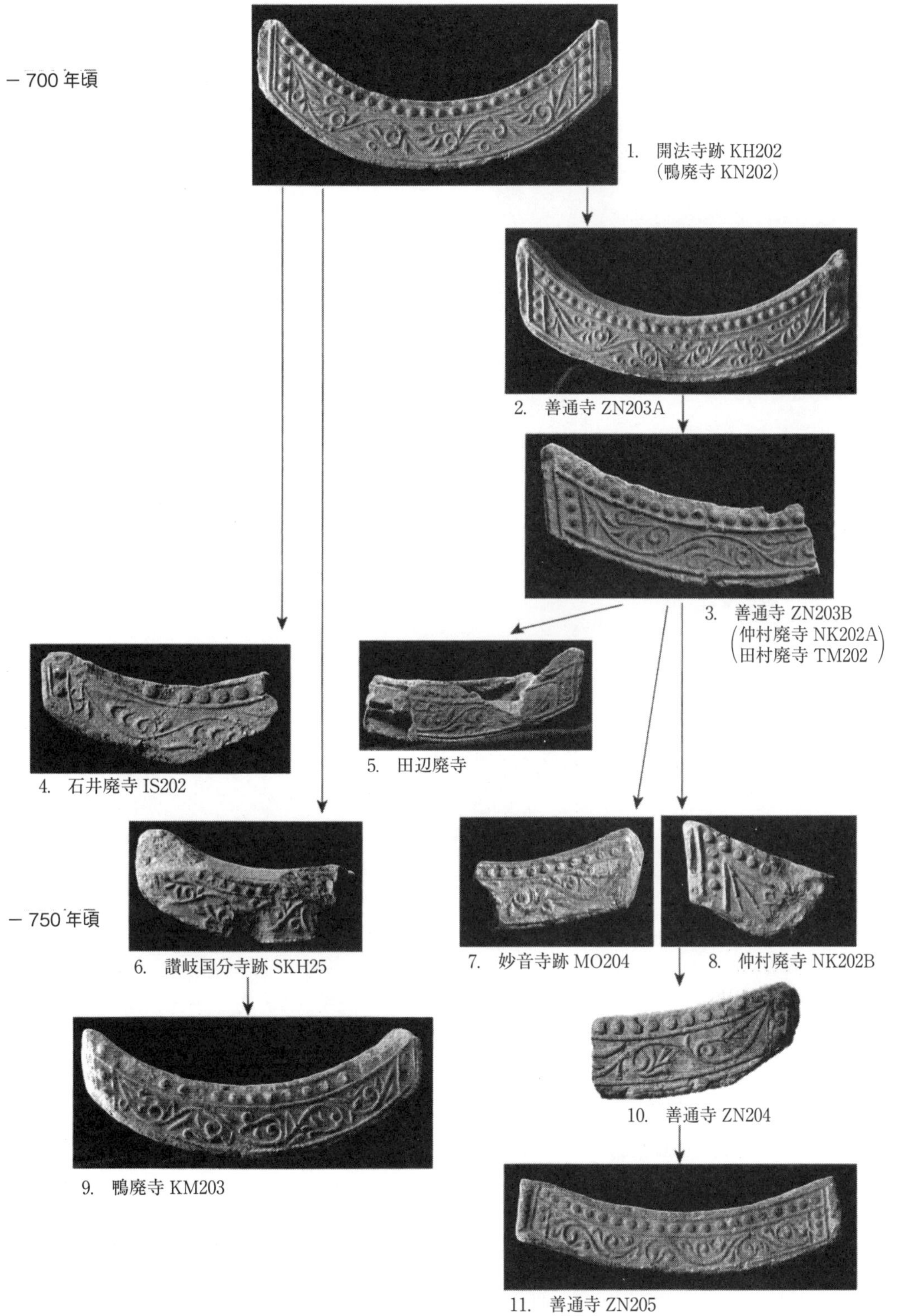

第 5 章　讃岐国分寺に関連する古代の寺院・瓦　193

―700 年頃

1. 開法寺跡 KH202
（鴨廃寺 KN202）

2. 善通寺 ZN203A

3. 善通寺 ZN203B
（仲村廃寺 NK202A）
（田村廃寺 TM202）

4. 石井廃寺 IS202

5. 田辺廃寺

―750 年頃

6. 讃岐国分寺跡 SKH25

7. 妙音寺跡 MO204

8. 仲村廃寺 NK202B

9. 鴨廃寺 KM203

10. 善通寺 ZN204

11. 善通寺 ZN205

図 100　開法寺式偏行唐草文軒平瓦編図（縮尺不同）

1. 田辺廃寺軒丸瓦第1類　　　　2. 開法寺跡 KH106

3. 田辺廃寺軒丸瓦第1類と開法寺跡 KH106 の大きさの比較

図101　田辺廃寺軒丸瓦第1類と開法寺跡 KH106（上段は縮尺不同）

　ともあれ、田辺廃寺は渡来系氏族である田辺氏が白鳳期に創建し、軒丸瓦第1類・軒平瓦第1類が創建時に用いられたと考えられているが（藤沢 1973、柏原市立歴史資料館 1985）、創建年代が8世紀前半に下るとともに、創建時の瓦が香川から移動した工人によって作られたことからすれば、こうした評価が変わる可能性もあるので、田辺廃寺の創建年代や田辺氏との関係なども再検討したうえで、改めて開法寺式偏行唐草文軒平瓦を評価する必要があろう。

　一方、開法寺式偏行唐草文軒平瓦については高知県高知市秦泉寺廃寺から善通寺ZN203Aの同范品が出土している（蓮本 2001、松田 2004、田上・梶原ほか 2004）。これまで開法寺式偏行唐草文軒平瓦のほとんどが白鳳期と考えられてきたことから、秦泉寺廃寺の事例は田辺廃寺の事例とともに、主に白鳳期における豪族間の直接的な関係による瓦范の移動、豪族のもとで瓦製作に携わった工人の移動の問題として扱われてきた（蓮本 2001、松田 2004、川畑 2003）。

しかしながら、前述したように善通寺ZN203A・ZN203B・田辺廃寺軒平瓦第1類、石井廃寺IS202が8世紀前半に比定されることから、こうした瓦笵や造瓦工人の移動は奈良時代前半〜中頃のこととしなければならない。

秦泉寺廃寺からは善通寺ZN203Aとともに十六葉細素弁蓮華文軒丸瓦ZN101も出土している。ZN101は善通寺でZN203Aと組み合うと想定されていた（安藤編 1974）が、秦泉寺廃寺でも両者が出土していることからみて、善通寺の瓦笵がセットで秦泉寺廃寺にもたらされたと考えてよい。

ところで、十六葉細素弁蓮華文軒丸瓦ZN101は仲村廃寺（NK108）・田村廃寺（TM107）でも出土し、瓦当面の傷の進行から、善通寺→田村廃寺→秦泉寺廃寺への順序で製作されたと考えられ（蓮本 2001、東 2002・2003）、瓦笵は長期にわたる使用が想定されている。

一方、仲村廃寺・田村廃寺では善通寺ZN203Aが出土していないことから、ここではZN101とZN203Bが組み合う可能性もある。また、秦泉寺廃寺の偏行唐草文軒平瓦は段顎をもたず、凸面に縄叩き目がみられることから、秦泉寺廃寺での偏行唐草文軒平瓦ZN203A・十六葉細素弁蓮華文軒丸瓦ZN101の製作・使用が奈良時代前半以降に下ることは明らかである。

このように、8世紀前半〜中頃に瓦や瓦笵・造瓦工人が盛んに移動する現象は、単に豪族間の直接的な関係にもとづくだけではなく、国衙・郡衙の機構が整備され、各地の有力豪族が郡司などとして、整備された郡衙で地域政治を司るとともに、徴税制度が確立され、道路の整備が進められるなど、8世紀前半に律令体制が整備・完成されることによって、物資の移動や情報の伝達が飛躍的に増大したことが背景となったことも見逃すべきではない。当然、それぞれの豪族の直接的な関係を越えた政治的契機も起こりうると考えられる。

瓦を含め、奈良時代における物資、技術の移動は、中央・地方間であれ、地方・地方間であれ、物資の移動・情報の伝達の増大や奈良時代の複雑な政治状況などを考慮しながら個別に解明する必要がある。

6. 8世紀前半における香川の軒平瓦の様相

前述のように、善通寺ZN203A・ZN203B・石井廃寺IS202・田辺廃寺及び五十村廃寺出土などの開法寺式偏行唐草文軒平瓦を8世紀前半に比定したことから、改めて香川における8世紀前半の軒平瓦の様相をみることにしたい。

近畿における8世紀前半の軒平瓦の代表例として、平城宮所用瓦が挙げられる。8世紀前半の平城宮の軒平瓦を白鳳期の軒平瓦と比較すると、その大きな特徴は唐草文にあっては均整唐草文の盛行、形態にあっては直線顎・曲線顎の盛行、製作技法にあっては縄叩き目、平瓦部の一枚作りであるということができる。

しかしながら、香川では白鳳期の寺院が30カ所近く存在するとされているにもかかわらず、平城宮系軒平瓦はほとんど出土していない[9]。現在のところ、奈良時代の可能性のある平城宮系軒平瓦は東かがわ市白鳥廃寺SR203A・203B・203C、さぬき市下り松廃寺SG201、三木町始覚寺跡SI202、善通寺市善通寺ZN206A・206B（206Bは三豊市豊中町道音寺DO201と同笵）の5遺跡7種のみで（図103）、きわめて少ない。しかも、これらは平城宮跡出土品と同笵・同文でないため、

詳細な時期は不明である。

　このほか、奈良時代の均整唐草文軒平瓦として讃岐国分寺跡SKH01A・01B・01Cが知られているが、最も古いSKH01Aが770年頃に比定されることはすでに述べてきたとおりである[10]。

　香川では寺院跡の発掘調査が十分に行われていないという事情を考慮しても、藤原宮期には三豊市三野町宗吉瓦窯跡（白川 2001、渡部ほか 2009）で藤原宮所用瓦を大規模に生産し、さぬき市願興寺跡から藤原宮跡出土品と同笵の偏行唐草文軒平瓦GN202が出土するとともに（山崎 1995）、高松以東に藤原宮式偏行唐草文軒平瓦が広く分布することと比較すると、8世紀前半の香川の軒平瓦における平城宮及び畿内の瓦の影響はきわめて限定されたものであったということができる。

　ところで、これまで善通寺ZN203A・ZN203B・石井廃寺IS202・田辺廃寺軒平瓦第1類が白鳳期に比定された理由は、藤原宮式の影響とも考えられた偏行唐草文をもつこと、段顎をもつこと、粘土板桶巻き作りであること、凸面の多くに格子叩き目をもつこと、さらに、これらの偏行唐草文の変化が不明で編年できなかったため、時期差がほとんどないとみなされていたことなどによる。

　しかし、これらが8世紀前半に比定できたことにより、香川では8世紀前半に粘土板桶巻き作りで凸面に格子叩き目をもつとともに、段顎と偏行唐草文をもつ軒平瓦が依然として製作されていたことが明らかとなった。

　一方、香川で8世紀前半の軒平瓦に偏行唐草文が用いられていたことは、藤原宮式偏行唐草文の影響を受けた軒平瓦など（図104）でも想定されている（川畑 1996）。

　香川では三豊市三野町宗吉瓦窯跡で藤原宮式の八葉複弁蓮華文軒丸瓦MY101（6278B）と偏行忍冬唐草文軒平瓦MY202（6647D）が製作され、藤原宮に供給されている（白川 2001、渡部ほか 2009）ほか、さぬき市願興寺跡からGN202（6647E）が出土し、東讃からも藤原宮への供給の可能性が想定されている（山崎 1995）。

　さらに、さぬき市石井廃寺IS203・三木町長楽寺TY201は藤原宮6646型式の範疇に含まれるもので白鳳期末に比定され、三木町始覚寺SI201・山下廃寺YM201はさらに変化したもので奈良時代初頭前後に比定されている（川畑 1996）。

　また、高松市勝賀廃寺KT202A（さぬき市願興寺GN203）は、藤原宮式の影響を受けたと考えられている変形偏行唐草文軒平瓦であるが、中心の唐草文を除くと唐草文が左右対称であり、均整唐草文の影響を受けたと考えられることなどにより奈良時代初頭に比定されている[11]。

　この種の偏行唐草文軒平瓦[12]は高松市勝賀廃寺KT202A（さぬき市願興寺GN203）→高松市百相（もまい）廃寺MM201→高松市高野廃寺KY202へと文様が変化し、奈良時代中頃までに比定されている（川畑 1996）。

　これらのうち、勝賀廃寺KT202Aは段顎をもつ。また、勝賀廃寺KT202Aの瓦笵を彫り直した可能性があるとされるKT202Bの凹面に模骨痕が確認されており、桶巻き作りであったことがわかるほか、曲線顎をもつ百相廃寺MM201・高野廃寺KY202は凸面に縄叩き目が認められる。

　これまで、香川の偏行唐草文軒平瓦は藤原宮期を上限とし、讃岐国分寺跡出土の均整唐草文軒平瓦SKH01A・SKH01Cが8世紀中葉に比定されることを前提として7世紀末〜8世紀中頃の軒平瓦の年代観が形成されてきたが、香川では8世紀前半の平城宮式均整唐草文軒平瓦が非常に少なく、

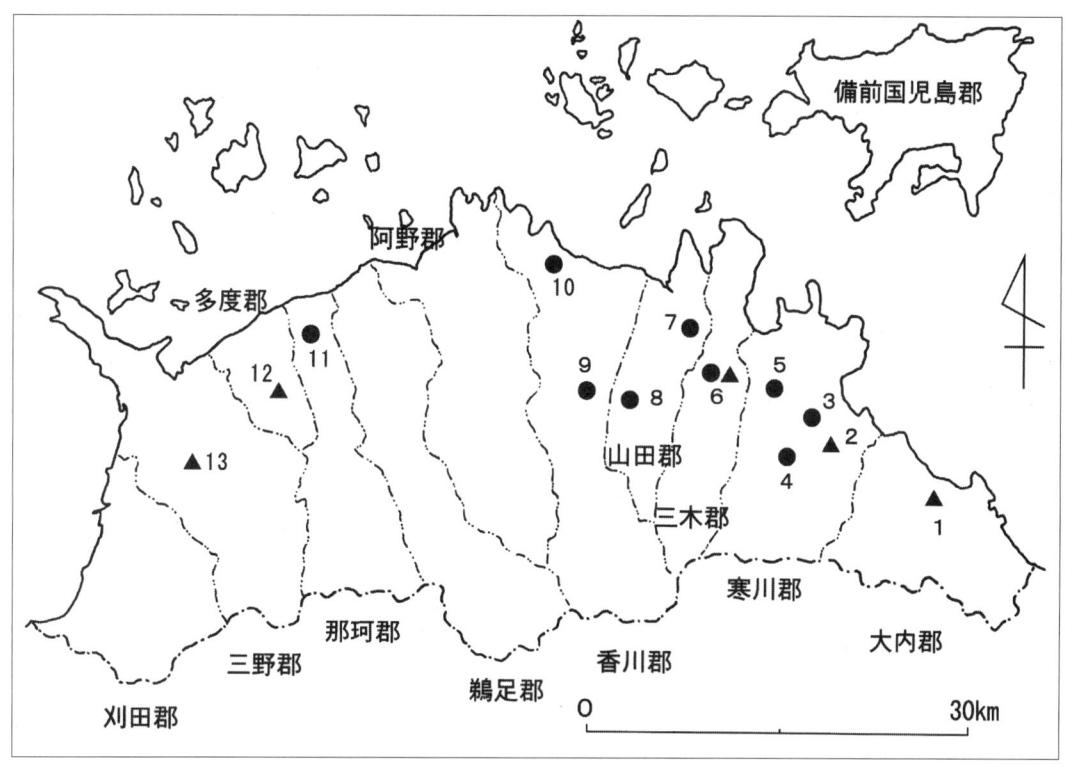

図102　香川における古式の均整唐草文軒平瓦及び8世紀前半頃の偏行唐草文軒平瓦出土寺院
（▲：古式の均整唐草文軒平瓦、●：偏行唐草文軒平瓦）
1　白鳥廃寺　　2　下り松廃寺　　3　願興寺跡　　4　始覚寺跡　　5　山下廃寺　　6　高野廃寺
7　百相廃寺　　8　勝賀廃寺　　9　善通寺　　10　道音寺跡

讃岐国分寺跡SKH01Aが770年頃まで下ること考えられることから、これらの偏行唐草文軒平瓦の大部分を従来の年代観より新しく考え、8世紀前半〜中頃に比定しなければならない。

それぞれの偏行唐草文軒平瓦の編年、年代比定は今後詳細に行われなければならないが、きわめて概略的にみれば、香川では、偏行唐草文、線鋸歯文、段顎、粘土板桶巻き作り、格子叩き目といった白鳳期の文様、技法をもつ軒平瓦が依然として8世紀前半に主体に作られていたことはほぼ疑いないであろう。

香川では藤原宮の瓦を生産したことなどによって、藤原宮期に中央の瓦生産の強い影響を受け、白鳳期の瓦づくりが定着し、安定した瓦生産が行われるようになったが、そのため8世紀前半の造瓦技術や造瓦体制をトータルとして受け入れる必要がなかったため、讃岐国分寺の再整備が開始される770年頃までは白鳳期の技法、文様を多分に残しながら瓦を生産し続けたようであり、そうした視点から、今後、8世紀の香川の瓦や瓦生産、寺院遺構の年代などを詳細に見直す作業が必要であろう。

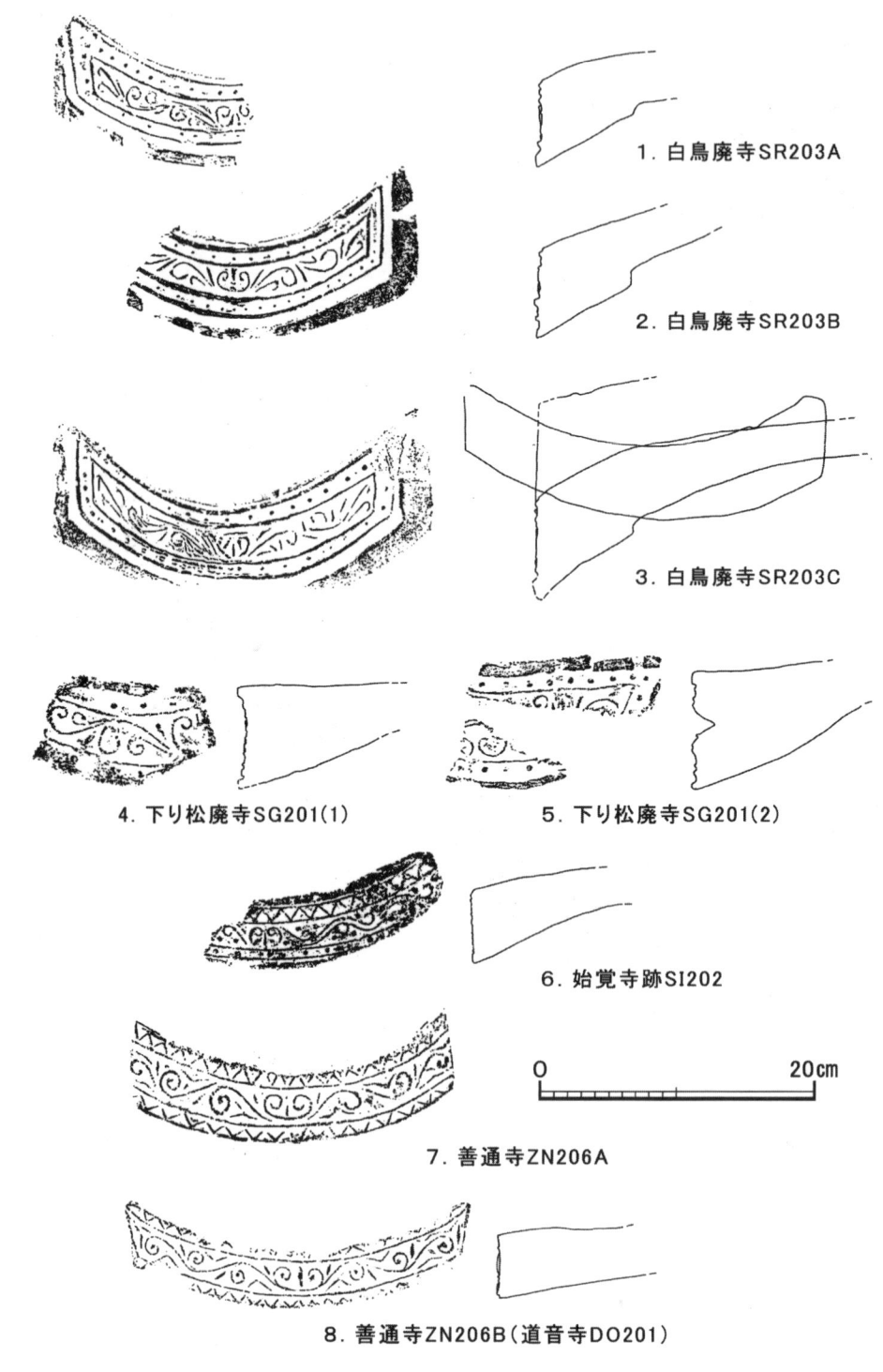

1. 白鳥廃寺SR203A
2. 白鳥廃寺SR203B
3. 白鳥廃寺SR203C
4. 下り松廃寺SG201(1)
5. 下り松廃寺SG201(2)
6. 始覚寺跡SI202
7. 善通寺ZN206A
8. 善通寺ZN206B(道音寺DO201)

図103　香川の古式均整唐草文軒平瓦

第 5 章　讃岐国分寺に関連する古代の寺院・瓦　199

1. 極楽寺GK202

2. 願興寺GK204

3. 山下廃寺YM201

4. 始覚寺SI201

5. 勝賀廃寺KT202A

6. 勝賀廃寺KT202B

7. 百相廃寺MM201

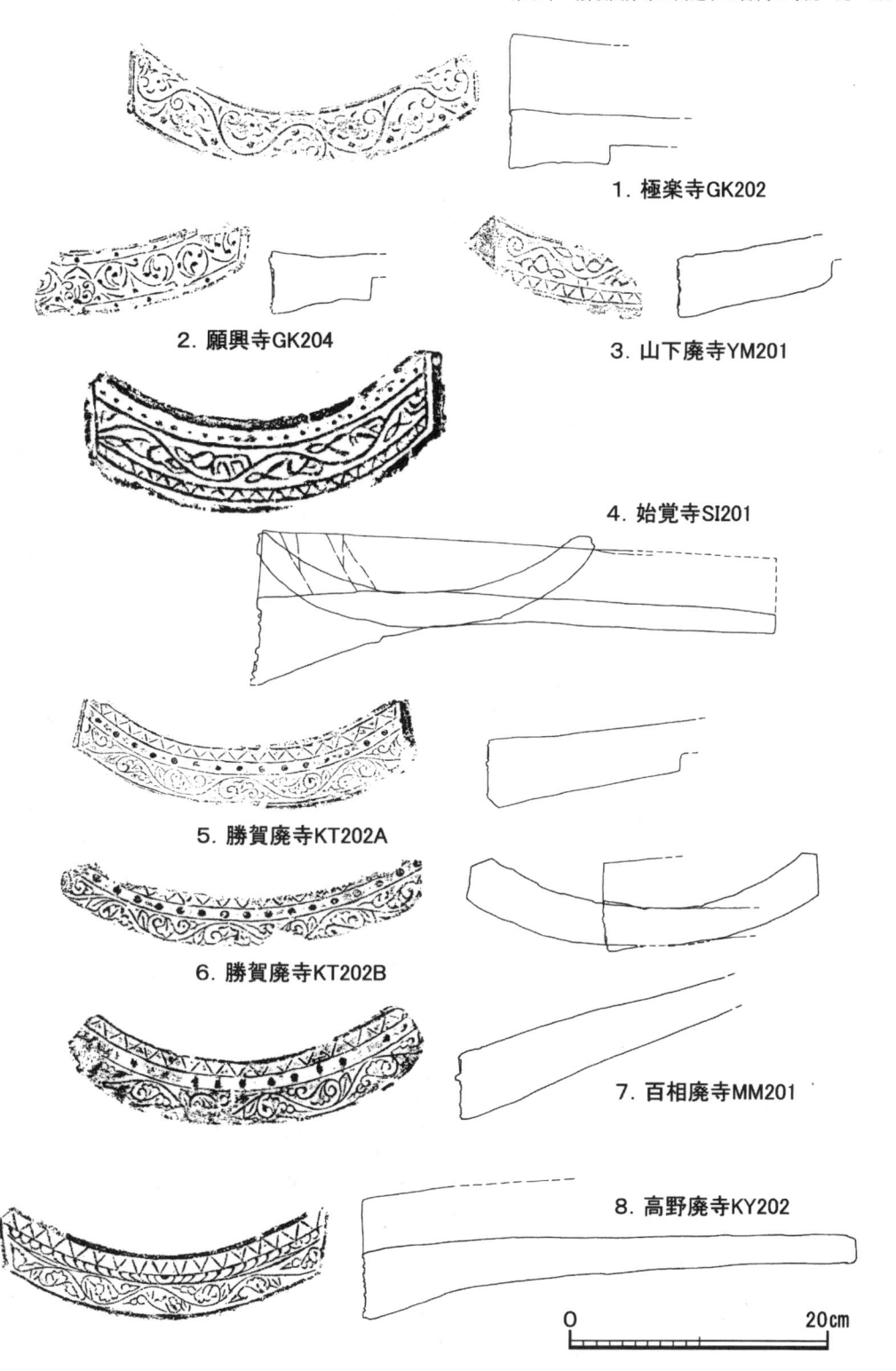

8. 高野廃寺KY202

図104　香川の8世紀前半頃の軒平瓦

第2節　讃岐国分寺・国分尼寺所用瓦の拡散をめぐって

1. はじめに

　讃岐国分寺・国分尼寺に用いられた軒瓦は、両寺院以外ではあまり使用されていない。しかし、讃岐国分寺の再整備に最初に用いられた八葉複弁蓮華文軒丸瓦SKM01が丸亀市宝幢寺跡HD102の文様の系譜下にあり（稲垣1987、松尾ほか1996）、SKM01に後続する八葉複弁蓮華文軒丸瓦SKM03Aが宝幢寺跡から出土する（安藤1967、安藤編1974、川畑1996、稲垣1987、松尾ほか1996）ことは以前から知られていた。また、讃岐国分尼寺に用いられた十六葉細素弁蓮華文軒丸瓦KB101が高松市山下廃寺（安藤1967、川畑1996）・三木町始覚寺跡（安藤1967、安藤編1974、川畑1996）から出土し、均整唐草文軒平瓦SKH01Bがさぬき市長尾寺（安藤1967）から出土することも知られていた。

　ところが、近年になってSKM03Aが大阪府八尾市小坂合遺跡から出土する（駒井ほか2000）とともに、均整唐草文軒平瓦SKH01Bが高松市山下廃寺・田村神社などから出土していることが明らかになるなど、とくに、奈良時代末期の讃岐国分寺・国分尼寺の所用瓦の出土例が増加しつつある。したがって、ここでは十六葉細素弁蓮華文軒丸瓦KB101・均整唐草文軒平瓦KB201B（讃岐国分寺跡SKH01B）を取り上げ、奈良時代末期における讃岐国分寺・国分尼寺の所用瓦の拡散の意味するところを考えてみたい。

2. 高松市田村神社（讃岐一宮神社）の創建について

　図105-2は昭和55年に高松市田村神社の北側大鳥居が建設された頃、瓦収集家として知られる岩佐丈太郎氏がその付近で採集し、安藤文良氏が採拓したものである[13]。拓本は現在、坂出市にある鎌田共済会郷土博物館が所蔵している。その後、安藤文良氏が同地を訪れたところ、凹面に布目をもつ平瓦を確認した[14]。

　拓本によると、瓦は瓦当面右半部の破片で、下外区の線鋸歯文は欠失している。中心飾の三葉文ははっきりしないが、中心葉とつながるように長く伸びた対葉花文、右上部の萼の奥から伸びた蕨手2葉、その蕨手2葉の下にある三葉状支葉の中心部がやや外側に向かって長く伸びた形はSKH01Bの特徴をよく示している。

　この瓦によって、現在の田村神社の地に、奈良時代末期に瓦葺きの建物があったことが想定できる。しかし、奈良時代末期に瓦葺きの神社建築を想定することは難しいので、この建物は寺院又は仏教施設であったと考えられる。

　高松市一宮町に所在する田村神社は現在一宮神社とも称し、讃岐一宮として広く知られている。『延喜式』に「香川郡一座大　田村神社名神大」と記されているが、文献にはじめて登場するのは嘉祥2（849）年2月28日のことで、『続日本後記』（黒板1971a）に「奉授讃岐国田村神従五位下」とある。また、『日本三代実録』（黒板1971b）によれば、貞観3（861）年に従五位上で官社に列せら

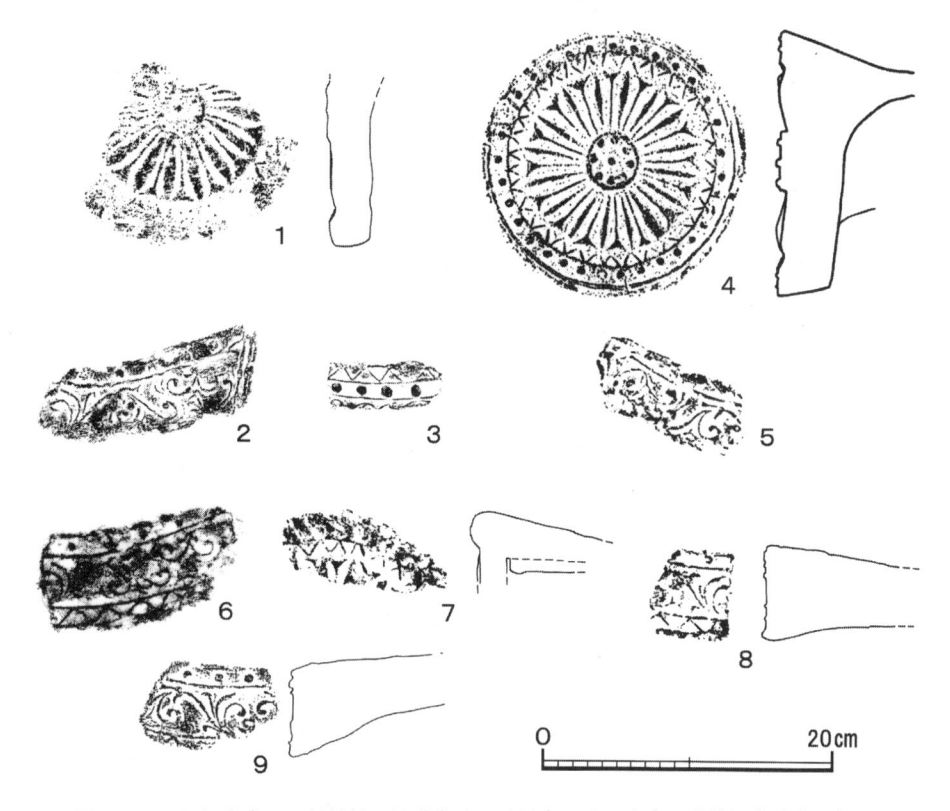

図105　下り松廃寺・田村神社・始覚寺跡・長尾寺・山下廃寺・讃岐国府跡出土軒瓦
　　　（1　下り松廃寺、2・3　田村神社、4　始覚寺跡、5　長尾寺、6～8　山下廃寺、9讃岐国）

れ、貞観7（865）年に正五位下を、貞観9（867）年に従四位下、貞観17（875）年に従四位上、元慶元（877）年に正四位上を授けられている。

　一方、根拠は示されていないが、石清尾八幡宮の祠官である友安（藤原）盛員が承応元（1652）年に著した『讃岐国大日記』（友安［藤原］盛員 1652）[15]には和銅2（709）年にはじめて社を建てたとしており、同様の記述は、享保2（1717）年に一宮神社の祠官田村晴望が編述した『讃岐一宮盛衰記』（香川県 1939）にもある。

　奈良時代末頃に比定される均整唐草文軒平瓦SKH01Bは、田村神社が最初に文献に登場する時期に先行し、かつ比較的近いことが注目される。一般にこうした古代の有力神社は、付属して営まれた寺院（神宮寺）又は仏教施設を有することが多いので、田村神社が所在地を大きく変えていないとすると、この均整唐草文軒平瓦SKH01Bは田村神社の神宮寺又は付属する仏教施設で用いられたと考えられるとともに、この瓦の出土から、奈良時代末期にはすでに田村神社が存在していたことが想定できる。

　しかも、その田村神社に、讃岐国分寺・国分尼寺の再整備のために製作されたSKH01Bが用いられていることは、奈良時代末期の田村神社の性格を考える上できわめて注目される。

　ところで、奈良時代後半から末に行われたと考えられる讃岐国分寺の再整備と国分尼寺の整備を支障なく行う必要があったことから、讃岐国衙は讃岐国分寺の南西約1kmに専用の瓦屋として

府中・山内瓦窯を構築した⁽¹⁶⁾。一方、讃岐国分寺の約4km南には7世紀中頃からはじまる陶（十瓶山）窯跡群（松本1968、渡部1980、佐藤1993、渡部・森・古野1997、佐藤1994）が広がり、そこでは白鳳期から開法寺や鴨廃寺などの瓦生産も行われている（松本1968、安藤編1974）⁽¹⁷⁾。讃岐国衙は国分寺・国分尼寺の整備にあたって豪族の所有する既存の瓦窯を利用しなかったのである。

したがって、府中・山内瓦窯での瓦生産やそこで生産された瓦の使用、瓦笵の利用などに讃岐国衙の強い規制が働き、讃岐国分寺・国分尼寺の初期の瓦が讃岐国分寺・国分尼寺以外ではほとんど用いられなかったと考えられるとともに、その使用には讃岐国衙の介入が想定されるのである。

このことから、讃岐国分寺・国分尼寺の再整備が引き続き行われていた奈良時代末期に、田村神社がその瓦の使用を許されていることは、この時期の田村神社が讃岐国衙と密接な関係をもっていたことを示すと考えなければならない。

一方、田村神社からはさらに古い軒平瓦も出土している。図105-3も安藤文良氏の拓本資料で、拓本に「田村（岩）」の注記があり、岩佐氏が田村神社から採集したものであることがわかる。安藤氏によると、この瓦も岩佐氏が北側大鳥居の付近で図105-2とともに採集したものである。

瓦は瓦当面上部の小さな破片で、上外区が2段になり、上段に線鋸歯文、下段に珠文をもつ。内

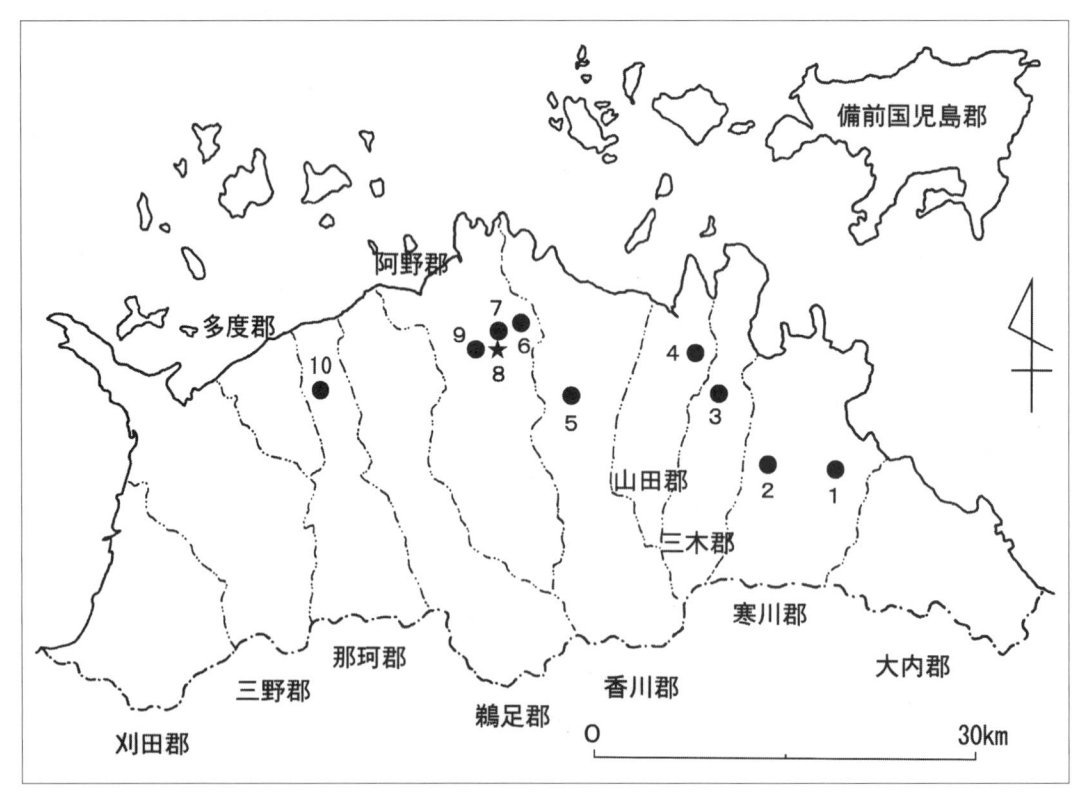

図106　讃岐国分寺・国分尼寺所用軒瓦出土遺跡
1　下り松廃寺　　2　長尾寺　　3　始覚寺跡　　4　山下廃寺　　5　田村神社　　6　讃岐国分尼寺跡　　7　讃岐国分寺跡
8　府中・山内瓦窯跡　　9　宝幢寺跡

区はほとんどが欠失しているが、唐草文がわずかに認められる。香川でこのような2段の上外区をもつ軒平瓦は、さぬき市願興寺跡（GN203）、高松市高野廃寺（KY202）・同市勝賀廃寺（KT202A・202B）・同市百相廃寺（MM201）などから出土する変形偏行唐草文軒平瓦以外には認められない（川畑 1996）ので、本例もこの種の偏行唐草文軒平瓦に含まれることは疑いない。

この種の偏行唐草文軒平瓦は段顎をもつ勝賀廃寺KT202A（図104-5）が最も古く、これと同笵品（GN203）が願興寺跡から出土している。勝賀廃寺KT202B（図104-6）と百相廃寺MM201（図104-7）は、勝賀廃寺KT202Aと同文異笵であるが、直線顎をもつことからより新しい時期に比定されている。高野廃寺KY202（図104-8）は珠文が連弧状に変化していることからさらに新しくなり、全体として8世紀前半から中頃までに比定されている。また、最古のものを有するとともに、出土量が多いことから、この種の偏行唐草文軒平瓦の成立・展開に、勝賀廃寺が重要な位置を占めていたことが想定されている（川畑 1996）。

田村神社採集品は、唐草文がほとんど残っていないため、詳細な比較はできないが、珠文帯が認められることから高野廃寺KY202までは下らず、8世紀前半に比定できる。したがって、この瓦からみて、田村神社は8世紀前半にはすでに存在しており、寺院（神宮寺）又は仏教施設が付属して営まれていたものと推定される。

以上のことから、田村神社は8世紀前半には神宮寺又は仏教施設が付属した神社として整備されており、8世紀末になると讃岐国衙とも密接な関係をもち、そうしたことを背景として、9世紀に国家によって位階が授けられたのであろう。

3. 県内出土のKB101・KB201B（SKH01B）

図105-1はさぬき市大川町下り松廃寺から採集された十六葉細素弁蓮華文軒丸瓦SG103で、摩滅のため文様は不鮮明であるが、讃岐国分尼寺・始覚寺出土のものと同文とされている（川畑 1996）。

4は木田郡三木町始覚寺跡から採集された十六葉細素弁蓮華文軒丸瓦SI104で、讃岐国分尼寺跡KB101と同笵（安藤編 1974）あるいは同文（川畑 1996）とされている。瓦当面には目立った笵傷もなく、両者が同笵であると断定できる確証は見当たらないが、文様に差異が認められないことから、同笵の可能性が高いものと思われる。

4は讃岐国分尼寺跡KB101（川畑 1996）に比べて、丸瓦部がより低い位置につくため、丸瓦部から瓦当上端までさらに大きく傾斜して立ち上がっている。このことから、始覚寺跡SI104は讃岐国分尼寺跡KB101より後出するものと考えられる。

5はさぬき市長尾寺出土の均整唐草文軒平瓦KB201Bで（安藤 1967）、瓦当面の左半部の破片である。左第1番目の蕾が「V」字状を呈する形から、KB201Bであることがわかる。なお、長尾寺からは10世紀中頃とされる讃岐国分寺跡七葉複弁蓮華文軒丸瓦SKM07の同笵品も出土している（安藤編 1974、松尾ほか 1996）。

7は高松市山下廃寺から採集された十六葉細素弁蓮華文軒丸瓦YM102で、讃岐国分尼寺跡KB101と同文とされている（川畑 1996）。同笵の可能性もあるが、瓦当上部の小片であることか

ら断定はできない。讃岐国分尼寺跡KB101と比べて、丸瓦部が高い位置につくことから、より古く比定できる可能性があり、注目される。

　6は岩佐丈太郎氏の採集資料を安藤文良氏が採拓したもので、拓本に岩佐氏が山下廃寺から採集したことを示す「山下（岩）」の注記をもつ。拓本は鎌田共済会郷土博物館が所蔵している。瓦当面右半部の破片で、これも足が長く伸びた対葉花文や萼の奥から伸びた蕨手2葉の特徴からSKH01Bであることがわかる。

　なお、山下廃寺は高松市新田町に所在し、瓦窯跡の可能性も考えられている（川畑 1996）が、安藤文良氏は礎石とみられる石の存在から寺跡としており（安藤 1967）、段顎をもつ藤原宮系の偏行唐草文軒平瓦を含む比較的長期間の瓦を出土していることなどから、ここでも寺跡と考える。

　8は山下廃寺出土YM202として紹介されたもの（川畑 1996）で、凹面に「新田山下荒神　昭和七、一〇、四」（縦書き）の墨書をもつ。瓦当面の中心飾からやや左の破片で、右端に東大寺系軒平瓦に特徴的な中心葉をもち、再検討した結果、足が長く伸びた対葉花文の特徴からSKH01Bであることが明らかとなった。この2点の資料から、均整唐草文軒平瓦SKH01Bは山下廃寺でも用いられたことがわかる。

　9は昭和52年度に実施された讃岐国府跡の発掘調査で出土した均整唐草文軒平瓦SKH01Bで、中央部からやや左側の破片である。香川県埋蔵文化財センター信里芳紀氏が既往の讃岐国府跡出土遺物を整理中に注目し、著者が最終的に確認した（信里 2012）。出土位置は讃岐国庁跡碑の東南隣接地で、開法寺僧坊跡の東北東約150mにあたる包含層である。V字形に近い萼、対葉花文の形からSKM01Bであることがわかる。曲線顎で、青灰色を呈し、堅緻な焼成である。国衙施設に用いられた可能性も、近くの開法寺に用いられた可能性も考えられる。

4. 讃岐国分寺・国分尼寺所用瓦の拡散をめぐって

　讃岐国分寺では770年頃に開始されたと考えられる伽藍の再整備にあたって、八葉複弁蓮華文軒丸瓦SKM01－均整唐草文軒平瓦SKH01Aの組合せをはじめとして、八葉複弁蓮華文軒丸瓦SKM03A－均整唐草文軒平瓦SKH01A、八葉単弁蓮華文軒丸瓦SKM02A・SKM04－均整唐草文軒平瓦SKH01C（松尾 1985、松尾ほか 1986・1996）、八葉複弁蓮華文軒丸瓦SKM06－均整唐草文軒平瓦SKH01B [18] などの軒瓦が用いられたと想定され、長岡京遷都の頃と考えられるSKH01Bの時期には主要堂塔の整備がほぼ終了したとみられる [19]。

　また、讃岐国分尼寺では八葉複弁蓮華文軒丸瓦KB103B－均整唐草文軒平瓦KB202、十六葉細素弁蓮華文軒丸瓦KB101－均整唐草文軒平瓦KB201B（SKH01B）、八葉複弁蓮華文軒丸瓦KB104（SKH18）－均整唐草文軒平瓦KB203などの組合せが主に用いられたと考えられる [20]。

　讃岐国分寺・国分尼寺で用いられたこれらの軒瓦は、他の寺院等ではほとんど出土していない。SKH01Bをさかのぼる時期には、八葉複弁蓮華文軒丸瓦SKM03Aが丸亀市宝幢寺跡（安藤編 1974、藤井 1983、稲垣 1987、松尾 1987、松尾ほか 1996）、大阪府八尾市小坂合遺跡（駒井ほか 2000）で出土しているのみである。

　宝幢寺跡は、八葉複弁蓮華文軒丸瓦SKM03Aに先行するSKM01の故地であり、讃岐国分寺の再

整備にあたって最初に用いられたSKM01の文様が宝幢寺跡の八葉複弁蓮華文軒丸瓦HD102をもとにして作られている（稲垣 1987、松尾ほか 1996、渡部 2006）ことから、これを、国分寺造営に協力した郡司に対する優遇策を記した『続日本紀』天平19（747）年11月7日条にもとづき、那珂郡の郡司が讃岐国分寺の造営に協力したことを示すと考えた（松尾ほか 1996）[21]。

しかし、SKM01は均整唐草文軒平瓦SKH01Aと組み合い、770年前後に比定されることから、『続日本紀』天平19（747）年11月7日条の直接の反映とは考えられないが、讃岐国衙の大事業である讃岐国分寺の再整備にあたって、事業を円滑に進めるため、豪族に財政協力等を求めることは十分に考えられることから、そうしたことを背景として、宝幢寺跡の八葉複弁蓮華文軒丸瓦HD102をもとにして讃岐国分寺の八葉複弁蓮華文軒丸瓦SKM01が作られ、宝幢寺で八葉複弁蓮華文軒丸瓦SKM03Aが用いられた可能性は高いと考えられる。

また、大阪府小坂合遺跡についても、国衙が専用瓦屋で製作した瓦の遠隔地での出土例であり、讃岐国衙を排除して瓦の移動を考えることは困難であろう。

ところが、十六葉細素弁蓮華文軒丸瓦KB101－均整唐草文軒平瓦KB201B（SKH01B）の段階になると、前述したように、十六葉細素弁蓮華文軒丸瓦KB101とその同文瓦はさぬき市下り松廃寺、三木町始覚寺、高松市山下廃寺で出土し、均整唐草文軒平瓦KB201B（SKH01B）はさぬき市長尾寺、高松市山下廃寺や高松市田村神社、坂出市讃岐国府跡でも採集されており、出土例が多くなる。

その理由を明確にすることは難しいが、丸亀市宝幢寺跡での想定を参考にすると、下り松廃寺・長尾寺のある寒川郡、始覚寺のある三木郡、山下廃寺のある山田郡の郡司や有力豪族が讃岐国分尼寺の整備に協力し、讃岐国衙との政治的関係を背景として、氏寺や郡内の有力寺院に瓦や瓦笵[22]の提供を受けたと考えることができる。

出土瓦からみれば、讃岐国分寺の創建については阿野郡の綾氏と山田郡の豪族が密接に関わったことが明らかであり[23]、再整備にあたっては那珂郡の豪族が協力したと考えられる。これに対して讃岐国分尼寺の整備では、山田郡・三木郡・寒川郡の豪族が協力したと想定されることから、讃岐国衙は讃岐国分寺の再整備で中讃地域の豪族を動員し、讃岐国分尼寺の整備では中讃～東讃の豪族を動員して計画的に進めたと推測される。

5．おわりに

本節では、讃岐国分寺跡・国分尼寺跡以外から出土した十六葉細素弁蓮華文軒丸瓦KB101、均整唐草文軒平瓦KB201B（SKH01B）を中心に取り上げ、讃岐国分尼寺の整備をめぐる豪族の動向と、田村神社の創建の問題について考えてみた。

ここで取り上げた軒瓦は、ほとんどが採集資料であること、点数が少ないことなどから、資料の信頼性に問題がないわけではない。しかし、資料の出土地に誤りがないならば、その意味するところはきわめて大きいものがある。今後ともさらに追求していかなければならない。

(追記)
　最近、瀬戸内海歴史民俗資料館が所蔵する松浦正一氏の拓本資料によって、均整唐草文軒平瓦SKH01Cが開法寺跡から出土していたことを知った。この瓦は讃岐国府跡に近接する鼓ヶ岡神社の鼓ヶ岡文庫に所蔵され、川畑迪氏が開法寺跡出土として報告しているもの（川畑編 1988）である。しかし、第4章第1節で述べたように、表示が混乱していることもあって、取り上げなかったが、松浦氏の拓本には「綾歌郡府中村開法寺瓦　鼓岡文庫蔵　昭和十三年四月十一日拓」の記載があることから、開法寺跡（又は讃岐国府跡）から出土した可能性は高いものと思われる。

第3節　高松市中山廃寺について —香川における初期山岳寺院とその仏像—

1. はじめに

　昭和39（1964）年、五色台北東部で農業組合法人五色台柑橘生産組合（通称オレンジパーク）がミカン園を造成した際に軒丸瓦などが発見された。その後、この瓦に注目した安藤文良氏は現地を踏査して、礎石とみられる石、古瓦、鉄釘を発見し、寺跡であることを確認した。安藤氏による現地踏査と昭和39年の瓦の発見の経緯は、昭和51年2月25日付け四国新聞に紹介されている。さらに、安藤氏は昭和62年に刊行された『香川県史　資料編　考古』に、この古瓦出土地を中山廃寺と命名して軒丸瓦1点を写真で紹介している（安藤 1987）。

　その後、この瓦はとくに注目されることがなかったが、平成17年春、『鬼無町誌』[24]（鬼無町誌編集委員会 2007）の編纂の準備を行っていた今岡重夫氏によって、著者がこの瓦を実見する機会を得て実測・拓本を行うとともに、今岡氏らと現地を訪れ礎石を再確認し、新たに須恵器を採集し

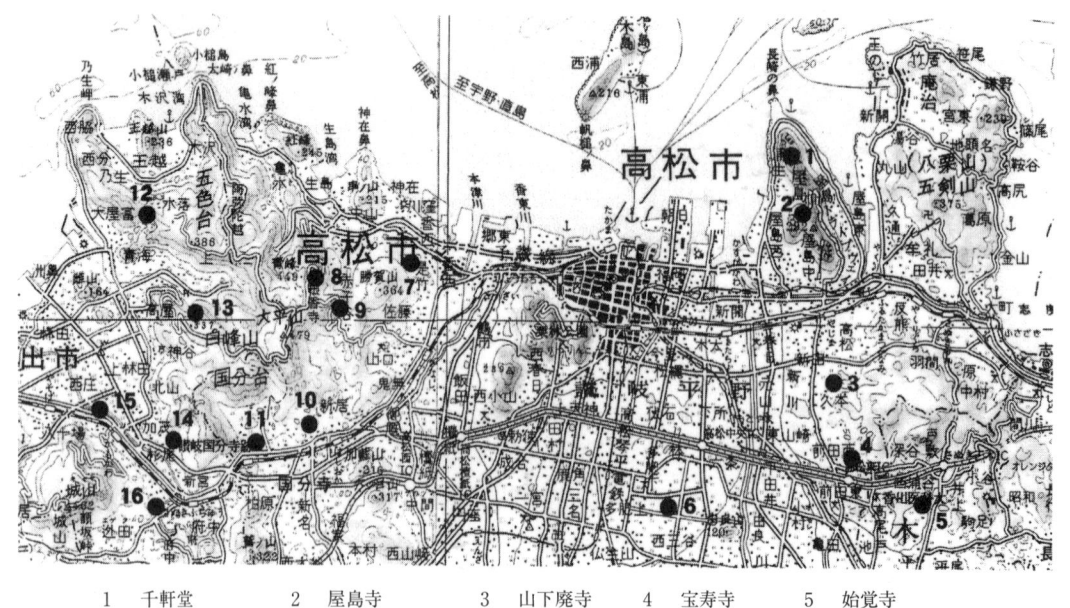

1	千軒堂	2	屋島寺	3	山下廃寺	4	宝寿寺	5	始覚寺
6	拝師廃寺	7	勝賀廃寺	8	根香寺	9	中山廃寺	10	讃岐国分尼寺跡
11	讃岐国分寺跡	12	ショウズ廃寺	13	白峰寺	14	鴨廃寺	15	醍醐廃寺
16	開法寺跡								

図107　中山廃寺の位置と周辺の寺院（1：200,000）

図 108　中山廃寺の位置と周辺の地形（1：25,000）
1　中山廃寺　　2　根香寺　　3　勝賀廃寺

た。
　さらに、軒丸瓦と須恵器の時期を検討した結果、軒丸瓦は10世紀前半頃に比定され、須恵器も9～10世紀に比定されると考えられた。このことから、中山廃寺は香川における初期の山岳寺院の一つであることが明らかとなったため、資料の重要性からここに瓦と須恵器を紹介するとともに、香川の山岳寺院について現時点でのまとめを行うことにしたい。

2．中山廃寺の位置と遺跡の現況

　遺物が採集されたのは、高松市中山町東嶽1483-58・59で、五色台山塊の北東部に位置する丘陵上部の緩斜面である（図107・108）。同じ五色台山塊の北西約1kmには、ほぼ同じ高さの丘陵斜面に四国霊場第八十二番根香（ねごろ）寺があり、南約3kmの山麓には法華寺（讃岐国分尼寺跡）、南西約4.5kmの山麓には四国霊場第八十番国分寺（讃岐国分寺跡）が所在する。また、北東約2.5kmの五色台東北麓には白鳳期から平安時代まで存続したとされる勝賀廃寺（図108-3）が知られているほか、西約5kmの丘陵上部には四国霊場第八十一番白峰寺が立地する。
　遺跡は標高443.5mの小さなピークから北東に伸びた尾根の東南斜面に立地する。標高は360m前

1. 中山廃寺の現況	2. 礎石の散在状況
3. 礎石1	4. 礎石2

図109　中山廃寺の現況と礎石

後で、遺跡地はその上下より傾斜がやや緩くなっている。遺跡地の上縁には、高松市鬼無町佐藤から山地池、赤子谷を経て、青峰の東側斜面に位置する根香寺付近を経由し、高松市生島町に至る舗装道路が通るとともに、遺跡地の下縁には根香寺から八十三番札所一宮寺に向かう旧遍路道が通る。

遺跡地からは、正面に高松平野西・南部がみえ、正面左に石清尾山塊が、その左手前に中世讃岐の有力武士、香西氏の要城である勝賀城跡（秋山・藤井 1979、寒川・松浦・木原 1980、野中 2003）のある勝賀山がそびえ、勝賀山の右（南）側奥に屋島の南半部（南嶺）が、左（北）側に瀬戸内海がみえる。眺望の開けた所である。

現在、遺跡地は段々のミカン畑となり、丸瓦・平瓦・須恵器片の散布が認められるほか、礎石とみられる長さ75〜90cm、厚さ約20cmの上面が平らな安山岩が約15m離れて2個露出している（図109）。礎石は両者とも開墾によって原位置を移動している。

3. 出土遺物

(1) 瓦（図110〜112）

図110-1・2・111-1・2は七葉単弁蓮華文軒丸瓦である。ここで新たに型式略号を与え、NY101とする。両者とも二つに割れた瓦范によって製作されており、同じ笵傷をもつことから同笵品であることがわかる。中房は突出せず、円圏で囲んだ中に1＋6個の蓮子をもつ。蓮弁は先端が切れ込み、中央に1個の子葉をもつ。蓮弁は一見すると凸線で描かれているようにみえるが、輪郭の内側が狭く傾斜して凹み、子葉との間に狭い平坦面をもつ。蓮弁の先端は内区外側の円圏と兼ねており、蓮弁先端の切り込みと間弁は、円圏から突出する小さな三角形状の突起で表現するなどの簡略化が認められる。円圏の外側に21個の珠文をもち、周縁は低く突出する。

1は青灰色を呈し堅緻に焼成されているが、2は火を受けたためか、黄灰褐色を呈し軟質である。2の瓦当側面の剥離の下に丸瓦部の凸面と考えられる平滑面があることから、両者とも瓦当と丸瓦の接合式であることがわかる。1・2の瓦当は180°回転して接合されている。

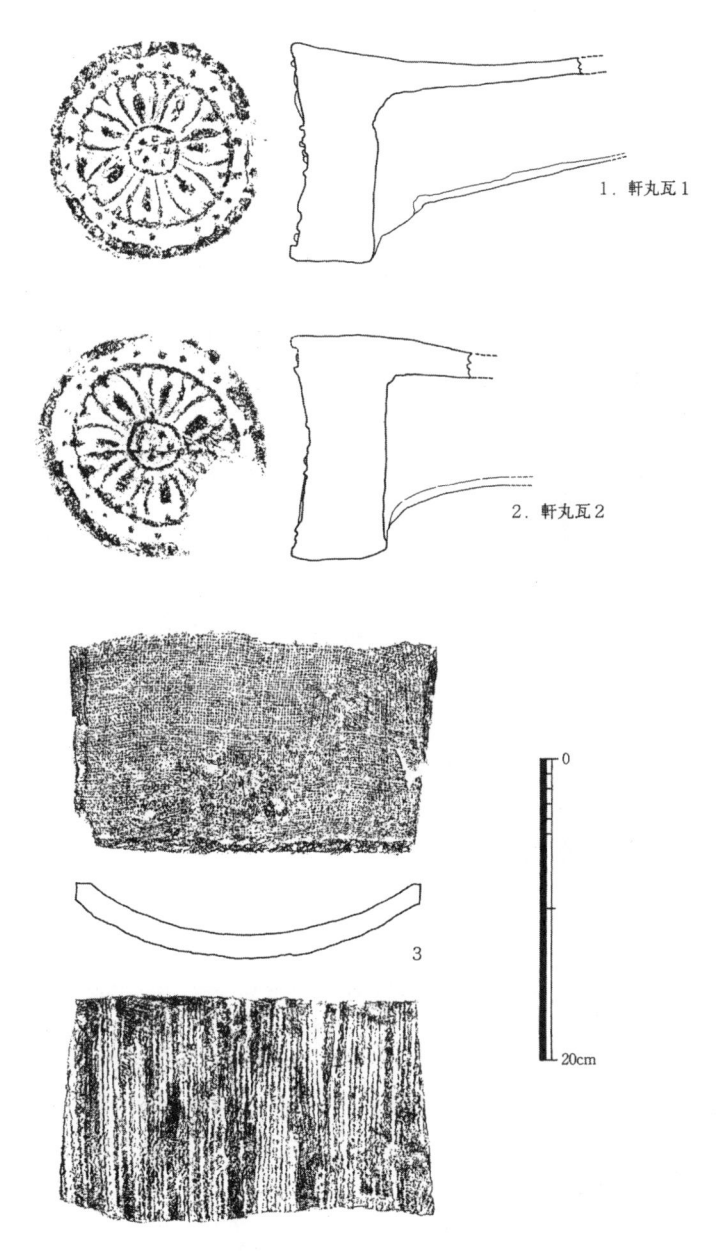

図110 中山廃寺出土瓦1

図110-3は狭端部の幅22cm、割れ口付近での幅23.6cm、厚さ1.5cm前後の平瓦の破片で、凸面に縦方向の縄叩き目を、凹面に布目をもつ。青灰色を呈し、堅緻な焼成である。長軸に平行した縄叩き目からみて、平安時代後期までは下らないものと考えられる。礎石建物の創建時に軒丸瓦とともに用いられた可能性が高い。

1・2の七葉単弁蓮華文軒丸瓦NY101については、現在のところ、他の遺跡での出土は知られて

いない。勝賀廃寺八葉複弁蓮華文軒丸瓦KT103（川畑 1996）と讃岐国分寺跡七葉複弁蓮華文軒丸瓦SKM07（松尾ほか 1986）は、蓮弁の先端が内区外側の円圏と兼ねて表現されており、中山廃寺NY101と類似することが注目されるが、勝賀廃寺KT103は八葉複弁であり、中房が突出することなどが異なる。

これに対して、讃岐国分寺跡SKM07（図112-2・3）は複弁ではあるが、7葉であり、円圏で表現された中房をもつこと、蓮弁先端の切り込みと間弁は、円圏から突出する小さな三角形状の突起

1. 軒丸瓦1　　　　　　　　　　　2. 軒丸瓦2
図111　中山廃寺出土瓦2（縮尺不同）

1. 中山廃寺 NY101（部分）　2. 讃岐国分寺跡 SKM07（部分）　3. 讃岐国分寺跡 SKM07
図112　中山廃寺出土瓦と讃岐国分寺跡出土瓦の比較（縮尺不同）

で表現することなどの特徴が共通することから、中山廃寺NY101に最も近い軒丸瓦とすることができる。讃岐国分寺跡ではSKM07は均整唐草文軒平瓦SKH05Aと組み合い、10世紀中頃に比定されている。

中山廃寺NY101は単弁で、作りが粗雑であるが、各蓮弁の輪郭が独立して描かれていること、蓮弁の輪郭の内側がわずかに傾斜して凹み、立体的な蓮弁の面影を残すことから、蓮弁を線表現する讃岐国分寺跡七葉複弁蓮華文軒丸瓦SKM07より古く位置づけることが可能である。SKM07が10世紀中頃に比定できるとすれば、これよりやや古く、10世紀前半頃に比定することができるものと考えられる。

(2) 須恵器（図113）

採集した須恵器は6点で、いずれも供膳具の小片である。坏身と考えられる口縁部1点、平底の坏身の底部3点、皿1点がある。

図113-1は坏身と考えられる口縁部の小片で、口径は14cm前後と考えられる。口縁部は大きく外反するが、体部は比較的分厚いつくりである。

2〜4は平底の坏身で、底径は4cm程度と推定される。いずれも体部は大きく外反する。2は底部の外周部分がやや分厚い。

5は小型の皿で、底径約10cmである。復原すると口径は13cm程度、高さは1.5cm程度と考えられる。

以上の須恵器については、平底の坏の体部が大きく外反すること、皿が小型化している特徴が、坂出市忠左池1号窯跡・綾川町深池窯跡・東谷池2号窯跡など、10世紀を中心とした時期の須恵器の様相（田村・渡部 1986）に類似していることが注目される。採集点数が少ないので疑問は残るが、高台付き坏身やその蓋がみられないことも、そのことを裏付けているのであろう。

しかし、上記窯跡の須恵器には、図113-1のような分厚い体部をもつ坏身、2のような底部の分厚い平底の坏身はほとんどみられず、そのような特徴は十瓶山西2号窯跡・大師堂池1号窯跡（安田・大砂古 1983）など8世紀末から9世紀初頭の須恵器にみられるものであることから、中山廃寺出土須恵器の一部は、忠左池1号窯跡・深池窯跡・東谷池2号窯跡などの須恵器よりやや古い様相をもつと考えられる。香川県内では9世紀前半から10世紀にかけての須恵器の詳細な様相や年代比定についてはなお不明な部分が大きいため、採集須恵器の個々の年代比定はできないものの、大部分は10世紀に比定され、1・2はさらにさかのぼると考えることができよう。

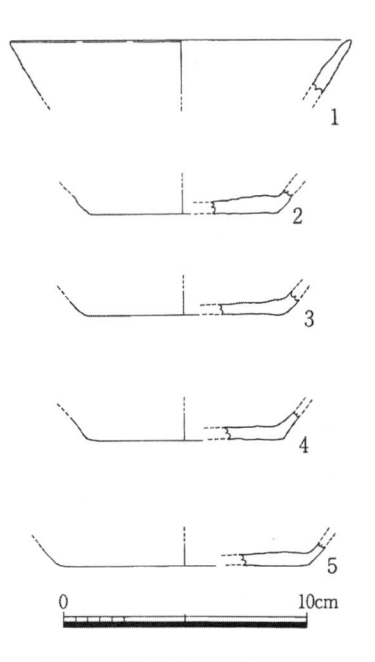

図113 中山廃寺採集須恵器

4. 遺跡の内容・性格について

　上述のように、この遺跡は瓦を出土するとともに、礎石とみられる上面の平らな安山岩が散在することから、安藤文良氏の想定のとおり、寺跡であったことは疑いない。

　ただ、遺跡地は南北が広くないこと、全面がミカンの段々畑に開墾されているにもかかわらず、礎石と考えられる石が狭い範囲で2個確認されるほかは見当たらないことなどから、多くの礎石建物があったとは考えられない。現状では複数の瓦葺き礎石建物を想定することは困難である。

　一方、高松市屋島の北嶺にある千軒堂跡では、仏堂と考えられる1棟の瓦葺き礎石建物を中心として少数の掘立柱建物からなる小規模な山岳寺院跡が10世紀前半に整備されたことが確認されている（山元ほか 2003）。

　五色台東北部の頂部に近い緩傾斜面に立地する本遺跡も、立地、整備時期、遺構内容が千軒堂跡と類似しており、やはり瓦葺き礎石建物である1棟の仏堂を中心とした小規模な山岳寺院であったと考えることができる。仏堂が建てられた時期は、軒丸瓦からみて、10世紀前半頃であろう。

　前述したように、ここで用いられた軒丸瓦は、文様表現において讃岐国分寺跡SKM07との類似点が認められる。このことは、この瓦が讃岐国分寺の造瓦工人（すなわち、讃岐国分寺瓦屋である府中・山内瓦窯の造瓦工人）によって製作されたか、または讃岐国分寺の造瓦技術の系譜に連なる工人によって製作されたこと、あるいは讃岐国分寺瓦屋の運営に関わる讃岐国分寺又は讃岐国衙の関与によって製作されたことを示している。中山廃寺と讃岐国分寺跡の瓦にみられる文様の類似性は、中山廃寺が讃岐国分寺と密接な関係をもって成立した可能性が強いことを示すものと考えられる。

　また、中山廃寺が根香寺のきわめて近くに立地することも注目される。出土遺物からみる限り、中山廃寺が長期間存続した証拠はなく、遅くとも平安時代末には廃絶していたと考えられる。これに対して根香寺は平安時代末とされる均整唐草文軒平瓦のほか、巴文軒丸瓦、連珠文軒平瓦が出土しており、それぞれ鎌倉時代末、室町時代に比定され（安藤 1967）、平安時代末に成立して、現在まで存続したと考えられている。

　前述の屋島千軒堂跡では11世紀代を境に出土遺物が減少し、これに反して屋島寺のある南嶺ではそれを境に遺物が増加することから、11世紀末から12世紀初頭に北嶺から南嶺に寺が移されたと想定されている（山元ほか 2003）。

　したがって、中山廃寺も屋島での例と同じく、10世紀前半頃に整備された山岳寺院が平安時代末頃に近くに場所を変えて再整備され、根香寺として現在に至った可能性が高いものと考えられる。

　しかも、中山廃寺から9世紀とみられる須恵器が出土していることは、仏堂を中心とする小規模な寺院が突然に創建されたのではなく、それ以前から仏教活動が行われていた場所に、10世紀前半になって、仏像の安置を契機として恒久的施設としての小規模な寺院が整備されたと考えられるのである。

5. 香川の初期山岳寺院とその仏像について

　香川の山岳寺院は、昭和43（1968）年に屋島山上水族館の建設に伴い発掘調査が行われた（高松市文化財保護委員会 1968、山元ほか 2003）のをはじめとして、昭和53・54年にまんのう町尾ノ背寺跡が発掘調査され（伊沢・斉藤 1980）、昭和55年度に高松市屋島北嶺の千軒堂跡で小規模な確認調査が行われた（藤井 1981）。さらに、昭和59年にはまんのう町中寺廃寺で4ヶ所のテラス状平坦地とそのうちの2ヶ所で礎石建物跡を確認したほか、中・近世の遺物散布地（桜の窪遺跡）を確認し、テラス状平坦地の発掘調査によって塔跡と考えられる3間×3間の礎石建物跡が検出され、心礎の下から出土した須恵器によって10世紀前半の建立が想定された（中西 1988a・b）。しかしながら、これらはいずれも小規模な調査であったことから山岳寺院の構造などを明らかにすることはできなかった。

　しかし、平成8年度から高松市教育委員会が屋島寺周辺で発掘調査を継続的に行うとともに、平成10年度から13年度にかけて屋島北嶺の千軒堂跡でも発掘調査を実施し、10世紀前半頃に整備された山岳寺院の構造が明らかになり、11世紀末から遅くとも12世紀初頭には寺が千軒堂跡（北嶺）から屋島寺（南嶺）へ移ったと想定されるなど、興味深い調査結果が得られている（山元ほか 2003）。

　また、平成15年度から琴南町教育委員会（現まんのう町教育委員会）が中寺廃寺の調査を継続的に実施して、4地区に多くのテラス状平坦地が認められるとともに、さきに検出された塔跡のほか、礎石建物跡2棟、掘立柱建物跡4棟、柱穴列などを検出し、10世紀前半頃に整備されたと考えられる大規模な寺跡が徐々に明らかになって（加納 2005・2006・2008、加納・上原 2007、中村 2009・2011）、大きな注目を集めることとなった。

　そうした中、中山廃寺でも10世紀前半頃に整備されたと考えられる山岳寺院が確認されたことから、ここでは今後の研究にそなえて、香川の山岳寺院について現時点での集成を行い、若干の問題について述べることにしたい。

　香川の山岳寺院は今後さらに増加するであろうが、遺跡として確認できていないものも含めて、現在のところ17ヶ所が知られている（表8）[25]。乏しい発掘調査や採集された瓦などからみると、香川における初期の山岳寺院として、高松市千軒堂跡、同市中山廃寺、まんのう町中寺廃寺がある[26]。千軒堂跡は仏堂と考えられる1棟の礎石建物を中心として小規模な掘立柱建物が点在する小規模な寺院跡とされ、中山廃寺もこれに類似した寺院跡と考えられること、千軒堂跡の寺院は11世紀末から12世紀初頭頃に近くに移動して屋島寺として再整備されるとともに、中山廃寺も同じ頃、近くに移動して根香寺となった可能性が高いことは前述したとおりである。

　これに対して、中寺廃寺では平成17年度までに、A地区の第3テラスで塔跡の礎石を検出しているほか、第2テラスで仏堂と考えられる礎石建物と掘立柱建物の重複を検出するとともに、B地区第1テラスで礎石建物跡と広場状遺構を、第2テラスで重複する掘立柱建物跡3棟を検出している。塔を含む多くの建物跡が検出されていること、斜面を造成した多くの平坦地をもつことなどから、大規模な伽藍をもった山岳寺院が想定されている。

　千軒堂跡のような仏堂を中心とした小寺院と中寺廃寺のような伽藍をもった寺院は、規模・形

表8 香川の山岳寺院

NO	名称	所在地	遺構	遺物	時期	註・文献	備考
1	寺尾廃寺	さぬき市鶴羽長見山		金銅仏・石仏・層塔・五輪塔（いずれも寺尾廃寺のあるとされる丘陵の下位から）	鎌倉時代か	津田町史編集委員会1986、松本2005	
2	峯の薬師	さぬき市寒川町石田西字小倉	礎石	布目瓦		寒川町教育委員会1985	
3	大窪寺	さぬき市長尾前山字花折829		均整唐草文軒平瓦	13世紀～	安藤1967	
4	高仙寺	三木町神山高仙寺山頂	堀跡			三木町編集委員会1988	寺屋敷という一区画がある。
5	千軒堂跡	高松市屋島西町北嶺山上	礎石建物跡1・掘立柱建物跡2・欄列2・石積基壇・石列・火葬墓	平瓦・須恵器（坏・坏蓋・皿・鉄鉢形土器・長頸壺・水瓶・多口瓶）・土師器（坏・甕）・緑釉陶器椀・鉄釘ほか	9～11世紀	山元ほか2003	
6	屋島寺	高松市屋島東町1808	集石遺構3	八葉複弁蓮華文軒丸瓦・四葉単弁蓮華文軒丸瓦・偏行唐草文軒平瓦・連珠文軒平瓦・丸瓦・平瓦・須恵器・土師器ほか	12世紀～	安藤1967、山元ほか2003	遺構・遺物は屋島寺周辺を含む。
7	根香寺	高松市中山町1506		巴文軒丸瓦・均整唐草文軒平瓦・連朱文軒平瓦	12世紀～	安藤1967	
8	中山廃寺	高松市中山町東嶽1483-58・59	礎石建物跡	軒丸瓦・丸瓦・平瓦・鉄釘	9～10世紀	安藤1987	
9	伽藍山廃寺	高松市国分寺町伽藍山山頂部		均整唐草文軒平瓦		福家1965、蔵本2005	
10	白峰寺	坂出市青海町2635		八葉複弁蓮華文軒丸瓦・巴文軒丸瓦・均整唐草文軒平瓦・連朱文軒平瓦ほか	12世紀～	安藤1967	
11	ショウズ廃寺	坂出市五色台水落		平瓦	11～12世紀	川畑迪氏資料	
12	横山廃寺	坂出市府中町横山・丸亀市富熊大原北	石室・基壇跡？・井戸跡	巴文軒丸瓦・巴文軒平瓦・均整唐草文軒平瓦・連珠文軒平瓦・丸瓦・平瓦・緑釉陶器・須恵器・土師器	平安時代末頃～室町時代	綾歌町教育委員会1976、今井1994	
13	野田院跡	善通寺市善通寺町野田		銅印（「酒」）・丸瓦・平瓦	11世紀末～12世紀初頭	渡邉2003	
14	瀧寺	（大麻山中腹）	礎石建物		13世紀以前	道範阿闍梨『南海流浪記』（香川県1941所収）、仲多度郡1918[29]	
15	中寺廃寺	仲多度郡まんのう町造田	礎石建物3・掘立柱建物跡7・石塔・溝	越州窯系青磁・緑釉陶器・須恵器（多口瓶・坏・椀・鉢・長頸壺・甕）・土師器（坏・甕・壺）・黒色土器椀・鉄釘・羽口・佐波理・銅製三鈷杵・銅製錫杖頭・石帯・八葉複弁軒丸瓦	9～11世紀	中西1988a・1988b、加納2005・2006・2008、加納・上原2007、中村2009・2011	
16	尾ノ背寺	仲多度郡まんのう町大字七箇字汇尾	礎石建物跡1・石列・石垣・集石墓6・	八葉複弁蓮華文軒丸瓦・巴文軒丸瓦・均整唐草文軒平瓦・丸瓦・平瓦・白磁四耳壺・須恵器（坏・壺）・土師器（坏・小皿・鉢・壺・土釜・鍋）・瓦質壺・青磁椀・鉄釘ほか	12～16世紀	伊沢・斉藤1980	
17	菩提廃寺	観音寺市粟井町		八葉素弁蓮華文軒丸瓦・蓮華文軒平瓦・唐草文軒平瓦・宝相華文軒平瓦	平安時代後期	安藤1967	

態・内容が大きく異なることから、両者を区別してとらえる必要がある。ここでは前者を「仏堂型山岳寺院」と仮称し、後者を「伽藍型山岳寺院」と仮称しておく。

　形態からみれば、伽藍型山岳寺院は前代の寺院を受け継ぎ、仏堂型山岳寺院は前代の小規模な道場などを受け継ぐのであろう。また、寺院規模からみて、大規模な伽藍型山岳寺院は自己完結的、自立的な傾向が高く、小規模な仏堂型山岳寺院は複合的、付属的性格が強いと考えられるので、中山廃寺は瓦に文様表現上の類似性が認められる讃岐国分寺の付属的施設とすべきかもしれない。

　ところで、高松市千軒堂跡、同市中山廃寺、まんのう町中寺廃寺とも、10世紀前半に仏堂と考えられる礎石建物を建設しているが、いずれからも9世紀代の須恵器が出土していることから（山元ほか 2003、加納 2006）[27]、それぞれの場所において以前から、修行などの仏教活動が行われており、それが10世紀前半頃に寺院として整備されたと考える必要があろう。現在のところ、9世紀以前の施設内容はあまり明らかではなく[28]、10世紀前半に香川の山岳寺院に画期があったことは明らかである。

　さらに、12世紀には6ヶ寺を数え、坂出市横山廃寺（今井 1994）、善通寺市野田院（渡邉 2003）のように、付近に先行の山岳寺院をもたず、この時期に新たに建立されたと考えられるものもあることから、12世紀に山岳寺院が増加、拡大、再整備されたものと考えられる。

　従って、香川の山岳寺院については、10世紀と12世紀に画期が認められるが、10世紀は香川での山岳寺院成立の画期であり、12世紀は山岳寺院の再整備、拡充、増加の画期であるということができよう。

　一方、応永13（1406）年に成立した『白峯寺縁起』（香川県 1939）によれば、智證大師円珍が

図114　根香寺木造千手観音立像　　　　**図115**　屋島寺木造千手観音坐像

建立の時、明神とともに山中に入って10体の本尊を造立したが、そのうちの4体は千手観音像で白峯寺[30]・根香寺・白牛寺・吉水寺に安置したという。

現在、根香寺は10世紀とされる木造千手観音立像（図114）を本尊としている[31]（香川県教育委員会 1996）。現国分寺は白牛山千手院国分寺[32]と称されていることから、白牛寺は国分寺と考えられるが、ここでも11世紀末の製作とされる木造千手観音立像を本尊としている（香川県教育委員会 1996）。

吉水寺はどの寺院を指すのか明らかでないが[33]、根香寺や讃岐国分寺のことからすれば、14世紀初頭の『白峯寺縁起』にみえる千手観音像は、平安時代後期又は末頃の周辺寺院の仏像のありかたを反映している可能性が高いのではないかと思われる。

さらに、現在、屋島寺も10世紀初頭とされる木造千手観音座像（図115）を本尊としている（香川県教育委員会 1996）[34]が、さきにみたように、根香寺、屋島寺とも10世紀前半頃に整備され

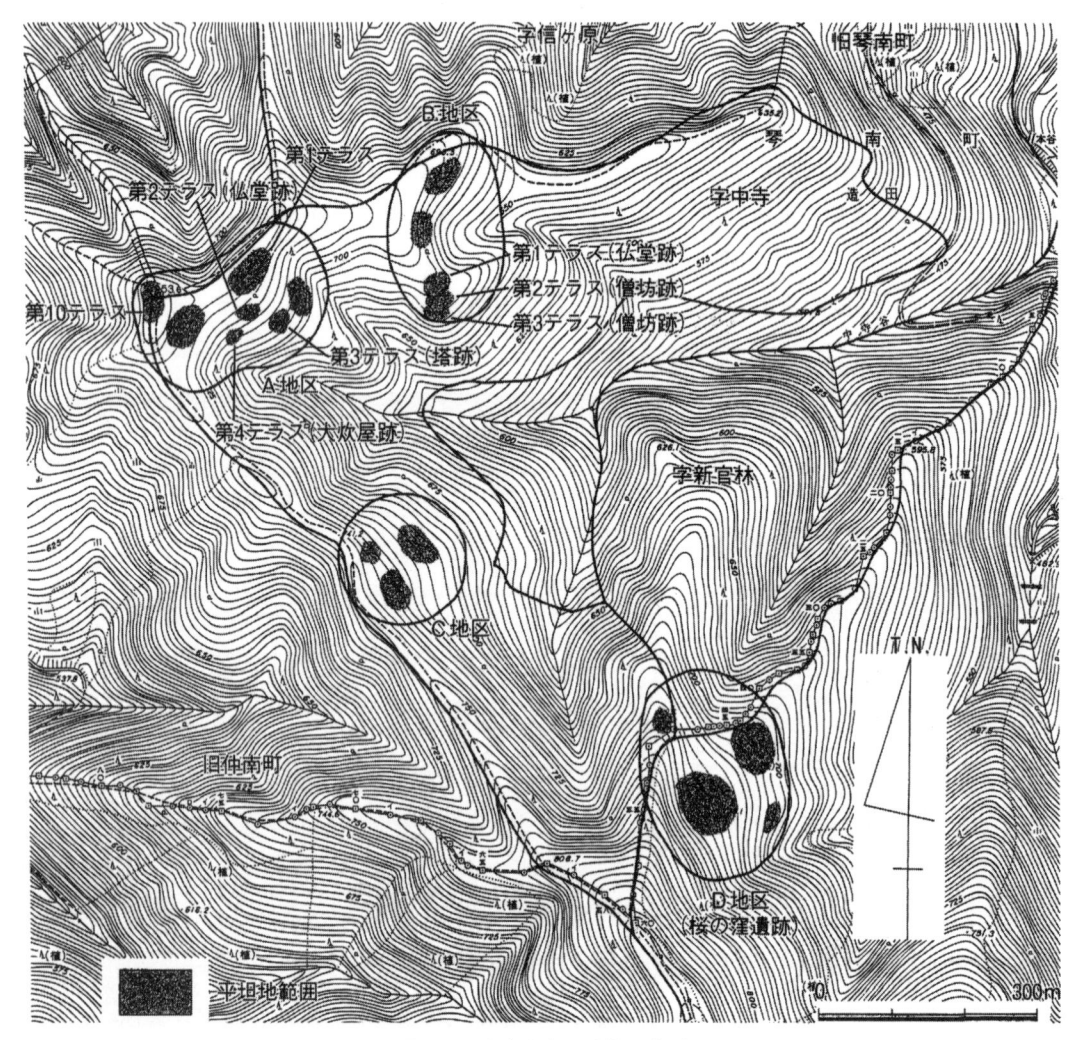

図116　中寺廃寺の遺構分布図

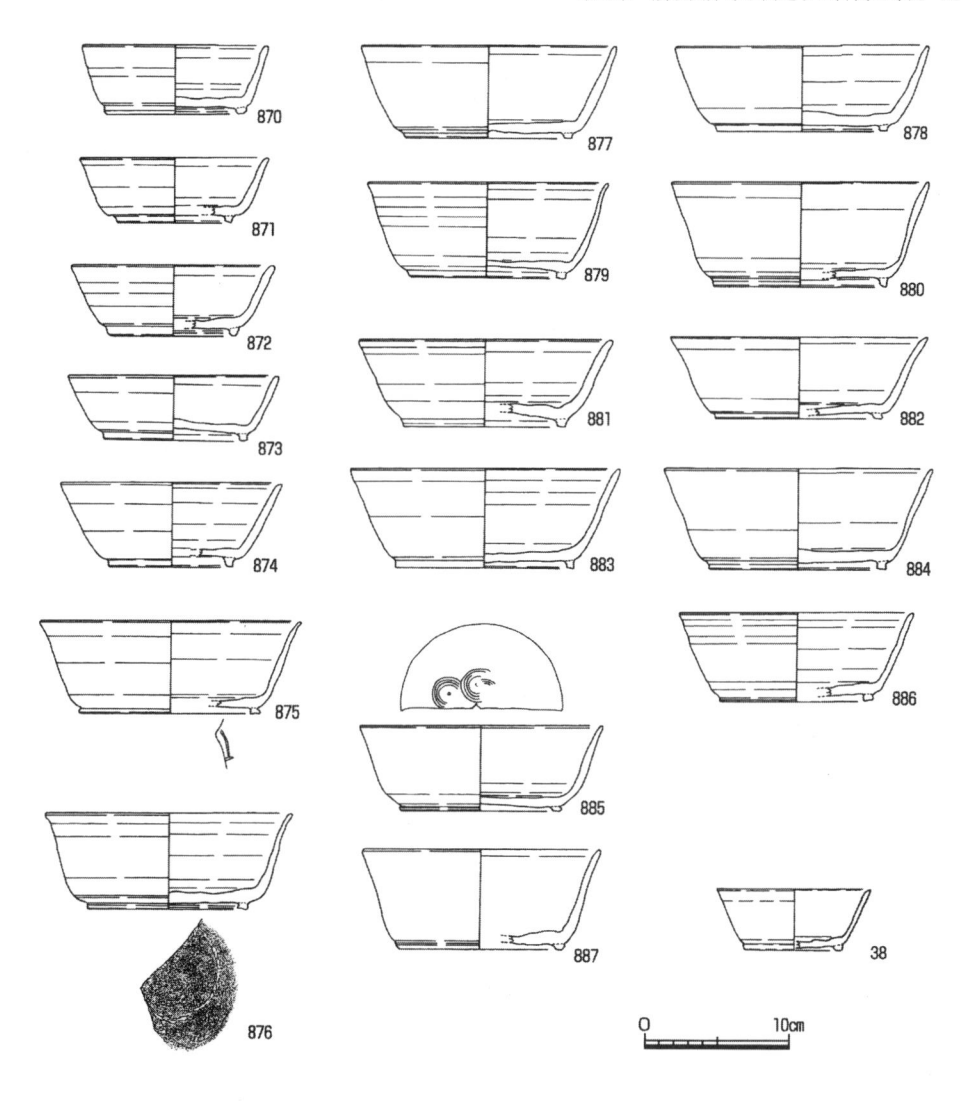

図117　高松市空港跡地遺跡（溝SDb19、870〜887）と中寺廃寺第2テラス（38）の須恵器杯身

た山岳寺院が12世紀頃に近くに移転、再整備されて成立していること、両寺院の千手観音像がそれぞれの先行寺院の整備に近い時期に製作されたとみられていることからすれば、これらの千手観音像がもと中山廃寺と千軒堂跡に安置されていた可能性が考えられるのである。

　もちろん、仏像については様々な理由で移動するとともに、千手観音像のみが初期の山岳寺院に安置されていたとも考えられないが、前述した状況からみて、讃岐国分寺周辺の初期の山岳寺院に千手観音像が安置されていた可能性はきわめて高いものと思われる[35]。

　したがって、香川において10世紀前半に礎石建物を伴う山岳寺院が成立するのは、山岳での仏教活動の高まりによって、そこで千手観音像をはじめとした仏像を恒久的に安置するとともに、仏教活動を安定して永続する必要が生じたためであるとみることができる。

香川において10世紀に山岳寺院の成立の画期があることの理由として、当然密教の普及が考えられるが、一方では讃岐国分寺においてもこの時期に僧坊の屋根の葺き替え、回廊の大幅な修理が確認されている（松尾ほか 1996）ほか、現存する県内の仏像からみると10世紀に仏像製作が急増していることがうかがえる[36]ことから、香川の10世紀は造寺、造仏の興隆期であったと考えることができる。

　そうした状況の中で、讃岐国分寺周辺の初期山岳寺院に千手観音像が安置されていたとみられることは、初期山岳寺院の整備やそこでの仏教活動の問題とも密接に関係するものと思われ、今後はそうした観点からも山岳寺院を解明する必要があろう。

　また、四国八十八カ所は、弘法大師空海の修行の地であるとも言い伝えられているが、根香寺（第八十二番札所）、屋島寺（第八十四番札所）とも、空海が修行をしたかどうかはともかく、先行する中山廃寺や千軒堂跡に仏堂が整備される以前から、弘法大師に代表される古代の僧侶が山林修行をしたことを示しており、そうした点をふまえると、前述した伝承を無理なく理解することができる。つまり、古代山岳寺院の系譜を継承する札所は、四国八十八カ所の性格の一端を物語っているのであろう。

（追記）
　まんのう町中寺廃寺は平成15年度以来調査が継続的に行われているが、これまでの発掘調査で主要施設の配置などがかなり明らかになるとともに、8世紀から11世紀におよぶ多くの出土品を検出しており、平成20年3月28日、平安時代の山岳寺院として史跡指定された。

　調査の概要を紹介すると、A地区では尾根筋に近い斜面に設けられたテラスで2棟の礎石建物跡が検出された。下方のテラスで検出された3間×3間の礎石建物は塔とされ、北西約13m離れた3間×2間の建物は仏堂であり、讃岐国分寺と同じ大官大寺式伽藍配置としている。仏堂とされる礎石建物は前身の掘立柱建物を同じ場所で整備し直したもので、ほかに、塔跡の西やや南、約26m離れて調理施設と考えられる掘立柱建物跡も検出されている。

　また、A地区から約260m離れたB地区の尾根上では5間×3間の礎石建物跡が検出され、建物東に一段低い広場状遺構が設けられている。また、この礎石建物の南側には2段のテラスが設けられ、上段に2棟、下段に1棟の掘立柱建物跡がそれぞれ建て替えられながら存続していたことも明らかになった。掘立柱建物は僧坊とされている。

　B地区の尾根の礎石建物は、中央部に1間×1間の礎石があることから、内部中央に1間四方の須弥壇を設けた仏堂とする見方と、中央2列の礎石列が東西に通ることから神社建築の割拝殿とする見方がある。この礎石建物は、建物の中央間から広場を見通した真正面に、古くから雨乞いで有名な大川神社を山頂にもつ大川山を望むことができることから、大山山を意識して造営されたと考えられており、建物の性格が注目される。

　出土品には日常容器の須恵器・土師器のほか、西播磨産の須恵器多口瓶・越州窯系青磁・緑釉陶器・黒色土器椀・鉄釘・羽口などがあり、やや特殊な出土品として石帯・銅製三鈷杵・銅製錫杖頭・八葉複弁蓮華文軒丸瓦などもある。

　八葉複弁蓮華文軒丸瓦はB地区の礎石建物の下方に位置する、上下2段のテラス間の斜面から1点のみ出土し、白鳳期のものである。中寺廃寺の建物には瓦は用いられておらず、瓦の時期も古すぎることから、特別な理由で後に持ち込まれたものである。また、銅製三鈷杵・銅製錫杖頭はいずれも破片で、古密教で使用されたものとされている。

　また、B地区から谷を隔てた南側のC地区には、石組遺構16基が確認されており、造塔行為になぞらえる石塔と考えられている。

　発掘調査報告書によれば、中寺廃寺B地区では8世紀後半の土器が少なからず出土したとしているが、すでに註(27)で指摘しているように、この点はさらに慎重に検討する必要があると思われる。

　かつて著者は、讃岐国の須恵器生産を概観する中で、8世紀については池宮神社南窯跡→庄屋原（3号）窯跡・

北条池1号窯跡→定兼2号窯跡・坂出市讃岐国府跡出土須恵器と編年し、定兼2号窯跡・讃岐国府跡出土須恵器を8世紀後半～末とした（渡部 1980）。さらに、その後発掘調査された大師堂池1号窯跡（安田・大砂古 1983）第二次床面の須恵器も、定兼2号窯跡・讃岐国府跡出土須恵器と同様の様相であるとして同時期とした（田村・渡部 1986）。

この編年観は、佐藤竜馬氏が陶（十瓶山）窯跡群の須恵器編年を行う中でも基本的には受け継がれ、8世紀の須恵器を池宮神社南窯跡（第Ⅱ期1段階）→庄屋原3号窯跡・北条池1号窯跡（第Ⅱ期2段階）→大師堂池1号窯跡（第Ⅱ期3段階）としている。ただし、佐藤氏は第Ⅱ期3段階は9世紀の直前に終了し、第Ⅱ期4段階とした庄屋池4号窯跡・庄屋原4号窯跡を8世紀終末～9世紀前半に編年している（佐藤 1993）。

その後、森格也氏は、高松空港跡地の溝（SDb19）から出土した一群の須恵器を報告し、須恵器供膳具の法量が、平城宮Ⅴの基準資料である平城宮SK2113・SK870出土須恵器より縮小しており、長岡宮朝堂院北西官衙SD20620出土須恵器に類似していること、底部調整が簡略化していることなどを挙げ、「土師器の杯・皿にはまだ暗文を施すものが認められたり、須恵器の杯蓋が全体に丸味を帯びているものを含むなど、掘削時期は8世紀後半と考えられる。しかし、大部分の遺物は長岡京期のもので、9世紀初頭には埋没している。」として、それまで8世紀後半～末とされた須恵器から、第4四半期の須恵器を分離した（森 2007）。

森氏の時期比定については、現在のところ著者も同意見であり、数量も豊富であることから、香川の8世紀第4四半期の須恵器としては、現状では空港跡地遺跡溝SDb19の須恵器が最も良好な資料であると考えている。

森氏の考察を踏まえると、香川県内の8世紀の須恵器は、池宮神社南窯跡→庄屋原（3号）窯跡・北条池1号窯跡→定兼2号窯跡・大師堂池1号窯跡第一次床面→空港跡地遺跡溝SDb19・大師堂池1号窯跡第二次床面と編年され、あえて年代を与えるとすれば、やや図式的ではあるが、順番に8世紀第1四半期→第2四半期→第3四半期→第4四半期にほぼ比定することができるのではないかと思われる。

8世紀中葉とされている中寺廃寺B地区第2テラス出土の高台付き杯身（図117-38）を、空港跡地遺跡溝SDb19の坏身（図117-870～886）と比較すると、中寺廃寺の杯身は小型品であることがまず注目される。高台部を除いて体部をみると、口径に対して高さがやや高く、相対的にやや深めであることも注目される。空港跡地遺跡では、870・876・877・879・880・885～887が同様な深めの体部をもつが、中寺廃寺の杯身と同様に体部が直線的に開くタイプは870・877・886の3点で、多くない。

また、高台は低く、体部の下端につけられている。これに対して空港跡地遺跡の871・874・877・878・882では体部下端からやや内側に高台をつけ、坏身の約半数は明瞭な矩形に整形した、しっかりとした高台をもつ。

体部が深く、高台が体部の下端につくのは9世紀の坏身の特徴である。その特徴が8世紀第4四半期とされる空港跡地遺跡溝SDb19出土須恵器の一部に現れていることは、中寺廃寺B地区第2テラスの杯身の時期が8世紀第4四半期以後であることを示しているのであろう。管見によれば、中寺廃寺出土の須恵器杯身や平底の杯の時期も同様であり、9世紀前半の可能性が高い。したがって、中寺廃寺ではほぼ9世紀から掘立柱建物が造営され始め、礎石建物が整備されるのは10世紀前半頃と考えておきたい。

第4節 小　結

第5章では、讃岐国分寺・国分尼寺に関連する寺院・瓦を取り上げ、古代の香川の寺院や瓦の様相について考察した。

第1節では、讃岐国分寺跡から出土した偏行唐草文軒平瓦SKH25に関連して、この種の軒平瓦の年代、系譜を明らかにするとともに、香川における7世紀末から8世紀前半の軒平瓦の様相を概観した。

讃岐国分寺跡SKH25は、坂出市開法寺跡KH202（同市鴨廃寺KM202）や善通寺市善通寺ZN203A・203Bの系譜につらなる偏行唐草文軒平瓦であり、大阪府柏原市田辺廃寺などでも同種の

軒平瓦（田辺廃寺軒平瓦第1類）が出土している。

　開法寺跡KH202や善通寺ZN203A・ZN203B・田辺廃寺軒平瓦第1類・石井廃寺IS202は、これまで白鳳期に比定されていたが、その出現と系譜については、田辺廃寺などからの開法寺への波及を想定するもの、これに加えて田辺廃寺軒平瓦第1類の祖型を奈良県御所市巨勢寺跡などにみられる巨勢寺式に求めるもの、善通寺ZN203Aを最古とするもの、善通寺ZN203Bを最古とするもの、藤原宮式偏行唐草文軒平瓦の影響を想定するものなどがあって確定できていなかった。

　しかし、唐草文の変化を検討した結果、この種の軒平瓦は巨勢寺式が祖型であり、その唐草文を省略的に変形して逆方向に描くなどして開法寺跡KH202が成立し、これを最古型式として善通寺ZN203A→ZN203B→田辺廃寺軒平瓦第1類へと新しくなり、石井廃寺IS202はさらに後出することが判明した。

　したがって、この種の偏行唐草文軒平瓦を開法寺式偏行唐草文軒平瓦と総称することができるとともに、巨勢寺式が白鳳期とされることから、これに後続する開法寺跡KH202の年代を白鳳期末頃に想定することができ、型式的に後出する善通寺ZN203A・203Bは8世紀前半に、さらに後出する田辺廃寺軒平瓦第1類や石井廃寺IS202は8世紀前半でも古くない時期に比定することができた。

　また、田辺廃寺軒平瓦第1類は、開法寺跡KH202・善通寺ZN203A・203Bと共通する「包み込み技法」で製作されていることから、香川から移動した工人によって製作されたと考えなければならなくなった。

　これまで白鳳期に比定されていた開法寺式偏行唐草文軒平瓦の多くが、8世紀前半に下ることが明らかになると、香川の8世紀前半の軒平瓦を見直す必要が生じてきた。

　香川では、藤原宮式偏行唐草文軒平瓦が高松以東に広く分布し、その中には8世紀前半に下るものもあることが指摘されている。また、高松市勝賀廃寺TK202A（さぬき市願興寺GN202）を最古とする変形偏行唐草文軒平瓦も8世紀前半～中頃に比定されている。

　しかも、こうした偏行唐草文軒平瓦には、線鋸歯文、段顎、粘土板桶巻き作り、格子叩き目といった前代の文様、技法がなお用いられているのである。

　また、一方、香川では、畿内の8世紀前半の軒平瓦を代表する平城宮系の均整唐草文軒平瓦がきわめて少ないことが以前から指摘されている。

　したがって、8世紀前半の香川では、軒平瓦における平城宮及び畿内の瓦の影響はきわめて限定されたものであり、白鳳期の文様、技法を用いて軒平瓦が製作されたと考えられるのである。

　第2節では、府中・山内瓦窯で製作されたと考えられる讃岐国分寺・国分尼寺所用瓦の拡散とその意味するところを取り上げた。

　讃岐国分寺・国分尼寺の初期の所用瓦は、両寺院以外ではあまり用いられていない。しかし、奈良時代末頃と考えられる国分尼寺十六葉細素弁蓮華文軒丸瓦KB101－均整唐草文軒平瓦KB201B（讃岐国分寺跡SKH01B）の段階になると、讃岐国分寺跡・国分尼寺跡以外でも出土例が増加している。

　高松市田村神社（讃岐一宮神社）では、高松市勝賀廃寺や百相廃寺などに用いられた8世紀前半の変形偏行唐草文軒平瓦とともに、均整唐草文軒平瓦KB201Bが出土していることが明らかになっ

た。

　『続日本後記』や『日本三代実録』によると、田村神社は、9世紀中頃から後半にかけて位階が授けられ、元慶元（877）年に正四位上になったことがわかる。

　また、根拠は示されていないものの、承応元（1652）年の『讃岐国大日記』では和銅2（709）年にはじめて社を建てたとしている。

　従って、田村神社から、専ら寺院や仏教施設に用いられた、8世紀前半と末頃の軒平瓦が出土していることは、田村神社が8世紀前半には神宮寺又は付属する仏教施設を伴った有力な神社として存在していたことを示すとともに、8世紀末には讃岐国衙が経営していたと考えられる国分寺瓦屋の瓦の使用を許されるほど、讃岐国衙と密接な関係をもっており、そうしたことを背景として9世紀に国家によって位階が授けられたのではないかと考えることができる。

　また、十六葉細素弁蓮華文軒丸瓦KB101・均整唐草文軒平瓦KB201Bはさぬき市長尾寺・三木町始覚寺跡・高松市山下廃寺などからも出土しており、このことから、讃岐国分尼寺の整備にあたって、旧寒川郡・三木郡・山田郡など、讃岐国中部〜東部の豪族が協力し、その結果、讃岐国衙との政治的関係を背景として、氏寺や郡内の有力寺院に瓦や瓦笵の提供を受けることができたと考えた。

　第3節では、高松市中山廃寺を中心に、香川の山岳寺院を取り上げた。

　中山廃寺は、讃岐国分寺跡から約4.5km離れた標高360m前後の丘陵緩斜面に立地し、昭和39年の開墾で礎石と軒丸瓦・丸瓦・平瓦・鉄釘などが発見されるとともに、平成17年に須恵器も採集された。

　軒丸瓦は七葉単弁蓮華文をもち、文様表現が讃岐国分寺跡の七葉複弁蓮華文軒丸瓦SKM07に最も近く、10世紀前半頃に比定されるとともに、須恵器もその前後に比定できる。

　したがって、中山廃寺は高松市屋島に所在する千軒堂跡と同じく、仏堂と考えられる1棟の礎石建物を中心とした小規模な初期の山岳寺院であることが明らかになった。

　一方、高松市屋島の千軒堂跡では、10世紀前半に成立した小規模な寺院が11世紀末〜12世紀初頭に近くに移され、屋島寺となったことが明らかにされている。中山廃寺についても、長期の存続が認められないこと、平安時代末頃に近くに根香寺が成立していることから、小規模な山岳寺院が平安時代末頃に根香寺として近くに整備されたものと考えられる。

　現在、屋島寺は10世紀初頭とされる木造千手観音座像を本尊としているが、根香寺も10世紀と考えられる木造千手観音立像を本尊としている。根香寺の木造千手観音立像は、応永13（1406）年の『白峯寺縁起』において、智證大師円珍が白峯寺・白牛寺（現国分寺）・吉水寺とともに、根香寺に安置したと伝える千手観音像である可能性が強く、仏像の年代からみて、もと中山廃寺にあったものと考えられ、初期山岳寺院である千軒堂跡・中山廃寺とも、千手観音像が安置されていたのではないかと推測される。

　また、中山廃寺や千軒堂跡、同じく10世紀前半頃に全体が完成したと考えられるまんのう町中寺廃寺では、10世紀以前の須恵器も出土していることから、讃岐では、初期山岳寺院が10世紀前半頃に突然成立したのではなく、それ以前から修行などの仏教活動が行われていた場所に、10世

紀前半頃になって、仏像の安置を契機として、恒久施設としての寺院が山岳寺院として整備されたと考えることができた。

さらに、中山廃寺の軒丸瓦が讃岐国分寺跡SKM07に最も近いことは、中山廃寺が讃岐国分寺と何らかの関係もっていたことを示し、讃岐国分寺が初期山岳寺院の成立に関与したことを想定させるものとして注目される。

一方、現在、根香寺は四国八十八カ所の八十二番札所であり、屋島寺は八十四番札所となっている。四国八十八カ所については、一般に、弘法大師の修行の地であるともいわれているが、弘法大師はともかくとして、両寺院とも、9世紀頃の山林修行の地に、10世紀前半頃になって小規模な寺院が建てられ、さらに、それを継承したと考えられる寺院が12世紀頃に創建されていることは、そうした伝承と通じるものがあり、四国八十八カ所やそれを構成する寺院の成立、性格を物語るものとして注目される。

註
（1）第3章第4節参照
（2）なお、藤井氏は平成9年にも河内と讃岐の八葉単弁蓮華文軒丸瓦と偏行唐草文軒平瓦を取り上げ、ここでも河内から讃岐へ瓦当文様が伝播したとしている（藤井1997）。
（3）詳細は述べられていないものの、稲垣晋也氏はこの種の偏行唐草文軒平瓦の祖型を巨勢寺式に求めている。
（4）古瀬清秀氏旧蔵品で、瓦当面の文様は安藤編1974に紹介されている。なお、この資料の凹面には布目と模骨痕が認められる。
（5）なお、開法寺式偏行唐草文軒平瓦に藤原宮式の影響や関連を想定する意見があるが、偏行唐草文ということを除くと、類似した文様は藤原宮跡には認められないので、佐藤竜馬氏が指摘するように、現状では開法寺式偏行唐草文軒平瓦が藤原宮式と密接な関係をもっていたとは考えられない（佐藤2007、川畑1996、近江2004）。
（6）ただし、面違い鋸歯文は藤原宮期の偏行唐草文軒平瓦には用いられていないが、軒丸瓦では6272A・Bのように、奈良時代初期にも用いられている（毛利1991）。
（7）讃岐国分寺跡SKH25については讃岐国分寺に先行する寺院に用いられた可能性も考慮する必要があるが、後述するように香川では8世紀前半とみられる平城宮式の均整唐草文軒平瓦がほとんどみられず、白鳳期的な文様・製作技法をもつ瓦が広く用いられたと考えられることから、8世紀中頃に比定しておく。
（8）開法寺跡KH106の計測値は川畑1996に、田辺廃寺軒丸瓦第1類の計測値は（藤沢1973）による。
（9）香川では平城宮式軒平瓦がきわめて乏しいことはすでに注目されている（藤井1983、稲垣1987）。
（10）第3章第1・2節参照
（11）明確な中心飾をもたず、左右に流れる唐草文をもつ軒平瓦は、平城宮でも6654Aに認められ、奈良時代初期に比定されている（花谷1991）。
（12）この種の偏行唐草文も一般に藤原宮式の影響を受けたと考えられているが、藤原宮跡から類似の偏行唐草文が出土していないことから、再考する必要があると思われる（稲垣1987、川畑1996）。
（13）岩佐丈太郎氏による瓦の採集の経緯は、岩佐氏から直接聞かれた安藤氏のご教示による。
（14）安藤氏は、凹面に布目をもつ平瓦は奈良時代のものと考えておられた。
（15）香川県歴史博物館胡光氏によれば、『讃岐国大日記』の原本は不明で、いくつかの写本が存在するが、ここでは松平家所蔵の写本である「考信閣文庫本」を参照した。なお、『讃岐国大日記』は以下の文献に収録されている（香川県1939）。
（16）第4章第1節参照
（17）第4章第3節参照
（18）第2章第2節参照

(19) 第3章第1・2節参照
(20) 第3章第5節参照
(21) 松本氏はその後、SKM01は讃岐国分寺で新たに考案された文様であるとして、宝幢寺跡HD102との系譜関係を否定したが、その根拠は明らかいしていない（松本2009）著者は稲垣氏（稲垣1987）の指摘のとおり、両者の系譜関係を認め、国分寺造営に対する那珂郡の豪族の協力を想定している。
(22) 川畑聡氏は、始覚寺と讃岐国分尼寺の十六葉細素弁蓮華文軒丸瓦の焼成が異なることから瓦范の移動を想定している。
(23) 第3章第4節参照
(24) 著者もこの中で「中山廃寺の古瓦」の項を担当した。
(25) 以上のほか、松浦正一氏は、高松市（旧木田郡）牟礼町六万寺、八栗寺、三豊市（旧三豊郡）三野町弥谷寺などを平安時代の創建としており、平安時代まで遡る山岳寺院である可能性がある（松浦・和田1953）。
(26) このほか、五色台の赤峰の山頂付近で発見された国分台瓦窯跡で10世紀の可能性のある八葉単弁蓮華文軒丸瓦・均整変形唐草文軒平瓦が出土しており、付近に山岳寺院のあったことが考えられる。国分台瓦窯跡に比較的近いことから、白峰寺はその候補にあげられる（安藤1967、蔵本2005）。
(27) 中寺廃寺では8世紀中頃からの須恵器が出土したとしているが、やや下る可能性もあり、再検討が必要であると思われる。
(28) 中寺廃寺跡では礎石建物跡に先行する掘立柱建物跡を9世に比定しており、千軒堂跡でも9世紀に掘立柱建物が存在した可能性も考えられる。
(29) また、金毘羅大権現別当金光院の支配下にあった多門院の住職片岡慶範が著し、さらに片岡文範・章範が補筆・補修を加え、文政5（1822）年頃にはほぼ完成したとされる『古老伝旧記』に「大麻山大滝寺諸堂寺数多有之由、転退已後本尊十一面観音、今当山観音堂前立是也、其已後、少し之庵有之候得共、是潰今無之、年号不知」とある大滝寺も瀧寺のことかと思われる（新編香川叢書刊行企画委員会1979）。
(30) 『白峯寺縁起』によれば、白峰寺の千手観音像は永徳2（1382）年に焼失したとしている。
(31) なお、武田和昭氏によれば、根香寺の木造千手観音立像は10世紀前半から中頃に比定できる可能性があるという。
(32) 香川県1939に、天保4（1833）年に国分寺から高松藩に差し出した書上帳の控である『国分寺記録』が収録されおり、そこに「白牛山千手院国分寺」とある。
(33) 明和5（1768）年に増田休意が著した『三代物語』には、「吉水迹根香白峯ノ間ニアリ」と記し、讃岐の儒者中山城山が文政11（1828）年に高松藩に献上した『全讃史』では、「根香寺の南に在り」としている。また、嘉永6（1853）年序刊の『讃岐国名勝図絵』巻8（阿野郡北）には、吉水寺跡として、「白峯と根香寺の間に谷川ある所なり（中略）やうやく山中に石地蔵一体あるを以て寺跡の証とす」とある（青井1937、松原編1981）。一方、根香寺の南南西約1.2kmのところ（高松市国分寺町新居）に吉水の地名が現存する。
(34) 田辺1985、武田1986でも、屋島寺の木造千手観音座像を10世紀に比定している。
(35) 山元敏裕氏は香川県1939所収の『屋嶋寺龍厳勧進帳』にある、天平年中に鑑真和上が屋島寺を創建し、普賢菩薩を安置したとの記述と明徳21（1391）年の『西大寺末寺帳』にみえる「屋嶋普賢寺」から、屋島寺の先行寺院である千軒堂跡の時期から普賢菩薩が本尊であったと想定している（山元2003）。しかし、14世紀末の屋島寺に普賢菩薩像があった可能性はきわめて高いと思われるものの、慶長16（1611）年に記述された『屋嶋寺龍厳勧進帳』の内容は『西大寺末寺帳』の「屋嶋普賢寺」を解釈した可能性もあり、10世紀の状況をどれほど伝えているかは明らかでない。したがって、現状では10世紀の千軒堂跡に普賢菩薩像があったか否かについては不明とせざるを得ない。なお、『屋嶋寺龍厳勧進帳』には千手観音像の記述もあり、弘仁年中に弘法大師が自ら造ったとしている。一方、武田和昭氏から、千軒堂跡の「せんげん」は千手千眼観音の「千眼」からきた可能性もあるとのご教示を頂いた。千軒堂跡にあった寺院に千手観音像が安置されていたことの名残ととらえることもできよう。
(36) 武田和昭氏のご教示による。

引用・参考文献

青井常太郎校訂 1937『国訳全讃史』藤田書店
東　信男 2002『田村遺跡発掘調査報告書―株式会社百十四銀行城西支店建設に伴う丸亀市田村町所在の古代寺院跡の調査―』丸亀市教育委員会・株式会社百十四銀行
東　信男 2003「田村廃寺出土瓦について」(『続文化財学論集』文化財学論集刊行会)
秋山　忠・藤井雄三 1979『勝賀城跡』高松市教育委員会
綾歌町教育委員会編 1976『綾歌町史』綾歌町
安藤文良 1965「善通寺伽藍四至の土塁出土古瓦について」(『文化財保護協会報』特別号7、香川県文化財保護協会)
安藤文良 1967「讃岐古瓦図録」(『文化財協会報』特別号8、香川県文化財保護協会)
安藤文良編 1974『古瓦百選―讃岐の古瓦―』美巧社
安藤文良 1987「古瓦」(『香川県史　13　資料編　考古』香川県)
伊沢肇一・斉藤賢一 1980『尾ノ背寺跡発掘調査概要（Ⅰ）―仲南町所在の中世山岳寺院跡の調査―』仲南町教育委員会
稲垣晋也 1970「飛鳥白鳳の古瓦」(『飛鳥白鳳の古瓦』奈良国立博物館)
稲垣晋也 1987「南海道古瓦の系譜」(『新修国分寺の研究』第5巻上、吉川弘文館)
今井和彦 1994「横山廃寺」(『坂出市内遺跡発掘調査報告書　平成5年度国庫補助事業報告書』坂出市教育委員会)
近江俊秀 2004「山村廃寺式軒瓦の分布とその意味―7世紀末における造瓦体制の一側面―」(『研究紀要』8　財団法人由良大和古代文化研究協会)
香川県 1939『香川叢書』1、香川県
香川県 1941『香川叢書』2、香川県
香川県教育委員会 1996『香川の文化財』香川県教育委員会
橿原考古学研究所附属博物館 2003『特別展　古瓦―巨勢寺跡出土の瓦―』橿原考古学研究所附属博物館
柏原市立歴史資料館 1985『特別展柏原の古代寺院址』柏原市教育委員会
加納裕之 2005『中寺廃寺跡　平成16年度』(琴南町内遺跡発掘調査報告書1、琴南町教育委員会)
加納裕之 2006『中寺廃寺跡　平成17年度』(琴南町内遺跡発掘調査報告書2、琴南町教育委員会)
加納裕之 2008『中寺廃寺跡　平成19年度』(まんのう町内遺跡発掘調査報告書4　まんのう町教育委員会)
加納裕之・上原真人 2007『中寺廃寺跡』(まんのう町内遺跡発掘調査報告書3　まんのう町教育委員会)
河上邦彦 2004『巨勢寺』(奈良県立橿原考古学研究所調査報告87　奈良県立橿原考古学研究所)
川畑　聰 1996『第11回特別展　讃岐の古瓦展』高松市歴史資料館
川畑　聰 2003「讃岐国における古代寺院出土軒瓦の同笵・同文関係」(『同志社大学考古学シリーズ　Ⅷ　考古学に学ぶ〔Ⅱ〕　考古学研究室開設五十周年記念』同志社大学考古学シリーズ刊行会)
川畑　迪 1974「扁行唐草文軒平瓦　鴨廃寺跡出土」(『古瓦百選―讃岐の古瓦―』美巧社)
川畑　迪編 1988『坂出市史　資料』坂出市
鬼無町誌編集委員会 2007『ふるさと鬼無』鬼無地区連合自治会
駒井正明ほか 2000『小坂合遺跡―都市基盤整備公団八尾団地建替えに伴う発掘調査報告書―』財団法人大阪府文化財調査研究センター
蔵本晋司 2005「中世の考古学」(『さぬき国分寺町誌』国分寺町)
黒板勝美 1971a『新訂増補国史大系　続日本後記』吉川弘文館
黒板勝美 1971b『新訂増補国史大系　日本三代実録』(前編・後編、吉川弘文館)
寒川知治・松浦正一・木原溥幸 1980『勝賀城跡Ⅱ』高松市教育委員会
佐藤竜馬 1993「香川県十瓶山窯跡群における須恵器編年」(『関西大学考古学研究室開設四拾周年記念考古学論叢』関西大学)
佐藤竜馬 1994「十瓶山窯跡群の分布に関する一試考」(『財団法人香川県埋蔵文化財調査センター研究紀要』Ⅱ、財団法人香川県埋蔵文化財調査センター)ほか。
佐藤竜馬 2007「軒平瓦」『創建1200年　空海誕生の地　善通寺』香川県歴史博物館

寒川町史編集委員会 1985『寒川町史』寒川町
新編香川叢書刊行企画委員会 1979『新編香川叢書　資料編（一）』香川県教育委員会
白川雄一 2001『宗吉瓦窯跡』（三野町埋蔵文化財発掘調査報告1、三野町教育委員会）
高松市文化財保護委員会 1968『屋島山上発掘調査報告書』高松市教育委員会
田上　浩・梶原瑞司ほか 2004『秦泉寺廃寺（第6次調査）』（高知市文化財調査報告書27、高知市教育委員会）
武田和昭 1986『讃岐の仏像（下）』美巧社
田辺三郎助 1985『四国の仏像』（日本の美術226、至文堂）
田村久雄・渡部明夫 1986「綾南町陶窯跡群採集の須恵器（二）」（『香川史学』15、香川歴史学会）
津田町史編集委員会 1986『再訂津田町史』津田町
道範阿闍梨「南海流浪記」（香川県1941『香川叢書』2、香川県、所収）
友安（藤原）盛員 1652『讃岐国大日記』承応元年
仲多度郡 1918『仲多度郡史』仲多度郡
中西　昇 1988a「中寺廃寺」（『香川県埋蔵文化財調査年報　昭和59年度〜昭和62年度』香川県教育委員会）
中西　昇 1988b「中寺廃寺確認調査概報」（『県道府中・琴南線改良工事に伴う備中地遺跡発掘調査報告書―付・中寺廃寺確認調査概報―』琴南町教育委員会）
中村文枝 2009『中寺廃寺跡　平成20年度』（まんのう町内遺跡発掘調査報告書6　まんのう町教育委員会）
中村文枝 2011『中寺廃寺跡　平成22年度』（まんのう町内遺跡発掘調査報告書8　まんのう町教育委員会）
野中寛文 2003「勝賀城跡」（『香川県中世城館跡詳細分布調査報告』香川県教育委員会）
信里芳紀 2012『第1回讃岐国府瓦研究会』香川県埋蔵文化財センター
蓮本和博 1995「讃岐における白鳳寺院出土瓦の研究―開法寺跡出土の軒瓦に関して―」（『香川県自然科学館研究報告』17　香川県自然科学館）
蓮本和博 1999「軒平瓦にみる讃岐の白鳳寺院」（『財団法人香川県埋蔵文化財調査センター研究紀要』Ⅶ　財団法人香川県埋蔵文化財調査センター）
蓮本和博 2001「白鳳時代における讃岐の造瓦工人の動向―讃岐、但馬、土佐を結んで―」（『財団法人香川県埋蔵文化財調査センター研究紀要』Ⅸ　財団法人香川県埋蔵文化財調査センター）
花谷　浩 1991「軒平瓦の変遷」（『平城宮発掘調査報告』ⅩⅢ、奈良国立文化財研究所学報、第50冊、奈良国立文化財研究所）
福家惣衛 1965『香川県通史　古代・中世・近世編』上田書店
藤井直正 1956「大和から讃岐へ―讃岐国上代仏教文化の一姿相―」（『文化財保護協会報』特別号1　香川県文化財保護協会）
藤井直正 1978「讃岐開法寺考」『史迹と美術』485　史迹美術同攷会
藤井直正 1983「讃岐国古代寺院跡の研究」（『藤澤一夫先生古稀記念古文化論叢』藤沢一夫先生古稀記念論集刊行会）
藤井直正 1997「屋瓦文様の伝播とその背景―河内大県・安宿郡と讃岐国―」（『河内古文化研究論集』和泉書院）
藤井雄三 1981「第Ⅱ調査区」（『屋島城跡』高松市教育委員会）
藤沢一夫 1973「河内田辺廃寺の屋瓦」（『大阪府文化財調査概要　1971年度』財団法人大阪文化財センター）
藤沢一夫 1976「安宿大寺の端丸瓦」（『玉手山遺跡の検討―推定河内国安宿戸郡郡衙遺跡―』古代を考える会）
松浦正一・和田正夫 1953『新修香川県史』香川県教育委員会
松尾忠幸 1985『特別史跡讃岐国分寺跡　昭和59年度発掘調査概報』国分寺町教育委員会
松尾忠幸 1987『特別史跡讃岐国分寺跡　昭和61年度発掘調査概報』国分寺町教育委員会
松尾忠幸ほか 1986『特別史跡讃岐国分寺跡　昭和60年度発掘調査概報』国分寺町教育委員会
松尾忠幸ほか 1996『特別史跡讃岐国分寺跡保存整備事業報告書』国分寺町教育委員会
松田重治 2004「秦泉寺廃寺出土の軒瓦―様式の共有に見る同族意識―」（『秦泉寺廃寺（第6次調査）』高知市文化財調査報告書27、高知市教育委員会）
松原秀明編 1981『日本名所風俗図絵　14　四国の巻』角川書店
松本和彦 2005「さぬき市津田町大山遺跡の中世墓とその周辺」（『中世讃岐の石の世界』石造物研究会第6回研究

会資料、石造文化研究会）
松本忠幸 2009「出土瓦から見た讃岐国分寺の創建」（『佛教藝術』303、毎日新聞社）
松本豊胤 1968『香川県陶邑古窯跡群調査報告』香川県教育委員会
三木町史編集委員会 1988『三木町史』三木町
溝渕茂樹 1974「扁行忍冬唐草文軒平瓦　石井廃寺跡出土」（『古瓦百選―讃岐の古瓦―』美巧社）
森　格也 2007『空港跡地整備事業に伴う埋蔵文化財発掘調査報告　第9冊（県立図書館・文書館整備事業）空港跡地遺跡』Ⅸ、香川県教育委員会
毛利光俊彦 1991「軒丸瓦の変遷」（『平城宮発掘調査報告』ⅩⅢ、奈良国立文化財研究所学報、第50冊、奈良国立文化財研究所）
安田和文・大砂古直生 1983『十瓶山西2号窯・大師堂池1号窯―香川県住宅供給公社による宅地造成に伴う埋蔵文化財発掘調査―』綾南町教育委員会
山崎信二 1995「藤原宮造瓦と藤原宮の時期の各地の造瓦」（『文化財論叢』Ⅱ、同朋社出版）
山元敏裕 2003「千軒堂・屋島寺について」（『史跡天然記念物屋島―史跡天然記念物屋島基礎調査事業調査報告書Ⅰ―』高松市埋蔵文化財調査報告62、高松市教育委員会）
山元敏裕ほか 2003『史跡天然記念物屋島―史跡天然記念物屋島基礎調査事業調査報告書Ⅰ―』（高松市埋蔵文化財調査報告62、高松市教育委員会）
渡部明夫 1980「讃岐国の須恵器生産について」（『鏡山猛先生古稀記念古文化論攷』鏡山猛先生古稀記念論文集刊行会）
渡部明夫 2006「讃岐国分寺跡出土軒丸瓦の編年―子葉間に仕切り線をもたない複弁蓮華文軒丸瓦の編年について―」（『香川県埋蔵文化財センター研究紀要』Ⅱ、香川県埋蔵文化財センター）
渡部明夫・森　格也・古野徳久 1997「打越窯跡出土須恵器について」（『財団法人香川県埋蔵文化財調査センター研究紀要』Ⅴ、財団法人香川県埋蔵文化財調査センター）
渡部明夫ほか 2009『宗吉瓦窯跡調査・保存整備報告』（『三豊市埋蔵文化財調査報告』1、三豊市教育委員会）
渡邉淳子 2003「野田院跡の丸・平瓦」（『続文化財学論集』文化財学論集刊行会）

第6章　讃岐国分寺・国分尼寺の立地と環境

第1節　讃岐国分寺・国分尼寺の寺域の設定について

1. 研究の現状

　讃岐国分寺は東西220m、南北240mの寺域をもち（松尾ほか 1996）、国分尼寺の寺域は東西1町半（大山 1983）と想定されている。また、国分寺の伽藍が寺域西側に片寄ることは以前から注目されていた。こうした寺域や伽藍はそれぞれ独自の基準で設定したのか、それとも統一的な基準で設定したのかは、両寺の造営事業を考えるにあたって大きな問題である。ここでは讃岐国分寺・国分尼寺の寺域や伽藍がどのようにして設定されたのかについて、これまでの研究によりながら、研究の現状と予察を述べておきたい。

　讃岐国分寺の寺域や伽藍配置が770年代から780年代に行われた再整備によって最終的に確定し、国分尼寺もやや遅れて造営されていることから、香川では760年前後に完成したとされる条里プラン（金田 1988）との関係を検討する必要がある。

　高松市国分寺町一帯の条里プランについては金田章裕氏・上杉和央氏（上杉 2005）によって復元が試みられている。これによると、本津川沿いと平野北部にほぼ東西－南北方向の1町を単位とする現在の条里地割が分布している。しかし、欠落しているところもあり、里界線や坪並もわかっていない。また、発掘調査も実施されていないため、こうした復元条里は、現在の条里地割からの推定である。

　讃岐国分寺・国分尼寺は現在の条里地割に隣接した位置に造営されているが、讃岐国分寺の寺域と条里の関係に最初に注目したのは木下晴一氏である。木下氏は、平成9年に、讃岐国分寺跡の東南側に遺存する条里型地割を延伸すると1町方格の阡陌線と寺域の四至がほぼ合致するので、国分寺の造営と条里型地割の間には関連があるとした。また、西側を流れる野間川は寺域の西側のみ寺域西限と1町の間隔で阡陌線に沿って固定されているとして、寺域とその西側1町を含む東西3町が広い意味での寺域であったとしている（木下 1997）。木下氏は検討の詳細を述べていないが、讃岐国分寺の寺域と条里の関係に関する先駆的研究として注目される。

　次いで木下良氏は、平成13年に発表した「国分寺と条里」（木下 2001）において、昭和37年撮影の航空写真を用い、僧寺の寺域の南北方位は5°程度西偏するが、平野部の条里方格を延長すればほぼその方2町域に収まり、国分尼寺は現指定地の西辺の内側にある南北線[1]と指定地東辺をとれば周辺の地割に対応するとして、一応、讃岐国分寺・国分尼寺の地割方位は条里に合っているとした。

　その後、平成17年に上杉和央氏は、南海道の推定地とした条里地割線（図118-A－B）から国

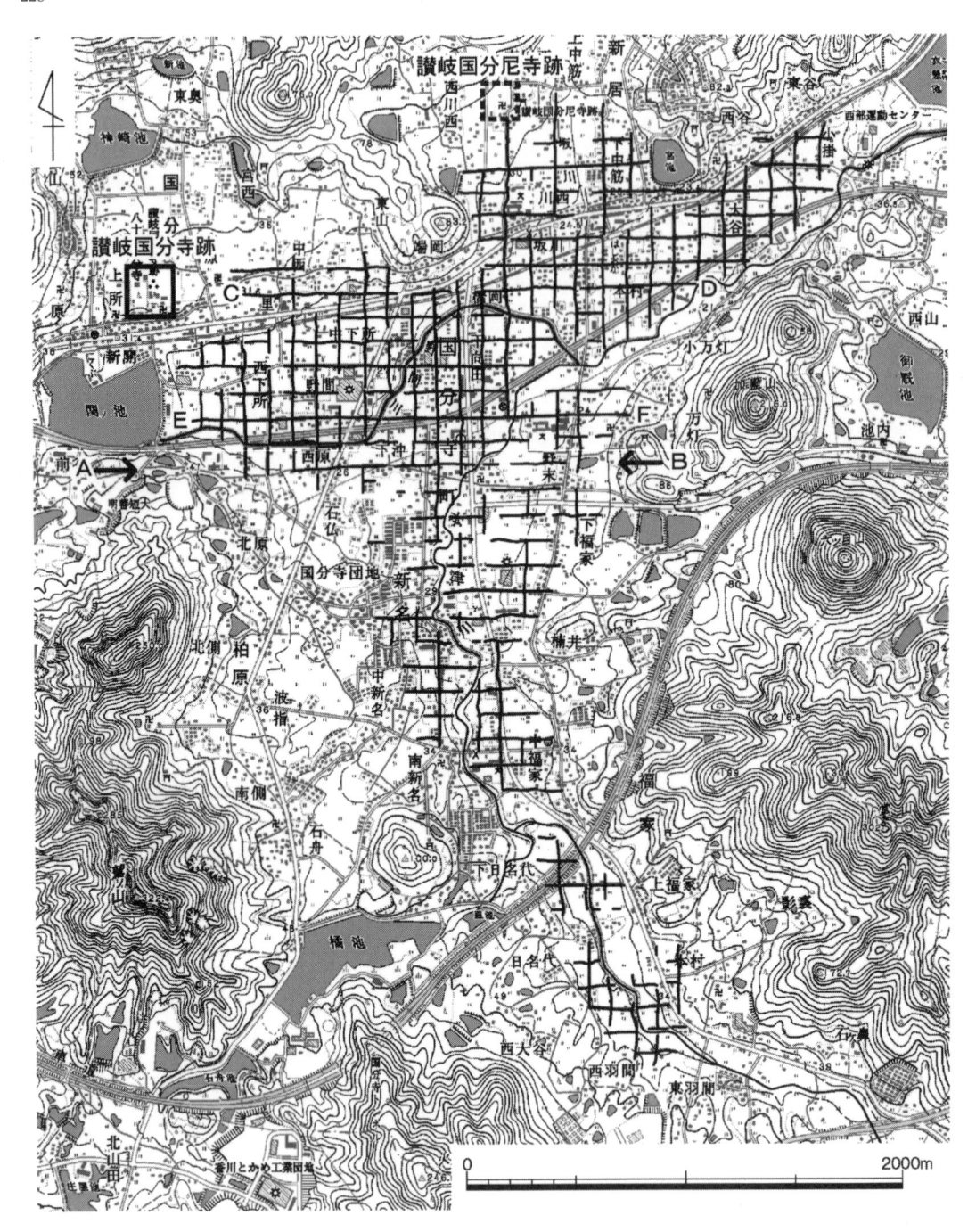

図118 讃岐国分寺跡・国分尼寺跡周辺の条里地割

分寺の寺域南側までの距離が6町であり、国分寺の寺域選定にあたり、すでにあった古代南海道からの距離が考慮された可能性は少なくないとした（上杉 2005）。

さらに、渡邊誠氏は、井口梓氏が明治期の端岡村大字国分字上所の地籍図から作成した国分寺周辺の土地利用図に、国分寺跡東西の南北方向の築地塀から北に延びる地割線があることに注目して、条里と国分寺々域の関係に注目している（渡邊 2007）。

以上の研究にもとづき、ここで改めて讃岐国分寺跡・国分尼寺跡と条里の関係を検討するが、先述したように現在の条里地割をもととしていることから基準線の選定、設定に不確実な部分を含むことを断っておきたい。

2. 讃岐国分寺・国分尼寺の寺域の設定に関する予察

讃岐国分寺は東西220m、南北240mの寺域をもつことが明らかにされているが、この周囲には条里型地割が残っていない。一方、国分尼寺では条里型地割を示す南北道路が史跡指定地南端まで延びているので、これから推定される条里線を用いて条里との関係をみることにしよう。国分尼寺は大山真充氏によって東西1.5町の寺域が想定されている（大山 1983）が、改めて1/2,500の地図[2]で条里との関係をみると、この南北道路から推定される条里線を北に延長すると、史跡指定地の南部では、この線から西へ約97m（約0.89町）で昭和57年度に検出された国分尼寺の西限大溝[3]の中心となり、東へ約65mで指定地の東辺となる。史跡指定地の東辺は地境が比較的直線的に南北に延び、国分尼寺の寺域の東限をなす可能性が高く、西限大溝から指定地東端までの距離約162mは約1.49町となり、ほぼ1.5町である。このように、推定西限大溝と史跡指定地東辺は約1町半となって、推定条里線と推定寺域の東西とは一致しないものの、比較的近いことから、条里線に準拠して国分尼寺の東西の寺域が決定された可能性も排除できない。寺域の南北については、現在のところ推定できる材料が見当たらない。

一方、国分尼寺跡の指定地南端から南に延びる推定条里線を、約690m（約6.33町）南にたどると、条里遺構とされる東西の道路・地割線（図118C－D）があり、これを西に延長すると約1,540m（約14.13町）で讃岐国分寺の東限大溝の中心となる。

また、讃岐国分寺の南辺中央部では、上記の推定東西条里線から約110m南で東西の現道の北肩にあたり、讃岐国分寺の寺域南端に近いことから、上杉和央氏の主張（上杉 2005）のとおり、讃岐国分寺の寺域南端が推定条里線に合致している可能性が考えられる。

上杉和央氏の想定した南海道推定線は地割の遺存状態があまり良好でないため、その約2町北にある推定東西条里線（E－F）で確認すると、この推定東西条里線は、国分尼寺の指定地南端から南に延びる南北の推定条里線上では、上記（C－D）の推定東西条里線から約555m（約5.09町）南を東西に通るが、これを西に延長すると、讃岐国分寺の東限大溝の延長線まで約1,534m（約14.07町）、讃岐国分寺の中央部で、C－D線との間が約532.5m（約4.89町）となり、推定条里坪界線と一致しないものの、比較的近い。

以上のように、讃岐国分寺・国分尼寺の寺域は、現在の道路・地割から想定される条里プランと一致しないが、差は比較的小さく、両者は近似するともいえる。したがって、現状では明確な判断

ができないが、高松市国分寺町一帯に施行された条里にもとづいて両寺の寺域が設定された可能性は考えておく必要がある。

　今後、この問題を解明するためには、まず国分尼寺の寺域を確定し、讃岐国分寺と国分尼寺の寺域の関係、両寺域と現地割から復元された条里プランとの関係を検討するとともに、発掘調査によって奈良時代の条里遺構を検出したうえで、最終的な結論をえる必要がある。なによりもまず、讃岐国分尼寺の寺域の確定が望まれる。

　一方、讃岐国分寺跡の西には野間川までの間に平坦地が広がるが、1町を画する南北線は野間川の西側を通り、約95m（約0.87町）しかとれないこと、さらに、讃岐国分寺跡の寺域と野間川の間は現地表面が0.4〜0.5m低く、古代においても同様の地形であれば、野間川の増水時に寺域の西端部が被害にあうことを恐れるとともに、寺院の立地としてよりふさわしい高燥な土地に伽藍を配置するため、野間川東沿いの低地を避け、わずかに高い東側の土地に寺域を確保したものと推定される。

　しかし、讃岐国分寺では寺域の西側1/4を画する南北線を伽藍の中軸線とし、主要堂塔が寺域の西側に片寄って配置されているが、発掘調査の結果からみると、寺域の中で伽藍中軸線付近がとくに高いともいえないようである。したがって、地形的理由によって主要伽藍を寺域西側に寄せたとは考えられない。

　一方、讃岐国分寺の伽藍中枢部から白鳳期の八葉単弁蓮華文軒丸瓦SKM26や8世紀中頃以前の可能性のある十葉単弁蓮華文軒丸瓦SKM23が出土するとともに、讃岐国分寺跡出土とされる8世紀前半の変形偏行唐草文軒平瓦（図62）が存在することから、これらが讃岐国分寺に先行する寺院に用いられた可能性と先行讃岐国分寺に周辺寺院の古い瓦が再利用された可能性が考えられる。

　現在のところ、後者の可能性が高いのではないかと想像しているが、いずれにせよ、再整備された讃岐国分寺が、先行する施設に影響されてその地に整備され、条里にもとづいて寺域が決定されたため、現在確認されるような伽藍配置となったのではないかと想像している。

　このようにして、讃岐国分寺は現在の位置に造営されたのであるが、結果的に東側に広い空間をもつ配置となっており、そこが菜園・薬草園、臨時的工房などのスペースとして用いられたであろうことは想像に難くない。

第2節　讃岐国分寺・国分尼寺の環境と景観

1. 国分寺地域の地理的環境

　讃岐国分寺・国分尼寺は高松市国分寺町に所在する。国分寺町は香川県のほぼ中央に位置し、平成18年1月10日の合併により高松市に編入されるまでは、綾歌郡国分寺町であった。

　高松市国分寺町の東北部には新居の地名があり、ここに国分尼寺跡があるが、『和名類聚抄』に讃岐国阿野郡の郷として「新居」が記載されている。したがって、国分尼寺周辺は古代には阿野郡に属していた。古代の阿野郡は、はっきりしない島嶼部を除くと、現在の高松市国分寺町のほ

か、大束川流域を除く坂出市、綾川町の地域で、主として綾川の流域に当たる。阿野郡には讃岐国府が置かれ、讃岐国の中心地域であった。国分寺・国分尼寺のある高松市国分寺町は、古代阿野郡の東北部に当たり、東は香川郡に接していた。

　国分寺町の町域は東西南北を山で囲まれた小さな盆地状をなす。すなわち、東は堂山から伽藍山まで北に延びる山塊に、西は鷲ノ山山塊に、北は五色台丘陵に、南は火ノ山に囲まれている。町域の中央部には本津川が北流し、北の五色台丘陵から南に流れた野間川が平地北部で東に流れて本津川と合流しており、この河川沿いに平地が広がる。小さいながらも、まとまった地域を形成している。

　また、この平地の東北部は本津川沿いの狭い平地によって東の高松平野と通じ、西は狭い谷部を介して坂出の平野部と通じている。平地南西部の浅い谷部を利用すると、綾川町陶に出ることもできる。

　一方、平地北部を東流する野間川のやや南には南海道が東西に通ると想定されている（上杉 2005）。南海道の東は伽藍山と六ツ目山の間の唐渡峠を越えて高松平野に通じ、西は綾坂を越えると讃岐国府につながる。国分寺・国分尼寺とも南海道のやや北に造営されているが、直線距離では国分寺から国府まで西南西約2.5kmであり、国分寺から方向を逆にとると、東北東約2kmに国分尼寺がある。平野部北部によく残る条里地割からみれば、南海道と国分寺の距離は6町（1里）、国分尼寺とは13町ほど離れていると考えられる。

　このように、讃岐国分寺・国分尼寺は讃岐国府に近接するとともに、交通・輸送に便利な幹線道路の近くに用地が求められたことがわかる。

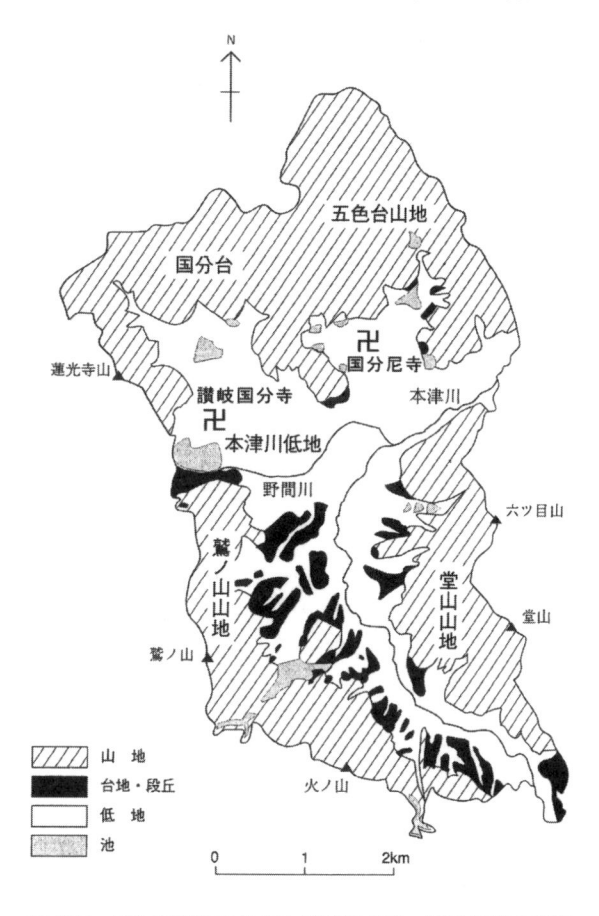

図119　国分寺町域の地形と讃岐国分寺・国分尼寺の位置

2．讃岐国分寺・国分尼寺の歴史的環境

　高松市国分寺町の地域では、古墳時代以降、讃岐国分寺・国分尼寺の造営までの顕著な遺跡はあまり知られていない。

　古墳時代前期には、盆地東部の尾根上に国分寺六ツ目古墳が築造される。国分寺六ツ目古墳は全長21.4mと小型ながら、前方後円墳である（森下ほか 1997）[4]。後円部から竪穴式石槨1・粘土槨

1・箱式石棺1が発見され、竪穴式石槨から鉄剣1・鉄刀1・刀子1・鉄斧1・やりがんな1が出土し、竪穴式石槨の西側小口部の下に埋置された土師器壺は布留Ⅰ式期とされている。

　国分寺六ツ目古墳に続き、南端部にあたる本津川東岸の尾根上に本村古墳が築造される（蔵本2005）。採土工事での発見による調査で写真が残されており、各1基の竪穴式石槨と箱式石棺をもつ古墳であるとすることができる。石棺は移築されており、これには方柱状ないし板状に加工された鷲ノ山産の凝灰岩が使用されている。鷲ノ山産の加工された凝灰岩が箱式石棺に用いられるのは珍しいが、香川では4世紀後半頃に鷲ノ山産の凝灰岩を用いて刳抜式石棺を製作しているので、本村古墳も4世紀に築造された可能性が高いものと考えられる。

　このように、国分寺地域では、古墳時代前期でも比較的早く前方後円墳を築造し、後続する前期古墳もみられるが、その後順調な古墳の築造は確認できていない。現在のところ、5世紀～6世紀中頃までの古墳は発見されておらず、首長権力が安定して成長していなかったことを示している。

　6世紀末～7世紀前半頃になると、この地域でも横穴式石室をもつ円墳が築造される。北部の丘陵上などに橋岡山古墳・東川西古墳が築造され、東部の丘陵にも楠井1号墳があり、南東端部には石ヶ鼻古墳群が築造されるほか、西部の丘陵にも同時期の古墳の存在が想定されている（蔵本2005）。石ヶ鼻古墳群は現在2基しか残っていないが、もとは多数の古墳があったと伝えられており、いわゆる後期群集墳であった。

　しかし、石ヶ鼻古墳群を除くと、この地域の後期古墳は単独で築造され、いずれも小規模な古墳であり、地域首長の古墳とみられる、大型の横穴式石室をもつ規模の大きな円墳は発見されていない。この点は、この地域に隣接する地域、すなわち高松市鬼無町、坂出平野奥部と大きく異なっている。

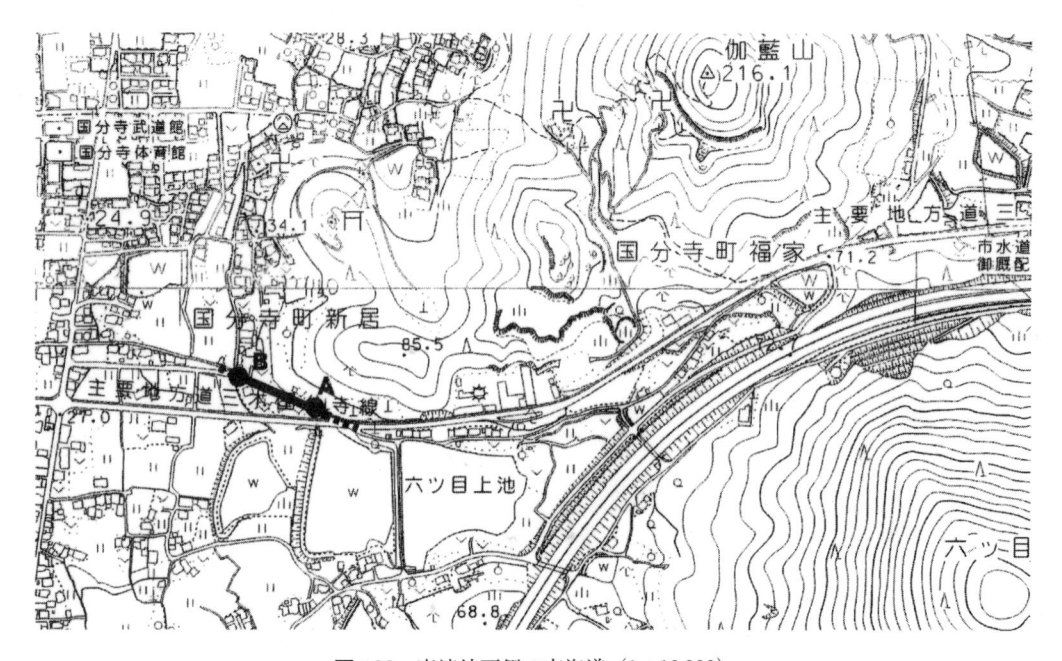

図120　唐渡峠西側の南海道（1：10,000）

高松市鬼無町では、山野塚古墳・古宮古墳・鬼無大塚古墳・平木1号墳など、長さ5m以上の玄室をもつ大型横穴式石室を内部主体とする円墳が7世紀前半を中心に相次いで築造され、この地域の首長墓と考えられている（川畑・末光 2005）。

　また、坂出平野奥部でも讃岐国府周辺に、大型横穴式石室をもつ新宮古墳・穴薬師（綾織塚）古墳・醍醐古墳群がほぼ同時期に築造されており、安定した地域権力が存在したことを物語っている（渡部 1998）。

　これに対して国分寺地域では後期古墳の数も少なく、大型横穴式石室をもつ古墳に代表される地域首長墓が確認できない。東西に隣接する地域の緩衝地帯の様相を示しているようである。この地域では、5世紀以来の地域首長権力の不在が、7世紀前半頃においても継続していたと考えられる。

　7世紀後半～8世紀についても、四国横断自動車道の建設に伴う発掘調査で、国分寺下日名代遺跡から古代の帯である石帯の巡方や須恵質の円面硯などが出土している（古野 1999）ものの、現在のところ顕著な遺跡は発見されていない。国分寺・国分尼寺の創建以前においては、この地域は、強力な地域権力の拠点や大規模な施設などをもたなかったようである。

　讃岐国分寺・国分尼寺はこうした地域に造営されている。天平13（741）年の国分寺建立の詔では、「其造塔寺。兼為国華。必択好処。実可長久。近人則不欲薫臭所及。遠人則不欲労衆帰集。」とあって、国分寺の造営にあたって、それにふさわしい環境にも配慮するよう求めている。讃岐国分寺・国分尼寺は讃岐国府に近く、南海道にも近くて往来に便利な場所であるだけでなく、前代の地域権力の系譜を引く郡司などの利害や影響をできる限り排除することが可能な土地に整備したものと考えることができよう。

3. 讃岐国分寺・国分尼寺の景観

　国分寺地域の平地の北端部は、北の五色台丘陵から南に派生した三つの丘陵によって東西に二つに区分され、それぞれの区画された平地に国分寺・国分尼寺が造営されている。

　それぞれが北と東西を丘陵で囲まれた二つの平地のうち、国分寺は西側の平地の南西端付近にあり、国分尼寺は東側の平地の中央やや奥まったところに位置している。国分寺、国分尼寺とも、北に山を背負い、東西を丘陵に限られ、南に開ける土地に造営されているのである。しかも、両者は標高35m前後のほぼ同じ高さに揃えて建設されている。

　国分寺・国分尼寺とも、五色台丘陵の山裾の、南に下る緩斜面に位置することから、その南を東流する野間川付近より5m前後高い。また、国分寺のある平地は前面で幅が約1.5km、国分尼寺のある平地は前面で幅が1km弱あり、寺院の配置に地形上の窮屈さは感じられない。

　前述したように、国分寺・国分尼寺の創建当時には付近に顕著な施設は存在していなかったと考えられることから、南からは、国分寺の七重塔をはじめとして、国分寺・国分尼寺の伽藍がそびえ、左右や背後の一部に付属施設を伴う寺の景観を望むことができたと考えられる。

　また、当時の南海道は野間川のやや南を東西に走っていたと考えられており、街道を往来する人々も、山懐に抱かれたような国分寺・国分尼寺の美しい景観をみることができたと考えられる。

　続日本紀の「其造塔寺。兼為国華。必択好処。」とは、国分寺が景観としてみられる対象であり、

景観としての国分寺であることを前提として造営することを指示したものと考えることができる。

　景観としての国分寺・国分尼寺の造営をめざすとなると、国分寺・国分尼寺が不特定多数の人びとから容易に見ることができる場所を選ぶ必要がある。前述したように、この地域は人口が特に多い地域ではなく、また、多くの人びとが集まる施設も確認されていないので、多くの人びとが国分寺・国分尼寺を自由に、あるいは自然にみることができるのは南海道以外には考えられない。つまり、讃岐国分寺・国分尼寺が景観を意識して造営されたとすれば、南海道からの景観を考慮して造営されたと考えられるのである。

　この地域の南海道については、前述したように上杉和央氏によって讃岐国分寺の寺域南端から6町南の条里に沿って東西に走ると想定されている（上杉 2005）。讃岐国分寺・国分尼寺は南海道より標高が高いことから、南海道を通行する人びとは景観としての国分寺・国分尼寺を容易に眺めることができたであろう。

　ところで、当時の南海道は高松平野を横断し、北の伽（加）藍山と南の六ツ目山との間の唐渡峠を越えて国分寺の平野部を西に抜ける。現在、唐渡峠を東西に越えるのは県道12号線であるが、この道路は唐渡峠の西側斜面の下部から平野部にかけて、想定南海道の約1町半南を西進し、県道32号線に接続している。したがって、南海道が唐渡峠を越えると、県道12号線から分かれて約1町半北に進み、条里に沿った南海道に入る必要がある。

　現状でこれを満足するルートは、唐渡峠の西側斜面下部で県道12号線と西北西－東南東方向に交差する道路である（図120）。県道12号線から西北西にこの道路に入ると、多くの建物に混じって高松市役所国分寺支所（旧国分寺町役場）の右側に現国分寺の旧大師堂の屋根が道路の真正面、しかも五色台山塊の南西端部に位置する蓮光寺山の真下に確認できる。さらに坂道を50mほど下ると、伽（加）藍山の斜面で隠されていた北（右）側の視界が突然開き、国分寺北部小学校の右に、多くの建物に混じって、国分尼寺の寺域中央部に位置する現法華寺の屋根がわずかに確認できる。

　現状では多くの建物が立て込んで、両者とも肉眼では確認しづらいが、国分寺・国分尼寺の創建時には視界を遮るものもほとんどなく、容易に眺めることができたと思われる。さらに、道路の真正面に、しかも蓮光寺山の真下に国分寺を眺め、突然開いた北側の視野に国分尼寺を眺めることができるという特別の景観は、このルートを南海道が通っていたことを強く示唆するとともに、国分寺がそうした景観を意識して、造営位置が決定されたことを物語るものと思われる。

　しかしながら、国分寺を景観としてみたとしても、みる人の立場、状況によって、感じ方は様々であろうが、以下では讃岐国庁の下級官人が都での用務を終え、帰庁間近の帰路でみた讃岐国分寺・国分尼寺を想像しながら、両寺院の景観を復元してみることにしよう。

　都から讃岐国府への帰路を急ぎ、高松平野を横断した南海道が六ツ目山の北で唐渡峠にさしかかる。峠を登り切ると眼前に幅2kmほどの狭い国分寺地域の平地が広がる。これを横断し、その向こうの低い峠を越えれば讃岐国府である。唐渡峠の坂道を下り、平地が近づくと、道路の真正面に七重塔がひときわ高くそびえる国分寺の伽藍がまず目に映る。しかも、国分寺は五色台丘陵の南西端部に位置する蓮光寺山を背景に、その山頂の真下にあたる位置に見えることから、あたかも蓮光

寺山に護られているように感じられる[5]。国分寺を眺めながら峠をさらに下ると、すぐに北（右）側の視界が開け、山懐に抱かれたような国分尼寺も現れる。国分寺と国分尼寺がほぼ同じ高さの土地に造営されているのは、双方を見比べることのできる景観を考慮した結果であろう。国分寺・国分尼寺を眺めながら平地を西に進むと、国分寺が徐々に近づき、やがて正面間近から南大門の赤い柱、大きな屋根、ひときわ高い七重塔や築地塀越しの金堂の屋根などを見ることができる。国分寺、国分尼寺とも後ろに山を背負い、灰色の大きな屋根と赤い柱が周囲の緑に映え、雄大で美しい景観をなしていたであろう。国分寺を過ぎれば国庁まで一息である。都での用務を終えた人々は、こうした美しい景観を見ながら、改めて長い旅路の終わりを感じ、身の無事を感謝したのであろう。

このように、讃岐国分寺・国分尼寺は立地、環境の良さからみて、景観においても、『続日本紀』にいう「好処」を選んで造営されたというべきであろう。

第3節　小　結

第6章では、讃岐国分寺・国分尼寺の立地と環境の問題を取り上げた。

第1節では、讃岐国分寺・国分尼寺の寺域と高松市国分寺町域の条里との関係を検討した。国分寺町域にはほぼ東西－南北方向の条里型地割が残っているが、国分寺・国分尼寺の周囲には条里型地割がほとんどみられない。しかし、国分尼寺では条里遺構とみられる道路が史跡指定地南端まで延びているので、この南北道路から推定される条里線を基準として国分尼寺・国分寺の寺域と条里の関係を考えてみた。

それによると、国分尼寺の寺域はこの南北の推定条里線から西限大溝と考えられている南北溝の中心まで約97m（約0.89町）、寺域東端の可能性が高いとされている史跡指定地東端まで約65m（約0.6町）となる。現在のところ、国分尼寺の寺域の南北については推定できる根拠がない。

一方、この南北の推定条里線の、国分尼寺の史跡指定地南端から約690m（約6.33町）南にある東西の推定条里線を西に延長すると、約1,540m（約14.13町）西に讃岐国分寺の東限大溝の中心が位置する。さらに、この東西の推定条里線の約555m（約5.09町）南にある推定東西条里線を西に延長すると、讃岐国分寺の東限大溝の延長線との交点までが約1,534m、（約14.07町）、前述の推定東西条里線との間が約532.5m（約4.89町）となる。

このように、讃岐国分寺・国分尼寺の寺域は、推定条里線とは一致しないものの比較的近いこと、方位もほぼ一致すること、国分寺の寺域南端が推定条里線に合致するという上杉和央氏の指摘などから、国分寺町域の条里にもとづいて一体的に設定された可能性があり、今後の調査で明らかにしてゆく必要がある。

第2節では讃岐国分寺・国分尼寺の環境と景観を検討した。

讃岐国分寺・国分尼寺は小規模な盆地状をなす平野の北端に立地するが、この平野部と周辺の丘陵部では、古墳時代初頭に小規模な前方後円墳が築造されるものの、5世紀から7世紀前半には地

域首長の墳墓と見なすことができる大型古墳が認められない。このことは、西の坂出平野奥部や東の高松市鬼無地域と大きく異なり、両地域の緩衝地帯のような様相を示している。また、7世紀後半から8世紀前半においても大規模な遺跡・遺構は発見されていない。したがって、ここでは国分寺・国分尼寺の造営以前には、強力な地域権力の拠点や大規模な施設などが存在しなかったと考えることができる。

讃岐国分寺・国分尼寺がそうした地域に造営されたのは、讃岐国府に近く、南海道が近くを通って交通にも便利であるとともに、創建にあたって、豪族などの利害や影響をできるだけ排除することが可能であったことによると考えることができる。

一方、国分寺造営の詔によれば、創建にあたっては景観にも配慮していたことが窺える。景観として国分寺・国分尼寺を見る場合、当然不特定多数の人びとが見ることになるが、そうした場所として最もふさわしいのは当時の南海道であろう。南海道は高松平野を横断し、伽（加）藍山と六ツ目山との間の唐渡峠を越えて国分寺の平野部を西に抜けるが、上杉和央氏によって国分寺の平野部でのルートも想定されている。現在、唐渡峠を東西に越えるのは県道12号線であるが、この道路は平地部では想定南海道の1町半ほど南に出ることから、唐渡峠の西側斜面下部で県道12号線に斜めに交差する道路が南海道と考えられる。

県道12号線から西北西にこの道路を下ると、讃岐国分寺が道路の真正面に、しかも蓮光寺山頂上の真下に見えはじめるとともに、さらに少し下ると伽（加）藍山の斜面で隠されていた北（右）側の視界が突然開き、国分尼寺が姿を現す。このことから、讃岐国分寺・国分尼寺は、印象的な景観を演出することも目的として、造営の場所を決定したと考えることができる。

註
(1) この南北線は指定地内をとおる現道路であるが、昭和57年度の発掘調査によって、この道路の西側から寺域の西限大溝とみられる大溝が検出され、国分尼寺の施設等とは無関係であることが明らかになっている。
(2) 平成5年国際航業株式会社作成の国分寺町全図全図を用いた。
(3) ただし、高松市教育委員会の平成19年度の発掘調査では、金堂跡とされている現法華寺の西に当たる地点ではこの溝の延長部が検出されなかった。しかしながら、当該部には西門などの施設によって溝が迂回されてた可能性などもあり、本論では西限大溝と考えておく。
(4) 国分寺六ツ目古墳の全長については、20.2mとする見方もある（蔵本 2005）。
(5) 讃岐国分寺の立地場所を選定するに当って、当時の山岳信仰が取り入れられたことを示すものであろう。また、ここで述べるように、唐渡峠下の南海道から讃岐国分寺が真正面に見えるとともに、国分寺への視野が瞬時に開かれ、国分寺と国分尼寺がほぼ同じ高さに見えるのは、南海道からの景観、特に都から讃岐国府に来た場合の景観に大きな注意が払われて両寺が造営された結果であろう。

引用・参考文献
上杉和央2005「南海道と条里地割」（『さぬき国分寺町誌』国分寺町）
大山真充1983『史跡讃岐国分尼寺跡第2次調査報告』香川県教育委員会
金田章裕1988「条里と村落生活」（『香川県史　1　原始・古代』香川県）
川畑　聰・末光甲正2005『市道山口1号線道路改良工事に伴う埋蔵文化財発掘調査報告書　神高古墳群－神高池北西古墳－』高松市埋蔵文化財調査報告書82集　高松市教育委員会
木下晴一1997「讃岐国分寺跡」（『空から見た古代遺跡と条里』大明堂）

木下　良 2001「国分寺と条里」(『古代』110　早稲田大学考古学会)
蔵本晋司 2005「古墳時代」(『さぬき国分寺町誌』国分寺町)
古野徳久 1999『四国横断自動車道建設に伴う埋蔵文化財発掘調査報告　第31冊　国分寺下日名代遺跡』香川県教育委員会・財団法人香川県埋蔵文化財調査センター・日本道路公団
松尾忠幸ほか 1996『特別史跡讃岐国分寺跡保存整備事業報告書』国分寺町教育委員会
森下英治ほか 1997『四国横断自動車道建設に伴う埋蔵文化財調査報告　28　国分寺六ツ目古墳』香川県教育委員会・財団法人香川県埋蔵文化財調査センター・日本道路公団
渡部明夫 1998「考古学からみた古代の綾氏(1)－綾氏の出自と性格及び支配領域をめぐって－」(『財団法人香川県埋蔵文化財調査センター研究紀要』Ⅵ　財団法人香川県埋蔵文化財調査センターほか)
渡邊　誠 2007「35次調査で確認された掘立柱建物跡SB01から派生する問題～寺域周辺の土地利用のあり方について～」(『特別史跡讃岐国分寺跡－第16～21・25～35次調査－・如意輪寺窯跡・国分中西遺跡・兎子山遺跡』高松市埋蔵文化財調査報告　102)

結　論 ―考古学からみた讃岐国分寺の意義―

　考古資料を歴史資料として扱うためには、出土した資料の編年・年代比定が最も基礎的でかつ重要な作業である。とくに、歴史考古学では、実年代の決定が不可欠な作業となる。

　考古学では、相対年代を決定するために、遺物包含層の上下関係や遺構の切り合いによる前後関係、型式の新旧関係などから、まず資料の編年作業を行い、その上で、文献や紀年資料などによって一部の資料の実年代を決定し、全体についておおよその年代を想定するのが一般的である。

　ところが、国分寺町教育委員会による讃岐国分寺跡の発掘調査においては、出土軒瓦の編年と実年代の比定が不十分であった。

　均整唐草文軒平瓦SKH01についてみると、国分寺町教育委員会の報文では、これをA～Dに細分し、A→B→C→Dへと変化したと考え、A・B・Cは讃岐国分寺の創建期に用いられたとしている。また、讃岐国分寺の完成時期については、聖武天皇の一周忌の斎会を飾るため、讃岐国など26国に灌頂幡・道場幡・緋綱を下し、使用後は金光明寺（国分僧寺）に収めるよう指示した『続日本紀』天平勝宝8（756）歳12月20日条などによって、760年頃と想定している。

　一方、この型式の軒平瓦は国分尼寺跡からも出土している。国分尼寺跡ではKB201A（SKH01C）・KB201B（SKH01B）・KB202・KB203と呼ばれており、国分尼寺の創建を考える上でも重要な瓦である。

　そこで、国分尼寺のみで用いられた2種（KB202・203）を加えて全体を型式編年すると、唐草文や外区文様の変化からSKH01A→KB202→SKH01C（KB201A）→SKH01B（KB201B）→KB203→SKH01Dへと変化することが明らかになった。

　また、SKH01は東大寺式軒平瓦の中心飾をもつことを特徴としている。東大寺式軒平瓦は東大寺のみならず、平城宮跡や西大寺をはじめとした奈良の多くの寺院で広く用いられているのに対して、香川では讃岐国分寺・国分尼寺で用いられ、後に少数の寺院などでごく少量が用いられていることから、讃岐国分寺・国分尼寺の建立に際して採用され、基本的には両寺院の所用瓦として生産されたと考えることができる。

　SKH01で最も古く編年されるSKH01Aの中心飾を奈良の東大寺式軒平瓦の中心飾と比較すると、SKH01Aでは、対葉花文が大きく発達するとともに、先端が大きく離れること、三葉文の左右の葉が外彎しないことなどから、6732G・E・J・U・Fa・Fbなど初期の東大寺式軒平瓦や平城宮系の6732A・C・Oまでさかのぼらせることはできず、三葉文の左右の葉が直線的に開き、唐草文の先端が円形にふくらむ6732N、対葉花文の外側に置かれた、先端が外側に巻く支葉の足が比較的長い6732Hなどに類似するとともに、SKH01の背向する蕨手2葉の下に置かれた三葉状支葉は、西大寺出土6730Aに由来することも明らかになった。6732N・H・6730Aなどはいずれも神護景雲年間（767～769年）に比定されていることから、SKH01Aは神護景雲年間以降、おそらく770年前後に比定することが妥当と考えられるのである。

一方、SKH01B（KB201B）は対葉花文の足が長く伸び、KB203は長く伸びた対葉花文の足が中心葉つながることを特徴とするが、こうした特徴は延暦3（784）年前後に比定される6732Zbや6733A・Bに認められることから、SKH01B（KB201B）・KB203は延暦3（784）年頃ないしそれ以降に比定することができる。

これらの軒平瓦が国分寺町教育委員会の発掘調査で確認された大規模な伽藍に伴うことは明らかであることから、整備された大規模な伽藍をもつ讃岐国分寺は770年頃から整備がはじまったと考えざるをえない。

それでは『続日本紀』天平勝宝8（756）歳12月20日条の記載と770年頃から整備がはじまったと考えられる大規模な伽藍をもつ讃岐国分寺との関係はどのように考えられるのであろうか。

ここで注目されるのは、讃岐国分寺跡では国分寺建立以前ではないかとも考えられてきた軒瓦が出土していることである。十葉単弁蓮華文軒丸瓦SKM23・八葉単弁蓮華文軒丸瓦SKM24A・24Bは奈良時代後期以降とする説がある一方、白鳳期、あるいは国分寺建立以前にさかのぼる可能性が指摘されてきた。

SKM23は各蓮弁の中房寄りに珠文をもつ類例に乏しい軒丸瓦であるが、香川では7世紀第3四半期の須恵器と共伴した高松市宝寿寺跡HZ101Bにも同様の珠文が認められることから、現在のところSKM23は讃岐国分寺建立以前にさかのぼる可能性を否定することはできない。

また、剣先形の蓮弁をもつSKH24A・24Bは、宝寿寺跡HZ101A・101B→HZ102→讃岐国分寺跡SKM24B→SKM24Aへと変化すると考えられることから8世紀中頃に比定できるものと考えられる。

さらに、国分寺町教育委員会の一連の発掘調査における出土瓦の中に、坂出市開法寺跡・鴨廃寺で出土し、白鳳期とされるSKM26が確認されるとともに、これと組み合う偏行唐草文軒平瓦の後出するタイプ（SKH25）も確認された。また、高松市洲崎寺には8世紀前半に比定される百相廃寺MM201と同笵又は同文と思われる変形偏行唐草文軒平瓦（SKH32）が讃岐国分寺跡出土として所蔵されていることから、従来指摘されてきたように、讃岐国分寺の寺域内には国分寺建立の詔以前から小規模な仏教施設が存在していた可能性を否定することもできない。

したがって、現段階において讃岐国分寺の創建を想定すると、第一の想定として、国分寺建立の詔以前から存在していた小規模な仏教施設を利用して、8世紀中頃に八葉単弁蓮華文軒丸瓦SKM24A・24B・偏行唐草文軒平瓦SKH25や重郭文軒平瓦の影響を受けた重弧文軒平瓦SKH11A・11Bなどを用いて讃岐国分寺を創建した可能性が考えられるとともに、第二の想定として、国分寺建立の詔に伴い、近隣の寺院の古い瓦を再利用しながら、一部の瓦を製作して全く新たに讃岐国分寺を創建した可能性が考えられよう[1]。

いずれにしても、このようにして成立した讃岐国分寺は、整備された大規模な伽藍をもたなかったと考えられるが、8世紀中頃と考えられる軒瓦が再整備期の寺域の東西端にあたる、推定東大門地区や講堂跡西側の掘立柱建物跡（SB30）付近から多く出土していることを重視すれば、讃岐国分寺の創建にあたって、当初から広い寺域が定められていた可能性が高いものと考えられる。

一方、国分寺町教育委員会の発掘調査では、八葉複弁蓮華文軒丸瓦SKM01が丸亀市宝幢寺跡

HD102の影響のもとに作られていることから、国分寺造営に郡司の協力を求め、協力郡司に対して優遇策を打ち出した『続日本紀』天平19（747）年11月7日条に関連させて、宝幢寺が所在する那珂郡の郡司による讃岐国分寺造営への協力と考えた（松尾ほか 1996）[(2)]。

　しかし、SKM01は770年頃に比定できるとともに、讃岐国分寺が阿野郡に建立されていること、阿野郡の有力豪族である綾氏との関係が想定されている開法寺・鴨廃寺の軒瓦が用いられていること、山田郡にある宝寿寺系の軒瓦が用いられていること、山田郡の大領に綾氏の名があることなどから、讃岐国分寺の創建に阿野郡の有力豪族である綾氏を中心とした在地豪族の関与の可能性が想定できることになった。

　以上のように、讃岐国分寺は、国分寺造営以前の小規模な仏教施設を利用して創建されたのか、あるいは国分寺建立の詔に伴い、近隣の寺院の瓦も利用して新たに創建されたのかは明確にしがたいものの、いずれにしても、伽藍が十分には整備されていなかったため、『続日本紀』天平宝字3（759）年11月9日条に記された国分寺整備の最後ともいうべき全国的な大きな施策にもとづき、770年頃に再整備が開始され、780年代〜90年代初め頃に完成したと考えられる。

　それでは、讃岐国分寺の再整備はどのような経過を経て完成したのであろうか。

　讃岐国分寺跡では、瓦当近くの凸面に赤色顔料の痕跡をもつ軒平瓦が出土することが知られている。これは、軒瓦を支える茅負を赤色に彩色した際に付着したものと考えられているが、茅負を赤色に彩色された建物は柱なども彩色されたと考えられることから、軒平瓦の赤色顔料から建物の彩色を想定することができる。

　凸面に赤色顔料をもつ軒平瓦は、SKH01Aでは127点中10点、SKH01Cでは121点中6点に認められたものの、SKH01Bでは86点中わずか1点しか認められなかった。

　9世紀中頃とされる均整唐草文軒平瓦SKH03では86点中2点、10世紀中頃とされる均整唐草文軒平瓦SKH05Aでは54点中4点に赤色顔料の痕跡が確認されたことから、SKH01BはSKH03・05Aと比べても赤色顔料の痕跡をもつものが少ないといえそうである。

　一般に国分寺の主要堂塔は柱などが赤色に彩色されていたと考えられており、讃岐国分寺も例外ではないと考えられるので、このことから、KH01Bは主要堂塔以外の建物に多く用いられたとすることができるとともに、讃岐国分寺はSKH01Bの段階、すなわち長岡京遷都の頃には主要堂塔の整備がほぼ終了していたと考えることができる。

　一方、讃岐国分尼寺跡では、本格的な発掘調査はあまり多く実施されていないが、これまでに採集された軒瓦の分析からみると、讃岐国分寺にわずかに遅れて、SKM03A－SKH01Aの段階に小規模な整備が開始され、KB201A（SKH01C）の段階を経て、KB101－KB201B（SKH01B）の段階に整備事業が最も盛んになる。さらに、KB104－KB203の段階をもって整備がほぼ完了したと考えられる。

　このように、讃岐国分尼寺の整備が国分寺に比べてやや遅れているのは、讃岐国衙の財政事情が反映しているのであろうが、国分寺・国分尼寺の創建期に用いられた軒瓦の内容や二寺の所用瓦の分布状況からみると、讃岐国分寺の創建に阿野郡を基盤にする綾氏を中心とした豪族の協力があり、再整備に那珂郡の豪族の協力が想定される。また、国分尼寺の整備には山田郡・三木郡・寒川

郡の豪族の協力が想定できることから、国分寺の整備には中讃地域の豪族を動員し、国分尼寺の整備には中讃から東の地域の豪族を動員して大規模事業を計画的に進めたものと考えられる。

　讃岐国分寺・国分尼寺で用いた大量の瓦を供給したのは府中・山内瓦窯である。大正11（1922）年、『史蹟名勝天然紀念物調査報告書1』など（香川県史蹟名勝天然記念物調査会 1922、1934）によって10基の瓦窯跡が存在し、国分寺瓦屋であるとされたが、それ以後、ほとんど研究されることがなく、実態はなお不明である。しかし、過去の公表記録を検討した結果、13～14基の瓦窯跡が確認されていた可能性もあることがわかった。

　今回、現存瓦窯跡の観察と出土瓦の集成を行ったが、その結果、軒瓦はいずれも讃岐国分寺の再整備期以降のものであり、府中・山内瓦窯は、国分寺の再整備と国分尼寺の整備にあたって新たに設置された大規模な専用の瓦窯であるといえよう。

　ここでの瓦生産の実態はなお不明な部分が大きいが、均整唐草文軒平瓦SKH01Bに施された細目の平行叩き目によって、8世紀中頃に讃岐の須恵器生産をほぼ独占した陶（十瓶山）窯跡群の須恵器工人が瓦生産に動員されていたことも想定できた。

　讃岐国分寺と関連する寺院・瓦等については、これまでは讃岐国分寺の再整備に最初に用いられたSKM01が丸亀市宝幢寺跡HD102をもとに作られていること以外、あまり分かっていなかった。

　しかし、白鳳期ともみられている讃岐国分寺跡SKM23の蓮弁上の珠文が高松市宝寿寺跡のHZ101Bに関連をもつ可能性があり、剣先形の単弁蓮華文をもつSKM02A・24A・24Bが同寺跡のHZ101A・101B・102の系譜を引くことが想定できた。

　また、讃岐国分寺跡出土偏行唐草文軒平瓦SKH25に関連して、この種の軒平瓦（開法寺式偏行唐草文軒平瓦）を再検討した結果、開法寺式偏行唐草文軒平瓦は、開法寺跡KH202（鴨廃寺KM202）を最古として香川で多く用いられ、8世紀前半に香川から工人が移動して大阪府柏原市田辺廃寺などでも同系統の軒平瓦を製作したことが明らかになるとともに、8世紀前半の香川では偏行唐草文・段顎・粘土板桶巻作り・格子叩き目といった白鳳期の文様、技法をもつ軒平瓦が依然として主体に作られていたことも明らかになった。

　讃岐国分寺・国分尼寺の再整備期の軒瓦は、両寺院以外ではあまり用いられていないが、SKH01B（KB201B）が高松市山下廃寺・さぬき市長尾寺などに拡散している。国分尼寺跡では、SKH01B（KB201B）は十六葉細素弁蓮華文軒丸瓦KB101と組み合うが、KB101と同笵又は同文とみられるものが高松市山下廃寺・三木町始覚寺跡から出土しているので、これらの寺院のある地域の有力豪族が讃岐国分尼寺の整備に協力した結果、讃岐国衙の管理する国分寺瓦屋の製品・瓦笵を利用したものと考えることができた。

　一方、高松市田村神社の境内から、SKH01B（KB201B）とともに、勝賀廃寺KT202Aを最古とする8世紀前半の変形偏行唐草文軒平瓦の小片が採集されている。田村神社は嘉祥2（849）年2月28日に従五位下を、元慶元（877）年に正四位上を授けられ、現在は讃岐一宮神社として知られているが、すでに8世紀前半には神宮寺又は付属する仏教施設を伴う有力神社として存在していたとともに、奈良時代末期には讃岐国衙とも密接な関係をもっていたことが想定できた。

　平安時代の讃岐国分寺は不明な部分が大きいが、10世紀前半頃に比定される高松市中山廃寺は

讃岐国分寺に比較的近い立地場所や瓦文様の類似性から、讃岐国分寺と何らかの関係をもっていたことが想定され、讃岐国分寺も香川の初期山岳寺院の成立に関わっていた可能性を指摘できるとともに、讃岐国分寺付近の初期の山岳寺院に千手観音像が安置されていたことを明らかにすることができた。

　以上のように、本書では主として瓦資料の再検討をつうじて、讃岐国分寺、国分尼寺、府中・山内瓦窯跡に関して現時点での整理と新たな研究を展開することができたが、讃岐国分寺の創建について改めて略述すると、聖武天皇による天平13（741）年の国分寺建立の詔によって讃岐国分寺も造営されることになり、工事が開始されたと考えられるが、その進捗状況は順調ではなかったようである。それでも聖武天皇の一周忌を半年後にひかえた天平勝宝8（756）歳12月20日には、斎会用の潅頂幡・道場幡・緋綱が下されていることから、讃岐国分寺として忌日に斎会を実施できる程度の目途は立ったようである。しかし、中央政府が意図した国分寺としての伽藍が整備されていなかったことから、天平宝字3（759）年11月9日に讃岐国にも国分二寺の図が頒下され、大規模な伽藍を建設すべく再整備が企画されたが、工事は直ちには実施されず、やっと770年頃になって建物の建設工事が開始し、長岡京遷都の頃（780年代中頃）になって東西220m、南北240mの寺域に整備された伽藍をもった讃岐国分寺が完成するとともに、国分尼寺の造営については、国分寺にわずかに遅れ、770年代前半〜中頃に小規模な工事が開始され、780年代に造営工事が本格化し、780年代末から790年代にかかる頃に完成したと考えられる。

　讃岐国分寺の大規模な伽藍は、造営がこれまで考えられた時期より下り、再整備によって完成したものであった。しかも、その背景に天平宝字3（759）年の国分二寺の図の頒下があったことを考えると、国分二寺の図が全国に頒下されていることから、このような国分寺の整備が讃岐国だけの特殊例とすることはできないことになろう。もちろん国分寺の整備は各国のさまざまな事情のもとで行われたと考えられるので、讃岐国分寺の整備のあり方を一般化することはできないが、類似した整備過程をたどった場合も当然想定できるのである。讃岐国分寺の研究結果は、それぞれの国分寺・国分尼寺において、今後とも、考古資料の詳細な検討を重ね、さらに研究を重ねる必要があることを示しているといえよう。

註）
（1）　なお、SKM23・SKH24A・24Bについて付け加えると、藤井直正氏はこれらを8世紀後半以降に比定し、松本忠幸氏は平安時代の復古瓦としている。しかし、SKM23については讃岐国分寺に復古の元となる軒丸瓦が存在しないこと、SKM24A・24Bは宝寿寺跡HZ101A・101Bからの変化が無理なく説明できること（第3章第4節参照）、これら3種の軒丸瓦の文様・技法などに明確な新しい特徴を見出すことができないことなどから、著者は再整備以前の軒瓦と考えている。しかし、仮にこれらが奈良時代後期以降に編年されることが明らかになったとしても、白鳳期から8世紀中頃に及ぶ軒瓦が出土しているので、讃岐国分寺の大規模な伽藍が再整備によって造営されたとする考えは変わらない。
（2）　その後、松本（旧姓松尾）氏は、宝幢寺跡HD102からSKM01への文様系譜を否定した（松本2009）が、具体的な根拠は示されなかった。筆者は第3章第4節で述べているように、稲垣晋也氏の主張どおり、宝幢寺跡HD102からSKM01への文様系譜を考えている。

引用・参考文献

香川県史蹟名勝天然記念物調査会 1922「国分寺及国分尼寺」(『史蹟名勝天然記念物調査報告』1、香川県)
香川県史蹟名勝天然記念物調査会 1934「国分寺及国分尼寺」(『国宝並ニ史蹟名勝天然記念物調査報告』香川県)
松本忠幸ほか 1996『特別史跡讃岐国分寺跡保存整備事業報告書』国分寺町教育委員会
松本忠幸 2009「出土瓦からみた讃岐国分寺の創建」(『佛教藝術』303 毎日新聞社)

図版　讃岐国分寺跡の調査・整備・出土瓦

　1. 讃岐国分寺跡の発掘調査・整備写真
　2. 讃岐国分寺跡出土瓦実測図
　3. 讃岐国分寺跡出土瓦写真

1. 讃岐国分寺跡の発掘調査・整備写真

図版1　讃岐国分寺跡全景（平成5年5月撮影、北から）

図版2　東限大溝と東面築地跡（北から）

図版3　鐘楼跡（SB02, 北から）

図版4　SB30（講堂西方地区、西から。後方は現国分寺本堂）

図版5　僧房跡東部分礎石（北から）

図版6　僧房跡東部分礎石（東から）

図版7　僧房跡東9間北側雨落溝の基壇化粧（北から）

図版8　僧坊跡中央間の排水溝（北から）

図版9　僧坊跡東3間地覆石（南から）

図版10　僧坊跡東6間地覆石（南から）

図版11　木製地覆痕の残る切石（僧房跡東3間西側）

図版12　地覆の細部（僧坊跡東3間東側）

図版 13 伽藍配置模型（石製、1：10）

図版 14 金堂模型

図版 15　僧房跡覆屋と復元西側礎石（北西から）

図版 16　復元東面築地塀（南東から）

2. 讃岐国分寺跡出土瓦実測図

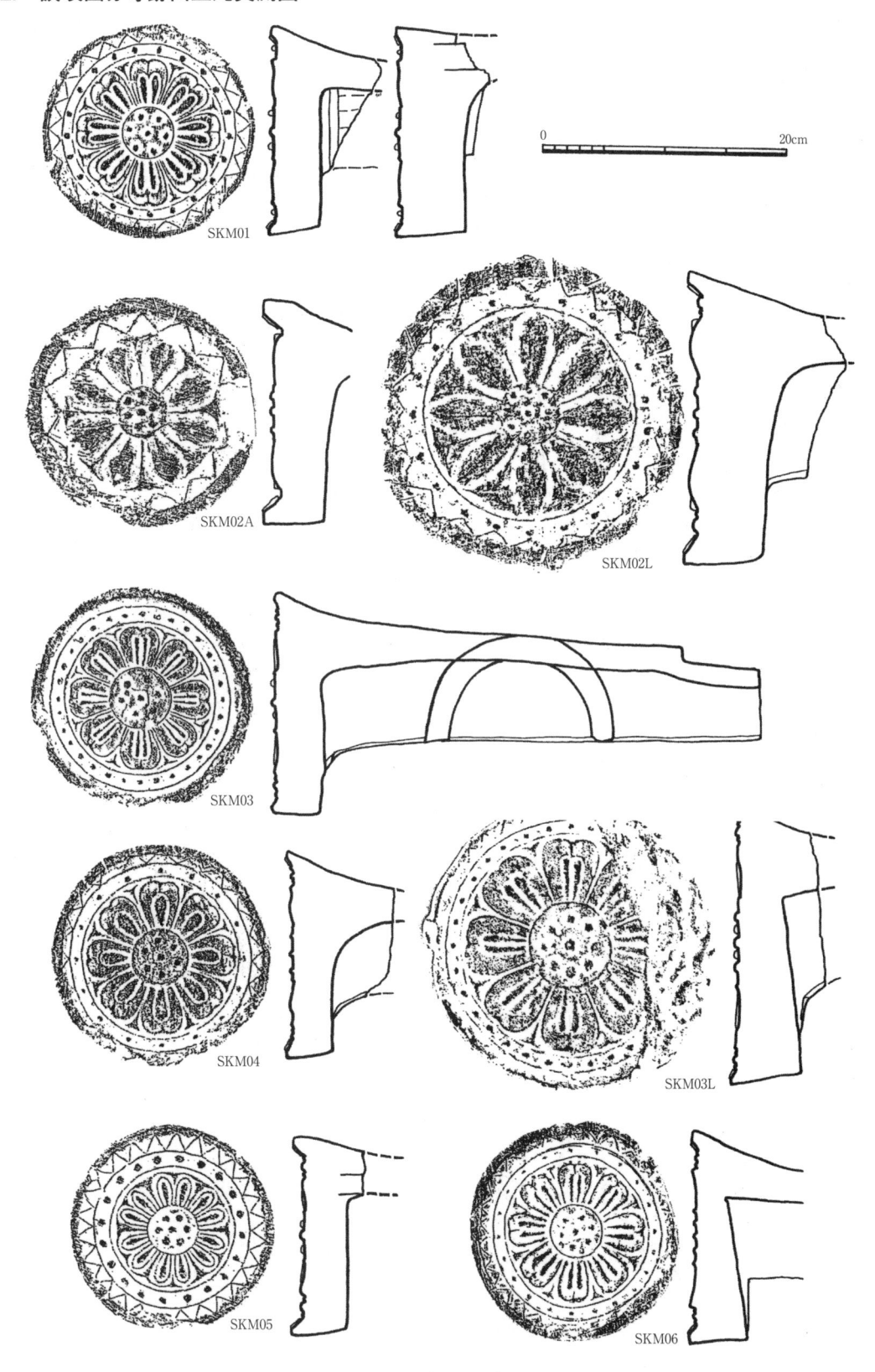

図版 17　讃岐国分寺跡出土軒丸瓦実測図 1

256

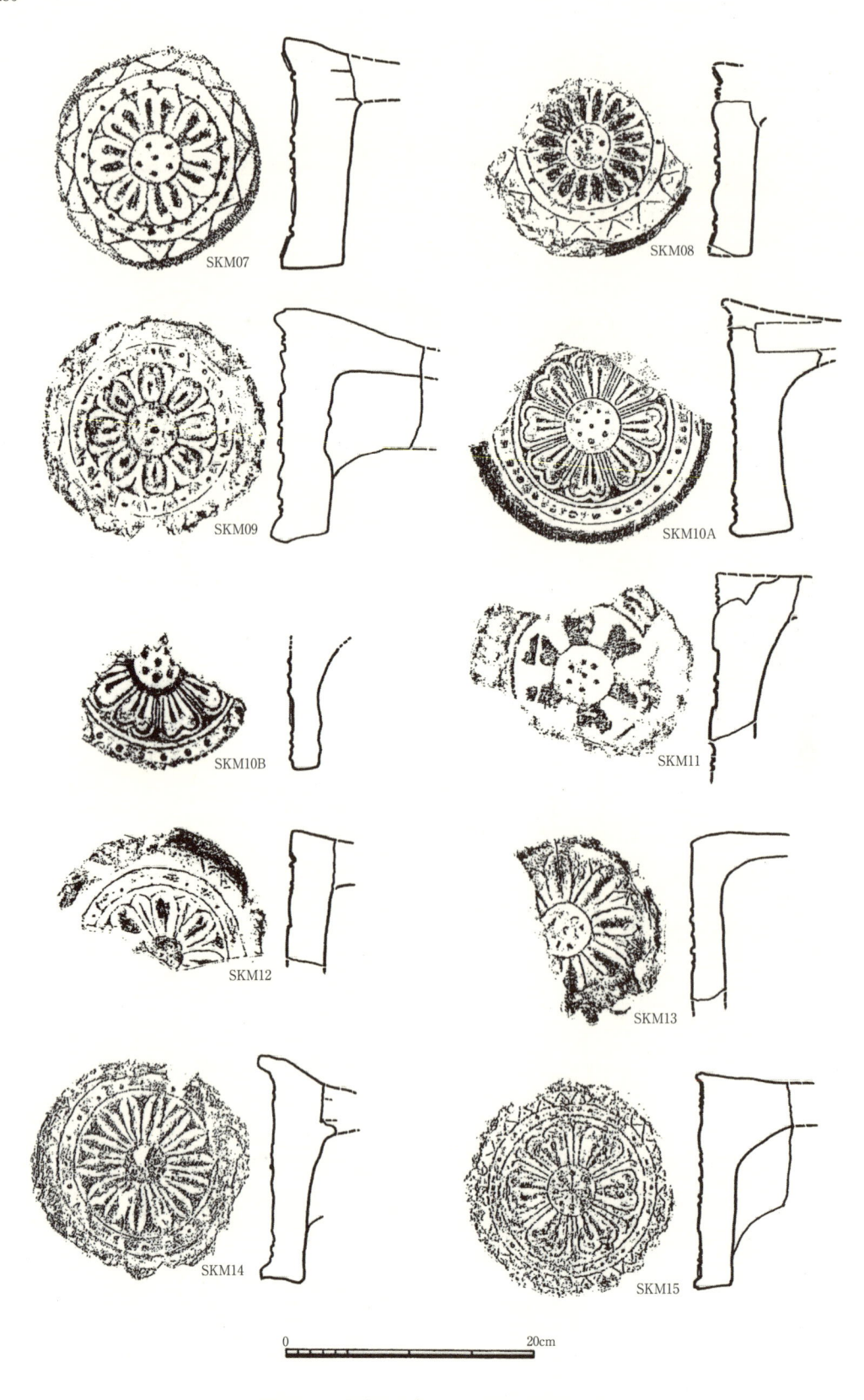

図版 18　讃岐国分寺跡出土軒丸瓦実測図 2

257

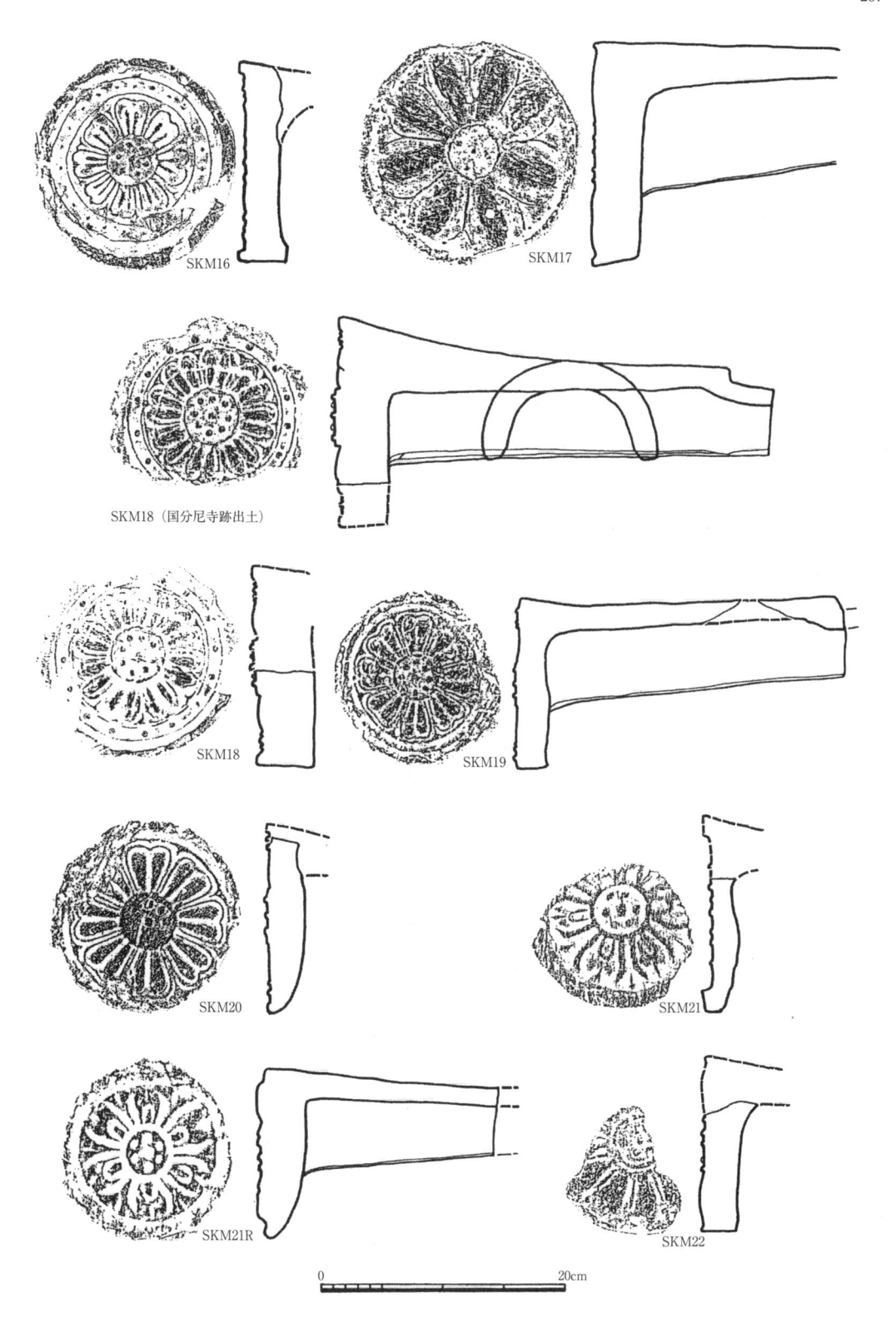

SKM16
SKM17
SKM18（国分尼寺跡出土）
SKM18
SKM19
SKM20
SKM21
SKM21R
SKM22

0　　　　　　　　　　20cm

図版 19　讃岐国分寺跡出土軒丸瓦実測図 3

258

SKM23　　　SKM24A

SKM24B　　　SKM25

SKM26　　　SKM27

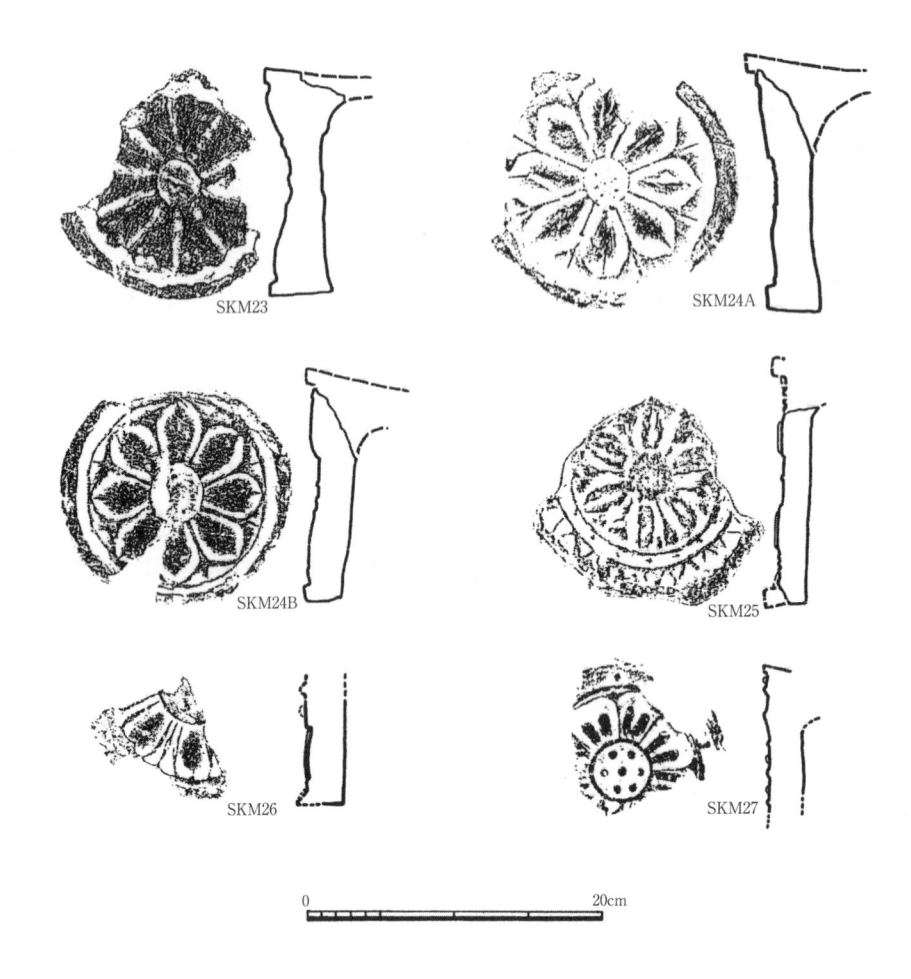

0　　　　　　20cm

図版 20　讃岐国分寺跡出土軒丸瓦実測図 4

259

SKH01A

SKH01B

SKH01C

SKH01D

SKH02

SKH03

SKH04

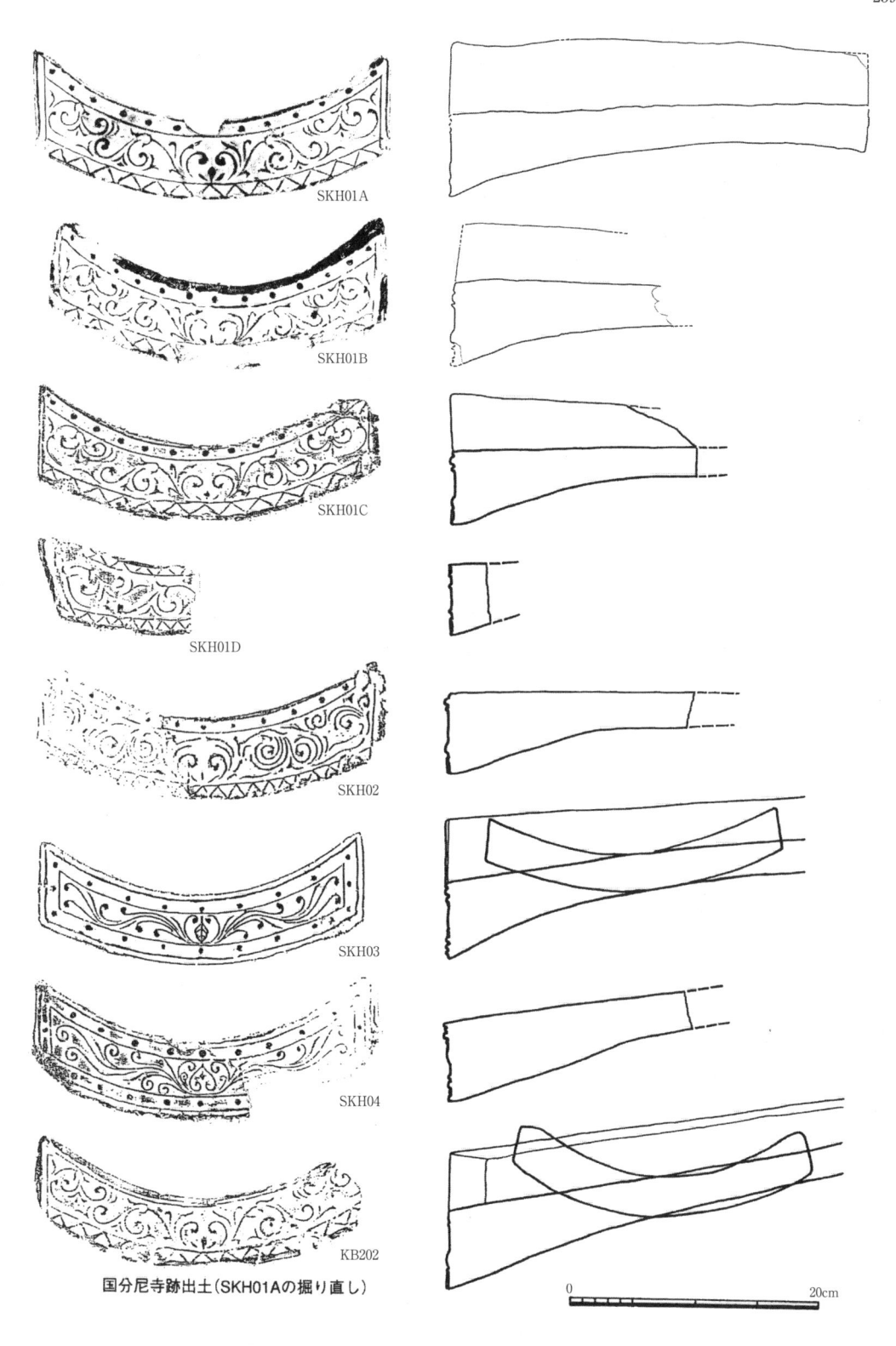

KB202

国分尼寺跡出土（SKH01Aの掘り直し）

0　　　　　　　　　　20cm

図版21　讃岐国分寺跡出土軒平瓦実測図1

260

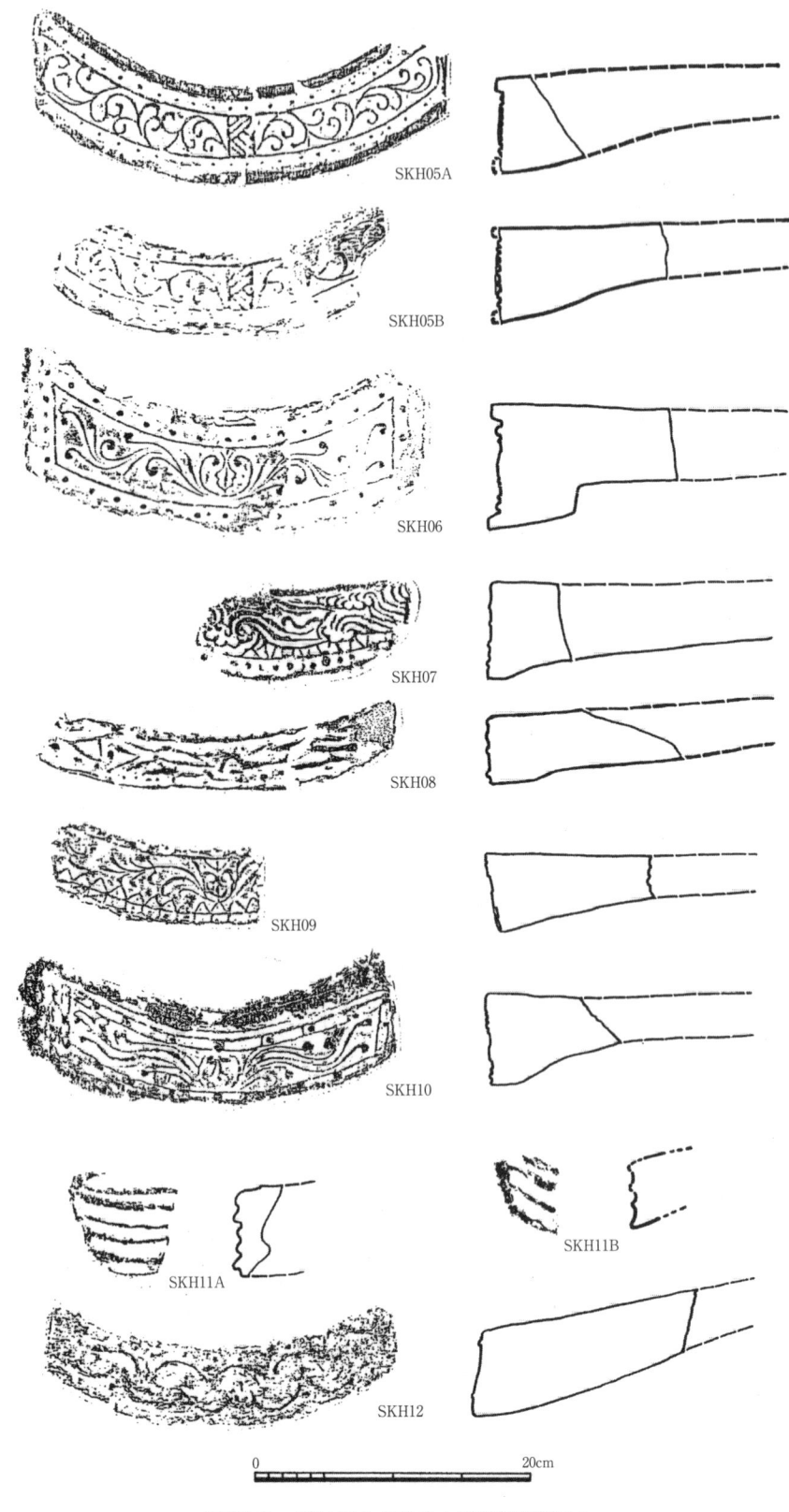

0　　　　　20cm

図版 22 讃岐国分寺跡出土軒平瓦実測図 2

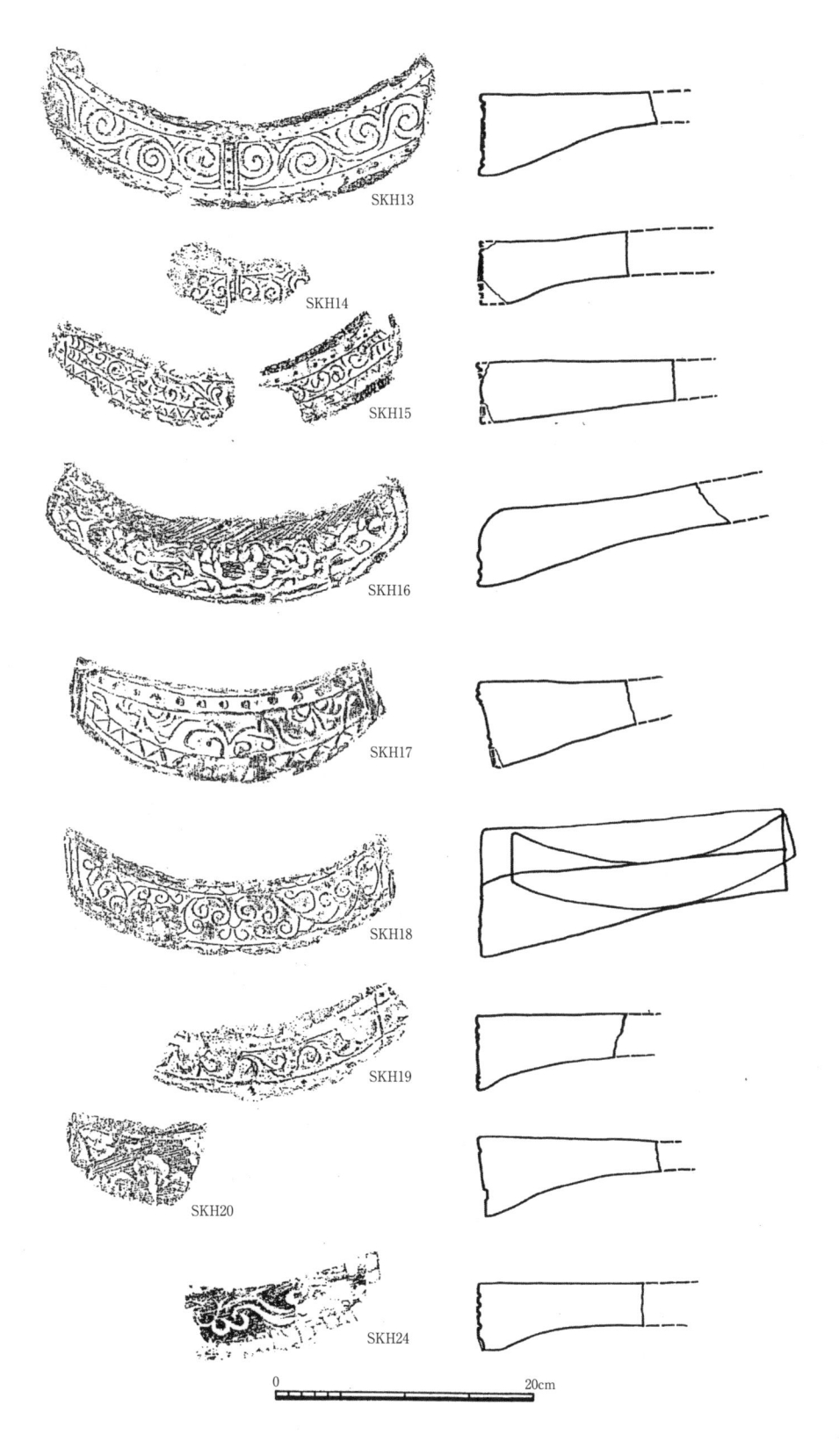

図版23 讃岐国分寺跡出土軒平瓦実測図3

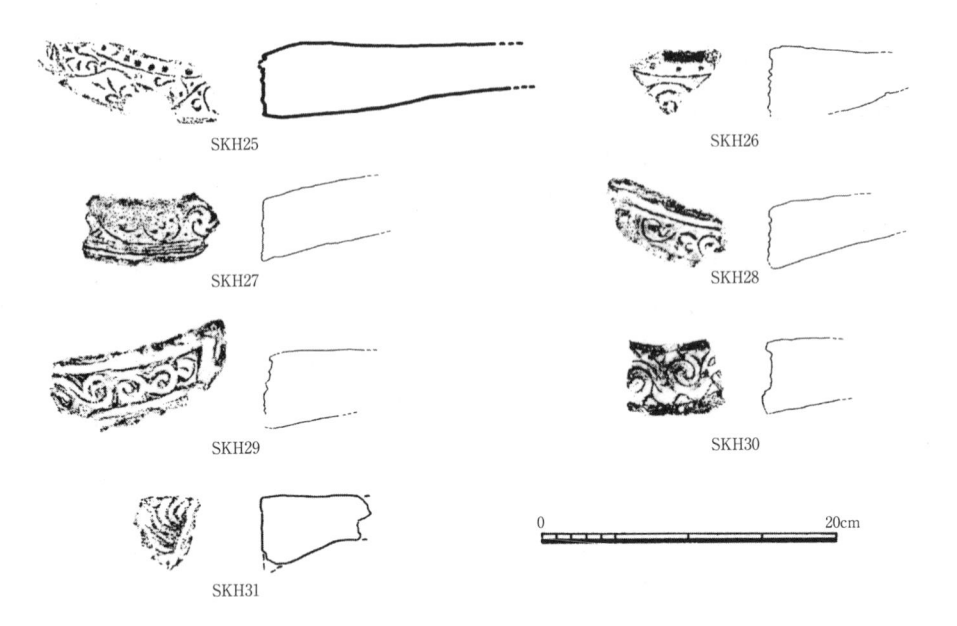

図版24　讃岐国分寺跡出土軒平瓦実　測図4

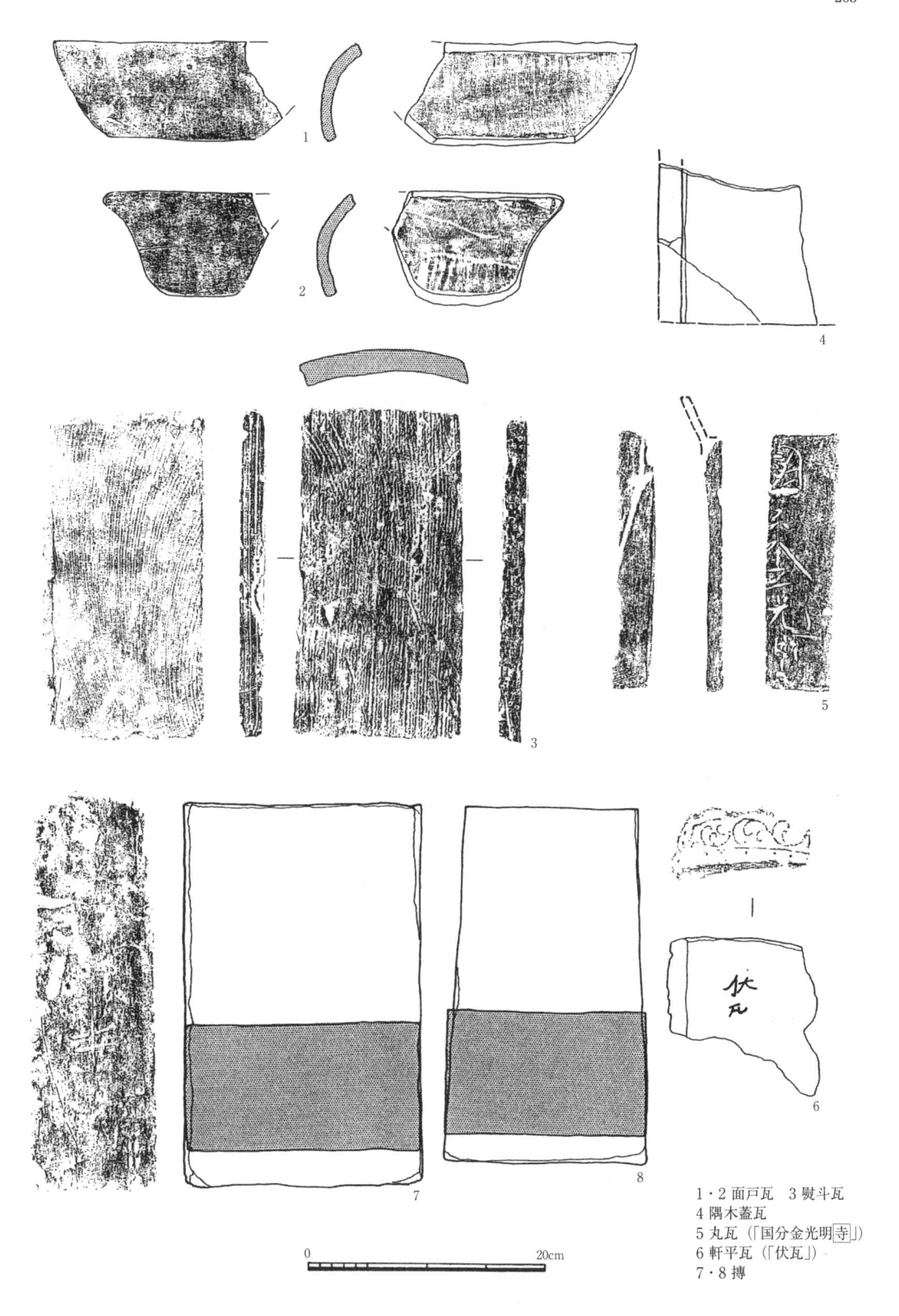

1・2 面戸瓦　3 熨斗瓦
4 隅木蓋瓦
5 丸瓦（「国分金光明寺」）
6 軒平瓦（「伏瓦」）
7・8 塼

図版 25　讃岐国分寺跡出土道具瓦等実測図

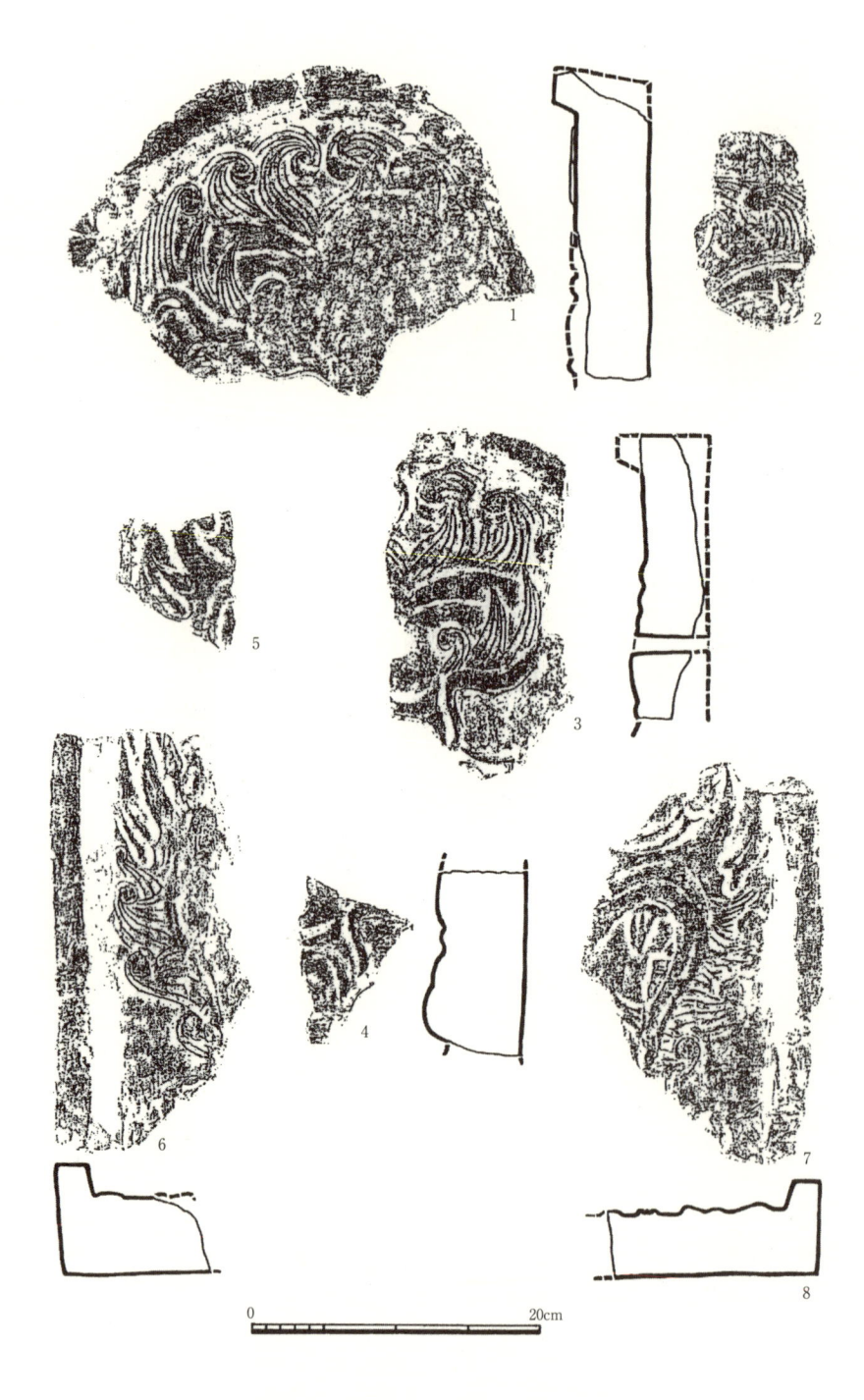

図版 26 讃岐国分寺跡出土鬼瓦実測図

3. 讃岐国分寺跡出土瓦写真

1. SKM01
2. SKM02A
3. SKM02L
4. SKM03A
5. SKM03L
6. SKM04

図版 27 讃岐国分寺跡出土軒丸瓦写真 1

7. SKM05　　　　　　　　　　　8. SKM06

9. SKM07　　　　　　　　　　　10. SKM08

11. SKM09　　　　　　　　　　12. SKM10A

図版 28　讃岐国分寺跡出土軒丸瓦写真 2

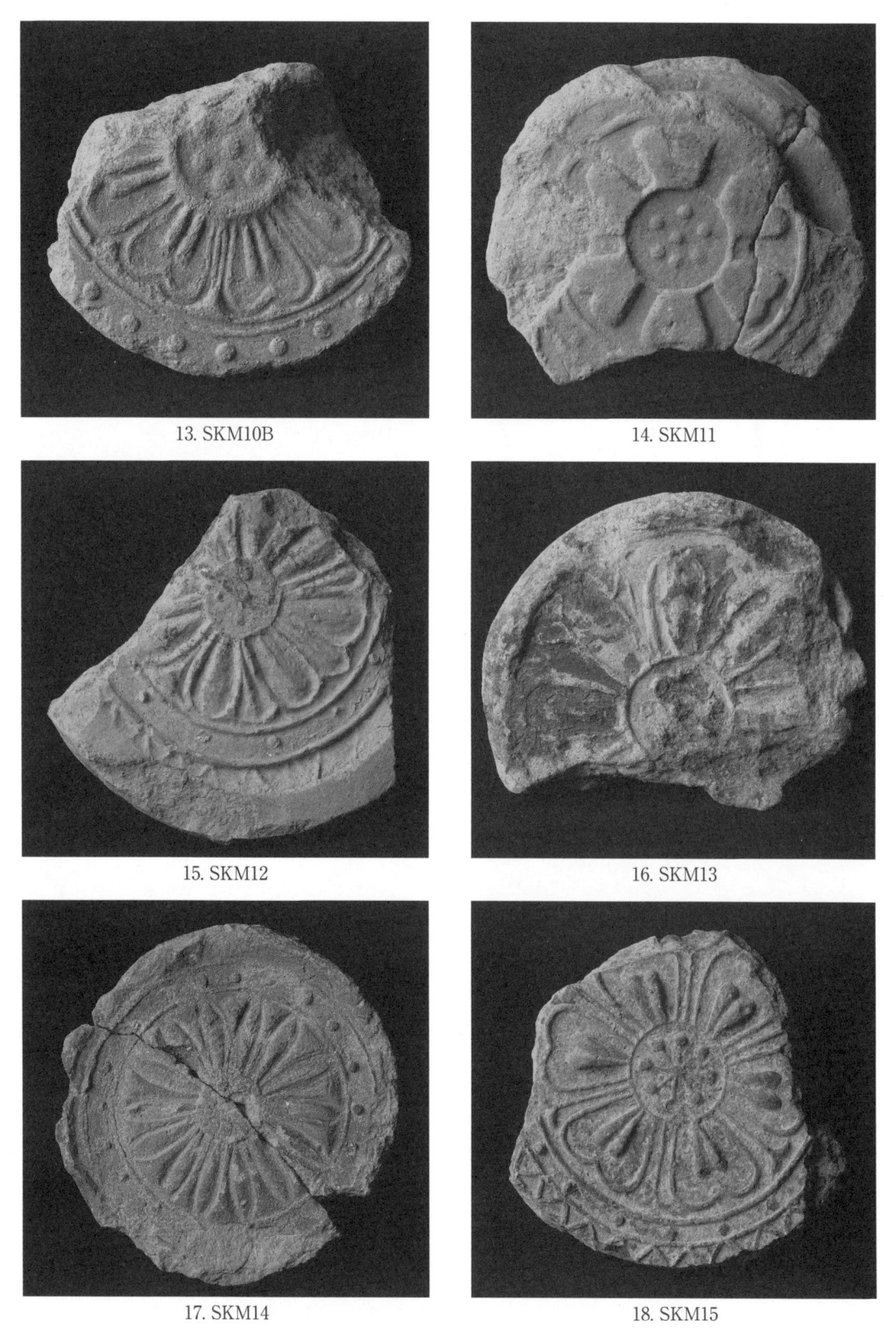

13. SKM10B 14. SKM11

15. SKM12 16. SKM13

17. SKM14 18. SKM15

図版 29　讃岐国分寺跡出土軒丸瓦写真 3

268

19. SKM16

20. SKM17

21. SKM18

22. SKM19

23. SKM20

24. SKM21A

図版 30 讃岐国分寺跡出土軒丸瓦写真 4

25. SKM21R 　　　　　　　　26. SKM22

27. SKM23 　　　　　　　　28. SKM24A

29. SKM24B 　　　　　　　　30. SKM25

図版 31　讃岐国分寺跡出土軒丸瓦写真 5

31. SKM26   32. SKM27

図版 32 讃岐国分寺跡出土軒丸瓦写真 6

1. SKH01A(1)
2. SKH01A(2)
3. SKH01B(1)
4. SKH01B(2)
5. SKH01C(1)
6. SKH01C(2)

図版 33　讃岐国分寺跡出土軒平瓦写真 1

7. SKH01D
8. SKH02
9. SKH03
10. SKH04(1)
11. SKH04(2)
12. SKH05A

図版 34　讃岐国分寺跡出土軒平瓦写真 2

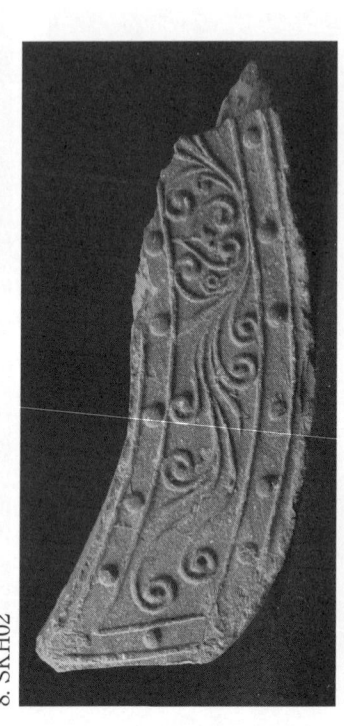

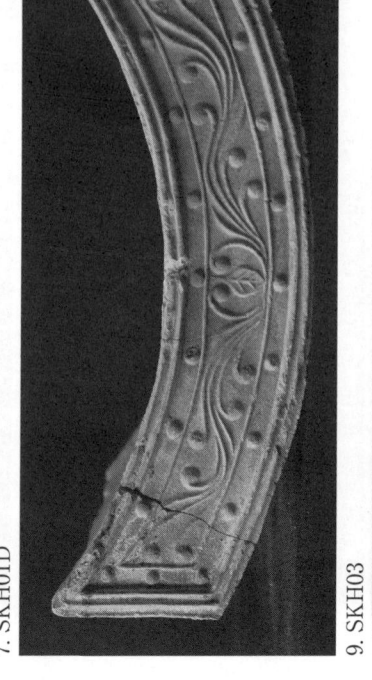

13. SKH05B(1)
14. SKH05B(2) 
15. SKH06 
16. SKH07 
17. SKH08(1) 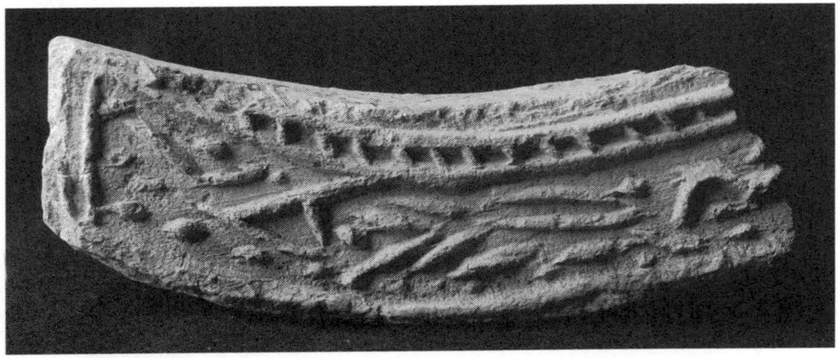
18. SKH08(2) 

図版 35　讃岐国分寺跡出土軒平瓦写真 3

274

図版 36　讃岐国分寺跡出土軒平瓦写真 4

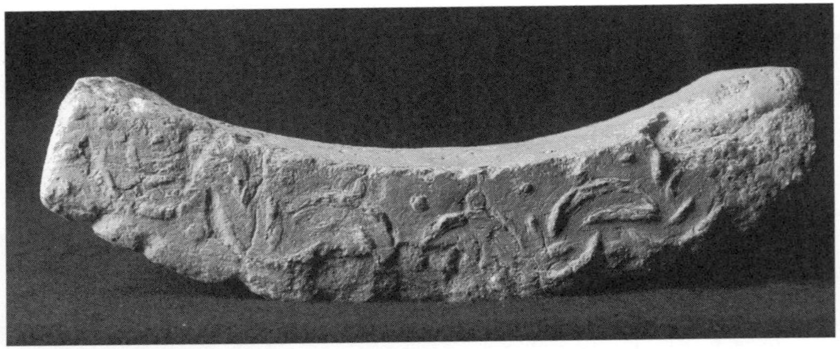

25. SKH12(1)  26. SLH12(2)  27. SKH13  28. SKH14  29. SKH15 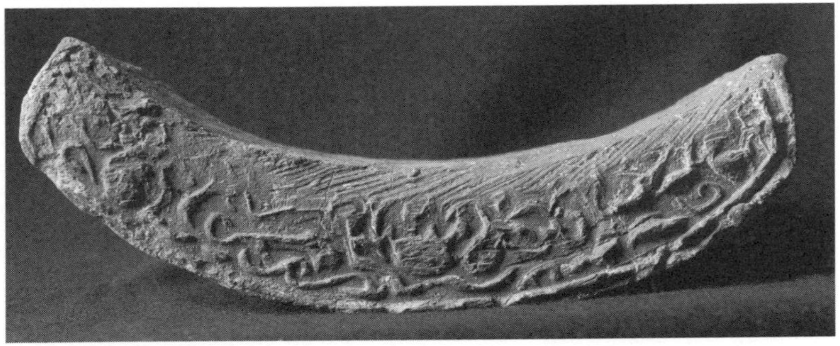 30. SKH16

図版 37 讃岐国分寺跡出土軒平瓦写真 5

276

31. SKH17
32. SKH18 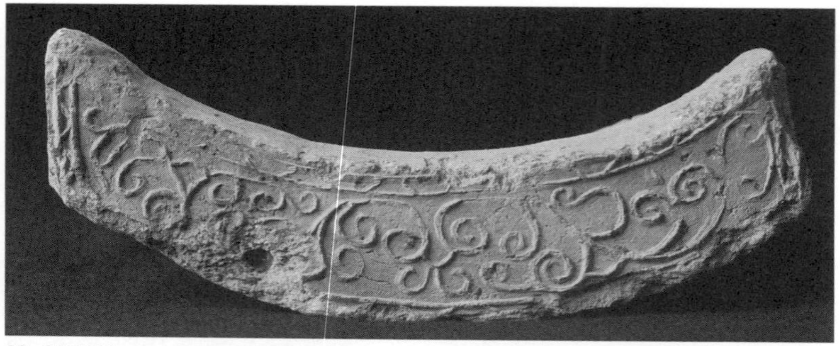
33. SKH19(1) 
34. SKH19(2) 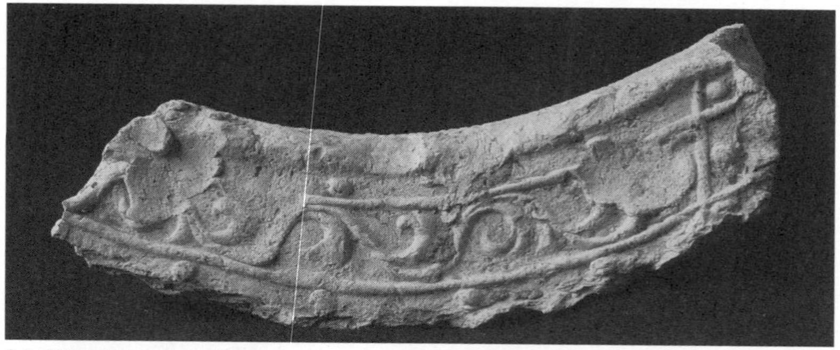
35. SKH20 
36. SKH24 

図版 38　讃岐国分寺跡出土軒平瓦写真 6

37. SKH25
38. SKH26 
39. SKH27 
40. SKH28 
41. SKH29 
42. SKH30 

図版 39　讃岐国分寺跡出土軒平瓦写真 7

43. SKH31 　　　　　　　　　44. SKH32

図版 40　讃岐国分寺跡出土軒平瓦写真 8

表9 讃岐国分寺跡発掘調査一覧

年度	次数	地番	調査区の位置	調査主体	調査原因	調査方法	遺構	遺物
S.52年	1次	国分2077-7	伽藍の東	県教委	宅地造成に伴う現状変更	トレンチ	浅い溝	須恵器片
	2次	国分2066-2	塔跡の南側	県教委	宅地造成に伴う現状変更	面的調査	地山層までが浅く、後世の排水溝等（瓦片で蓋を している）から相当攪乱されている。その他、ピットや土壙を確認。	軒丸瓦、軒平瓦、丸・平瓦が数百点出土。その他、サヌカイト片、近現代の陶磁器片。
		国分2066-4						
		国分2066-5						
S.55年	3次	国分2060-6	寺域の南西部	県教委	宅地造成に伴う現状変更	トレンチ	トレンチ北側で20～30cm大の河原石を3～4段積み上げ、さらに土を積み上げた回廊の基部と考えられるものを確認。	軒丸瓦（複弁八葉蓮華文・複弁六葉蓮華文）、軒平瓦（東大寺式均整唐草文・均整唐草文）、丸・平瓦、塼、須恵器、土師器、陶磁器など
S.56年	4次	国分2017	寺域西側	町教委	寺域確認調査	トレンチ1	溝2条、ピット	土師皿、瓦片
		国分2087	寺域の北部			トレンチ2	溝1条	須恵器片、瓦が集積。
		国分2085-3	寺域の東部			トレンチ3	基壇状の高まりを検出	須恵器片、瓦片、陶器片、土師器片
S.57年	5次	国分2080-1	宝林寺境内	県教委	庫裏等の増築に伴う現状変更	トレンチ	なし	軒平瓦（均整唐草文）
S.58年	6次	国分2084-1	寺域の北東部	町教委	寺域確認調査	面的調査	築地塀の基底部は盛土で、幅3.6m、高さ0.4mであることが確認できた。また、築地の両端には葺かれていた瓦が落下した状態で集積していた。地境に北側の築地は一致し、東側の築地は指定寺域東端より10mほど西側にあり、後世に寺域が変化していることが想定される。	瓦（ただし、軒瓦は少ない。）
		国分2085-1						
		国分2085-6						
		国分2081-1						
	7次	国分2077-14	寺域の南東部		住宅新築に伴う現状変更	面的調査	南北の寺域も2町（220m）と考えられたが、そのような遺構は検出されなかった。	瓦・土師器片
S.59年	8次	国分2081-1	寺域の東側中央	町教委	寺域確認調査	面的調査	東大門推定地を調査したが、東大門跡は検出されず、東限の大溝が続くことが明らかとなった。	瓦・須恵器・土師器片など
	9次	国分2087	講堂跡東側		伽藍調査	面的調査	講堂跡東地区を調査した結果、礎石建物（2間×3間）と考えられる礎石建物を検出。鐘楼跡と推定しており、西側に建物の存在が想定された。西側の大溝で瓦が充填しており、西側に建物の存在が想定された。	瓦・須恵器・土師器片など

S.60年		国分2089	講堂跡北側	町教委	伽藍調査	面的調査	東西88m、南北16mの基壇の上に立つ、21間×3間の礎石建物である僧房跡を検出。礎石間には、凝灰岩の切石による地覆石が残存（一部塼にて改修している）。基壇化粧には、径30cm程の玉石を1段1列に並べていたことが判明。版築は行っておらず、周囲には素掘り雨落ち溝がめぐる。	瓦・須恵器・土師器片・緑釉陶器・金属器（香炉・仏具）・木器など
	10次	国分2011-1	講堂跡北側					
S.61年	11次	国分2011-1	講堂跡北側		伽藍調査	トレンチ・面的調査	僧房跡の北側の状況、西半分の状況を確認するための調査で、その結果、北側には、小子房のようなものは検出されなかった。また、西側では、雨落ち溝の外肩を検出することにとどまった。その他、北側、南側・西側の築地を確認。	
	12次	国分2013-1	講堂跡西側			トレンチ	4間×7間の規模の掘立柱建物跡（SB30）を検出。その結果、三面僧房の東側にも同様な施設が想定され、三面僧房となる可能性が浮上。また、庇の柱穴の掘形の方が、身舎の掘形より小さい。その他、溝を検出。	瓦・鬼瓦・面戸瓦・駄斗瓦・塼・土師器・黒色土器・金属器・滑石製品など
	13次	国分2014	金堂跡西側			面的調査	回廊の金堂への取り付き状況を確認するために調査を行った結果、幅6mの基壇をもつことが明らかになった。また雨落ち溝も確認。西面築地の基底部も検出。	
	14次	国分2021	寺域西側		伽藍配置等の確認調査	面的調査	経蔵地区と推定されたが、溝とピット、堅穴住居状落ち込みが検出されるのみ。	瓦片、面戸瓦、青磁片、土師器→出土遺物は二次的移動と判断。
S.63年	15次	国分2009-2	史跡地外	町教委	伽藍配置等の確認調査	トレンチ	寺域の北西隅の土地利用等について想定されたが、溝、ピット、凹みを検出したのみ。大溝は継続していないことが判明。	なし
	16次	国分2020	寺域西側		住宅新築に伴う現状変更	トレンチ	土壙	瓦、土師器、須恵器（西側築地からの流れ込み）
	17次	国分2037-4	寺域西側		駐車場造成	面的調査	なし	瓦片、土鍋の脚

	18次	国分2024	寺域西側	町教委	水田畦畔の設置による現状変更	トレンチ	溝、ピット	瓦片
	19次	国分2087	寺域北部中央	町教委	整備に伴う集水升の設置に伴う現状変更	面的調査	落ち込み	陶磁器片
	20次	国分2040-1,2	寺域西側	町教委	住宅新築に伴う現状変更	面的調査	溝	陶磁器片
H.元年		国分2037-3						
	21次	国分2038-1	寺域西側	町教委	現状変更申請後取り下げ	トレンチ	溝、土壙、ピット	土師器細片
		国分2038-2						
		国分2045-1						
		国分2045-2						
		国分2045-3						
	22次	国分2085-1	寺域北東地区		伽藍配置模型設置のための現状変更	面的調査	数条の溝、ピット、土壙群	なし
	23次	国分2066-21	塔跡の南東地区	町教委	伽藍配置等の確認調査	面的調査	西面回廊を伽藍中軸線に対して東に折り返した位置で東面回廊を確認。東西幅6.4mの規模で東西に南落ち溝がある。また、ここで西に取り付くことが直角に折れ、現在の仁王門（中門）に取り付くことが判明。このことによって、現在の仁王門が中門の礎石を使って再建された可能性が高くなった。	瓦・土器片
H.3年	24次	国分2066-4	塔跡の南東地区		伽藍配置等の確認調査	面的調査	東西に走る幅3.3m、深さ0.6mの溝を確認し、瓦等が堆積していることから寺域の南端を区画する溝であると考えられる。また、溝の北側で瓦の堆積層を確認できたが、築地塀は確認できなかった。	瓦・土器片
	25次	国分2080-1	宝林寺境内	町教委	門の改築	トレンチ	ピット	陶磁器片、瓦片（古代）
	26次	国分2055-3	寺域西側	町教委	アパートの新築に伴う現状変更	面的調査	土壙	瓦・土師器・須恵器

年	次	地区番号	場所	調査機関	事由	調査方法	遺構	遺物
H.6年	27次	国分2031-1	寺域西側	町教委	アパートの新築に伴う現状変更	面的調査	土壙、ピット	瓦片(古代)、須恵器、土師質土器、陶磁器
	28次	国分2080-2	宝林寺境内	町教委	講堂の新築に伴う現状変更	面的調査	溝、暗渠排水、柱穴	瓦、塼(古代)
H.8年	29次	国分2019-2	寺域西側	町教委	借家の新築に伴う現状変更	トレンチ	暗渠排水	瓦片
	30次	国分2059-1		町教委	駐車場造成	トレンチ	柱穴、土壙、ピット	瓦片
	31次	国分2032-2		町教委	住宅新築に伴う現状変更	トレンチ	なし	なし
H.13年	32次	国分2032-1	寺域西側	町教委	住宅新築に伴う現状変更	面的調査	土壙、ピット	なし
H.14年	33次	国分2019-3	寺域西側	町教委	住宅新築に伴う現状変更	面的調査	溝、土壙、ピット	近現代の瓦
H.16年	34次	国分2080-1・2	宝林寺境内	町教委	住宅新築に伴う現状変更	トレンチ	溝、土壙、ピット	近世陶磁器
H.17年	35次	国分2037-2	寺域西側	町教委	住宅新築に伴う現状変更	トレンチ	掘立柱建物(2間×7間)、ピット群	軒丸瓦片、丸・平瓦片、土師質土器、サヌカイト片
H.19年	36次	国分2039	寺域西側	市教委	下水管敷設に伴う現状変更	トレンチ	低地(砂礫層の堆積)	丸・平瓦片、近世陶磁器、サヌカイト片
	37次	国分2056	寺域南側	市教委	集合住宅新築に伴う現状変更	トレンチ	瓦溜まり、ピット	丸・平瓦片、近世陶磁器、サヌカイト片
H.20年	その他	用悪水路	寺域の南東部	市教委	水路改修に伴う現状変更	立会	なし	丸・平瓦片、近世陶磁器、サヌカイト片
H.21年	その他	道路		市教委	下水管敷設に伴う現状変更	立会	瓦溜まり、土坑など	丸・平瓦片、近世陶磁器、サヌカイト片
	38次	国分2051-1	寺域西側	市教委	集合住宅新築に伴う現状変更	トレンチ	落ち込み	丸・平瓦片、近世陶磁器、サヌカイト片
H.22年	39次	国分2066-1、国分2073-1	寺域南側	市教委	下水道管敷設に伴う現状変更	トレンチ	土坑？	丸・平瓦片、近世陶磁器、サヌカイト片
	40次	国分2065-1	国分寺境内	市教委	下水道管敷設に伴う現状変更	トレンチ	回廊東側雨落ち溝、近世の整地層	丸・平瓦片、近世陶磁器
H.23年	41次	国分2044	寺域西側	市教委	住宅新築に伴う現状変更	トレンチ	柱列、溝等	丸・平瓦片、近世陶磁器、サヌカイト片
H.23年	42次	国分2038-1・2,2045-1・2・3,2037-3	寺域西側	市教委	宅地造成に伴う現状変更	トレンチ	柱列、溝等	丸・平瓦片、土師質土器片

表10　讃岐国分尼寺跡発掘調査一覧

年　度	次　数	地　番	調査主体	調査原因	調査方法	遺　構	遺　物
S.55年	1次	新居2300	県教委	寺域等確認調査	トレンチ (4ヶ所)	第4トレンチで,地表下1.2m程で水を湛えていたと考えられる厚さ20～40cmの灰色粘土層を検出。	軒瓦
S.57年	2次	新居2371-1 新居2372-1 新居2373-3	県教委	宅地造成に伴う現状変更	面的調査	A・Bトレンチで寺域を区画すると考えられる南北方向の溝を検出。その他,掘立柱建物,土壙を検出。	軒瓦,丸・平瓦,須恵器,土師器,灰釉陶器
S.59年	3次	新居2420-2 新居2420-7	町教委	住宅の改築に伴う現状変更	面的調査	2本の溝を検出。その他に,土壙,ピット群。	軒瓦,丸・平瓦,土師器
S.61年	4次	新居2378	町教委	法華寺の庫裏改築に伴う現状変更	トレンチ	なし	瓦
H.元年	5次	新居2037-1 新居2037-2	町教委	現状変更	トレンチ	堆積土の確認	近世陶磁器片
H.14年	6次	西側町道	町教委	水道管敷設工事に伴う現状変更	トレンチ	土層の確認,遺物採集	瓦など。
H.18年	7次	新居2389-3	市教委	寺域等確認調査	トレンチ	瓦集中部を確認。	瓦など。
H.19年	8次	新居2429-1	市教委	寺域等確認調査	トレンチ	基壇状の高まり,柱穴を確認。	瓦など。
H.20年	9次	新居2373-2	市教委	寺域等確認調査	トレンチ	溝,柱穴を確認。	瓦など。
H.21年	10次	新居2384-2	市教委	浄化槽設置に伴う現状変更	トレンチ	瓦堆積土	瓦
H.23年	11次	新居2381-3ほか	市教委	寺域等確認調査	トレンチ	礎石・雨落ち溝・瓦堆積土	瓦
H.24年	12次	新居2383-1ほか	市教委	寺域等確認調査	トレンチ	雨落ち溝ほか	瓦

挿図の引用文献等一覧

挿図番号	図番号等	製作者・引用文献・所蔵者
2		国土地理院2万5千分1地形図（白峰山）
3		近藤喜博編著『四国霊場記集』勉誠社　1973
4		香川県史蹟名勝天然紀念物調査会『国宝並ニ史蹟名勝天然紀念物調査報告』香川県　1934
5		香川県教育委員会『香川県の文化財』香川県教育委員会　1961を改変
6		香川県教育委員会『香川県の文化財』香川県教育委員会　1961
7		香川県史蹟名勝天然紀念物調査会『国宝並ニ史蹟名勝天然紀念物調査報告』香川県　1934
8		香川県史蹟名勝天然紀念物調査会『国宝並ニ史蹟名勝天然紀念物調査報告』香川県　1934を改変
9		松本豊胤『香川県陶邑古窯跡群調査報告』香川県教育委員会　1968
10		国分寺町教育委員会『特別史跡讃岐国分寺跡　昭和58年度発掘調査概報』国分寺町教育委員会　1984
11		松尾忠幸ほか『特別史跡讃岐国分寺跡保存整備事業報告書』国分寺町教育委員会　1996
12		松尾忠幸『特別史跡讃岐国分寺跡　昭和59年度発掘調査概報』国分寺町教育委員会　1985
13		松尾忠幸ほか『特別史跡讃岐国分寺跡保存整備事業報告書』国分寺町教育委員会　1996
14		高松市教育委員会作成図に加筆
15		松尾忠幸ほか『特別史跡讃岐国分寺跡　昭和60年度発掘調査概報』国分寺町教育委員会　1986
16		同上
17		松尾忠幸『特別史跡讃岐国分寺跡　昭和61年度発掘調査概報』国分寺町教育委員会　1987
18		松尾忠幸ほか『特別史跡讃岐国分寺跡保存整備事業報告書』国分寺町教育委員会　1996を改変
19		松尾忠幸『特別史跡讃岐国分寺跡　昭和61年度発掘調査概報』国分寺町教育委員会　1987
20		同上
21		松尾忠幸『特別史跡讃岐国分寺跡　平成3年度発掘調査概報』国分寺町教育委員会　1992に加筆
22		高松市教育委員会作成
23		渡邊誠氏作成
24		高松市教育委員会作成
25		松尾忠幸ほか『特別史跡讃岐国分寺跡保存整備事業報告書』国分寺町教育委員会　1996
27	10	大塚勝純・黒川隆弘『讃岐国分寺の瓦と塼』牟礼印刷株式会社　1970

34	1～3・6	松尾忠幸ほか『特別史跡讃岐国分寺跡保存整備事業報告書』国分寺町教育委員会　1996
	5・7	鎌田共済会郷土博物館所蔵資料（安藤文良氏作成）
35	1～4	川畑聰『第11回特別展　讃岐の古瓦展』高松市歴史資料館　1996
36	SKM01	松尾忠幸ほか『特別史跡讃岐国分寺跡保存整備事業報告書』国分寺町教育委員会　1996
	その他	川畑聰『第11回特別展　讃岐の古瓦展』高松市歴史資料館　1996
37	1～3・6	松尾忠幸ほか『特別史跡讃岐国分寺跡保存整備事業報告書』国分寺町教育委員会　1996
	4・5	川畑聰『第11回特別展　讃岐の古瓦展』高松市歴史資料館　1996
38	1～4・6	松尾忠幸ほか『特別史跡讃岐国分寺跡保存整備事業報告書』国分寺町教育委員会　1996
39		同上
45	SKH31以外	渡部明夫・渡邊誠「讃岐国分寺跡出土軒瓦の型式設定（追補）」（『香川史学』33、香川歴史学会、2006）
	SKH31	渡邊誠『特別史跡讃岐国分寺跡－第16～21・25～35次調査－・如意輪寺窯跡・国分中西遺跡・兎子山遺跡』高松市埋蔵文化財調査報告　102　2007
48		奈良国立文化財研究所・奈良市教育委員会編『平城京・藤原京出土軒瓦型式一覧』奈良国立文化財研究所　1996
49		同上
50		岩永省三「屋瓦」（『史跡頭塔発掘調査報告』奈良国立文化財研究所学報、第62冊、奈良国立文化財研究所、2001）に加筆
52		奈良国立文化財研究所・奈良市教育委員会編『平城京・藤原京出土軒瓦型式一覧』奈良国立文化財研究所　1996
53		信里芳紀氏作成
54	2・3断面・4	松尾忠幸ほか『特別史跡讃岐国分寺跡保存整備事業報告書』国分寺町教育委員会　1996
56		川畑聰『第11回特別展　讃岐の古瓦展』高松市歴史資料館　1996
58		森格也ほか『前田東・中村遺跡』『高松東道路建設に伴う埋蔵文化財発掘調査報告』3　香川県教育委員会・財団法人香川埋蔵文化財調査センター・建設省四国地方建設局　1995
61		松尾忠幸ほか『特別史跡讃岐国分寺跡保存整備事業報告書』国分寺町教育委員会　1996に加筆
63	1・4・9	松本豊胤「讃岐」（『新修国分寺の研究』第5巻上、吉川弘文館、1987）
	2・3・6～8・10・15・16	川畑聰『第11回特別展　讃岐の古瓦展』高松市歴史資料館　1996
	5	渡部明夫・羽床正明「国分尼寺跡」（『香川県埋蔵文化財調査年報　昭和55年度』香川県教育委員会、1981）
	11・14	松尾忠幸ほか『特別史跡讃岐国分寺跡保存整備事業報告書』国分寺町教育委員会　1996

64	1	鎌田共済会郷土博物館所蔵資料（安藤文良氏作成）
	2・6	川畑聰『第11回特別展　讃岐の古瓦展』高松市歴史資料館　1996
	3・4	松本豊胤「讃岐」（『新修国分寺の研究』第5巻上、吉川弘文館、1987）
	5	松尾忠幸『讃岐国分僧・尼寺跡　昭和59年度発掘調査概報』国分寺町教育委員会　1985
65		図63・64の再掲
69		信里芳紀氏製図
70		渡邊誠氏・渡部明夫作成、信里芳紀氏製図
71	1	鎌田共済会郷土博物館所蔵資料（安藤文良氏作成）
	2	加納裕之氏作成
	3	中里信明氏作成
72	6〜8	鎌田共済会郷土博物館所蔵資料（安藤文良氏作成）
75	2・3	鎌田共済会郷土博物館所蔵
81		国土地理院2万5千分1地形図（白峰山）
84		信里芳紀「府中湖崩壊防止工事(第3・4工区)」（『埋蔵文化財試掘調査報告』香川県内遺跡発掘調査、ⅩⅩ、香川県教育委員会、2007）
85		同上
86	3・4・6・7	川畑聰『第11回特別展　讃岐の古瓦展』高松市歴史資料館　1996
	5	濱田重人「綾南町陶・庄屋原4号窯跡付近採集の軒丸瓦」（『香川考古』7、香川考古刊行会、1999）
88		川畑聰『第11回特別展　讃岐の古瓦展』高松市歴史資料館　1996
93	1〜3	同上
94	1・4〜7	同上
96	6	高松市歴史資料館所蔵写真
98	1	河上邦彦『巨勢寺』奈良県立橿原考古学研究所調査報告　87　奈良県立橿原考古学研究所　2004
	3	川畑聰『第11回特別展　讃岐の古瓦展』高松市歴史資料館　1996
99	1・2	奈良県立橿原考古学研究所提供
100	10	高松市歴史資料館所蔵写真
103		川畑聰『第11回特別展　讃岐の古瓦展』高松市歴史資料館　1996
104		同上
105	1・7・8	同上
	2・3・6	鎌田共済会郷土博物館所蔵資料（安藤文良氏作成）
	4	三木町史編集委員会『三木町史』三木町　1988
	5	安藤文良「讃岐古瓦図録」（『文化財協会報』特別号、8、香川県文化財保護協会、1967）
	9	信里芳紀『第1回讃岐国府瓦研究会』香川県埋蔵文化財センター　2012
107		国土地理院20万分1地勢図（岡山及丸亀・徳島）
108		国土地理院2万5千分1地形図（五色台・白峰山）
114		根香寺蔵、香川県教育委員会所蔵フィルム
115		屋島寺蔵、香川県教育委員会所蔵フィルム

116		加納裕之『中寺廃寺跡　平成19年度』まんのう町内遺跡発掘調査報告書　第4集　まんのう町教育委員会　2008
117	38	加納裕之『中寺廃寺　平成17年度』琴南町内遺跡発掘調査報告書　第2集　琴南町教育委員会　2006
	870～887	森格也『空港跡地整備事業に伴う埋蔵文化財発掘調査報告　第9冊（県立図書館・文書館整備事業）空港跡地遺跡』Ⅸ　香川県教育委員会　2007
118		上杉和央「南海道と条里地割」（『さぬき国分寺町誌』国分寺町、2005）及び国土地理院2万5千分1（白峰山）から信里芳紀氏製図
119		川村教一「第2節　地形環境」（『さぬき国分寺町誌』国分寺町、2005）
120		株式会社五星作製「高松市都市計画図No.4・7」（1：10,000）

図版の引用文献等一覧

図版番号	図番号等	製作者・引用文献・所蔵者
1～16		高松市教育委員会所蔵写真
17		松尾忠幸ほか『特別史跡讃岐国分寺跡保存整備事業報告書』国分寺町教育委員会　1996
18	SKM10B以外	同上
19		同上
20	SKM24A拓本・SKM26・SKM27以外	同上
21	SKH01A～01C以外	同上
22	SKH11B以外	同上
23		同上
24	SKH26～SKH30	渡部明夫・渡邊誠「讃岐国分寺跡出土軒瓦の型式設定（追補）」（『香川史学』33、香川歴史学会、2006）
	SKH31	渡邊誠『特別史跡讃岐国分寺跡－第16～21・25～35次調査－・如意輪寺窯跡・国分中西遺跡・兎子山遺跡』高松市埋蔵文化財調査報告　102　2007
25		松尾忠幸ほか『特別史跡讃岐国分寺跡保存整備事業報告書』国分寺町教育委員会　1996
26		同上

表の引用文献一覧

表番号	引用文献
1	松尾忠幸『特別史跡讃岐国分寺跡　平成3年度発掘調査概報』国分寺町教育委員会　1992
2	同上
3	高松市教育委員会作成
4	同上

論文の初出一覧

章	節	表題	初出論文名	初出文献	発行	刊行年月
第1章	第1節	「讃岐国分寺の研究史」	「讃岐国分寺の研究史」	『香川県埋蔵文化財センター研究紀要』Ⅲ	香川県埋蔵文化財センター	2007.3
第2章	第1節	「均整唐草文軒平瓦SKH01の型式学的再検討」	「讃岐国分寺創建軒平瓦の型式学的再検討」	『財団法人香川県埋蔵文化財調査センター研究紀要』ⅩⅠ	財団法人香川県埋蔵文化財調査センター	2004.3
	第2節	「讃岐国分寺跡出土軒丸瓦の編年－子葉間に仕切り線をもたない複弁蓮華文軒丸瓦の編年について－」	「讃岐国分寺跡出土軒丸瓦の編年～子葉間に仕切り線をもたない複弁蓮華文軒丸瓦の編年について～」	『香川県埋蔵文化財センター研究紀要』Ⅱ	香川県埋蔵文化財センター	2006.3
	第3節	讃岐国分寺跡出土軒瓦の型式設定(追補)	讃岐国分寺跡出土軒瓦の型式設定(追補)	『香川史学』33	香川歴史学会	2006.7
第3章	第1節	「均整唐草文軒平瓦SKH01の瓦当文様からみた讃岐国分寺の造営年代」	「軒平瓦SKH01の瓦当文様からみた讃岐国分寺の造営年代」	『香川史学』31	香川歴史学会	2004.7
	第3節	「均整唐草文軒平瓦SKH01Bの特徴とSKH01Bからみた讃岐国分寺の整備状況について」	「均整唐草文軒平瓦SKH01Bに関する2、3の問題について～讃岐国分寺とその周辺でのあり方から～」	『田村久雄先生傘寿記念論文集 十瓶山Ⅱ』	田村久雄傘寿記念会	2006.9
	第4節	「天平勝宝以前の讃岐国分寺」	「天平勝宝以前の讃岐国分寺」	『香川県埋蔵文化財センター研究紀要』Ⅰ	香川県埋蔵文化財センター	2005.3
	第5節	「瓦からみた讃岐国分尼寺の造営時期について」	「瓦からみた讃岐国分尼寺の造営時期について」	『香川県埋蔵文化財センター研究紀要』Ⅲ	香川県埋蔵文化財センター	2007.3
第4章	第1節	「府中・山内瓦窯跡について－讃岐国分寺瓦屋の基礎的整理－」	「府中・山内瓦窯跡について～讃岐国分寺瓦屋の基礎的整理～」	『香川県埋蔵文化財センター研究紀要』Ⅲ	香川県埋蔵文化財センター	2007.3
	第2節	「平行叩き目をもつ讃岐国分寺跡出土の軒平瓦」	「平行叩き目をもつ讃岐国分寺創建時の軒平瓦」	『香川史学』30	香川歴史学会	2003.8
	第3節	「陶（十瓶山）窯跡群における初期の瓦生産と讃岐国分寺瓦屋」	「陶（十瓶山）窯跡群における初期の瓦生産と讃岐国分寺瓦屋」	『九州と東アジアの考古学－九州大学考古学研究室50周年記念論文集－』	九州大学考古学研究室50周年記念論文集刊行会	2008.5
第5章	第1節	「開法寺式偏行唐草文軒平瓦について－香川における7世紀末から8世紀前半の軒平瓦の様相－」	「開法寺式偏行唐草文軒平瓦について～香川における7世紀末から8世紀前半の軒平瓦の様相～」	『香川県埋蔵文化財センター研究紀要』Ⅱ	香川県埋蔵文化財センター	2006.3
	第2節	「讃岐国分寺・国分尼寺所用瓦の拡散をめぐって」	「均整唐草文軒平瓦SKH01Bに関する2、3の問題について～讃岐国分寺とその周辺でのあり方から～」	『田村久雄先生傘寿記念論文集 十瓶山Ⅱ』	田村久雄傘寿記念会	2006.9
	第3節	「高松市中山廃寺について－香川における初期山岳寺院とその仏像－」	「高松市中山廃寺について～香川における初期山岳寺院とその仏像～」	『香川県埋蔵文化財センター研究紀要』Ⅱ	香川県埋蔵文化財センター	2006.3

あとがき

　本書は、平成14年秋から19年春までにおこなった、讃岐国分寺とこれに関連する寺院・瓦の研究を中心として、これをドクター論文とした時の新たな論考とその後の研究を加えて一冊としたものである。本書を刊行するにあたって、発表したものついても若干の追加と訂正を行い、不備を補った。

　この研究を進めるにあたっては、実に多くの方々のご指導、ご教示、ご協力をいただいた。

　なかでも、安藤文良氏には、問題の所在や資料の有無、所蔵資料の閲覧・使用にいたるまで、さまざまなご指導、ご配慮をいただくとともに、いくつかの論文については、構想の段階から有益なご指導、ご教示をいただいた。安藤文良氏は香川の寺院跡・瓦研究の先駆者として、研究の基礎を築かれた方である。安藤氏の瓦に対する情熱と広い知識によって、著者の研究と本書の刊行が進んだことに心からお礼を申し上げたい。

　また、坂出市の地域史を長年研究された川畑迪氏には、開法寺跡をはじめとする讃岐国中枢部の寺院や府中・山内瓦窯跡などについて、多くのご指導、ご教示をいただいた。

　さらに、綾川町陶在住の田村久雄氏には、陶（十瓶山）窯跡群の長年における踏査・研究をふまえ、須恵器・瓦などについて、多くのご指導、ご教示をいただくとともに、研究のパートナーとして共同で陶（十瓶山）窯跡群の踏査を行うなどのご協力をいただいた。

　これら3人の方々は、いずれも考古学や埋蔵文化財の専門家ではない。しかし、戦後、郷里の出土品に興味を持ち、遺跡・遺物をつうじて長らく地域の歴史や考古学を自ら研究するとともに、多くの研究者を支え続けた方々である。著者の研究においても、新しい論文をお届けするたびに、内容に大きな関心をもち、笑顔で評価していただいたことが、この研究を進める上で大きな力となった。大変残念なことに、安藤氏と川畑氏は平成22年に相次いで逝去された。本書の完成を心待ちにしていただきながら、私の怠慢もあり、直接お届けできなかったことが悔やまれる。著者を香川の考古学研究に導いていただいた3人の方々に深く感謝を申し上げたい。

　また、磯崎道雄氏・上原孝夫氏・大西徳次郎氏・笠松美代子氏・諏訪弘氏・高木憲了氏・羽床正男氏・堀家守彦氏・御城俊宏氏・山田弘氏・吉本正文氏・米崎旭氏には、所蔵資料の閲覧、撮影、実測などを快く承諾していただいた。改めて心からお礼を申し上げたい。

　一方、岡山理科大学亀田修一氏には、国分寺研究の現状や瓦の年代比定などについて多くのご教示や貴重な資料をお送りいただくとともに、ドクター論文にもご指導をいただいた。また、福岡大学小田富士雄氏には、終始暖かい励ましをいただき、確信をもって研究を進めることができた。お二人のご指導と励ましに、深くお礼を申し上げたい。

　さらに、木原溥幸先生には、著者が昭和50年に香川県教育委員会に就職して以来、香川の歴史研究にご指導をいただいた。香川大学・徳島文理大学で近世史を研究された木原先生は、われわれにとっては香川の歴史研究における目標であり、また、大きな支えであった。先生には長年にわたり暖かいご指導をいただくとともに、快く本書に序文を寄せていただいたことに対して心からお礼

を申し上げたい。

　また、高松市教育委員会の渡邊誠氏には、府中・山内瓦窯跡の現況図の作成や瓦の実測、トレースなどにご協力をいただくとともに、讃岐国分寺跡出土軒平瓦の型式設定に関する共著を本書に収録させていただいた。香川県埋蔵文化財センター信里芳紀氏にもトレース図の作成に協力をお願いした。お二人に厚くお礼を申し上げたい。

　各論考の作成、見直しをするにあたって、以下の多くの方々にご教示、ご協力いただいた。末筆ながら深くお礼を申し上げたい。なお、これらの方々の所属等は、本文中も含めてご教示・ご協力をいただいた当時のものである。

　　第１章　讃岐国分寺の研究史　安藤文良氏、田井静明氏（瀬戸内海歴史民俗資料館）、野村美紀氏（香川県歴史博物館）、芳地智子氏（香川県歴史博物館）、松本豊胤氏（四国学院大学）、渡邊誠氏（高松市教育委員会）。

　　第２章　讃岐国分寺跡出土の軒瓦　安藤文良氏、今井和彦氏（坂出市教育委員会）、植松みち子氏（国分寺町および高松市讃岐国分寺跡資料館）、加納裕之氏（香川県埋蔵文化財センター）、亀田修一氏（岡山理科大学）、川畑聰氏（高松市教育委員会）、川畑迪氏、後藤力氏（国分寺町および高松市讃岐国分寺跡資料館）、笹川龍一氏（善通寺市教育委員会）、中里伸明氏（香川県埋蔵文化財センター）、西川桂子氏（鎌田共済会郷土博物館）、松本忠幸氏（国分寺町）、森山修司氏（鎌田共済会郷土博物館）、吉本正文氏（国分寺町法華寺）、米崎旭氏、渡邊健司氏（丸亀市立郡家小学校）、渡邊誠氏（国分寺町教育委員会）。

　　第３章　瓦からみた古代の讃岐国分寺　東信男氏（丸亀市教育委員会）、安藤文良氏、今井和彦氏（坂出市教育委員会）、上原孝夫氏、植松みち子氏（国分寺町および高松市讃岐国分寺跡資料館）、遠藤亮氏、大西徳次郎氏奥様、大山真充氏（瀬戸内海歴史民俗資料館）、川端聰氏（高松市教育委員会）、朽津信明氏（東京文化財研究所）、海邉博史氏（善通寺市）、亀田修一氏（岡山理科大学）、川畑迪氏、後藤力氏（国分寺町および高松市讃岐国分寺跡資料館）、笹川龍一氏（善通寺教育委員会）、佐藤亜聖氏（財団法人元興寺文化財研究所）、田上浩氏（高知市教育委員会）、高木憲了氏（石狩市了恵寺）、田崎博之氏（愛媛大学）寺井誠氏（大阪市文化財協会）、長江真和氏（関西大学学生）、西川桂子氏（鎌田共済会郷土博物館）、信里芳紀氏（香川県埋蔵文化財センター）、花谷浩氏（奈良文化財研究所）、堀家守彦氏、御城俊宏氏（牟礼町洲崎寺）、森郁夫氏（帝塚山大学）、森格也氏（香川県埋蔵文化財センター）、森山修司氏（鎌田共済会郷土博物館）、安村俊史氏（柏原市立歴史資料館）、山崎信二氏（奈良文化財研究所）、山本哲也氏（高知県埋蔵文化財センター）、吉本正文氏（高松市法華寺）、米崎旭氏、渡邊誠氏（高松市教育委員会）。

　　第４章　讃岐国分寺の瓦生産　安藤文良氏、今井和彦氏（坂出市教育委員会）、岩本正二氏（広島県埋蔵文化財センター）、植松みち子氏（国分寺町讃岐国分寺跡資料館）、片桐孝浩氏（香川県教育委員会）、亀田修一氏（岡山理科大学）、加納裕之（香川県埋蔵文化財センター）、川畑迪氏、後藤力氏（国分寺町讃岐国分寺跡資料館）、佐藤竜馬氏（香川県教育委員会）、渋谷啓一氏（香川県歴史博物館）、白川雄一氏（三野町教育委員会）、田村久雄氏、永井信弘氏、中里信

明氏（香川県埋蔵文化財センター）、西川桂子氏（鎌田共済会郷土博物館）、信里芳紀氏（香川県教育委員会および香川県埋蔵文化財センター）、羽床正男氏、増田鉄平氏（坂出市教育委員会）、松本忠幸氏（国分寺町）、森山修司氏（鎌田共済会郷土博物館）、米崎旭氏、渡邊誠氏（高松市教育委員会）。

第5章 讃岐国分寺に関連する古代の寺院・瓦 東信男氏（丸亀市教育委員会）、安藤文良氏、磯崎道雄氏（豊中町妙音寺）、今井和彦氏（坂出市教育委員会）、今岡重夫氏（四国新聞社）、植松みち子氏（国分寺町讃岐国分寺跡資料館）、胡光氏（香川県歴史博物館）、笠松美代子氏、片桐孝浩氏（香川県埋蔵文化財センター）、加納裕之氏（琴南町教育委員会）、亀田修一氏（岡山理科大学）、河上邦彦氏（奈良県立橿原考古学研究所附属博物館）、川畑聰氏（高松市教育委員会）、川畑迪氏、後藤力氏（国分寺町讃岐国分寺跡資料館）、笹川龍一氏（善通寺市教育委員会）、渋谷啓一氏（香川県歴史博物館）、妹尾周三氏（東広島市教育委員会）、諏訪弘氏、関川尚功氏（奈良県立橿原考古学研究所）、田上浩氏（高知市教育委員会）、武田和昭氏（仁尾町円明院）、寺井誠氏（大阪市文化財協会）、中里伸明氏（香川県埋蔵文化財センター）、西川桂子氏（鎌田共済会郷土博物館）、信里芳紀氏（香川県教育委員会）、乗松真也氏（香川県歴史博物館）、萩原哉氏（総本山善通寺宝物館）、藤井雄三氏（高松市歴史資料館）、古瀬清秀氏（広島大学）、森山修司氏（鎌田共済会郷土博物館）、安村俊史氏（柏原市立歴史資料館）、山本一伸氏（寒川町教育委員会）、山本哲也氏（高知県埋蔵文化財センター）、山田弘氏、渡邊誠氏（国分寺町教育委員会）。

第6章 讃岐国分寺・国分尼寺の立地と環境 安藤文良氏、亀田修一氏（岡山理科大学）、木下晴一氏（香川県埋蔵文化財センター）、信里芳紀氏（香川県埋蔵文化財センター）、御城俊宏氏（牟礼町洲崎寺）、渡邊誠氏（高松市教育委員会）。

最後に、本書を終えるにあたって、著者を考古学の学問世界に導いていただいた故岡崎敬先生と、地域の一寺院の研究を積極的に評価し、ドクター論文としてまとめることを勧めていただいた広島大学古瀬清秀先生に、深くお礼を申し上げたい。

  2013年1月

渡 部 明 夫

＊本書の出版にあたっては、独立行政法人日本学術振興会平成24年度科学研究費補助金（研究成果公開促進費［245107］の交付を受けた。）

讃岐国分寺の考古学的研究

■著者略歴■
渡部　明夫（わたなべ・あきお）
1948年　愛媛県生まれ
1971年　同志社大学文学部文化史学科卒業
1975年　九州大学大学院文学研究科修士課程修了
2007年　博士（文学）の学位授与（広島大学）
現　在　徳島文理大学・四国学院大学講師
主要著作
「讃岐国の須恵器生産について」『鏡山猛先生古希記念古文化論攷』（鏡山猛先生古希記念論文集刊行会、1980年）、「讃岐出土の輸入陶磁」『森貞次郎博士古希記念古文化論集』（森貞次郎博士古希記念論文集刊行会、1982年）、『古代の讃岐』（共著、美巧社、1988年）、「四国」『古墳時代の研究10　地域の古墳Ⅰ　西日本』（雄山閣、1990年）、「地域の概要－讃岐」『前方後円墳集成中国・四国編』（山川出版社、1991年）、「四国の刳抜式石棺」『古代文化46－6』（財団法人古代学協会、1994年）、「観音寺市なつめの木貝塚出土の縄文時代後期土器（なつめの木式）について～香川県における津雲A式及び北白川上層式1期平行期の土器～」『財団法人香川県埋蔵文化財調査センター研究紀要Ⅱ』（財団法人香川県埋蔵文化財調査センター、1994年）、「陶（十瓶山）窯跡群の瓦生産について（１）」『香川県埋蔵文化財センター研究紀要Ⅳ』（共著、香川県埋蔵文化財センター、2008年）

2013年2月18日発行

著　者　渡部明夫
発行者　山脇洋亮
印　刷　㈱平河工業社
製　本　協栄製本㈱
発行所　東京都千代田区飯田橋4-4-8
　　　　（〒102-0072）東京中央ビル　㈱同成社
　　　　TEL 03-3239-1467　振替 00140-0-20618

ⓒWatanabe Akio 2013. Printed in Japan
ISBN978-4-88621-613-7 C3021